东盟黄皮书
YELLOW BOOK OF ASEAN

东盟发展报告（2015）

ANNUAL REPORT OF ASEAN'S DEVELOPMENT (2015)

主　编／杨晓强　庄国土

社会科学文献出版社
SOCIAL SCIENCES ACADEMIC PRESS (CHINA)

图书在版编目(CIP)数据

东盟发展报告. 2015/杨晓强，庄国土主编. —北京：社会科学文献出版社，2016.3

（东盟黄皮书）

ISBN 978－7－5097－8756－4

Ⅰ.①东… Ⅱ.①杨… ②庄… Ⅲ.①东南亚国家联盟－发展－研究报告－2015 Ⅳ.①D814.1

中国版本图书馆CIP数据核字（2016）第025770号

东盟黄皮书
东盟发展报告（2015）

主　　编 / 杨晓强　庄国土

出 版 人 / 谢寿光
项目统筹 / 王　绯
责任编辑 / 黄金平

出　　版 / 社会科学文献出版社·社会政法分社（010）59367156
地址：北京市北三环中路甲29号院华龙大厦　邮编：100029
网址：www.ssap.com.cn
发　　行 / 市场营销中心（010）59367081　59367018
印　　装 / 北京季蜂印刷有限公司

规　　格 / 开　本：787mm×1092mm　1/16
印　张：20.5　字　数：300千字
版　　次 / 2016年3月第1版　2016年3月第1次印刷
书　　号 / ISBN 978－7－5097－8756－4
定　　价 / 89.00元

皮书序列号 / B－2013－288

权威·前沿·原创

皮书系列为
“十二五”国家重点图书出版规划项目

教育部区域与国别研究培育基地（东盟研究中心）
中国－东盟文化交流与发展协同创新中心
广西科学实验（中国－东盟研究）中心
广西民族大学东盟学院

资助出版

《东盟发展报告（2015）》编委会

主要编撰者简介

杨晓强 男，1972年生，广西南宁人。副教授，硕士生导师。现任广西民族大学东盟学院常务副院长。1994年本科毕业于解放军外国语学院印尼语专业；1998年硕士毕业于北京大学东方学系印尼马来文化专业；2014年博士毕业于厦门大学南洋研究院政治学理论专业。曾任解放军外国语学院教员，广西民族大学外国语学院教师、副院长，广西民族大学国际交流处副处长等职。2011年9月至2013年8月任中国驻印尼大使馆文化处二秘。主要研究方向为印尼语言、政治、文化，先后发表《印尼语词汇的新发展及其问题》《印尼原始宗教及其遗存》等30余篇论文，主编或参编《东盟黄皮书》《印尼语外来语缩略语词典》《中国－东盟年鉴》等著作。参与国家社科基金重大项目1项，主持省部级科研项目2项。

庄国土 男，1952年生，福建晋江人。历史学博士，教授，博士生导师。知名的海外华人研究和东南亚研究专家，广西首批“八桂学者”，厦门大学历史学和政治学博士生导师、特聘教授。现任厦门大学国际关系学院院长、厦门大学南洋研究院院长、厦门大学马来西亚研究所所长、广西民族大学东盟学院学术院长，教育部人文社科委员会委员兼综合学部召集人、国务院侨办专家咨询委员会委员，中国东南亚学会会长、中国华侨华人研究学会副会长、中国亚太学会副会长、中国世界民族学会副会长、中国中外关系史学会副会长、中国海外交通史学会副会长，同时任《世界历史》《当代亚太》《东南学术》《厦门大学学报》《海交史研究》等学术刊物编委和《南洋问题研究》主编。近10年来，出版专著、译著8部；发表论文68篇。承担和完成国家社科基金和教育部社科基金重点、重大项目10余项，获得省部级奖项11项，包括国家图书奖和省部级一等奖5项。研究重点为华侨华人研究和亚太国际关系研究。

古小松 男，1958年生，广东高州人。广西社会科学院研究员、中国东南亚研究会副会长、广西东南亚研究会会长，国务院颁发政府特殊津贴专家（2005），中共中央组织部联系科技专家（2007），全国宣传文化系统“四个一批”人才（2008），广西优秀专家（2006），广西有突出贡献科技人员（2001），“十百千人才工程”入选者（1999）。主要从事国际经济与政治、中国与东南亚关系、区域经济等研究。主要研究成果有《东南亚文化》《东南亚：历史现状前瞻》《西江区域发展的选择》《古小松集：东南亚及中国与东南亚关系研究》《越南国情与中越关系》《越南的社会主义》。

陈丙先 男，1976年生，江西九江人。2007年云南大学国际关系研究院国际关系专业硕士毕业，2011年厦门大学南洋研究院专门史专业博士毕业。现任广西民族大学东盟学院副研究员，硕士生导师。主要从事中国－东盟关系及华侨华人问题研究，先后在《世界民族》《广西社会科学》《南洋问题研究》《华侨华人历史研究》等学术期刊发表论文近20篇，出版专著、合著、编著等共5部，共有5篇咨询报告获省部级部门采用，承担省部级等各类项目5项，曾赴日本、菲律宾、印尼、缅甸、泰国、马来西亚等多国进行访学、田野调查或参加学术会议等其他学术交流。

摘　要

本书系广西民族大学东盟学院、中国－东盟研究中心主持编撰的东盟黄皮书的第四卷，立意于解读2014年东盟国家发展态势和中国－东盟关系态势，以服务政府决策，服务日后的深度研究。本书以实证研究为主，兼以其他跨学科的研究方法，围绕2014年东盟各国政治、经济、外交、军事安全、社会文化等领域的发展形势，围绕2014年中国与东盟各国关系的发展进程，进行深入的分析和解读，着重突出其中的亮点，并对整体的中国－东盟关系进行分析和概括。本书认为，2014年，东盟国家经济总体上呈现平稳态势，政治安全、经济社会及东盟共同体的建设都在前行发展。2014年是中国－东盟合作“钻石十年”以及中国与东盟战略伙伴关系第二个十年的开局之年，中国与东盟的政治、经济、文化关系得到全面发展。

前言
当下东南亚研究面临的机遇与挑战

——在“2014年东盟形势及中国－东盟关系研讨会”上的发言

我以半个东道主的身份欢迎各位新老朋友参加“2014 年东盟形势及中国－东盟关系研讨会”。可以说，我们过去几年的研讨会取得了一定的成果，至少将国别热点关注和中国－东盟关系中的热点问题的战略特点作为研讨会中的研究重点。

2014 年是中国内政外交的一个转折点，从内政来看，中国经济下行，已被称为我国发展的新常态之一。体制缺乏创新，国力和对外关系均面临一个转折点，出口滑坡；中国看似强大了，但强大后的中国会做什么呢？我们是否能像加入世界贸易组织一样被世界平和地接纳与信任？我认为 2014 年是一个充满机遇和挑战的年份，我们所关注的中国对外关系中的中国－东盟关系，在过去的一年中也存在相当多的风险，如中美军机对峙事件、“981”钻井平台、缅甸局势、南海问题等，诸如此类的问题在某种程度上威胁中国与东盟关系。这些冲突表面上似乎还不对中国构成挑战，但是我个人认为从长远来看，构成中国对外关系的最大风险是中国是否还能被信任，也就是说，中国将以何种方式融入国际社会，和周边国家建立一种睦邻友好的国际社会关系。

尽管在过去的一年里，我国政府通过“海上丝绸之路”来引领中国与东盟的关系，从而突破我国产能过剩、资本过剩的问题，以实现创新经济发展；此外还以“一带一路”来改善与周边国家的关系，无论是内政还是外交，“一带一路”越来越成为国家最高的发展战略。作为东盟学院我们如何准确地把握、面对和诠释“一带一路”战略，尤其是如何判断与广西密切相关的“海上丝绸之路”战略的地位，非常重要。这种战略评估受到全国上下的关注。现在全国 20 多个省、自治区、直辖市提出了“一带一路”的行动方案，但我的评估是，基本上大家把“一带一路”这一个国家最高发展战略当作一个大蛋糕、当作一个筐，每个省份都将自己想做的事情往“一带一路”这个筐里装。广西应该如何把握“一带一路”重大发展战略中的哪些问题，因为各个省份（包括广西在内）都是用一样的路子，搭建信息交往平台、海洋合作平台，互联互通，总之各个省份都将它定位成一种利益分享、一种经济合作、一种产能输出、一种对外投资的资本、一种对外策略。另外，全国各个省份都巧立名目来套取中央贷款。在这样一种“经贸热”的环境下，各省份把“一带一路”作为分享经济利益蛋糕的平台时，作为东盟学院我们有责任成为国家战略的智库之一，我们在一哄而起的情况下要保持对“一带一路”战略，尤其是“海上丝绸之路”战略的冷静判断。现今，无论是学术界还是政界都宣扬周边离不开我们，我们作为一个大国和“天朝上国”这种历史理念合在一起时，让我们在推动“一带一路”方面存在盲目，觉得对方特别需要我们。但我们需要看到的是，2014 年以来，周边国家，尤其是东南亚国家在对中国的信任方面并没有明显的进步，我甚至可以说很可能还倒退了。虽然中国和东盟的双边经贸关系在增强，但是双方的政治互信、安全互信，实际上是在恶化。我历来强调：支撑一个稳定的政治环境（哪怕只是经济合作平台），双方的政治互信非常重要。怎样可以增强双方的政治互信？责任落在了学者和研究机构身上。因为政府可能更多地关注周边国家对中国的欢呼，作为商人（企业）更加关心的是如何从对方那里获取利益，但是作为学者，我认为我们可以更多地来关注和了解对方。可以说，现阶段中国与东南亚研究，乃至中国与东盟研究很热闹，但是品质未必有 20 世纪八九十年代的研究扎实，真正做学问，真正来了解对方。现在每个地区都在建立智库，但是大多都是宏大虚实，扎实地将学理性研究和个案研究整合成一个对研究对象宏观的准确把握方面可能还存在退步。我认为，通过举办“中国－东盟关系研讨会”，我们能对中国－东盟关系有一个比较准确的判断，在此基础上我们才能提出一些有操作性的、有可行性的、对中国有利、对周边国家也有利的正确思路。这是我对本次会议的期待！谢谢大家！

广西壮族自治区八桂学者
广西民族大学东盟学院学术委员会主任
中国东南亚学会会长
庄国土

整理者
陈丙先博士

目录

Y I 总报告

Y II 东盟国别形势分析

Ⅲ 中国－东盟关系分析

皮书数据库阅读使用指南

总 报 告

General Report

Y.1
2014～2015年的东盟与中国－东盟关系

古小松*

摘　要：自东盟成立以来，中国与东盟关系经历了曲折复杂的发展历程。近年来，中国与东盟的关系迅速发展，东盟与中国成为好邻居、好搭档。中国－东盟关系的长足发展证明了当前中国与东南亚国家一起营造着和平稳定的周边环境，在最大限度地实现中国国家利益的同时，努力促进东南亚地区的和平、稳定与繁荣，与东南亚国家一起着力打造利益共同体与命运共同体。同时，在"一带一路"背景下，中国与东盟国家的双边合作将能得到更有力的加强与完善。

关键词：中国－东盟关系　政治安全　经济共同体

* 古小松，博士，广西社会科学院研究员，中国东南亚研究会副会长，广西东南亚研究会会长，主要从事国际经济与政治、中国与东南亚关系、区域经济等研究。

回顾2014年，东南亚地区有喜有悲有震荡，两亿多人口的伊斯兰国家选出了草根总统佐科，马航MH370航班失联的悲痛影响全球，泰国政局在动荡中再次发生了军事政变。踏入2015年，东盟各国对经济共同体翘首以盼，同时也听到了缅甸少数民族地方武装的枪声。与此同时，中国与东盟正在倾力打造双边自由贸易区的升级版。可见，2014～2015年的东南亚及中国－东盟关系一直都在世界的关注之中。

一 2014年的东盟

过去的一年，东南亚发生了一系列值得铭记的大事，无论是喜是悲，还是动荡不安，各国的政治安全、经济社会及东盟共同体的建设都在前行发展。

（一）政治发展的喜与忧

2014年，东南亚政局喜的是印尼诞生了首位平民出身的总统佐科，并顺利实现了政权的更替；忧的是，泰国在持续约半年的政局动荡之后，军方终于出手，发动了军事政变。另外，越南突然爆发了大规模的暴力反华事件。其他国家的政治局势没有大起大落，缅甸持续其政治改革的进程，柬埔寨反对党救国党结束了近一年的抵制活动加入国会。①

1. 草根出身的佐科当选印尼总统

印尼大选不仅是印尼本身，也是东南亚地区最重大的政治事件之一。2014年印尼大选包括国会和总统两大选举。4月9日印尼国会选举投票。印尼全国有1.8亿注册选民，他们投票选出560名国会议员，以及省、县级议会议员和地方代表理事会成员。2014年印尼有12个全国性政党和亚齐特区的3个地方政党参加选举。7月9日印尼总统投票结束，22日公布了选举结

① 梁爽：《2014年东盟政治经济外交稳定发展》，新浪网，2014年12月31日，http://news.sina.com.cn/o/2014-12-31/095531347933.shtml。

果。10 月 20 日，佐科宣誓就职，取代苏西洛，成为印尼独立以来的第七任总统。

让人喜悦的是，印尼曾经是典型的威权国家，1998 年长达 30 年的苏哈托威权统治被推翻之后，正式开启了政治民主化的进程。近 17 年来印尼民主化的成就巨大，政党政治不断发展，议会在决策中的作用突出，政权更迭通过选举来实现。从国家层面的总统和国会议员，到地方层面的省长和市议员，都实现了普选。此外，长期以来在印尼政治生活中扮演重要角色的军方也开始逐渐淡出政治活动。而且，大众参与政治的热情高涨，在种族文化多样化的印尼，民主化并没有带来政治暴力的显著增加，这都是进步的表现。当然，还要看到印尼民主的素质还不高，比如在地方选举中，黑金政治、朋党政治，以及不光彩的政治交易还很普遍。①

2. 泰国发生第20次军事政变

泰国的政治矛盾根深蒂固，对立派系的价值观和政治诉求互不相同。王室势力、军人集团、曼谷的中产阶级、北部地区的草根阶层等相互之间的矛盾几乎分化了泰国的利益集团及每一个公民。在经历了一段较长时间的乱局之后，2014 年 5 月 7 日，泰国宪法法院“司法政变”一纸判决，使美女总理英拉潸然泪下，黯然下台。紧接着的 22 日，泰国军方宣布政变，“暂时中止”宪法，解散英拉看守政府，成立“全国维持和平秩序委员会”。26 日，泰国国王普密蓬任命巴育出任全国维持和平秩序委员会主席。8 月 25 日，普密蓬正式任命巴育为泰国第 29 任总理。泰国民主又一次终结于枪炮面前。

政变之后泰国局势有所缓和。泰国前反政府群体“人民民主改革委员会”领导人素贴已削发为僧，7 月 15 日悄然进入他老家素叻他尼府的一座寺庙当和尚。不过，问题并没有得到彻底解决。2015 年 1 月 23 日泰国国会就是否弹劾前总理英拉进行了投票，结果是弹劾案通过。这意味英拉从即日起的五年内不得从政，即无法参加泰国下一届大选。同日，在国会表决之

① 谭翊飞：《新一波东南亚政治变局》，《21 世纪经济报道》2014 年 3 月 24 日，第 3 版。

前，泰国总检察署宣布决定就大米收购计划渎职案对英拉提出刑事指控，若罪名成立，她将面临最长 10 年的监禁。2 月 8 日，英拉申请出国前往香港被军人政府驳回，理由是她被控渎职案的司法程序已启动，现阶段不能出行。

有评论指出，英拉面对弹劾和刑事指控是保皇派精英及其军方支持者为削弱他信家族的政治影响力而采取的步骤之一。自 2001 年以来，由英拉的兄长、前总理他信领导或亲他信的政党在每次大选中都获胜。“这么做主要是在军方一旦被迫下台和举行大选，可阻止她（英拉）和他信家族回返政坛。”泰国政局的深入发展会不会激怒支持他信家族的红衫军，红衫军会不会再次出动，召集示威，让已平静一段时日的泰国社会再次陷入动荡？这是人们所担心的。①

3. 越南民主政治的发展

2014 年 5 月 2 日，中国企业所属“981”钻井平台在中国西沙群岛毗连区内开展钻探活动，旨在勘探油气资源，作业海域距离中国西沙群岛中建岛和西沙群岛领海基线均 17 海里，距离越南大陆海岸 133 ~ 156 海里。本来这是中国钻井平台在自己的领土内作业，但是越南认为“981”钻井平台作业位置属于越南在南海的专属经济区和大陆架海域，因而，从 5 月至 7 月持续长时间采取各种手段干扰和破坏中国钻井平台的作业。

“海洋石油 981”平台是目前南海沿岸诸国中唯一能在南海海域探测深海油田的钻井平台，其最大作业水深达 3000 米，钻井深度甚至达 1 万米。越南认为此次“981”钻井平台开进中国西沙海域，意味着击中了其经济要害。因此，越南在冲击“981”钻井平台现场的同时，还在国内掀起大规模的反华示威游行，一些暴徒在越南南部及中部地区打砸有任何中文标识的工厂企业，对中国、新加坡、韩国、日本、泰国等国的投资企业造成了巨大破坏，甚至致使多名职工身亡。反华游行是越南搬起石头砸自己的脚，影响了

① 《英拉被控渎职罪》，联合早报网，2015 年 2 月 21 日，http：//www. zaobao. com/sea/politic/story20150221 - 448629。

其经营环境的稳定。越南还挑动东盟其他国家，以及国际社会，尤其是美国一起来对中国进行施压，使南海局势达到极度紧张的程度。7月，中越双方达成妥协，两国关系逐步恢复平静。不过，事件造成的阴影还需要一段时间才能消除。

不过，2014年越南国内的政治改革发展则有值得人们观察的一面。为了准备召开越共十二大，越南上下对1986年以来的革新开放进行了回顾，包括理论和实践方面，认为近30年来越南的革新开放取得了显著成效。越南认为要继续坚持走社会主义道路，坚持共产党的领导，坚持马列主义和胡志明思想，坚持党对军队的领导，对内做到革新、发展、稳定三者的平衡，对外继续奉行大国平衡外交战略。同时，在干部准备方面，公开民主地对从中央到地方的领导班子进行规划，包括评价、遴选、提名、轮岗培养等。越南民主政治的发展有新的突破。在国会对国家领导人继续进行第二次民意测验的基础上，越南进一步推进党内的民主监督，越共在十一届十中全会上对越共中央政治局和书记处成员进行了首次信任投票。

（二）经济发展持续放缓

2014年，东盟国家经济总体上呈现持续疲软走势，运行情况弱于预期。据亚行报告测算，全年东盟十国经济约增长4.6%，比2012年5.3%、2013年4.9%的增速连续两年回落。影响东盟经济增速放缓，既有外部因素，也有内部原因。从外部看，由于世界经济尚未得到很好的恢复，特别是由于美国退出量化宽松政策，大宗商品价格下跌，国际市场对东盟传统大宗出口商品如原煤、棕榈油、天然橡胶的需求持续低迷。泰国、越南、菲律宾和马来西亚等国发生的政治安全事件使东盟多国旅游业受到严重冲击。

1. 主要经济大国印尼、泰、新、菲增速下降

整个东盟2014年发展速度放缓，主要是由于经济总量大的国家发展减速了。印尼、泰国、新加坡、菲律宾分别是东盟经济总量排在第一、二、

四、五位的国家。2014 年四国经济增长速度都下降了。其中，东盟最大的经济体印尼的经济增速为5.1%，同比下滑了0.8 个百分点。印尼经济发展放缓的原因主要有：一是2014 年为大选年，各方的精力都集中到选举上了，对经济发展的关注少了；二是需求不足，政府为抑制通货膨胀而采取了需求限制政策；三是投资动力不足，外贸经常账户赤字对投资需求产生了抑制作用。

泰国是东盟经济总量第二大的国家，2014 年的经济几乎是原地踏步，仅增长了0.7%，也是连续两年增速下降，比2013 年的2.7%降低了2 个百分点，比2012 年的4.5%降低了3.8 个百分点。泰国经济停滞的主要原因是政局不稳，示威游行不断，冲击政府，尤其是经济中心曼谷受影响最大。下半年虽然军队接管了政府，但对经济发展没有多少积极的促进措施。旅游是泰国的支柱产业之一，由于局势动荡受到了比较大的打击。

新加坡2014 年经济增长了2.8%，低于2013 年的3.7%。菲律宾的经济表现也不如前两年，虽然达到了最初预测的6.1%，但比2012 年、2013 年的6.8%、7.0%都低了。

2. 马、越增速有所加快

马来西亚、越南2014 年的经济形势好于预期。两国经济增速回升加快的主要原因：第一，部分商品出口出现复苏，马、越的电子产品出口明显回升；第二，两国政府实施经济刺激政策，如越南在通胀率下降的情况下，降低了基准利率；第三，近几年，东盟国家的基础设施建设方兴未艾，各国政府制订了庞大的基础设施投资计划，以带动国内经济增长和改善投资环境。马来西亚全长24 公里的槟城第二大桥已建成通车，它是东盟国家最长的跨海大桥。越南政府颁布至2020 年吸引外商投资的127 个国家项目名单，投资额约达600 亿美元。其中，包括交通、能源、城市和工业园区等的基础设施51 个项目。[①]

---

① 王勤：《外媒：东盟经济转型加速，将迈入共同体时代》，中国新闻网，2015 年2 月6 日，http：//www.chinanews.com/hb/2015/02－06/7042886.shtml。

马来西亚2014年虽然发生了大的空难，对各方面都有比较大的冲击，但其经济增长率没有下降，反而有较大的增长，达到了6.0%，比2013年的4.3%提升了1.7个百分点，是自2011年以来的最高增幅。

越南经济在2012年增幅跌至13年来最低的5.03%之后，近两年呈现缓慢回升的态势，在2013年增长5.4%的基础上，2014年增速升至5.98%。通货膨胀率也降至多年来的最低水平，2014年的通货膨胀率仅为1.84%。越南经济增速的回升，主要是由于强劲的出口拉动，2014年越南商品出口增长了13.6%，达到1500亿美元，进口额增长12.1%，达到1480亿美元。外国直接投资的流入帮助越南提高其出口，特别是智能手机和平板电脑的出货量增加，其中许多来自三星电子有限公司，越南成了其主要生产基地。①

3. 缅、柬、老等国发展相对平稳

缅甸由于多年的封闭，人均国民生产总值在东盟国家中已处于垫底水平。这两三年，随着推进改革开放的政策，商品出口和外来投资都有了长足的增加，大大促进了经济的发展。国际货币基金组织（IMF）专家组2015年1月28日至2月5日在缅甸进行调研后表示，2014～2015财年（2014年4月至2015年3月）缅甸经济增长率虽然较上一财年的8.3%有所减缓，但仍然达到了7.8%。专家组还指出，缅甸本财年通货膨胀率预计在6%左右，高于上一财年的5.8%。同时本财年前9个月（至2014年12月）外贸进口增长率为25%。②

近年柬埔寨政治和经济大体发展稳定，经济增速达到了一个较高的水平。根据柬埔寨官方的预测，2014年柬埔寨保持了7%的经济增长率。随着经济的快速发展，柬埔寨人民的生活水平逐渐提升，人均国民收入从2008年的760美元增长到2014年的1130美元。柬埔寨希望在不久的将来脱离低

---

① 《2014年越南经济增长5.98%》，人民报网，2014年12月28日，http：//cn.nhandan.org.vn/economic/item/2743201－2014。

② 驻曼德勒总领馆经商室：《国际货币基金组织调低缅甸本财年经济增长预期》，《缅甸新光报》2015年2月15日，http：//www.mofcom.gov.cn/article/i/jyjl/j/201502/20150200900758.shtml。

收入国家，进入中等收入国家行列。①

跟柬埔寨一样，老挝也是一个经济发展程度比较低，但近年来经济增速比较快的东盟国家。亚洲开发银行在其最新发布的经济展望报告中说，老挝2014年GDP增速虽有所下降，但仍然达到7.3%。世界银行预测，2015年将升至8.1%。②

（三）军事与反恐

1. 军事态势

东南亚地区安全形势近年来总体稳定，但有的国家内部存在一些突出的安全问题，如缅甸少数民族地方武装、菲律宾南部分裂活动等。有些国家军费开支维持在一定的水平，不增不减。有些国家则军费预算在减少，如马来西亚和新加坡等国。但也有一些国家则有不同程度的增加，如越南、菲律宾和印尼等国。据有关预测，东盟国家的军费开支到2020年将达到3400亿欧元，在全球军费开支中占到28%。

近年来，越南的国防预算增加最多，2014年其军费开支达到了37.8亿美元，预计到2017年前，将进一步达到49.2亿美元，增幅将达30%。越南向俄罗斯购买的首艘基洛级潜艇已经送交越南并已入列服役。这艘基洛级潜艇名为“河内号”，是越南向俄罗斯购买的6艘636型基洛级潜艇中交付的第一艘。该潜艇排水量超过3000吨，最大下潜深度达300米，自持力为45天，可装载52名艇员。③

2. 军事合作

在军事方面，东盟国家最引人瞩目的是军事合作。合作包括两方面：区域内合作和对外合作。

东盟在推动经济一体化的同时，也在推动政治安全领域的一体化，其中

① 《柬埔寨2015年将保持7%的经济增长率》，《高棉日报》2015年1月4日。

② 《亚行预测老挝今年经济增长7.3%》，《中新财经》2014年4月2日。

③ 杨天舒：《越南首艘基洛636型潜艇到货》，国际在线网，2014年1月5日，http://mil.huanqiu.com/world/2014-01/4724215.html。

包括国防合作。2015 年马来西亚接手东盟轮值主席国后，为了加强本区域的安全及成员国之间在军事领域的合作关系，对抗恐怖分子及“伊斯兰国”的入侵，提出了成立“亚细安维和部队”的概念。马来西亚国防部部长希沙姆丁在访问了相关的东盟国家后指出，“截至目前，泰国、缅甸、柬埔寨、老挝和越南，都已同意马国的提议”。按照这么一个设想，东盟成员国的维和部队在东盟旗帜下执行联合国维和任务，并让国际社会进一步肯定东盟这个区域合作组织。①

在美国重返亚太的背景下，人们更关注的是东盟的对外军事合作。2014 年 4 月 1～3 日，美国国防部部长邀请东盟国家的国防部部长到美国夏威夷举行了首届美国－东盟防长会议。在美国国防部部长哈格尔的主持下，会议探讨了在亚太地区如何加强多边安全合作，建立更加密切和有效的军事、民事合作伙伴关系。美国媒体评论称，此次会议具有历史意义，体现了亚太地区在美国经济增长和军事战略上的重要地位。

美国与菲律宾先后举行了名为“肩并肩”和“克拉克”等的联合军演，通过这些以海上拦截、岛礁登陆、联合搜救等科目的例行演练，磨合美菲两军协同作战的能力。2014 年 4 月 28 日，美国驻菲律宾大使戈德伯格与菲律宾国防部部长加斯明在菲律宾首都马尼拉签署了《美菲加强防务合作协议》，合作期 10 年。该协议允许美军在菲律宾指定区域新建或升级军事设施，甚至美军可以在菲律宾预先部署武器装备等，使用菲律宾的港口、军用机场、军事基地等。

3. 加强反恐

近期，跨境极端恐怖组织“伊斯兰国”势力零星渗透至东南亚的印尼、马来西亚和菲律宾等国。2014 年 8 月 4 日，时任印尼总统苏西洛召开政治和安全内阁会议，宣布查禁“伊斯兰国”极端恐怖主义组织。马来西亚出现了支持“伊斯兰国”的网页，警方已严密监控社交网站，防止民众被误

① 《马国：五成员国已同意成立亚细安维和部队》，联合早报网，2015 年 2 月 26 日，http：//www. zaobao. com/news/sea/story20150226－450511。

导加入该组织。马来西亚已逮捕46名涉嫌加入“伊斯兰国”组织的极端恐怖分子。

东南亚国家在自身加强对恐怖活动防范的同时，也与其他国家进行国际合作，打击恐怖主义。2014年9月25日，菲律宾政府拒绝了该国宣布效忠“伊斯兰国”的极端组织阿布沙耶夫武装提出的释放2名德国人质的条件。印尼、马来西亚和菲律宾还分别与美国、法国和德国就打击“伊斯兰国”组织渗透展开合作。

一些恐怖分子从中国经由东南亚前往中东参加“伊斯兰国”的情况已引起中国和东南亚国家的高度重视，并联合采取了防范和打击措施。2015年1月23日环球时报网报道说，“包括中国籍人员在内的外籍恐怖分子大量经由马来西亚、印度尼西亚抵达土耳其，越过土叙边境最终进入‘伊斯兰国’控制区”。据报道，2014年10月马来西亚警方在吉隆坡郊区拘捕了包括37名女性和76名儿童的155名来自中国的偷渡人员。①

（四）马航空难影响全球

2014年对东南亚来说是一个空难严重年，先后有4架飞机坠毁或失踪。从飞机所属的航空公司来说，有3架与马来西亚有关，其中两架是马来西亚航空公司的，年底一架是亚航的QZ8501，还有一架是老挝的“5·17”空难军用飞机，多名老挝军政要员遇难。亚航是在马来西亚创立的，但是这次飞机失事的是印尼亚航，飞机所属的国家是印尼。印尼亚航最大的股东是印尼航空公司，印尼航空公司和马来西亚亚航是合资关系。

虽然三次空难最大的受害国是马来西亚，出事所属国还有印尼，但其乘客来自世界各地，尤其是中国、荷兰以及后一次当事国印尼。其中马航MH17在乌克兰交战的上空被击落，牵涉乌克兰、乌克兰东部地区民兵，甚至俄罗斯也被牵扯进去。因此，这三次飞机失事成了全世界关注的焦点，迄

① 刘畅：《300余名中国恐怖嫌犯经东南亚参加IS极端组织》，环球时报网，2015年1月23日，http：//world. people. com. cn/n/2015/0123/c1002－26435852. html。

今为止，马航 MH17 被击落的原因有待查清，印尼亚航 QZ8501 善后尚未结束，马航 MH370 的残骸搜寻工作仍在继续。

这三次空难最离奇的是马航 MH370。2014 年 3 月 8 日凌晨 2 时 40 分，从吉隆坡飞往北京首都国际机场的 MH370 航班起飞后不久便与地面失去联系，该飞机为波音 777－200 型飞机。事后包括马来西亚、中国、澳大利亚等 26 个国家参与的国际大搜寻行动先后在太平洋和印度洋展开。2014 年 3 月 24 日晚 10 时，马来西亚总理纳吉布在吉隆坡宣布，马航失联航班 MH370 在南印度洋坠毁，机上无一人生还。马来西亚民航局于 2015 年 1 月 29 日正式宣布马航 370 航班失事，机上所有乘客和机组人员共 239 人已经遇难。遇难人员来自世界 13 个国家，其中最多的是中国乘客，共 153 名成年人及 1 名婴儿，其次是马来西亚 38 人，还有印度尼西亚 12 人等。2015 年 7 月 29 日，在印度洋法属留尼汪岛发现了波音 777 客机襟副翼残骸，经初步鉴定，该残骸属于马航 MH370 客机。8 月 6 日凌晨，马来西亚总理纳吉布宣布，自从这架客机失踪 515 天后，在法属留尼汪岛上发现的这一残件确实来自马航 MH370。该发现最终证实了马航 MH370 坠毁的事实，更多的搜寻工作仍在继续。

MH370 失事过去仅 4 个月，马航又遭遇一次大的空难。北京时间 2014 年 7 月 17 日，马航 MH17 波音 777 型客机在乌克兰靠近俄罗斯边界坠毁，坠毁地点在乌克兰顿涅斯克的沙赫乔尔斯克。飞机上的 284 名乘客和 15 名机组人员全部遇难。这架飞机执行从荷兰阿姆斯特丹飞往马来西亚吉隆坡的任务。欧洲航空安全官员表示，从在距离俄边境 60 公里处找到的 MH17 黑匣子中的数据显示，飞机发生了爆炸性减压，机身被导弹爆炸的弹片多次击中，可以认为飞机被击落是有预谋的。其间，乌克兰政府军和民间武装在乌克兰东部地区交火激烈。但乌克兰军方和民间武装均已否认击落了客机。马来西亚航空公司 7 月 18 日确认客机上遇难人数为 298 人，包括有来自世界 10 个国家的乘客，其中荷兰最多，达 192 人，其次是马来西亚 44 人（含 2 名婴儿）、澳大利亚 27 人等。

在马年即将过去，前两次空难的痛苦记忆慢慢淡出人们记忆的时候，一架从印尼泗水飞往新加坡的亚航 QZ8501 班机与雅加达塔台失联的消息再一次震撼人们的神经，失联时间是北京时间 2014 年 12 月 28 日 7 时 17 分。事后经过搜寻，该飞机坠毁于印尼爪哇海域，印尼“蛙人”已于 2015 年 1 月 12 日找到亚航失事客机 QZ8501 的黑匣子。失事飞机的机型为空客 A320－200，载有 155 名旅客和 7 名机组人员，乘客主要是印度尼西亚人，共 149 名，另外还有 3 名韩国人、1 名英国人、1 名马来西亚人和 1 名新加坡人。

（五）东盟一体化进程的推进

缅甸 1997 年加入东盟后首次于 2014 年担任东盟轮值主席国，这对于缅甸进一步融入东盟集体，提升自身的国际地位有重要意义。

东盟作为一个区域合作组织，每年都会举行首脑峰会、部长级会议、专家会议等一系列活动，其中最引人注目的是两次首脑会议和两次外长会议，其中分别有一次首脑会议和外长会议是东盟与有关国家的首脑、外长一起召开的。

2014 年东盟外长两次会议于 1 月和 8 月先后在缅甸举行。1 月 17 日，为期一天的东盟外长会议在缅甸历史古城蒲甘举行，会议重点讨论了包括加速东盟一体化及推进实施东盟共同体重大计划等内容在内的 2014 年东盟优先发展事项，确定 2014 年东盟的主题是“团结起来向和平与繁荣的共同体迈进”。

2014 年 5 月 10 ~ 11 日，第 24 届东盟领导人会议在缅甸首都内比都举行。本届东盟峰会的重要成果是发表了《内比都宣言》，宣言明确到 2015 年东盟将建成经济共同体，并要求完成《东盟共同体 2009—2015 年路线图宣言》尚剩余的任务，确保按时实现《东盟共同体 2015 年后愿景》的规划。作为东盟轮值主席国的缅甸总统吴登盛在会上说，为完成共同体建设，缅甸就东盟 2014 年需要优先推进的工作提出四点建议，包括加快完成东盟共同体路线图，增强东盟各成员国的经济活力、致力于经济公平发展，加强与各方的协调合作、有效应对共同关心的国际和地区问题，以及减少贫困、完善社会安全网络等。①

第25届东盟峰会及东亚合作领导人会议2014年11月12～13日在缅甸首都内比都举行。会议议题包括两个方面，一个是东盟自身的一体化推进问题；另一个是深化东亚的合作。东盟峰会讨论了东盟共同体建设进程，重申加强东盟组织在不断变化的地区架构中的中心地位，并使之起到主导作用。会议通过了《关于东盟共同体在后2015年发展愿景的内比都宣言》《关于加强东盟秘书处和评估东盟机构的宣言》《东盟2014年气候变化联合声明》。据东盟秘书处提供的数据，2014年，东盟共同体的三大支柱建设取得长足进展，实施率已达到约88%。

除东盟领导人会议外，东盟还分别与中国、日本等对话伙伴国举行"10+1"领导人会议、与中日韩三国领导人举行"10+3"会议，并与8个对话伙伴国领导人举行"13+5"峰会，即东亚峰会。会议重申，东盟将在"10+1"、"10+3"、东亚峰会等机制中加强与域外伙伴国的合作。会议对《区域全面经济伙伴关系协定》（RCEP）谈判和东盟－中国香港自贸区谈判取得的进展表示欢迎，并敦促各方进一步努力，力争在2015年年底前完成RCEP谈判。②

二 2014年的中国－东盟关系

2014年是中国－东盟合作"钻石十年"以及中国与东盟战略伙伴关系第二个十年的开局之年，中国与东盟的政治、经济、文化关系全面发展。2014年也是中国－东盟文化交流年，中国与东盟成员国开展了100余场形式多样的文化活动及项目，进一步促进并深化了中国与东盟各国人民之间业已存在的友谊与合作。

---

① 《东盟：2015年建成东盟共同体》，《云南信息报》2014年5月13日，第A20版。

② 柳青：《2014年度东盟峰会及东亚合作领导人系列会议落幕》，国际在线网，2014年11月14日，http：//gb. cri. cn/42071/2014/11/14/6071s4764372. htm。

（一）政治外交合作

中国与东盟领导人的密切互访促进了传统友好与务实合作。2014 年，东盟国家的领导人来到中国北京、上海、南宁、海口等地参加了由中国主办或承办的亚洲相互协作与信任措施峰会、APEC 领导人非正式会议、博鳌亚洲论坛、中国－东盟博览会等，许多东盟国家首脑访问了中国。与此同时，李克强等中国领导人也到东盟有关国家参加了在当地举行的东亚峰会、大湄公河次区域经济合作领导人会议等多个国际会议，并到一些东盟国家进行了访问。

2014 年 11 月中旬，李克强总理出席在缅甸举办的东亚领导人系列会议并正式访问缅甸。李克强 13 日下午在内比都出席第 17 次中国－东盟领导人会议，并与缅甸总统吴登盛共同主持了会议，中国与东盟国家领导人就进一步拓展双边合作达成了广泛共识。

李克强总理提出了中国与东盟加强交流合作的六项建议：一是规划好中国－东盟关系发展大战略，制订《落实中国－东盟面向和平与繁荣的战略伙伴关系联合宣言行动计划（2016～2020）》，签署《中国－东盟国家睦邻友好合作条约》；二是打造中国－东盟自贸区升级版，双方探讨签订以准入前国民待遇加负面清单模式的投资协定，推进跨境经济合作区和产业园区建设；三是加快互联互通网络建设，推动陆海通道、通信、电力、网络等互联互通规划和建设，改善通关便利化、标准规范等互联互通软环境；四是实施中国－东盟海上合作基金项目，打造海上合作新亮点；五是保障传统领域和非传统领域安全；六是积极开展人文科技环保新领域合作。

在内比都，李克强总理与日韩及东盟领导人举行了“10＋3”峰会。李克强在会上提出了关于推进东亚经济一体化、金融合作、区域互联互通、民生合作、人文社会交流、公共卫生合作等加强“10＋3”合作的六个方面的建议。[①]

---

① 王少喆：《中国－东盟合作步入“钻石十年”》，《昆明日报》2014 年 11 月 14 日，第 A07 版。

（二）经贸关系进一步发展

2014 年中国与东盟的投资与贸易关系都有新的进展。

1. 双向投资减缓但前景良好

迄今，中国与东盟的双向投资累计约 1300 亿美元。根据中国商务部统计，截至 2014 年，东盟国家累计对华投资 917.4 亿美元，其中，2014 年新增直接投资 63 亿美元，同比下降 24.5%。但是，中国企业赴东盟投资在增加，截至 2014 年累计总额为 352.1 亿美元，其中 2014 年新增非金融类直接投资为 58.8 亿美元，增长 2.5%。[①] 中国对东盟国家投资排名前五位的国家依次是新加坡、印尼、老挝、柬埔寨、越南。

从统计数据看，2014 年中国与东盟的实际投资增速确实有所放缓。不过，随着中国“一带一路”建设的提出，中国与包括东盟国家在内提议设立的亚洲基础设施投资银行将为双方的投资合作提供良好的前景。2014 年 10 月 24 日，中国与包括东盟 9 国在内的 21 个首批意向创始成员国的财长和授权代表在北京签约，共同决定成立亚洲基础设施投资银行。后来越南也参加了进来，东盟 10 国都成了创始成员国。这一由中国倡议设立的亚洲区域新多边开发机构计划于 2015 年年底前投入运作，为在基础设施建设中资金短缺的国家提供金融支持。

2. 相互贸易持续增长

据统计，2014 年中国与东盟进出口贸易总额为 4801.2 亿美元，比上一年增长了 8.23%，中国继续保持东盟最大贸易伙伴的地位。东盟则排在欧盟和美国之后，是中国的第三大贸易伙伴。中国与东盟贸易额占中国对外贸易总额的 11.16%，较 2013 年的 10.66% 又有新增长。其中，中国出口 2717.9 亿美元，进口 2083.3 亿美元，同比分别增长 11.36%、4.41%。目前，东盟是中国第二大进口来源地、第四大出口市场。中国与东盟的贸易增

① 《中国与东盟 2014 年经贸合作简况》，中国－东盟中心网，2015 年 3 月 16 日，http://www.asean-china-center.org/2015-03/16/c_134071065.htm。

长快于中国整体对外贸易平均增长速度（3.4%），高出4.9个百分点。

从双方进出口商品结构来看，前三大类贸易商品是机电、音响设备及其零件、附件，矿产品，贱金属及其制品等。

从具体国别来看，中国与东盟有陆地边界接壤的国家贸易规模增速迅猛。其中与缅甸的贸易额实现翻番，进出口同比增长146.03%，与老挝、越南的进出口总额分别增长31.87%、27.54%，大大高于中国与整个东盟贸易增长的速度。

中国与东盟经济较为发达的国家保持低速增长，其中与新加坡、泰国的贸易增速分别为4.92%、1.98%，而与马来西亚的贸易出现了负增长，为-3.87%。①

（三）中国以“双轨思路”应对南海问题

近年来，南海风浪时起时伏。2013年大体是平稳度过。而2014年又爆发了越南激烈反对中国在自己的西沙海域内设置“981”钻井平台事件。一些第三方国家对事件予以表态，一时搅得南海风起云涌。

2014年7月中国完成任务撤离钻井平台。8月9日，中国外长王毅在缅甸首都内比都举行的东亚合作系列外长会议期间提出中国解决南海问题的“双轨思路”。

李克强总理11月13日在缅甸内比都出席第九届东亚峰会上进一步阐述了中国在南海问题上“双轨思路”的原则立场，认为南海形势总体稳定，航行自由和安全有保障。中国与东盟全面有效地落实了《南海各方行为宣言》，海上合作务实，对话与沟通密切有效。中国同意与东盟积极磋商，在协商一致的基础上制定“南海行为准则”。中方建议相关国家有效管控分歧，积极探讨共同开发。②

---

① 《中国与东盟2014年经贸合作简况》，中国-东盟中心网，2015年3月16日，http://www.asean-china-center.org/2015-03/16/c_134071065.htm。

② 王少喆：《中国-东盟合作步入“钻石十年”》，《昆明日报》2014年11月14日，第A07版。

三　2015年的东盟与中国 - 东盟关系

（一）东盟经济将稳步发展

东盟国家和国际经济机构对东盟2015年经济发展前景持谨慎乐观的态度，少数国家经济低速增长，而多数国家保持中速经济增长，预测总体经济增长率将达到5.3%左右，略高于2014年。

东盟国家经济2015年增长前景既与全球经济不确定性影响密切相关，也受制于自身的发展因素。从东盟自身的情况看，以其拥有低廉的劳动力，不断改善的投资环境，地区稳定，经济迅速增长等条件，颇受投资者的青睐。城市化是东盟经济增长的新动力。当前，首先是2015年东盟共同体的建成，将成为东南亚地区经济发展的催化剂。尤其是东盟经济规模的扩大，将带动东南亚地区发展成为世界上增长速度最快的消费市场之一，提高东盟在国际舞台上的经济地位。其次，东盟主要经济体的经济增速预计将出现回升。东盟最大的经济体印尼大选过后将集中力量发展经济；第二大经济体泰国在军事政变之后，社会局势趋于稳定，经济也会回升；越南正在筹备2016年年初举办的越南共产党第十二次全国代表大会，2015年也要保持政治社会的稳定，经济也将进一步提速。还有，近期印尼、泰、马、越等国都采取了降低银行利率的政策，这些措施也将有助于企业增加投入、居民增加消费。

外部主要看三大因素，一是中国经济继续保持发展态势，尤其是实施“一带一路”对外开放战略，将会惠及经贸关系密切的东盟；二是随着美国经济复苏，东盟对欧美等主要工业国的出口将增加，同时还为当地创造更多的就业机会；三是美国货币量化宽松政策的退出，国际原油价格下跌，将对东盟经济增长产生双重影响。全球利率上升，资本流动产生逆转。同时，天然橡胶、天然气、金属、矿物、棕榈油等大宗商品价格下滑将对部分东盟国家经济表现造成不利影响。当然，国际油价的下跌，也将有助于一些新兴国家的经济增长。①

从国别看，预计大多数东盟国家经济将有不同程度回升，如泰国、印度尼西亚、越南等国的经济增速将会比较显著，只要不出现大的不利事件。其他各国预计经济增速也都稳中有升。②

渣打银行研究报告显示，2013 年东盟的 GDP 达到 2.4 万亿美元，成为全球第八大经济体。预计东盟人均 GDP 从 2013 年的 3900 美元将增至 2030 年的 8500 美元，增长一倍。到 2020 年，该地区总人口将达 6.9 亿人。③

表 1　2013～2015 年东盟国家经济增长速度

单位：%

地　　区	2013 年	2014 年	2015 年(预测)
文　　莱	1.5	1.9	-1.5
柬 埔 寨	7.2	7.2	7.3
印　　尼	5.9	5.1	5.8～6
老　　挝	7.6	7.7	7.5
马来西亚	4.3	5.5	4.5～5.5
缅　　甸	6.5	6.8	8.0
菲 律 宾	7.0	6.1	7～8
新 加 坡	3.7	2.8	2～4
泰　　国	2.7	0.7	3.5～4
越　　南	5.4	5.98	6.2
东　　盟	5.0	4.6	5.3
世　　界	3.5	3.3	3.5

注：综合各国官方发布的数据及世界银行、亚洲开发银行等的报道和预测，由于统计口径的差异，仅供参考。

① 王勤：《外媒：东盟经济转型加速，将迈入共同体时代》，中国新闻网，2015 年 2 月 6 日，http://www.chinanews.com/hb/2015/02-06/7042886.shtml。

② 昌盛：《2015 年东盟经济形势分析展望》，桂经网，2015 年 1 月 4 日，http://www.gxi.gov.cn/gjbg/gjzb/201501/t20150104_579092.htm。

③ 《渣打银行：2015 年东盟经济继续迅速增长》，南博网，2015 年 1 月 14 日，http://www.caexpo.com/news/info/industry/2015/01/14/3638792.html。

（二）东盟政局的发展态势

东南亚更多是个地理和政治概念，而不是文化概念。东南亚无论是政治还是文化或者宗教，都极具多样性，人们很难对近年来东南亚国家的政治局势变化做统一的归纳。但是，东南亚国家有一点是相似的，除泰国外，这一区域的国家几乎都有被西方殖民和统治的经历，“二战”后才独立为民族国家。在印尼、新加坡、马来西亚、柬埔寨、泰国和缅甸，要么存在政治强人，如苏哈托、李光耀、马哈蒂尔和洪森，要么存在军人强权，如泰国和缅甸。现在，在强人政治谢幕的国家，政治无一不面临着调整和转型，但这一进程还远没有结束。在柬埔寨，一旦政治强人洪森退出政治舞台，可能会迎来民主化的阵痛。而缅甸的吴登盛，则是采取从上而下的方式，主动开启了民主化进程。所以，尽管表现方式不同，但是这些国家的传统政治都面临着挑战和变革。①

1. 民主政治继续发展

在东南亚，新加坡是一个中西合璧的社会，其政治体制结合了西方的民主因素与东方的精英治理，因而被很多西方学者视为民主社会。2015 年 3 月 23 日，具有国际影响的政治家、战略家李光耀逝世了。世人非常关心进入后李光耀时代的新加坡政治社会发展前景。

马来西亚是一个多元种族社会，其民主发展总的来说还比较稳定，逐步形成了国阵与民联两大阵营，近年来存在已久的政治结构显然受到了挑战。安华尔被审判后，马来西亚的政治局势发展令人关注。

1997 年开始的亚洲金融危机，导致印度尼西亚苏哈托政权的倒台。印尼走上了民主化的道路。经过近年多次的民主选举，印尼的民主制度正在确立起来，但是否有能力来推动其社会经济的发展，避免陷入中等收入陷阱，仍然是未知数。

为数不少的东盟国家则长期陷入中等收入陷阱，包括泰国、菲律宾等。

① 谭翊飞：《新一波东南亚政治变局》，《21 世纪经济报道》2014 年 3 月 24 日，第 3 版。

20 世纪 60 年代，泰国、菲律宾曾经被西方视为亚洲最有潜力的两个经济体和民主政治国家，因为当时经济发展和民主政治同时进行。但近年这两个国家并没有沿着西方的预期发展，而是长期陷入中等收入陷阱。今天，很少有人会认为这两个国家的民主政治是成功的。

在缅甸、柬埔寨，具有合法地位的或者事实上的反对派正在形成，容易促成民主化的发生和发展，但民主化能否带来政治稳定，对社会经济发展能否产生正面的影响，则具有高度的不确定性。①

2. 2015年缅、越、菲、泰政治局势令人瞩目

2011 年，缅甸结束军人统治，推进改革开放，政治社会面貌有了很大的变化。现在，缅甸正处于民主化进程中。但正如 20 世纪 50 年代的民主化一样，今天缅甸的民主化仍然具有巨大的不确定性。本来 2015 年大选人们对昂山素季抱有很高的期望，但按程序选举仍然是依据现行宪法举行。2014 年 11 月 18 日，缅甸联邦议会议长吴瑞曼在记者会上说，下届政府时期方可修改现行宪法。他还说，宪法中有些条款修改与否需要全民公决决定，2015 年 5 月将举行修宪全民公决。按照缅甸现行宪法相关条款规定，全国民主联盟主席昂山素季不能竞选国家领导人。根据 2008 年新宪法，缅甸每五年举行一次议会选举。首届议会任期将于 2016 年 1 月 30 日结束，新一届议会的选举需在此截止期限前的 90 天内举行。缅甸长期处于军人政府的统治之下，下一步的民主化能否顺利推进举世瞩目。

逢五逢十是越南隆重举行一系列庆祝活动的年份。2015 年越南将会举行越共成立 85 周年、越南社会主义共和国建立 70 周年、胡志明诞辰 125 周年、南北统一 40 周年等重大的纪念活动。越共十二大将于 2016 年年初召开，2015 年越共十二大的筹备工作进入关键时刻，所有工作于 2015 年年底要全面完成，这就要求越南的内政外交以稳中求进的方针来推进。可见，2015 年越南的政治社会将会保持一个稳定的状态。

---

① 郑永年：《亚洲的民主困局和中国的选择》，联合早报网，2015 年 3 月 10 日，http://www.zaobao.com/forum/views/opinion/story20150310－455193。

近年，菲律宾经济发展很快，与南部分裂武装的谈判也取得成效。2014年3月27日，菲政府与“摩洛伊斯兰解放阵线”（以下简称“摩伊解”）签署全面和平框架协议，同意成立一个新的名为“邦萨摩洛”的政治实体，以取代现存的棉兰老穆斯林自治区。自此双方没有发生过大规模武装冲突。但是，2015年1月25日，菲律宾国家警察特种部队成员在菲南部马京达瑙省实施突袭，试图抓捕恐怖分子祖尔基夫利·本·希尔和巴西特·奥斯曼。特警在击毙祖尔基夫利后，意外与“摩伊解”和“摩洛伊斯兰自由斗士”反政府武装发生交火并被包围，至少44名特警身亡。这次行动失利还存在诸多疑点，已经影响到菲律宾南部和平进程，阿基诺三世正面临着出任总统以来最大的政治危机。“摩伊解”是菲律宾最大的反政府武装力量，现有约1.2万名武装人员。①

随着跨入2015年的钟声敲响，泰国军事政变后军政府的管制也已进入第二年。1月泰国国会提出弹劾前总理英拉之后，法院于28日判处红衫军领袖贾图朋诽谤前总理阿披实罪名成立，入狱两年。在泰国历史上，政变频繁，宪法屡屡遭到遗弃。而在过去的十多年里，泰国政治更陷入恶性斗争的怪圈。究其原因，传统的政治力量不满足于其权力被分享，试图维系其权力。下层与中上层之间的利益分化，草根阶层不断推动“民主化”。在泰国的政治动荡中，既有泰国东北部农民的身影，又有“保皇党”和保守势力的介入。更严重的是，泰国分化的阶级正以不同的政党形成力量集结，这对泰国的前途来说是非常危险的。但政治总是充满了很多未知的因素，也许在目前德高望重的泰王百年之后，泰国政治将迎来新的转机。②

（三）展望东盟经济共同体的建成

2015年年底东盟将正式宣布成立东盟经济共同体。这对东盟来说意义非常重大，对整个亚太地区乃至整个世界格局意义也非常大，因为这是欧盟

① 林昊：《阿基诺三世面临最大政治危机》，《羊城晚报》2015年2月7日，第A10版。

② 谭翊飞：《新一波东南亚政治变局》，《21世纪经济报道》2014年3月24日，第3版。

建成后世界上第二个地区一体化的重大突破，象征着世界上首次由多数发展中国家组成的组织在一体化方面取得了长足的进展。同时，它对整个亚太地区的发展和稳定也起到积极的推动作用。①

1. 对东盟一体化推进前景的乐观与谨慎

总的来说，东盟的整合过程进展良好，虽然速度并没有一些人想要的那么快。除了欧盟，没有其他区域组织能够像东盟这样建立了那么强的凝聚力。首先，这个区域维持了超过50年的和平，这是绝对值得珍惜的。亚洲其他地方的区域组织成员甚至不愿彼此同桌，更不用说为国家和人民所面对的复杂课题进行磋商和寻求解决方案。东盟成员国人民逐步可以方便地在区域出入，便是交流的很好例子。其次，东盟的经济合作逐渐发展成经济一体化的进程，让区域对外来投资、资金和技术更具吸引力。②

作为全球著名的战略咨询机构之一的麦肯锡全球研究所（MGI）对东盟经济一体化进程的评估结果认为，“东盟恐难在2015年内实现经济完全一体化目标”。MGI指出，尽管东盟国家在建立单一市场、统一生产基地等方面取得了切实进步，尤其是几乎取消了各经济体间关税，促进了域内汽车、纺织、林业等多个产业加速融合。然而，“在事关区域一体化的所有领域中，仍没有任何一个领域能达到全方位一体化的要求”。例如，“马来西亚、印度尼西亚、新加坡、泰国和菲律宾之间的关税虽已趋近零水平，但金融监管、外资持股比例、外商所有权、技术标准、行业规制等非关税壁垒始终难以逾越”。东盟国家间既不像欧盟国家间具有体制机制和基础设施等层面深厚的纽带和天然的联系，又不像北美国家间具有无缝对接的供应链系统以支撑自由贸易区内规模庞大的商品和服务贸易。③

2. 互联互通是共同体建设重要环节

2014年11月，第25届东盟领导人会议签订了《东盟服务框架协议第

① 梁爽：《2014年东盟政治经济外交稳定发展》，国际在线网，2014年12月31日，http://news.sina.com.cn/o/2014-12-31/095531347933.shtml。

② 克萨瓦巴尼：《亚细安一体化是进程而非幻影》，《海峡时报》2015年3月12日。

③ 田原：《东盟经济一体化2015年恐难全面达成》，中国经济网，2015年2月2日，http://intl.ce.cn/specials/zxgjzh/201502/02/t20150202_4489111.shtml。

九个一揽子计划》《东盟全面投资协定的修正议定书》《会计服务业相互承认协定》等。2015 年，东盟区域经济整合将进入最后的攻坚阶段。根据东盟经济共同体的时间表，分别在 2015 年和 2018 年前制定一般产品和敏感产品的关税减免时间表。2015 年将逐步把外国资本在服务业的持股比例上限提高到 70%，并实现工程师、医师等七个专业人才资质的互相认可，以建成包括区域内商品、服务、资本和劳务自由流动的共同市场。

其实，互联互通战略才是东盟共同体建设的重要环节，它包括基础设施互联互通、机制互联互通和民间互联互通。目前，东盟互联互通的总体规划全面展开，交通运输基础设施的 15 个项目中的公路、铁路和海运项目已全面铺开，各国逐步建立起"单一窗口"机制，单一航空市场和货物过境便利化议定书顺利实施，通过"东盟交易连接"网络连线实现东盟七个证交所交易连接，东盟加强了区域旅游业整体宣传和产品推荐，将逐步实现区内各国公民免签证、对其他国家游客实行东盟单一签证。①

3. 2020年东盟一体化展望

马来西亚是推进东盟一体化的中坚力量，2015 年作为东盟轮值主席国，马来西亚提出了建立东盟统一维和部队、统一时区等建议。马来西亚国际贸易与工业部部长慕斯达法表示，东盟 2015 年年底将正式宣布成为单一市场，但要等到 2020 年，东盟各成员国才能在取消非关税障碍及熟练工人流通等方面有更多的整合，那时东盟 10 个成员国内才能自由旅行。东盟商界一直在推动各国政治领袖加快整合速度，但东盟的整合模式是渐进式的。慕斯达法说，"商界希望东盟被整合为一个经济体。但事实是，在边界、海关、移民问题上都有不同的法规。"② 马来西亚提出建立东盟统一时区的建议得到了印尼总统的支持。东盟国家间目前的最大时差为 2.5 小时。统一时区显然有利于东盟的经济和政治融合。

---

① 王勤：《外媒：东盟经济转型加速，将迈入共同体时代》，中国新闻网，2015 年 2 月 6 日，http：//www.chinanews.com/hb/2015/02－06/7042886.shtml。

② 《马来西亚官员：东盟 2015 年底将整合为单一市场》，中国新闻网，2015 年 1 月 26 日，http：//www.china.com.cn/news/world/2015－01/26/content_ 34659201.htm。

根据《关于东盟共同体在后2015年发展愿景的内比都宣言》和东盟峰会的主席声明，东盟将继续致力于建设经济、政治安全、社会文化三个共同体，东盟成员国将协调应对一体化发展过程中的一系列挑战。泰国民族多媒体集团总编辑贴差·勇表示，区域一体化进程要让成员国的更多普通民众体会到与这一进程的紧密联系，“我认为，在地区一体化进程中，经济方面进展得最快，政治安全方面也取得了一定的成果，最为薄弱的部分是社会文化和人员交流部分，这也是（东盟共同体的）第三根支柱。因此在这次系列会议中，领导人们的讲话中都多次提及了人员交流的议题。我觉得领导人们都明白，一旦东盟建成共同体，占大多数的普通人都需要明白自己能够在多大程度上获利，要不然的话，建成共同体也就没什么意义了。”①

（四）中国－东盟关系稳步前行

中国与东盟的合作成为东亚区域发展的主轴。这里的南海与东海之争非常引人瞩目。东亚地区能否有一个和平的大环境是人们最为关心的。

新加坡国立大学李光耀公共政策学院院长马凯硕对此坚定地说，“为什么我如此有信心东亚不会爆发战争，无论在东中国海还是南中国海？答案很简单，因为我了解推动亚洲变化的力量。虽然许多亚洲邻国会发出愤怒的民族主义声明（他们必须这样做来应对普遍的民族主义情绪），但他们的行动是谨慎和务实的。过去二十多年间，我一直在写关于亚洲崛起及其推动力量的文章。东亚各国领导人之间有一个了不起的共识：亚洲需要利用当前的机会之窗，把重点放在经济发展和增长上。战争是发展的最大阻碍。如果亚洲人真的愚蠢，他们或会卷入这样的战争，破坏自己巨大的发展前景。大多数亚洲国家（除了朝鲜）的领导人，都很明白战争的危险。因此，虽然这一地区会出现局势紧张和对抗，但无论在2014年还是2015年都不会爆发战争。”② 也

① 柳青：《2014年度东盟峰会及东亚合作领导人系列会议落幕》，国际在线网，2014年11月14日，http://gb.cri.cn/42071/2014/11/14/6071s4764372.htm。

② 马凯硕：《2015年东亚不会出现战争的原因》，金融时报网，2014年12月30日，http://www.m4.cn/opinion/2015-01/1258719.shtml。

就是说，2015 年相对平静的可能比较大，而激烈冲突的可能性则比较小。

2015 年中国与东盟国家的双边合作有望加强和改善。随着中国“一带一路”战略的实施，亚投行的实质投入运作，东盟国家与这两大项目都有重大关联，中国与东盟将有许多需要加强合作的事务。为了实现互利共赢，中国与东盟将在 2015 年完成升级版中国－东盟自贸区的谈判，以及中国－东盟双方作为主要参与者的《区域全面经济伙伴关系协定》（RCEP）的谈判。2015 年还是中国－东盟海洋合作年。为了实现 2015 年双方贸易额达到 5000 亿美元的目标，相互贸易的增速只要达到 2% 就可以，而专家们认为实际增速有可能达到 10% 左右。

东盟国别形势分析

Analysis of the Situations in ASEAN States

Y.2

马来西亚：经济良好　外交稳固

韦朝晖*

摘　要：在东盟整体经济快速发展的背景下，2014 年，马来西亚无论在经济、政治还是外交上都取得了较好的成绩。虽然出现了马航事件、党派纷争等问题，造成了经济、社会影响，但通过国内和国际合作，整体上仍保持稳定。积极的大国和周边外交，不仅加强了其与外部的交流，而且巩固了其在东盟各国中的重要地位。

关键词：马来西亚　政治　经济　外交

* 韦朝晖，广西社会科学院台湾研究中心副研究员，主要从事东南亚问题研究。

2014 年，马来西亚面临的挑战和问题较多，马航两次严重事件、沙巴人质事件等，不仅造成了经济、社会影响，而且是对政府的应对和执政能力的挑战。经济上，国际市场的压力以及石油和原产品价格的波动，都对马来西亚经济产生了较大影响。马来西亚经过努力，政治上虽有内部纷争，但总体保持了平稳；经济全年获得 6% 的增长，发展形势良好；外交上不断提升了与中国、美国、日本等大国的关系，深化了与周边其他东盟国家的合作。

一　政治：国阵与民联现纷争

2013 年马来西亚大选，对 2014 年马来西亚政治发展的影响很大。执政党联盟国民阵线（简称国阵）虽然选举获胜，但支持率并没有得到大幅度提升，核心党马来西亚统一机构（巫统）面临进一步改革和力量整合；国阵中的华人政党在选举中大败，面临进一步的调整。反对党联盟人民联盟（简称民联）虽然在选举中失败，但支持率、影响力上升。2014 年，民联却没有借机进一步整合，而由于民联的人民公正党发起“加影行动”，激化了民联内部的矛盾；属于民联的伊斯兰党试图推动在吉兰丹州实施伊斯兰教刑事法，遭到了马来西亚国内非穆斯林的极力反对；“加影行动”和伊斯兰教刑事法事件削弱了民联内部脆弱的同盟关系。执政党联盟和反对党联盟存在的诸多问题使马来西亚的政局和政治体制发展面临的风险增大。

（一）华人政党重返内阁

2013 年马来西亚大选后，国阵中的华人政党马华公会、民政党因在大选中失败，履行了选前的承诺，大选成绩不如 2008 年大选，将全面拒绝接受各级政府官职，使得新一届政府内阁中没有华人任职。这引起了马来西亚华人社会的关注，他们基本上不同意华人政党的决定，认为应该重新审议之前的决议，让华人代表能够重返内阁，反映华人的诉求和心声。对此，2014 年 2 月 23 日，马华公会在吉隆坡马华大厦举行中央代表特别大会，以绝对多数票通过了“全党重新接受出任各级政府职务”的议案，决定重新入阁，出任正副部长等职务。6 月 25 日，马来西亚总理纳吉布宣布马华公会和民政党重返内阁，马华公会获得两名部长和三名副部长职位，民政党则获得一个部长职位。此外，马华公会和民政党在 2014 年马华中央代表大会和全国代表大会上，重新凝聚力量，制定方略，争取发挥更大作用。

（二）巩固和增强《煽动法令》

2014 年，作为国阵核心的巫统，除了要面对由于因应马航 MH370 事件迟缓而引发的来自反对党的压力外，是否废除《煽动法令》成为国内关注的重点。《煽动法令》是 1948 年英国殖民当局在马来西亚紧急状态期间颁布的法令，也是一部没有经过国会辩论通过的法令。马来西亚于 1957 年独立后继续沿用该法令，并分别于 1964 年和 1969 年把适用范围扩展到沙巴州和沙捞越州。由于《煽动法令》无论是在殖民统治时期，还是在马来西亚独立后，都被执政当局作为可以有效打击政治异议、维护当权者利益的政治工具，因此该法令在马来西亚国内遭到猛烈的批评，众多团体和个人要求政府尽快废除这一法令。对于国内要求废除《煽动法令》的强烈诉求，总理纳吉布曾于 2012 年宣布将准备废除该法令，并作为其“法律改革”的措施之一。2013 年 7 月，纳吉布仍坚持该法令将被废除，并将以新的《国民和谐法令》取代。虽然马来西亚当局多次承诺废除《煽动法令》，但实际进展缓慢，同时当局仍多次援引《煽动法令》逮捕大批异见人士，这引起马来西亚国内的众多组织和民众发起废除《煽动法令》的运动。巫统内部的极端保守势力和部分基层党员是极力反对废除《煽动法令》的，这也是导致纳吉布在废除这一法令上进展缓慢的重要原因。最终，在 11 月举行的巫统大会上，马来西亚总理兼巫统主席纳吉布宣布，不会废除 1948 年《煽动法令》，反而会通过增设捍卫宗教及主权的条文来强化该法令，严惩发表煽动言论之人。新增设的条文将涵盖两部分，第一部分是要捍卫伊斯兰教神圣地位及保障其他宗教不遭到污蔑，第二部分则是针对沙巴州及沙捞越州的地位，将会严惩任何分裂半岛及东马两州的言论。纳吉布维护《煽动法令》的决定是向巫统内部保守势力的妥协，获得了执政利益集团的欢迎，在执政党之外却引起了广泛的批评。由此可见，国阵的民主政治改革之路仍任重道远。

（三）雪兰莪州加影州议员、雪兰莪州州务大臣补选

从2014年1月开始至9月才结束的雪兰莪州加影州议员、雪兰莪州州务大臣补选，是民联内部的人民公正党发起的、旨在废除雪兰莪州州务大臣卡立的政治行动，被称为“加影行动”。从2008年民联赢得雪兰莪州执政权以来，一直由人民公正党的卡立担任州务大臣，但近年来卡立却与人民公正党的关系恶化。因此，人民公正党发起了撤换卡立的“加影行动”，目的是让人民公正党实际领导人安瓦尔通过加影补选机制当选州议员，继而执掌雪兰莪州州务大臣之位。此次行动从2014年1月27日，作为人民公正党党员的雪兰莪州加影州议员李景杰提出辞呈，安瓦尔宣布上阵补选开始，至9月23日，人民公正党署理主席阿兹敏正式宣誓就任雪兰莪州州务大臣而暂告一段落。由于安瓦尔被判鸡奸罪名成立而失去补选资格，雪兰莪州苏丹的反对，以及民联内部伊斯兰党的不配合，“加影行动”并没有达到目的，反而对人民公正党和民联造成了一定的冲击。人民公正党发动“加影行动”以让安瓦尔或者旺阿兹莎取代卡立成为雪兰莪州州务大臣的目的没有实现；这种操弄民主的选举，引起了民众的反感；人民公正党的内部矛盾赤裸裸地暴露出来，其政治影响力受到削弱。对民联而言，伊斯兰党在撤换卡立和提名州务大臣时与其他两党的意见不一致，使得民联的内部协商名存实亡，民联内部矛盾也暴露出来。“加影行动”的结果，虽然使得风波平息，但也开启了苏丹御准的大臣人选不一定与执政党或多数议员支持人选相符的案例，这对实施君主立宪制的马来西亚影响深远。

（四）吉兰丹州要求在本州实施伊斯兰教刑事法事件

2014年，伊斯兰党执政的吉兰丹州要求在本州实施伊斯兰教刑事法，此事给马来西亚政坛带来了巨大的冲击。吉兰丹州90%的人口为穆斯林，伊斯兰党提出在吉兰丹州实行伊斯兰教刑事法后，遭到马来西亚国内非穆斯

林团体的强烈反对，反对的主要理由是马来西亚宪法规定其是一个多元种族、多元宗教的国家，联邦及各州的司法体系应该以世俗体制为准，落实伊斯兰教刑事法将瓦解现有民主与司法体制。由于马来西亚的穆斯林人数众多，所以执政的巫统领袖、现任总理纳吉布和反对党领袖安瓦尔并没有像前总理马哈蒂尔那样明确表示反对，都不愿意直接指责伊斯兰教刑事法。在马来西亚的国内政治中，伊斯兰教刑事法是一个敏感的政治问题。由于马来西亚的两大政治联盟均由多元种族政党构成，属于执政党联盟的马华公会和属于反对党联盟的民主行动党表达了最为明确的反对意见，而执政党联盟中的最主要政党巫统和反对党联盟中的最主要政党人民公正党都在伊斯兰教刑事法上态度暧昧，如果伊斯兰教刑事法问题继续热炒，可能使现在马来西亚的两大政治联盟面临瓦解的风险。而由于伊斯兰党是推动落实伊斯兰教刑事法的积极推手，这个事件对反对党联盟的影响更大。伊斯兰党作为民联的重要成员，积极推动落实伊斯兰教刑事法的做法很难得到同属于民联的民主行动党的认同，这对原本就脆弱的反对党联盟关系冲击很大，埋下了可能导致分裂的隐患。

二　经济：整体经济形势良好

2014 年，马来西亚经受住了国际市场的压力、石油和原产品价格波动、货币林吉特汇率下滑、马航两次严重事件影响等的挑战，经济取得较快发展。2014 年上半年，在出口和私人投资的推动下，马来西亚经济强劲增长，经济表现看好，GDP 在上半年一直保持强劲增长。第一季度 GDP 增长 6.2%，第二季度 GDP 增长 6.4%，上半年 GDP 增速达 6.3%。马来西亚第二财长阿末胡斯尼于9 月 13 日参加第 11 次亚欧财长会议时表示，2014 年上半年马来西亚经济增长率居世界前列，被国际社会誉为典范。下半年，马来西亚经济增长有所放缓，但第四季度意外上升。第三季度 GDP 同比增长 5.6%，第四季度 GDP 增速达 5.8%。2014 年，马来西亚全年经济增速达 6%，为自 2010 年以来的最快水平。国民生产总值达 11065.8 亿林吉特，人均 GDP 为 10801 美元。政府共批准投资项目 5942 个，总投资额达 2359 亿林吉特，同比增长 8%，创历史新高，其中本地投资额占 72.6%，外来直接投资占 27.4%。从投资领域看，服务业占 63.4%，制造业占 30.5%，原产业占 6.1%。

（一）农业

2014 年，马来西亚棕油业仍保持平稳发展的局面，但受到棕油价格下跌的影响，马来西亚棕油出口将有所下降。据估计，2014 年全年由于棕油价格下跌，马来西亚棕油出口将下降至 600 亿林吉特。2014 年由于马来西亚多地遭受严重水灾，预计棕油产量跌幅将达 15% ~20%。马来西亚原棕油的外部市场需求主要来自欧洲、印度、美国和巴基斯坦。

2014 年，马来西亚天然橡胶产量有所下降。2014 年前三季度，马来西亚橡胶产量为 51.3 万吨，比去年同期下跌 17.5%，全年橡胶产量仅约 70 万吨。同期，马来西亚橡胶进口量为 66.3 万吨，同比下降 6.5%，出口量 55.1 万吨，增长 9.8%。2014 年 12 月，马来西亚天然橡胶库存为 132048 吨，与 2013 年同期相比下降了 17.8%。当月橡胶产量为 52004 吨，与去年同期相比下降了 32.0%。马来西亚天然橡胶主要出口中国，其他还有德国、伊朗、美国、巴西等，其中，以出口 SMR 级别天然橡胶为主。泰国、越南和菲律宾是其主要进口来源国，主要进口产品是标准胶和浓缩胶乳。马来西亚橡胶业者表示，在过去十多年中，橡胶价格上涨导致全球种植面积增加，产量过剩、供需失衡，橡胶价格目前跌入谷底，预计短期内难以回升。

除了油棕和橡胶等热带经济作物外，近年来，马来西亚还通过努力扩大稻米种植面积，与中国杂交水稻之父袁隆平合作，提高水稻产量；增加蔬菜种植，禽畜产品和观赏鱼养殖等措施，逐步减少对热带经济作物的过度依赖。

（二）工业

2014 年，马来西亚工业生产指数（IPI）稳步上升，主要是来自制造业、矿业及电力三大领域的拉动，推动制造业增长的领域为电子电器产品、非金属矿物制品、基本金属及金属制品等。马来西亚国家统计局数据显示，马来西亚工业指数4月增长4.2%，6月增长7%，7月增长0.7%，9月增长5.4%，11月增长4.7%，12月增长7.4%，远超市场预期。

制造业发展方面，2014年马来西亚制造业销售额持续增长，前五大销售增长领域是：二极管、晶体管及半导体零件、电容器与电阻器、私人轿车、铝制品、塑料制品，全年制造业增长3.4%。马来西亚制造业主要投资领域包括化学和化工、基本金属、石油和石油化工、电子和电器、食品制造和交通运输设备。2014年国内投资项目中，有8个项目投资额超过10亿林吉特，包括位于柔佛的炼油和石化综合发展项目、位于马中关丹产业园的联合钢铁项目、位于槟城的揖斐电电子项目，以及位于沙捞越的樱花铁合金项目等。在汽车行业方面，2014年马来西亚汽车销售量保持平稳增长，但汽车产量有所下降。马来西亚车商工会（MAA）发布的数据显示，上半年马来西亚新车销量达33.3万辆，同比增长6.3%。1~11月，马来西亚累计汽车销量达60.11万辆，较上年同期增长6505辆，同比增长1.1%。1~11月累计产量达54.54万辆，较上年同期减少3068辆，同比下降0.6%。

在建筑业发展方面，2014年马来西亚建筑业增长9.6%，较去年10.9%的增速有所放缓。2014年，马来西亚重大基建项目包括：捷运第二路线、敦拉萨国际贸易中心、吉隆坡计划下的生命之河项目、柔佛边佳兰提炼与石油化学整合发展项目、巴莪高等教育中心及依斯干达区等发展项目，可为建筑业创造1150亿林吉特的发展总值。

（三）服务业

2014年，受马航MH370、MH17空难以及沙巴绑架事件影响，中国赴马游客减少，但马来西亚旅游业发展整体而言仍然取得不错进展。1~8月，赴马外国游客（不含中国游客）总人数同比增长12.2%，但中国游客人数同比下跌11.9%，相当部分负责中国团体旅游业务的本地旅游从业者业务骤降50%~80%，这导致马来西亚旅游收入减少数十亿林吉特。2014年，马来西亚接待外国游客2743.73万人，比2013年增长了6.7%。其中，中国游客161万人次，比2013年的179万人次下降10.1%。

随着经济形势的上升，2013年马来西亚股市全年上涨10.5%，综合股票指数升至1867点。而到了2014年，受油价暴跌、林吉特走弱以及外资流出等因素拖累，一向引领区域市场的富时吉隆坡综合指数在2014年大跌105.71点，跌幅5.66%，在亚洲市场表现倒数第一。

在对外贸易方面，2014年全年，马来西亚对外贸易总额达14491.5亿林吉特，创历史新高，比2013年增长5.9%，其中出口7661.3亿林吉特，进口6830.2亿林吉特，分别比2013年增长6.4%和5.3%，贸易顺差831.1亿林吉特，同比增长16.6%，连续17年保持贸易顺差。马来西亚前五大出口市场分别为：新加坡、中国、日本、美国和泰国；前五大进口市场分别为：中国、新加坡、日本、美国和泰国。

（四）人民生活

2014年，马来西亚国民生产总值达11065.8亿林吉特，人均GDP为10801美元，已经成为中等收入国家，因此从2014年1月1日起将不再享有对欧盟国家与土耳其普遍优惠制度（GSP）优惠。2014年2月27日，马来西亚人口突破3000万大关，人口寿命的延长使马来西亚老龄人口越来越多，导致马来西亚在2021年将成为人口老龄化的国家。2014年，马来西亚失业率仍然成功地控制在较低水平。3月，马来西亚失业率下降至3%。根据马来西亚人力资源部统计，截至2014年3月，马来西亚的就业人口为1342.78万人，失业人口为41.57万人。12月，马来西亚的失业率为3%，12月的劳动力参与率提升至67.9%，较11月上升0.4个百分点。2014年，马来西亚的通货膨胀率较2013年稍微有所上涨。马来西亚国家统计局发布的数据显示，2014年上半年，马来西亚平均通货膨胀率为3.4%，较去年同期的2.1%有所上浮。1~8月通货膨胀率增幅为3.3%。马来西亚国家统计局公布的数据显示，受烟酒业及交通业支撑，2014年马来西亚居民消费价格指数（CPI）从2013年的107.1增长至110.5，同比增长3.2%。2014年马来西亚大部分主要行业物价指数均有上涨，其中烟酒业和交通业增幅最大，分别增长11.6%和4.9%，仅通信业和服装业物价指数下降，分别下降0.7%和0.2%。在占比最高的行业中，交通，房地产，水、电、燃气及其他燃料，食品及非酒精类饮料的价格增长显著，为居民消费价格指数的整体增长贡献了81.2%。2014年9月，由马来西亚政府组织的家庭收入调查初步结果显示，2014年马来西亚家庭收入均值为5900林吉特/月，较2012年有较大幅度提升（2012年马来西亚家庭收入均值为5000林吉特/月）。

三 外交：加强与大国交流合作，巩固与东盟国家关系

2014年，马来西亚在外交上面临南海问题、伊斯兰国（IS）崛起、马航MH370失联事件以及MH17遭击落事件等诸多挑战，国际外交环境更为复杂。而马来西亚在外交上仍保持了稳定态势，继续巩固了与东盟国家的关系，与美国拓展了全面伙伴关系，与中国深化了全面战略伙伴关系，与日本就开展全方位合作达成共识。2014年10月16日，在第69届联合国大会上，马来西亚获选2015～2016年安理会非常任理事国。11月14日，在缅甸首都内比都举行的第25届东盟峰会上，马来西亚接替缅甸成为2015年东盟轮值主席国。

（一）与东盟国家关系

马来西亚视与东盟国家的关系为外交的基石，与周边东盟邻国的关系更是马来西亚外交重点。马新关系是马来西亚在周边东盟邻国事务中的要务。2014年，马新两国继续保持高层对话和交往，4月，新加坡总理李显龙赴马参加在吉隆坡举行的第五届新马领袖常年交流会，双方领导人就连接吉隆坡与新加坡的隆新高铁的设计、融资、管理、保安、法律规范以及铁路周边工业、商业开发等问题进行了进一步磋商。两国的贸易与投资合作持续发展，2014年，两国双边贸易达2090亿林吉特，两国是彼此的第二大贸易伙伴。新加坡也是马来西亚的最大投资国之一，在马来西亚依斯干达经济特区等开展了大型项目投资合作。马印尼关系也是马来西亚重要周邻关系。2014年5

月，六艘马来西亚军舰试图在加里曼丹附近的争议水域建立灯塔。对此，印尼政府组织官方抗议活动，指责马来西亚直升机及海军舰艇非法入侵丹绒达督海域。由于印尼政府的抗议，马来西亚已经在5月22日停止了灯塔的修建。6月9日印度尼西亚军方宣布，印尼空军将对丹绒达督附近与马来西亚存在争议的海域岛屿的飞机跑道进行升级，以供军机起降。10月，马来西亚总理纳吉布赴雅加达出席印尼当选总统就职仪式，其间纳吉布总理与印尼总统佐科进行首次会面，双方达成尽快解决两国间的海上边界问题的共识。在解决印尼非法外劳问题上，2014年12月底，是马来西亚移民局遣返非法外劳的最后限期，在马来西亚移民局与印尼驻马大使馆安排下，703名印尼非法外劳于12月23日、24日分乘印尼空军运输机回国。在经贸合作方面，双方继续加强贸易与投资合作，同时联手对橡胶、棕油等价格进行干预。此外，在处理马航MH370失联事件时，马来西亚与新加坡、印尼、泰国、越南等东盟国家进行了沟通协调与合作。

（二）马中关系

2014年是中马两国建交40周年，在两国政府的努力下，两国关系经受住了马航MH370失联事件的挑战，在保持稳定的基础上，推动双方交流与合作不断深化。两国间高层交往加强，领导人会面频繁，各部委与地方交流稳定发展。特别是2014年5月，马来西亚总理纳吉布对中国进行正式访问，在人民大会堂举行庆祝两国建交40周年大会，签署了《中马建交40周年联合公报》。在民间交流方面，2014年，两国民间交流受到马航MH370失联事件以及中国游客在东马沙巴遭绑架的影响，曾出现短暂停滞的现象，但经过双方共同推动，已经得到恢复，2014年双边人员往来突破210万人次。在经贸合作方面，中马两国贸易虽然受到全球经济景气不佳以及中国国内需求放缓的影响有所下降，但双方的投资合作得到进一步深化。“中国－马来西亚经济高层论坛”、第四届马中企业家大会、第六届世界华人经济论坛一系列中马经济合作论坛相继举行，有力地推动了双方经济合作。2014年中马双边贸易额为1020.2亿美元，同比下降3.8%，马来西亚连续7年保持中国在东盟最大贸易伙伴地位。在投资方面，截至2014年11月底，马来西亚实际对华投资67.4亿美元，中国对马来西亚非金融类投资9.6亿美元。2014年，中国企业在马来西亚投资24个，投资总额达15亿美元。2014年，中国与马来西亚“两国双园”建设成功启动，开创了两国合作新模式。2014年11月，马来西亚国家银行与中国人民银行签署合作备忘录，在金融合作方面取得突破。2014年，马来西亚对中国提出的“一带一路”建设和设立亚洲基础设施投资银行持积极参与态度，马来西亚成为亚投行创始成员国之一。在文化交流方面，两国举行了多项文化交流活动。此外，中马两国还加强了安全和军事交流合作。2014年12月，“和平友谊—2014”中国和马来西亚军队联合桌面推演开始仪式在位于吉隆坡的马来西亚联合部队司令部模拟中心举行，这是两军首次联合桌面推演。

（三）马美关系

2014年，马美两国关系出现重大突破，两国拓展了全面伙伴关系。2014年4月26日，奥巴马总统对马来西亚进行为期3天的国事访问，这是继1966年约翰逊总统以后第二位访问马来西亚的现任美国总统。在访马期间，两国领导人发表了共同声明，双方决定将两国关系提升为全面伙伴关系，并将在全面伙伴关系的框架下展开各领域合作与对话。双方将加强在经济、安全、教育、科学、技术等领域的合作。随着全面伙伴关系的建立，马美双边关系将进入新阶段。双方对《跨太平洋伙伴关系协定》（TPP）谈判取得进展表示欢迎。在军事合作方面，美马两国承诺未来将就海上执法、装备、训练等领域合作的可能性进行讨论；10月，马来西亚提出允许美国P-8“海神”反潜侦察机飞越该国东部大部分区域的提议。

（四）马日关系

2014年，马来西亚与日本在深化经贸交往上取得诸多共识，两国就政治、安全领域的合作展开磋商。2014年，两国领导频繁会面。3月，安倍首相与纳吉布总理就马航MH370失联事件进行电话会谈。5月，纳吉布总理对日本进行访问。在纳吉布总理访日期间，两国政府首脑就基础设施共同开发以及吸引中小企业双向直接投资展开协商，两国就“隆新高铁”采用新干线技术进行交流，此外双方还就“海上安保”领域的人员、技术合作进行交流。5 月，日本首相辅佐官木村太郎携带安倍首相亲笔信对马来西亚进行访问；日本副外相三矢宪生对马来西亚进行访问。11 月，安倍首相在缅甸首都内比都参加东盟首脑峰会期间同纳吉布总理举行会谈。2014 年，两国探索在传统“向东看”政策的基础上，建立以巩固两国间相互依赖，持续深化经贸互补性为主轴的“向东看 2.0”政策。

Y.3

菲律宾：政局稳定　经济放缓

陈丙先　杜红英*

摘　要：2014 年菲律宾政治上总体稳定，但党派争斗、反政府武装、腐败等问题仍然不同程度地存在；经济增速虽有所放缓，但成绩仍然可观；外交方面主动性增强，对外合作不断扩展。

关键词：菲律宾　形势　分析

2014 年菲律宾在经济和外交方面都取得了比较可观的成绩，但是在政治方面，党派争斗、反政府武装、腐败等问题依然对菲律宾国内政治有不可忽视的影响。2014 年菲律宾通过在南海争端问题上对华采取强硬政策而得到不少来自于美国、日本的外交恩惠。然而，与中国关系每况愈下也为菲律宾在东亚地区的长期利益埋下隐患。

一　政治上总体稳定

2014 年菲律宾在政治上并没有出现影响其大局的事件，但是党派争斗以及部门冲突情况突出。

* 陈丙先，博士，广西民族大学东盟学院讲师，主要从事中国 - 东南亚关系与华侨华人等研究；杜红英，广西民族大学东盟学院硕士研究生。

（一）中期选举过后的党派之争

在2013年的中期选举中，阿基诺团队（Team PNoy）分别在参议员选举和众议员选举中以3∶1和2∶1的席位获得了压倒性胜利，阿基诺成功地掌握了参众两院。与阿基诺团队对阵的菲前总统埃斯特拉达、副总统比奈和前参议院议长恩里莱联手组成的统一民族主义联盟也夺下了不少席位，双方对垒的局势继续。

反对派虽在2013年中期选举中未占优势，但副总统比奈个人在民众中的支持率有时却高于总统阿基诺。亚洲脉动（Pulse Asia）调查显示，比奈在2012年第四季度的信用评级中享有比总统阿基诺三世更高的认可和信赖等级。总统阿基诺的支持率从第三季度的79%降至73%，他的信任度从76%下降至74%，而副总统比奈的信任度从第三季度的74%上升至77%，支持率从77%上升至80%。比奈对2016年的大选一直持积极态度，并不时宣传他参选的意图，他还表示，只要总统还需要他，他就继续留在内阁。①

2014年菲律宾政坛随着2016年大选的日益临近变得越发乱象丛生。总统阿基诺领导的自由党与副总统比奈领导的UNA联盟（统一民族主义联盟）之间的摩擦日益增多，双方多有龃龉，阿基诺甚至曾说，如果比奈对政府不满意可以选择退出。各权贵势力互相攻讦和倾轧，丑闻层出不穷。2014年9月，菲律宾副总统比奈也深陷贪腐丑闻之中，被指收取巨额回扣，并拥有350公顷的庄园和多套公寓，菲参议院已就相关指控展开了调查。菲参议院蓝带小组委员会召开听证会，比奈却拒绝出席。比奈一直坚称对他提出的掠夺控告是有政治动机的，是一个对他的政治计划进行破坏的阴谋，暗指自由党破坏他2016年竞选总统的计划。尽管面对诸多指控，比奈仍然是2016年菲律宾总统选举最热门的人选。②

① 卢秋莉：《菲律宾总统阿基诺信任评级调查低于副总统比奈》，广西民族大学东盟学院东盟信息网，2014年10月20日，http：//dongmengxueyuan. gxun. edu. cn/download. jsp？urltype = news. NewsContentUrl&wbtreeid = 1502&wbnewsid = 2406&archive = 0。

② 缪慧星：《2014菲律宾政治形势回顾》，广西大学中国－东盟研究院网，2015年3月2日，http：//cari. gxu. edu. cn/info/1087/5981. htm。

（二）行政与司法冲突

菲律宾行政和司法系统就政治分肥事件在2014年发生了直接冲突。2013年7月12日，《菲律宾每日询问者报》第一次曝光了菲律宾的优先发展援助基金骗局，也称政治分肥骗局（Pork Barrel Scam）。优先发展援助基金是科拉松·阿基诺政府在1990年以农村发展基金的形式设立，启动资金23亿比索，允许国会议员向国家基础设施项目之外的小规模基础设施项目或社区项目提供资金。2000年，埃斯特拉达政府将农村发展基金改名为优先发展援助基金。自2008年以来，通常每位议员每年获得优先发展援助基金拨款7000万比索，每位参议员获得2亿比索，总统可获得类似拨款，即总统社会基金，约为10亿比索。优先发展援助基金设立的初衷是进行基础设施建设，然而菲部分国会议员却用优先发展援助基金来向"幽灵"项目提供资金，据报道，有28名国会议员（包括5名参议员和23名众议员）涉嫌参与，据菲律宾国家调查局（NBI）估计，整个骗局大约支走了菲律宾政府100亿比索。

优先发展援助基金骗局引起了菲律宾民众的愤怒，民间自主组织了多次抗议活动。在菲律宾民众的抗议声中，2013年9月11日菲律宾最高法院裁定，优先发展援助基金违反宪法。这一裁定影响到了菲政府和国会的关系，影响了菲政府的运作，因为优先发展援助基金的分配是通过政府的预算和管理来执行的，而司法机关最终裁定这一行为违宪直接引起行政和司法之间的冲突。

政府主导的优先发展援助基金被判违宪，政府和司法机关的关系更显微妙，除了政治分肥骗局之外，其他行政与司法之间的纠纷也逐一浮出水面。据中国新闻网2014年6月23日报道，菲律宾前总统约瑟夫·埃斯特拉达之子，即参议员晶贵·埃斯特拉达，因腐败丑闻被警方逮捕。之前，菲律宾警方2014年6月18日透露，三名因涉及政治分肥资金贪污丑闻而被当局起诉的菲律宾参议员已向警方表达自首意愿，希望免遭警方抓捕。这三名涉案的参议员是前参议院议长恩里莱、前总统埃斯特拉达之子晶贵·埃斯特拉达和雷蒙·里维拉。2014年7月菲最高法院又判定阿基诺政府的"支出加速方案”（DAP）违宪。所谓“支出加速方案”（DAP）是指总统在政府预算外动用数千亿比索资金，为议员开展各种名目的工程提供资金。最高法院的裁决让总统阿基诺不满，他通过各大电视台直播，罗列政府使用“支出加速方案”资金在兴建校舍、改善农村电力设施等方面取得的成果，强调实施“支出加速方案”并未违法，并痛批最高法院的裁决让人“难以理解”。最高法院的裁定事实上已威胁到阿基诺的总统地位，让他面临弹劾控告。加之肃贪不力，令民众对阿基诺感到失望，支持率骤降。

（三）南部和平进程顺利推进

2012 年，摩洛伊斯兰解放阵线（简称摩伊解）与菲政府签署了和平框架协议，但是从“摩洛伊斯兰解放阵线”分裂出来的武装组织“摩洛伊斯兰自由运动”拒绝承认该协议。2014 年 1 月底，菲政府军与“摩洛伊斯兰自由运动”的武装分子爆发冲突，导致 37 人死亡。尽管如此，2014 年 3 月 27 日菲政府与摩伊解在马尼拉还是签署了“邦萨摩洛全面协议”。该协议将以“邦萨摩洛”政治实体（又称摩洛国）取代目前的“棉兰老穆斯林自治区”（ARMM），菲政府与南部伊斯兰分离运动之间长达 17 年的和平谈判结束，菲政府和国会预计在 2015 年通过邦萨摩洛基本法。①

随着邦萨摩洛基本法的顺利完成，菲律宾南部的和平进程也顺利推进。经过数月的审查和完善，菲律宾总统阿基诺最终于 2014 年 9 月 10 日向菲律宾国会提交了邦萨摩洛基本法草案。邦萨摩洛基本法草案内容涵盖以下几个部分。第一，58 项专属权。在基本法草案下，邦萨摩洛政府将拥有 58 项“专属权”，包括祖传领地、自然资源以及在整个邦萨摩洛常规电力发电、传输和配电设施分布的专属权。第二，122 页基本法草案。“122 页优先法案”由过渡管理委员会制定并由总统办公室审查，最后由总统阿基诺递交

---

① 缪慧星：《2014 菲律宾政治形势回顾》，广西大学中国－东盟研究院网，2015 年 3 月 2 日，http：//cari. gxu. edu. cn/info/1087/5981. htm。

参议院。第三，过渡管理委员会成立。按照基本法规定，邦萨摩洛过渡管理委员会将成立，委员会将作为该地区临时管理机构直到2016年大选选出新的邦萨摩洛政府领导人为止。基本法草案规定总统有权任命50人为过渡管理委员会成员，摩伊解作为和平协议的主要当事方将领导该委员会。过渡管理委员会将获得10亿比索的初始资金，在2016年5月的第一个星期一选出第一届正式的邦萨摩洛政府后，过渡管理委员会将解散。第四，议会制形成。基本法草案规定，邦萨摩洛政府是议会制政府。基本法草案允许邦萨摩洛决定自己的命运和发展道路。联合国对邦萨摩洛基本法草案提交菲律宾国会表示欢迎。联合国在一份声明中指出，这是邦萨摩洛全面和平协议执行的一个重要里程碑，是确保棉兰老岛以及整个菲律宾持续和平和可持续发展的一项重要成就。

邦萨摩洛基本法从起草开始就得到了菲参议院和众议院的支持。据菲律宾《马尼拉标准今日报》2014年9月16日报道，至少有13名参议员及4名参议院少数派成员签名成为邦萨摩洛基本法的共同起草者，参议院议长富兰克林·德里隆认为，此举说明邦萨摩洛基本法这一和平举措在参议院获得广泛支持。众议院议长贝尔蒙特在2014年9月15日为75人的特设委员会预留出200万比索的初始资金以开展邦萨摩洛基本法的审查工作。一旦邦萨摩洛基本法被制定成法律并通过人民公投，邦萨摩洛政治实体将建立并取代目前的棉兰老穆斯林自治区。①

二　经济增长态势放缓

2014年菲律宾经济实现了中速增长，但没有达到预期的增长水平，经济发展中也存在诸多问题。

---

① 卢秋莉：《阿基诺向国会提交邦萨摩洛基本法草案》，广西民族大学东盟学院东盟信息网，2014年11月4日，http://dongmengxueyuan.gxun.edu.cn/download.jsp?urltype=news.NewsContentUrl&wbtreeid=1502&wbnewsid=2860&archive=0。

（一）宏观经济表现

1. 经济发展指标与季度分析

按2000年恒定价格计算，2014年全年菲律宾的GDP（国内生产总值）约为7.178万亿比索，NPI（国民生产收入）约为1.398万亿比索，GNI（国民总收入）约为8.576万亿比索。按产业部门来源分，农林渔牧业对GDP的贡献约为0.720万亿比索，工业约为2.387万亿比索，服务业约为4.071万亿比索。[①] 可见，对菲律宾宏观经济增长贡献最大的是服务业，占到了GDP总额的56.7%，其次是工业，贡献率是33.3%，其他产业的共同贡献只占到GDP的10%。

据菲律宾统计署（PSA）公布的统计数据，2014年菲律宾经济增长6.1%，低于菲政府设立的6.5%~7.5%的增长目标；GNI增幅平均指数由2013年的7.3%放缓至6.3%，其中2014年前三个季度的增速分别为5.6%、6.4%和5.3%，第四季度由于制造业、建筑业、房地产业、交通运输、仓储和通信等行业表现良好，增速跃升为6.9%。[②] 2014年人均GDP增长5.4%，2013年增长率为5.4%；2014年人均GNI增长4.6%，2013年增长率为5.8%；2014年人均家庭最终消费支出的增长率为5.6%，而2013年增长率则为3.9%。[③] 由于劳动力冗余，劳动力价格难以上涨，具有代表性的家佣/保姆工资长期维持在每月4000/6000比索（不足100/150美元）左右的水平。由于通货膨胀，劳动者工资的实际购买力不断下降。菲政府历来重视劳务输出，制定了一系列优惠政策和措施。据估计，海外菲劳存量超过

---

① "Gross National Income and Domestic Product by Industrial Origin 2nd Qtr 2008 – 1st Qtr 2015 (At Constant 2000 Prices)", National Statistical Coordination Board (NSCB), http://www.nscb.gov.ph/secstat/d_ accounts.asp.

② 杨天沐、王文：《菲律宾2014年经济增长6.1%》，菲律宾商务通，2015年1月29日，http://mp.weixin.qq.com/s? _ _ biz = MzA4NzA1MTYyMw = = &mid = 204127055&idx = 1&sn = abc0b05cd4c9372ce4556745c0157a4b#rd。

③ National Statistical Coordination Board (NSCB), http://www.nscb.gov.ph/sna/2014/highlights.asp.

1000万人，多从事家政、建筑、娱乐等行业，薪酬水平远高于国内平均收入。海外劳工现金汇款已达每月20亿美元左右的水平，很多家庭高度依赖海外务工的汇款。总体来看，2014年菲律宾经济发展增长势头较2013年有所减弱，但仍保持整体增长趋势。

按2000年的恒定价格计算，2014年第一季度菲国内生产总值为16875.58亿比索，增长5.7%，低于2013年同期的6.3%。第一季度的增长主要得益于服务业的拉动，后者增长了6.8%。数据显示，服务业的增长既高于第一季度的总体增长水平6.5%，也高于2013年第四季度的总体增长水平6.7%。2014年第一季度的GDP增速，服务业贡献了3.8%，贡献最大；其次是工业，贡献了1.8%；整个农业部门仅贡献0.1%。从海外劳工收入的情况来看，第一季度海外菲劳从世界其他地区所挣的净初级收入增长了17.3%，拉动GNI增长7.6%。在菲律宾总人口预计达到9920万的情况下，2014年第一季度的人均国内生产总值增长了3.9%，而2013年同期增长5.8%，人均居民最终消费支出（HFCE）增长了4.0%，而2013年同期只增长了3.4%。[①]

按2000年的恒定价格计算，2014年第二季度菲国内生产总值为18305.04亿比索，增长了6.4%，虽低于2013年同期的7.9%，但高于第一季度的5.7%。和第一季度有所不同的是，第二季度的增长主要得益于工业部门，增长了7.8%，其次是服务业，增长了6.0%。数据显示，2014年第二季度工业部门的增长速度低于2013年同期的10.5%，但高于第一季的5.3%。对第二季度GDP增长贡献最大的是制造业，增长了10.8%；但在第一季度起主要拉动作用的服务业增长速度明显减缓，既低于2013年第二季度7.8%的增速，也低于2014年第一季度6.8%的增速；农业却从2013年第二季度0.2%的最低增速突增到3.6%。至于海外劳工收入，菲劳从世界其他地区的净初级收入增长了12.7%，拉动第二季度GNI增长了7.3%，而

① "Philippine Economy posts 5.7 percent GDP growth", National Statistical Coordination Board (NSCB)，2014年5月29日，http：//www.nscb.gov.ph/sna/2014/1st2014/highlights.asp.

2013 年同期的增速仅为 6.4%。[1]

按 2000 年的恒定价格计算，2014 年第三季度国内生产总值为 17183.61 亿比索，增长了 5.3%，低于第二季度 6.4% 和 2013 年同期 7.0% 的增速。服务业的增速下降到 5.4%，但仍然是这一季度拉动 GDP 增长的主要驱动力。数据显示，服务业的增长速度从 2014 年第一季度开始就一直处于下降趋势；工业部门的增速也下降到了 7.6%，分别低于 2013 年第三季度 7.7% 及 2014 年第二季度 7.9% 的增速；而整个农业部门的增速下降到 2.7%，是自 2009 年第四季度以来的最低水平。在三个主要经济部门中，服务业为 2014 年第三季度的 GDP 增长贡献了 3.1%，贡献最大；工业贡献了 2.4%，居其次；农业部门反而拉低了 0.3%。由于海外菲劳从世界其他地区的净初级收入相比 2013 年同期 19.9% 的增长率减少到 2.4%，GNI 增长也从 2013 年同期 9.0% 的增长率降低到 4.8%。在总人口预计达到 1 亿的情况下，人均 GDP 增速降为 3.5%，人均国民总收入增速降为 3.1%，而人均家庭最终消费支出（HFCE）增速也降为 3.4%。[2]

按 2000 年的恒定价格计算，2014 年第四季度的 GDP 为 19414.49 亿比索，增长了 6.9%，主要由制造业、建筑业、贸易、房地产、租赁及商务活动、交通运输、仓储、通信等所推动。在需求方面，居民最终消费支出（HFCE）、固定资本形成的持续投资和对外贸易都表现非常突出，促使菲律宾经济在第四季度的健康成长。在年度基础上，GNI 增速降至 6.3%，海外菲劳从世界其他地区净初级收入增长从上年同期的 7.5% 减到 7.3%，使得 GNI 增长从上年同期的 9.0% 降至 6.3%，NPI 增长也从上年同期的 7.2% 降至 2.8%。在三个主要经济部门中，农业由 -3% 剧增至 6.0%，工业由第三季度的 1.1% 升至第四季度的 3.6%，服务业由第三季度的 1.1% 增至第四季度的 1.3%。[3]

---

① National Statistical Coordination Board（NSCB），2014 年 8 月 28 日，http://www.nscb.gov.ph/sna/2014/2nd2014/highlights.asp.

② National Statistical Coordination Board（NSCB），http://www.nscb.gov.ph/sna/2014/3rd2014/highlights.asp.

③ National Statistical Coordination Board（NSCB），http://www.nscb.gov.ph/sna/2014/4th2014/2014qpr4.asp.

2. 外商投资

2014年菲律宾在吸引外资方面表现突出，外资净流入金额为62.01亿美元，同比增长65.9%，达到1999年以来的最高值，但相较于东盟邻国则略显不足。① 菲央行数据显示，2014年11月菲外资净流入量为4亿美元，较2013年同期的2.97亿美元增长35%；1~11月菲律宾外资净流入量约为57.2亿美元，同比增长62%，超过菲央行预计全年44亿美元的目标，其中外资母公司在菲外资子公司增资34亿美元，同比增长46%，外资企业本地融资15.5亿美元，同比增长115%。菲央行认为，外国投资额的增长反映出投资者对菲律宾经济强劲增长的前景有信心。② 2014年菲律宾货物出口总额为618亿美元，同比增长9%，但12月份出口额48亿美元，同比减少3.2%，这是该年2月份以来首次出现下降。

菲律宾在吸引外资方面虽然表现突出，但是也存在一些问题。第一，菲投资环境有待改善，水、电、通信、运输、租金等刚性成本过高，投资者积极性受到压制。第二，菲市场对外开放度有限，菲国际贸易总额仅相当于其GDP的64.7%，在东盟国家中排名倒数第2。菲法律还规定，外资不得进入零售业。《2014年联合国人类发展报告》指出，菲外国直接投资的GDP占比仅为1.12%，在东盟国家中垫底（缅甸未公布数据）。根据世界银行《2014年全球营商环境报告》，菲在189个经济体中仅排名第108位，其中“开办企业”便利度排名第170位。③

---

① 《菲律宾2014年外资净流入金额不及东盟邻国》，菲律宾商务通，2015年3月11日，http://mp.weixin.qq.com/s?__biz=MzA4NzA1MTYyMw==&mid=204969164&idx=3&sn=f6c105e54a2173189b0e01b2ab946111#rd。

② 《2014年1~11月菲吸引外资净额同比增长62%》，菲律宾商务通，2015年2月11日，http://mp.weixin.qq.com/s?__biz=MzA4NzA1MTYyMw==&mid=204397063&idx=1&sn=de8ca9940dad64d4b8b2571192d29f22#rd。

③ 《2014年上半年菲律宾经济形势浅析》，中华人民共和国驻菲律宾共和国大使馆经济商务参赞处网站，2014年9月15日，http://ph.mofcom.gov.cn/article/law/201409/20140900729933.shtml。

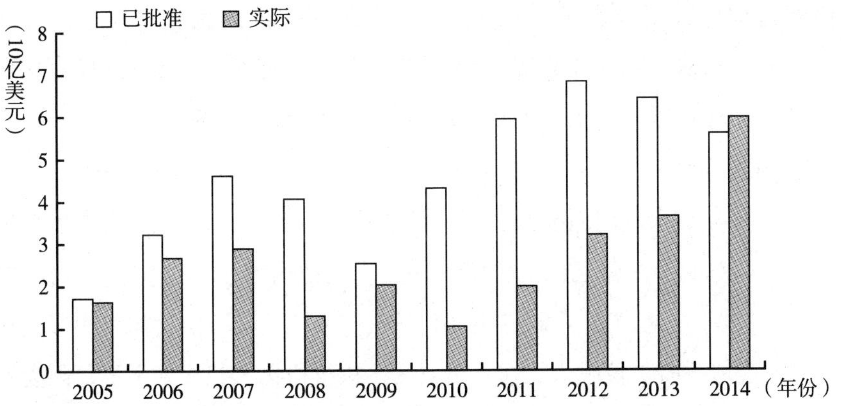

图 1　2005～2014 年菲律宾年度外国直接投资情况

资料来源：Source：National Statistical Coordination Board（NSCB）。

（二）经济问题

1. 贫困问题

贫困问题在菲律宾一直存在。从 2014 年年度贫困指标调查的数据来看，穷人获得的收入有所增长，但是鉴于股权增强计划执行的紧迫性，加上“紫罗兰”台风的不利影响，使得贫困问题没有得到很好的解决。如果经济增长能够带来更高的收入水平，或者食品通货膨胀率降低从而增强消费者尤其是穷人的购买力水平，菲律宾 2014 年的贫困率可能会比较低。①

据社会气象站（SWS）的报告，2014 年第四季度自认贫困的约有 1140 万个家庭，超过了非家庭的一半，即 52% 的人认为他们贫穷。然而这不是当年的最差纪录，第三季度的贫困率为 55%，即有 1210 万个家庭自认为贫困。2014 年全年的平均贫困率为 54%，是菲现政府的最差纪录，与 2006 年的纪录相同。就地区而言，吕宋除了大马尼拉地区外，自认贫困率从 52% 下跌至 45%；大马尼拉地区和米沙鄢地区保持不变，仍然分别为 43% 和 65%；棉兰老地区下降了一点，为 60%。至于自认贫困的门槛，根据自认

① *Socioeconomic Report 2014 & Assessment and Implications for 2015 - 2016*, National Economic and Development Authority, www. neda. gov. ph.

贫困家庭每月的支出预算来判断，SWS 在第四季度的调查中发现，大马尼拉地区的门槛从 15000 比索提升为 20000 比索，而米沙鄢地区则从 8000 比索提升为 12000 比索，棉兰老地区则仍保持为 10000 比索。

2. 财政问题

2014 年菲财政部门面临诸多现实性的挑战。菲律宾可收入工资水平和课征效率仍相对低于东盟五国的平均水平，当地政府单位仍严重依赖内部的收入配股（IRA），这占到了 2012 年 61.5%，2013 年 62.8%，2014 年 1～9 月 62.8% 的当地政府单位收入。在支出方面，执行机构仍然投入不足，因为后期项目、招投标等管理出现瓶颈，特定基础设施项目的研究没有进行预算评估，从而导致采购延迟。在管理国家债务方面，菲律宾面临外汇波动、外部冲击等挑战，如金融危机等。同时，受大米贸易政策、物流瓶颈和不良天气的影响，菲律宾的食品供应时紧时松，这不可避免地影响了通胀目标的实现。至于外部挑战，主要有后勤问题，主要贸易合作伙伴国数量的减少，地缘政治紧张局势，欧洲、日本、中国经济的不确定性增大，资本流波动，汇率利率波动。①

除了上述挑战，还存在以下几个问题。第一，征税未能达到预期目标。据菲《每日问询者报》报道，菲国税署（BIR）署长哈辛托·埃纳雷斯表示，菲 2014 年的征税目标为 1.46 万亿比索，其中 12 月份的目标为 1141 亿比索，但最终并未实现。菲财政部数据显示，截至 2014 年 11 月底，菲政府税收为 1.22 万亿比索，低于前 11 个月征收 1.34 万亿比索的目标。11 月份，菲税收为 1219 亿比索，同比下降 4%，且低于 1520 亿比索的征税目标。第二，商品市场消费支撑、开放不足。数据显示，一个典型的菲律宾家庭 2/3 的收入用于消费，1/3 用于纳税和投资。

3. 失业问题

菲律宾的失业率居高不下。SWS 于 6 月下旬统计的成年人失业率为 25.9%，相当于 1150 万成年人失业。SWS 于 2014 年 11 月 27 日至 12 月 1

① *Socioeconomic Report* 2014 & *Assessment and Implications for* 2015 – 2016，National Economic and Development Authority，www. neda. gov. ph.

日所做的一次调查显示，菲第四季度全国成年人失业率达到27%，即1240万成年人没有工作。除18～24岁年龄组外，其余各年龄组的失业率都有所上升，女性失业率从9月份的33.2%大幅上升至41.7%，是2012年8月以来的最高值。虽然阿基诺总统一直强调最大可能地创造国内外就业机会，但是就统计数据来看，效果并不明显，失业问题在菲律宾仍然比较严重。

4. 产业发展失衡问题

菲律宾经济服务业唱主角，农业继续低迷。从主要产业看，菲律宾三大产业的发展依然失衡。2014年上半年菲农业总产值同比增长2.2%，GDP占比9.8%；工业总产值同比增长6.6%，GDP占比33.3%；服务业总产值同比增长6.4%，GDP占比56.9%。近年来，菲政府在吸引投资、扩大出口以及经济开发区建设方面取得了一定成效，工业稳步增长，特别是制造业发展比较迅速，2014年上半年实现了8.8%的增长。2014年上半年，研究机构发布的采购经理人指数在55左右的高位波动，预示制造业短期内将保持繁荣。服务业是菲律宾的特色产业和支柱产业。2014年上半年，房地产及租赁业同比增长9.2%；运输、仓储及通信业增长7%；机动车销售及维修业增长6.3%；金融服务业增长5.8%。然而，作为第一产业的农业增长比较缓慢。①

表1　2013～2014年菲律宾的各项经济指标

单位：百万比索（按2000年的恒定价格计算）

年份	季度	HFCE	GFCE	CF	FC	CNS
2013	1	1092750	183505	345598	368582	139275
	2	1148368	221676	307812	338340	151571
	3	1116046	175065	369308	341055	137727
	4	1337596	143394	474058	390318	154979
2014	1	1156716	187012	378434	409068	137517
	2	1214258	221727	304816	353733	159324
	3	1171997	170600	379478	376733	155954
	4	1405279	157405	450983	422085	188989

① 《2014年上半年菲律宾经济形势浅析》，中华人民共和国驻菲律宾共和国大使馆经济商务参赞处网站，2014年9月15日，http://ph.mofcom.gov.cn/article/law/201409/20140900729933.shtml。

续表

年份	季度	X	M	GDP	NPI	GNI
2013	1	692294	731320	1597391	309809	1907200
	2	808886	767709	1719680	301936	2021617
	3	870680	897583	1632322	344927	1977249
	4	647745	772710	1816065	346903	2162967
2014	1	785856	805272	1687558	356245	2043803
	2	894215	791285	1830504	343711	2174215
	3	956500	943287	1718361	341706	2060067
	4	748063	813848	1941449	356769	2298217

注：HFCE-Household Final Consumption Expenditure（家庭最终消费支出）；GFCE-Government Final Consumption Expenditure（政府最终消费支出）；CF-Capital Formation（资本构成）；FC-Fixed Capital（固定资本）；CNS-Construction（建设）；X-Exports（出口）；M-Imports（进口）；GDP-Gross Domestic Product（国内生产总值）；NPI-Net Primary Income（净基本所得）；GNI-Gross National Income（国民总收入）。

资料来源：National Statistical Coordination Board（NSCB），http：//www. nscb. gov. ph/secstat/d_accounts. asp。

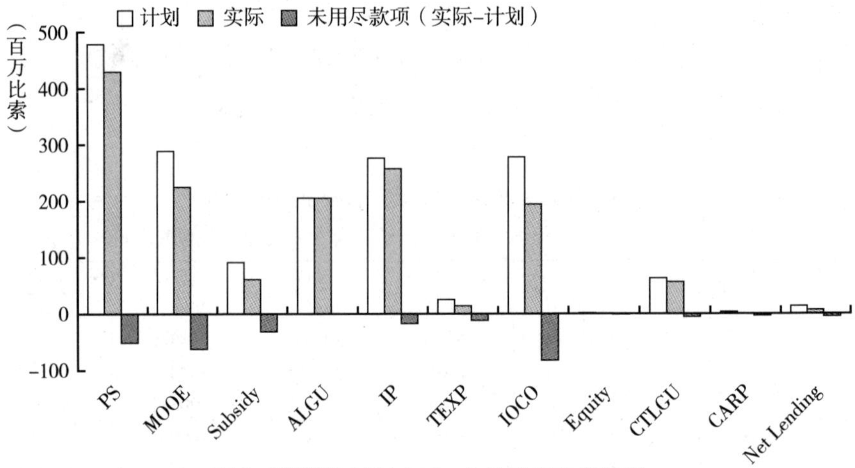

图2　菲律宾2014年1～9月政府支出情况

注：PS - Personnel Services（人员服务），MOOE - Maintenance and Operating Expenditures（维护和运营支出），ALGU - Allotment to LGUs（给地方政府单位的分配额），IP - Interest Payments（利息支出），TEXP - Tax Expenditures（税务支出），IOCO - Infrastructure and Other Capital Outlay（基础设施和其他资本支出），CTLGU - Capital Transfers to LGU（对地方政府单位的资本转移），CARP - CARP Land Acquisition & Credit（地租与信贷）。

资料来源：WDI，Department of Budget and Management。

三　外交上主动性增强

2014 年，菲律宾在外交政策方面并无大的变化，但在增强和提高对外合作方面更为积极主动。

（一）外交政策总取向无大变化

2014 年菲律宾在外交政策上并没有大的变化。根据《2014 成就报告》（*2014 Accomplishment Report*），菲律宾的外交理念并没有大的变化，仍然把通过外交关系促进安全稳定和经济增长作为重点。但外交主动性增强了，菲律宾认为积极的外交有助于维护国家安全和领土完整，保护国家主权，积极参与有利于国家发展和增强菲律宾的全球竞争优势，同时还能保护海外菲律宾人的权利。菲律宾的外交目标为进一步兑现总统阿基诺三世对菲律宾人民的承诺、最大可能地减少贫困和创造更多的就业机会。菲律宾外交政策的三大支柱仍然为外长罗萨里奥反复提到过的三点：加强菲律宾的国家安全和领事服务；保护海外菲律宾人的权利并提升其福利；经济环境和政治环境安全。

（二）对外合作更加积极主动

2014 年菲律宾领导层的外访次数明显增多，旨在加强外部合作。大部分菲律宾外交官持续推动高层互访以加强现有的伙伴关系并建立新的伙伴关系，诸如通过总统阿基诺三世访问欧洲，建立起菲律宾与欧盟的双边合作伙伴关系。与此同时，菲律宾还接待了 7 位来访的外国元首，包括美国总统奥巴马。另外，菲外交部部长罗萨里奥进行了 32 次公务出访，与来访的外交部部长及其他高级政要或代表举行了 15 次会谈。[①] 在越来越多的正式双边磋商机制的作用下，以及 2014 年 25 国会议的召开，菲律宾的外交发展状态

① *2014 Accomplishment Report*, National Economic and Development Authority, Department of Foreign Affairs, www. neda. gov. ph.

以及其与其他国家的关系整体向好。

通过总统阿基诺三世的22次高层互访和外交部部长的多次对外出访，菲律宾与合作伙伴国在政治、经济、领事和劳工问题方面签署了各种双边或多边协议，这给菲律宾多方面的发展带来了积极影响。例如菲律宾与法国签署了关于航空服务、教育和文化合作的双边协议，在会谈中，菲法两国领导人共同见证了新的航空服务协议的签署。该协议旨在增加两国航班，促进贸易和旅游。在新协议签署之前，菲律宾在旧航空服务协议的基础上一周飞一次法国，而法国没有到菲律宾的航班。总统阿基诺三世称新的航空服务协议将会在加强两国旅游、贸易、商业活动关系的同时，为两国人民提供更多交流和就业机会。另外，菲律宾还推进了与日本、韩国和澳大利亚的安全对话，扩大了与美国的持久防御伙伴关系。

Y.4

新加坡：后李光耀时代到来

沈世顺　池亚光*

摘　要：自李光耀病逝后，新加坡进入“后李光耀时代”，政治加速变化。2014年，廉政指数略降，“新加坡模式”面临挑战，但政府积极采取反腐措施，仍然保持亚洲廉政排名首位。受全球经济增长疲弱的影响，新加坡经济增长速度放缓，未实现预期增长水平，政府实行升级版发展蓝图以刺激经济的更好发展。外交上，建立各国救援协调中心，并加强与欧美、东盟各国的经济和安全合作，积极贯彻大国平衡外交战略。

关键词：新加坡　廉政制度　外交安全

随着李光耀的逝世，新加坡正式进入后李光耀时代，政治经济社会正在加速变化。2014年，人民行动党迎来60华诞的同时继续巩固其执政地位；经济增速继续低于预期，政府努力重建国家经济，加强社会安全网建设，力争使国民的凝聚力增强；对外关系上，新加坡继续奉行其大国平衡外交战略，在东盟内部加强发声的同时，积极发展与区外大国的关系。

---

* 沈世顺，中国国际问题研究院亚太部主任研究员、中国太平洋经济合作全国委员会委员、海口经济学院教授，曾在多国任高级外交官和访问学者，主要从事亚太问题研究；池亚光，海口经济学院东盟研究所成员。

一　政治社会发展情况

（一）后李光耀时代①，新加坡政治变化正在加速

2015年3月23日，新加坡总理公署发布公告：新加坡前总理李光耀已于当地时间23日凌晨在新加坡中央医院病逝，享年91岁。李光耀病逝后，新加坡正式进入“后李光耀时代”。李光耀被尊称为新加坡的“国父”，不仅因为他是新加坡“建国”元勋，更是新加坡“立国”功臣。无论从领土面积和人口数量来看，新加坡都属于小国。即便如此，在亚洲乃至世界上新加坡却又独具影响，究其缘由，很大程度上归功于李光耀。在李光耀的带领下，新加坡从一个缺乏经济禀赋和安全保证的弹丸之地，跃升为“亚洲四小龙”之一，位居发达国家之列。

李光耀在新加坡拥有无与伦比的威望，他的病故，不仅成为世界舆论关注的焦点，对新加坡的稳定和发展也有巨大影响。李光耀影响着新加坡的政局。一方面，他是新加坡建国总理，也是各项经济和社会发展战略的设计者和奠基人。另一方面，他的个人魅力是新加坡执政的人民行动党维持团结的重要纽带。更重要的是，尽管李光耀退休多年，但他仍是新加坡外交政策的操盘手。

2011年新加坡大选，李光耀长子李显龙领导的现执政党——人民行动党（李光耀是该党的主要创办者之一，该党也一直是新加坡的执政党）仅获得60.14%的得票率，降到了历史最低点，尽管在议会中仍占绝对优势，但国会最大反对党——工人党的崛起势头已不容忽视。在这次大选中，1965年新加坡独立后出生的年轻一代选民的选举倾向与老一代出现鲜明对比。老一代选民亲眼见证了新加坡如何从落后状态发展发达的历程，对人民行动党有比较深的感情。李光耀也一直在为人民行动党“保驾护航”，其个人魅力

① 李光耀（1923～2015）：1959年出任新加坡自治政府首任总理，现任总理李显龙的父亲。新加坡共和国1965年成立后，李光耀任总理，直至1990年11月卸任。他随后分别任国务资政、内阁资政，2011年隐退。他执政期间推动新加坡经济快速发展，使这一城市国家跻身“亚洲四小龙”。

为该党在选举中加分不少。但年轻一代的选民对政府有更高的要求，他们更多强调的是人民行动党在执政过程中不尽如人意的地方。按照新加坡宪法规定，国会任期每届不超过五年。也就是说，新加坡下届大选须在 2017 年 1 月前举行。届时，没有李光耀继续为人民行动党“站台”，那么人民行动党遭遇的挑战压力可能会大幅上升。虽然不至于丢掉执政权，但可能会对新加坡未来的政治发展产生深远的影响。

（二）人民行动党庆祝建党60周年，执政危机感增强

2014 年 11 月 7 日，新加坡人民行动党举行建党 60 周年仪式。新加坡人民行动党成立于 1954 年 11 月 24 日，自 1958 年新加坡获得英联邦内的自治后，该党从 1959 年开始执政至今，被誉为世界多党制国家中对国家控制力最强同时也是执政时间最长的政党之一。

人民行动党秘书长、新加坡总理李显龙发表讲话称，正是因为人民行动党不断自我更新、引进能人、精简的团队，才能在 60 年的风风雨雨中立于不败之地。他表示，人民行动党是个代表全国各阶层人民的政党，其存亡与国家的命运息息相关，该党有责任与义务以优秀的领导能力带领国家和人民前进。①

同时，李显龙呼吁人民行动党上下增强危机感，确保该党具备活力的同时保持与人民的紧密联系，持续赢得人民的信任与支持，以谦卑的精神领导新加坡人追求更美好的未来。李显龙强调，人民行动党不能推卸或逃避历史责任，如果我们失败，新加坡将深陷困境。我们不能失败，我们至今都取得成功，接下来的长时间里仍会如此。

成立 60 年以来，人民行动党一直以廉洁高效的执政能力与广纳社会精英的开放姿态开创了独特的“新加坡模式”，被誉为东亚式民主的典范。然而近年来，人民行动党面临着前所未有的挑战，不是因为其做得不好，而是民众要求其做得更好；不是因为其政绩不彰，更不是因为贪污腐败，而是民

① 何惜薇：《行动党纪念成立 60 周年》，联合早报网，2014 年 11 月 7 日，http：//www. zaobao. com/realtime/singapore/story20141107－409442。

众不仅对物质利益的需求在增长，而且对公平、正义、民主的呼声也日益高涨。部分选民对人民行动党提出其作风“傲慢、自恋、自傲、自满”的批评，并开始质疑新加坡传统的“高薪养廉”和“高薪揽才”的政策。针对新加坡部长级薪金位居世界第一，并与GDP增长挂钩，2010年普涨5%，而普通民众收入却仅增长1%的重大落差，选民们表示不满。对此，反对党甚至喊出了“我们不是用来成就经济增长的工具，我们不是一堆数字”和“建设一个公正平等的民主社会”的口号。

（三）廉洁指数略降，新政府多项措施打击腐败

从全球反贪机构“透明国际”发布的2014年全球廉洁排行榜中可以看到，新加坡虽是亚洲排名最高的国家，在全球廉洁指数中排第七，但与2013年相比却下跌两位。

新加坡政府一直以其廉洁高效而闻名于世。近年来清廉指数排名下滑的主要原因是新加坡近年发生的多起涉及贪污调查局、外交部、民防部队、国家公园局及新加坡国立大学等公共单位的贪污案件，这些事件动摇了国际社会对新加坡公务员清廉印象的认知。例如新加坡贪污调查局原助理司长杨少雄曾于2013年被揭发在2008年至2012年期间，挪用176万新元（约合132万美元）公款赌博，被判10年监禁。国家反贪机构的高官深陷贪腐丑闻令新加坡贪污调查局乃至整个政府和公务员队伍形象大受冲击。

即便如此，新加坡的廉洁指数还是位居亚洲第一，足见新加坡的反腐措施一直以来比较有效。新加坡总理李显龙在出席由公共服务学院和贪污调查局联合举办的“实践廉正：公共服务价值观会议”上宣布了一系列反腐新措施。其中包括政府将逐步增加贪污调查局的人员数量，同时扩大贪污调查局的职能范围，并运用大数据等科学技术，以便迅速地从众多交易中发现有问题的交易。这些举措还包括在市区设立“一站式贪污举报中心”和历史展馆，以此提高公众对贪污的意识及认识，从而鼓励更多民众举报公共或私人领域的贪污行为。

长期以来，新加坡很多有效的反腐措施被其他国家广为借鉴，如高薪养廉。李显龙也表示对新加坡根深蒂固的“反贪文化”感到欣慰。他说：“任何

人要贪污之前都会三思，因为他知道很可能被发现，而被发现后，无论官职多高，背景或关系，或会因此感到多么难堪，他还是得为自己的不当行为付出法律代价。”以此营造“不敢腐、不想腐、不能腐”的官场氛围。但与此同时也要看到即便是反腐措施如此严苛的新加坡，也存在严重的腐败案件。这表明打击贪污腐败永远没有终点，任何国家打击贪腐都不能期待一劳永逸。李显龙总理在演讲中也提到反腐要借鉴中国的“苍蝇老虎”一起打的策略。

二　经济社会发展情况

（一）经济下行风险显现　前景不容乐观

1. GDP 增速继续放缓①

2014 年 2 月 17 日，新加坡贸工部发布的数据显示，2014 年新加坡经济增长 2.9%，预计 2015 年经济将增长 2% ~4%。2014 年第四季度新加坡经济同比增长 2.1%，低于预期的 2.8%；2014 年全年新加坡经济增长 2.9%，略高于先前预期的 2.8%。新加坡贸工部分析表示，由于受外部经济因素影响，新加坡外向型产业（如制造业和批发业）可能面临发展阻力，加之新加坡国内紧张的劳动力市场，经济态势显现下行风险。

2013 年前三季度，新加坡国内生产总值与 2012 年同期相比增长达 3.3%，但随后发展有所放缓；7 ~9 月的 GDP 增长与 2012 年同期相比增长 2.8%，与第二季度相比年增长率为 3.1%。新加坡贸易与工业部表示：制造、交通与仓储业等外向型行业发展可能减缓。

经季节调整后，新加坡 2014 年第四季国内生产总值（GDP）终值大幅上修至季增转为加快至 4.9%，远超市场预期增长 2.2% 及初值增长放缓近半至 1.6%；按年增长也上修仅放缓至 2.1%，超出市场预期增长 1.7% 及初值增长 1.5%。

---

① 新加坡贸工部网站，2015年2月18日，http://www.mti.gov.sg/Pages/home.aspx。

新加坡经济增长预估下调是因全球经济增长疲弱——而新加坡的制造业和出口行业又深受此影响。不过新加坡政府正在努力重建新加坡经济，使之转为生产力导向型经济体。

新加坡当地分析师认为，2014 年经济增长低于经济战略委员会定下的每年 3% ~5% 的增长目标，一方面反映了经济重组的影响可能超出预料，另一方面显示出新加坡经济受到全球经济增长疲软的冲击。尽管 2015 年全球经济增长将略有起色，但各经济体的经济复苏仍可能保持不稳定态势。

2. 通胀率大跌

新加坡统计局公布的数据显示，2014 年新加坡平均名义通胀率为 1%，低于 2013 年的 2.4%。其中，2014 年上半年平均通胀率为 1.7%，下半年为 0.4%。数据显示，剔除私家车出行成本和住宿费用变化因素的核心通胀率，2014 年全年平均为 1.9%，略高于 2013 年的 1.7%。同时，新加坡消费者价格指数在 2014 年 12 月同比下降 0.2%，这也是新加坡连续第二个月出现通缩。2014 年 11 月通缩幅度为 0.3%。同一天，新加坡建屋发展局发布的数据显示，新加坡 2014 年的房屋价格也出现下跌，其中组屋转售价格下跌约 6%，私宅价格下跌 4%。

调查还显示，经济学家们预计 2015 年新加坡消费者价格指数（CPI）年率将增长 0.1%，增幅低于 12 月预估的 1.1%；预计新加坡核心 CPI（扣除私人道路交通费和住宿费）年率将增长 1.0%，增幅也比之前预计的 1.9% 要低。新加坡最近几个月来消费者价格指数有所缓解，主要是因为房地产市场冷却，且汽车价格更低。

3. 固定资产投资额历史最低①

根据新加坡经济发展局公布的最新年度数据，新加坡 2014 年吸引的固定资产投资额为 118 亿新元，虽达到官方预期目标，但这是 2009 年全球金融危机以来的最低水平。这主要是因为经济发展局调整了战略方向，加强对内发展且更仔细挑选新项目。新的战略加上全球经济前景愈发不明朗，以及

① 《固定资产投资额历史最低》，中新经贸合作网—新加坡商业资讯，2015 年 2 月 18 日，http://www.csc.mofcom-mti.gov.cn/csweb/index.jsp。

新加坡劳动市场继续紧缩，新加坡2015年和接下来几年预计所吸引的固定资产投资额将继续适度下调至90亿至110亿新元的水平。

4. 股市略显低迷

2014年新加坡股市涨幅超过6%，与全球主要市场相比表现一般，落后于美国、日本和中国，但高于英国、中国香港和韩国。新加坡经济和企业盈利的增长能力都受到结构性经济重组的限制，股市能够在2014年取得逾6%的涨幅已算相当不错，2015年预计将难以达到同样水平，并且料将会有较大的波动性风险。分析认为2015年新加坡股市将会更剧烈地波动，影响股市的因素将集中在投资者对利率调整的预期、区域货币兑美元币值的趋弱，以及油价的摇摆不定。

（二）经济发展措施

1. 织密民生保障网，落实“终身健保计划”

在新加坡即将欢庆建国50年之际，新加坡领导人誓言与人民携手面对未来的挑战，创造更多机会，帮助每个新加坡人实现潜能、加强社会安全网扶持老弱、让人们有足够的资源应对退休生活以及改善居住环境和“心件”建设，打造更温馨更美好的家园。

新加坡政府承诺继续让新加坡人负担得起房屋，以及协助中低收入家庭拥有自己的房屋，为养老做好准备。政府也会确保民众能享有负担得起的优质的医疗服务。面临迅速老龄化的社会，新加坡政府改进公积金存款和公积金终身入息计划，并扩大国人利用房子套现的途径。

新加坡政府宣布将增加支出，必须确保社会开支可持续，以及有足够的收入保持收支平衡。政府重申本地的教育制度必须保持开放并为所有国民提供学习和争取成功的机会，同时培养他们拥有良好的价值观。新加坡政府意识到学校的竞争激烈，因此会进一步改进小学一年级报名和小学六年级会考等制度。中小学之外，政府也在检讨理工学院和工艺教育学院的应用学习模式以及增加大学名额。

新加坡政府还将落实“终身健保计划”，以使新加坡成为一个更加公平公正的社会，一个愿意分担风险、给予有需要者更多帮助的社会。新加坡领导人强调绝不安于平庸，新加坡不能只是一个普通的国家。国家的稳定与安全是如此难能可贵，是保障今天的成就，以及争取更美好未来的前提。

面对全球经济转型及新加坡社会结构的改变，新加坡政府过去十年做出了重大的政策调整，如推出社区关怀和就业奖励计划以更好地照顾弱势及低薪工人。近年来政府继续改善政策，包括加紧房屋和公共交通的建设及推行维持新加坡核心的人口、婚姻及生育计划，这些计划反映了政府与时俱进的坚持。

2. 推出升级版“发展蓝图” 注重科学永续发展

2014年总理李显龙推出“2015年永续新加坡发展蓝图”（Sustainable Singapore Blueprint 2015）。蓝图提到，2030年的再循环目标为70%，其中较难再循环的家庭垃圾再循环率要从20%增加到30%。其他策略包括：提高公众教育、在住宅区和公共场所放置更多再循环垃圾桶、鼓励企业申请3R资助计划，并通过新加坡产品包装协议、环境科技研究计划和可持续环境创意基金鼓励企业以创新方式减少垃圾。

李显龙总理宣布，政府在接下来的5年中将拨款15亿新元，推动各项措施的建设。由于此次咨询过程吸引了大约6000名新加坡人参与，李显龙将这项“升级版”蓝图形容为国人的“共同愿景”，并表示要真正落实它，还需国人“共同实现”。他认为，要做到这点，就必须发展全新的行为规范。“我们有了这个蓝图，大家也为此兴奋，但我们还需要一同合作，确保真正成为更清洁更绿的新加坡。”2009年推出的“永续新加坡发展蓝图”勾勒出未来10～20年的永续发展目标，确保新加坡下一代继续享有高素质的居住环境，这项跨部门的环境发展蓝图勾勒出2020年与2030年的永续发展目标。经重新检讨后，“2015年永续新加坡发展蓝图”所列目标更加大胆，其中一项目标是，鼓励国人减少用车。

3. 多方扶持中小企业发展[①]

新加坡政府2014年积极扶持中小企业，比如对于初创企业，政府出台

① 中国驻新加坡大使馆经济商务参赞处网站，2014年10月16日，http://sg.mofcom.gov.cn/。

了“起步发展计划”。而对于微型企业员工人数不超过10人可以申请标新局的微型授信计划。对于成长性企业，政府出台了本地企业融资计划。它是一项固定利率的授信配套，对象是拥有固定资产投资额介于1500万新元至5000万新元之间，至少30%股权需求来自本地。对于国际化企业新加坡政府推出“国际化融资计划”。如公司生意失败时，企发局协助银行承担70%的风险。新加坡为中小企业建立完善的融资体系，积极推出多项中小企业贷款支持计划，每年有4%的中小企业获得贷款。这些计划包括本国企业贷款辅助计划、微型贷款辅助计划、信用保险方案等。还有新加坡银行业积极扩展中小型企业银行业务，包括新加坡商业银行分为本地银行5家、外国银行103家。政府从企业、行业和宏观三个层次制定了指导性策略，并推出40多项具体措施以辅助目标的实现。如在企业层次上，提出了四大策略，包括提升管理层和员工的素质，推广最佳管理方式，利用科技和知识促进增长，以及设计新的经营模式以获取竞争优势等。共有13项具体措施来辅助这四大策略的推行，使企业完成从传统到现代化经营，从家长式到团队管理，从模仿到创新运行的转变。

三　对外交往情况

（一）建立各国救援协调中心，加强重大突发事件合作

2014年3月8日，马航MH370航班在由马来西亚吉隆坡飞往中国北京途中失踪，机上载有239人，至今下落不明。事发后，新加坡政府积极作为，新加坡空军部队派出多架海事巡逻机到马六甲海峡参与马航MH370多国联合搜救行动。新加坡军方还调动另一架飞机前往马六甲海峡，帮助搜寻马航失联航班。据报道，这架海上巡逻机上载6人，并于14日下午起飞。这架飞机配有更好的雷达设备，此前主要被用于在马六甲海峡的反海盗日常巡逻。新加坡武装部队此前已派遣两架C－130运输机、一艘隐形护卫舰与舰上的S－70B海事直升机、一艘救潜船，以及一艘导弹驱遣快艇，到南海

加入搜救。后来又增派一架 Fokker 50 海巡机到另一海域巡逻，新加坡参与的搜救范围扩大。[①]

2014 年 5 月 31 日，第十三届香格里拉安全对话在新加坡举行。新加坡武装部队三军总长黄志明中将在小组闭门会议中宣布，新加坡武装部队已投入行动，在樟宜海军指挥与控制中心规划构建“区域人道主义与救灾援助协调中心”。6 月 1 日，新加坡高级军事官员再次宣称，为了在人道主义和救灾援助方面更好地调动军队和民间力量，该国建立区域协调中心已是当务之急。据报道，樟宜海军指挥与控制中心旨在加强地区与国际之间海事信息的共享性和互操作性，现已分辖为三个协调中心，分别为新加坡海事安全中心、海军信息综合中心、跨国行动与演习中心。

12 月 28 日，亚航 QZ8501 航班从印尼泗水飞往新加坡途中在爪哇海域坠毁，机上载有 162 人。新加坡、印度尼西亚两国的救援力量全部投入到搜救工作中去。新加坡民航局下属的救援协调中心立即启动，新加坡已有 2 架 C－130 运输机准备就绪，随时准备投入救援。新加坡的搜救行动由新加坡民航局、新加坡国防部、新加坡港航管理局、新加坡气象局、新加坡卫生部、新加坡警察部队、新加坡民防部队、樟宜机场等部门合作进行，由位于新加坡航管中心的新加坡救援协调中心进行协调。

（二）在地区敏感问题上表明立场、平衡关系

1. 南海问题

2014 年 6 月新加坡总理李显龙在对美国进行访问期间，对南海问题发表看法，展示其高超的政治“平衡术”。李显龙在美国外交关系协会回答提问时表示，南海的主权纠纷更多应由国际法决定，中国的主权宣示是以国际法出现之前的历史为基础，他表示：“我不是律师，但我相信（中国的）这个论点有一定的合理性”，但是“对一个必须在国际社会生存的国家而言，国家有大有小，结果不能仅以国力强弱来决定”。他说，“国际法必须在解

① 中华人民共和国外交部网站，2014 年 3 月 15 日，http：//www. fmprc. gov. cn/。

决纠纷当中占有很重的地位”。李显龙还表示，中国曾经见证历史上其他强权的崛起与衰落，而中国“正在努力避免犯下同样的错误”。在11月东亚峰会期间，李显龙在接受新加坡媒体访问时表示：“我们一方面要妥善处理南海问题，另一方面也不希望南海问题影响中国与东盟更广泛的合作及友好关系。我们得双管齐下。”

2. 参与《南海行为准则》的谈判

新加坡2015年接棒担任东盟与中国关系的协调国，新加坡总理李显龙表示希望《南海行为准则》的目标和框架能在2015年年底之前更有眉目。中国提议以“双轨道思路”应对南海课题，即一方面与主权声索国直接谈判主权归属，另一方面与东盟共同维护南海的和平稳定。李显龙在东盟领导人与李克强总理举行的峰会上说：“东盟致力于与中国携手尽早完成有关《南海行为准则》的谈判，我希望官员们能在下次东亚峰会之前，敲定COC的目标和框架。”东盟领导人在主席声明中表示：“我们仍然对南海局势表示关注”，并重申要按照国际法律原则以和平方式解决纠纷，同时各方也要有自我克制，避免采取可能会使本区域局势升温的行动。

3. 呼吁日本正确对待“二战”历史

李显龙还呼吁日本翻过“二战”的历史一页。2014年6月在出席美国外交关系协会活动时，李显龙表示：“不断揭开历史疮疤会让亚洲各国关系恶化”。李显龙说，新加坡把日本当作一个伙伴，并希望日本能够“好自为之”。他说：“除非你把二战历史放下，并不再重新撕开慰安妇、侵略以及二战罪行等伤疤，否则我认为伤痛仍会继续。”尽管李显龙在讲话中没有明确指出“未放下历史包袱、不断撕开过去伤痛”的国家的名字，法新社的报道倾向于认为李显龙批评的对象是日本，因此法新社的标题是“新加坡总理呼吁日本翻开历史一页”。新加坡总理李显龙当日呼吁日本及其邻国翻过“二战”这一页，称如果这些国家不断重提追溯至“二战”时期的问题，那么它们的关系将会“继续痛苦”。李显龙在访问华盛顿期间对一个智库表示：“日本不仅与中国的关系面临困难，而且与韩国的关系也困难，其原因之一是重提追溯至二战以及二战前那些问题，但后者从来没有以欧洲在战后解决问题的方式予以适当解决。”

4. 克里米亚问题

李显龙于2014年3月在卢森堡访问期间还对当时敏感的克里米亚问题作了讲话。他表明了此事件给小国带来的启示，重申各国应遵守国际法的原则。就克里米亚事件，李显龙说，乌克兰的主权和独立并没有获得国际条约的保障。国际协定必须获得遵守。我们认真看待国际协定，一个小国唯一能把握的，只有口头承诺和条约。李显龙还指出，除了依赖其他国家的善意，小国也必须有自我保卫的能力。新加坡的国家安全是多层次的：国家必须发展；外交上必须结交朋友；要让别人认真对待，必须有阻吓能力；最后必须有防卫能力，因为在关键时刻，即使必须奉献生命，也得准备挺身而出，捍卫自身立场。这是一个亘古不变的教训，克里米亚局势提醒了我们，值得再次重申。

5. “反服贸”事件

新加坡总理李显龙首度触及台湾这场学生运动议题，这是近两年来，李显龙打破沉默，对两岸协议发表自己的评论。他表示，对台湾来说，两岸目前的经济协议是好协议，不签可惜。学生攻占“立法院”，甚至冲进“行政院”，“在民主国家都是不正常的行为”。李显龙表示，学生若关心国事，必须透过法律途径表达意见，他希望一切激进行为早日和平落幕，尽快恢复秩序。李显龙同时也肯定了马英九在两岸关系上的努力。他说，两岸关系在马英九的努力下有长足进展，尤其经济协议的签订，更是新的里程碑。

（三）总统总理密集访欧，寻求对欧新自贸协定的支持

欧盟和新加坡已在2013年签署欧盟－新加坡自由贸易协定草案。新加坡是欧盟在东南亚地区最大的贸易伙伴，双方商品和服务的贸易额达965亿欧元。对于欧盟企业来说，新加坡是一个充满活力的市场，也是在东南亚开展业务的一个重要枢纽。在此背景下，新加坡总统陈庆炎和总理李显龙于2014年罕见密集访欧，努力寻求欧盟国家对欧新自贸协定的后续支持并拓展合作空间。

陈庆炎2014年5月前往葡萄牙进行三天国事访问，之后到瑞士展开五

天国事访问，希望与葡萄牙、瑞士加强经贸领域合作，并呼吁只有推动市场开放，抵御保护主义，才能为全球经济复苏带来契机。新加坡是葡萄牙与瑞士在东南亚地区的重要贸易伙伴，希望两国能进一步增加经贸领域往来，共同扩展和推广在欧洲、拉丁美洲和东南亚地区的合作。陈庆炎对葡萄牙、瑞士在新加坡与欧盟自贸协定谈判中所提供的帮助表示感谢，自贸协定的通过将有助于密切新葡两国以及新加坡与欧盟之间的关系。葡萄牙、瑞士是新加坡企业通向欧洲的重要门户，目前新加坡已在葡萄牙、瑞士两国的航运业及酒店业等领域进行投资，新加坡希望继续加大在葡萄牙、瑞士的投资，扩展双方合作领域。

除了深化双边关系，陈庆炎此行的主要目的也是为寻求葡萄牙、瑞士对欧盟－新加坡自由贸易协定、欧盟－新加坡伙伴与合作协定和欧盟－亚细安全面航空运输协定等重要协定的支持，与李显龙 2014 年 3 月走访荷兰、卢森堡、英国一样，陈庆炎此行也是新加坡对 28 个欧盟成员国展开游说的一部分。

陈庆炎还于 2014 年 10 月专门对英国进行了为期六天的国事访问，这是新加坡国家元首第一次对英国进行国事访问。英国女王伊丽莎白二世为其举行国宴。陈庆炎和夫人还在威廉王子和凯特王妃亲自陪伴下抵达皇家骑兵卫队阅兵场，这是凯特王妃有喜两个多月以来首次在公共场所露面，足见英方对新加坡的重视。而新加坡总理李显龙和律政部部长兼外交部部长尚穆根也分别在 2014 年 3 月和 7 月间出访伦敦。英国和新加坡保持了很好的贸易关系，2014 年英国分别是新加坡的第 19 大环球贸易伙伴，以及第四大欧盟贸易伙伴，双边贸易总额达 143 亿新元。

而李显龙于 2014 年 3 月相继访问了荷兰、卢森堡、英国，对三国支持迅速批准欧盟－新加坡自由贸易协定表示感谢，他指出这个协定最重要的整体战略利益，在于对双边发出信号，凸显欧盟是一个开放的市场，它正积极同亚洲促进联系，而各国愿意合作建立更密切的互动。

在卢森堡访问期间，李显龙还建议欧盟和新加坡探讨签订欧盟－新加坡全面航空运输协定，进一步加强欧洲和本区域的航空联系。李显龙还在卢森堡提出“欧盟－新加坡全面航空运输协定”的构想，获得卢森堡首相贝泰尔的支持。李显龙认为，这个协定可以促进民间交流和商业往来，最终也能为落实“欧盟－亚细安全面航空运输协定”铺路。欧盟－新加坡全面航空运输协定将促成更开放的天空、更多的航空服务，还有为旅客提供更多选择和便利，并带来更多旅游业商机，以及商业和合作机会。

（四）巩固与美国的双边关系，积极推动TPP谈判

李显龙于2014年6月到访美国，在白宫会见美国副总统拜登。李显龙在与美国总统国家安全事务助理莱斯举行会谈时，还遇上顺便串门的意外访客奥巴马。李显龙在会谈中欢迎美国积极投入亚洲的政策，特别是奥巴马总统对区域许下的坚定承诺和个人联系。鉴于亚洲对美国深具战略与经济重要性，双方讨论了美国加强区域联系的方法，包括通过《跨太平洋伙伴关系协定》（Trans－Pacific Partnership，简称TPP）。

李显龙与美国副总统拜登会晤时重新肯定新美坚实的双边关系，也对可进一步加强双边联系的领域交换意见。李显龙对奥巴马和拜登向亚洲“再平衡”的承诺表示欢迎。在认同新加坡－美国自由贸易协定的成果的同时，李显龙与拜登同意成功达成TPP的重要性，以及TPP对美国联系亚洲扮演的关键角色。此外，两国领导人也认可新美在双边执法和国内安全合作所取得的良好进展，并肯定新美第三国培训计划有助于支持美国对亚洲的联系。他们也就区域与国际发展交换看法。另外，李显龙会见了多名分属美国众议院军事备战小组委员会和参议院外交关系委员会的众议员和参议员，进行广泛交流。

李显龙在访美期间与美国商务部部长普里茨克及美国财政部部长雅各布·卢会谈，双方在肯定新美双边经济关系的同时，也就跨太平洋伙伴关系协定的谈判进展交换意见。新加坡外交部文告说，在新美自贸协定生效10周年的背景下，李显龙与普里茨克都认可双边经济关系的强劲与深入，也重新肯定这项协定让两国受惠。普里茨克对新加坡增加在美投资表示欢迎，也鼓励通过更多努力与平台进一步推动更多的投资。在重新肯定新美自贸协定

有助于开拓更广大的亚太自贸区的同时，双方也认可 TPP 谈判所取得的进展，以及 TPP 对美国联系亚太区所扮演的重要角色。李显龙与雅各布·卢会面时，对美国承诺进一步加强亚太区联系表示欢迎。除了再次谈及 TPP 的谈判，双方也就区域与国际发展包括全球经济和金融展望交换意见，并肯定新美的绝佳双边关系。

（五）深化与东盟国家的关系，加快推进一体化进程

2014 年，新加坡积极参与东盟的活动，并积极呼吁东盟加快经济整合步伐，推动达成《区域全面经济伙伴关系协定》（RCEP），新加坡致力于加强内联外合，缩小与东盟各国的发展差距，推动东盟一体化进程顺利进行，尤其在 2015 年建成东盟经济共同体的最后阶段所需要做的努力，以及 2015 年后东盟共同体建设需要继续努力的方向。

目前，东盟经济共同体的建设已经进入最后冲刺阶段，东盟各国正加快推进经济一体化进程。2014 年 5 月东盟峰会期间，新加坡总理李显龙表示，东盟成员国应该进行改革以处理剩余阶段的难题，实现经济的自由化。东盟加快经济整合步伐，形成涵盖 6 亿人口、1.8 万亿美元国内生产总值的东南亚市场，将有利于新加坡作为区域商业枢纽提供总部服务及供应链管理服务，进而有利于拓展其会计、医疗服务、物流、基础设施及资讯科技等企业的市场范围。

新加坡与菲律宾加强防务安全合作。2014 年 4 月，新加坡总统陈庆炎访问菲律宾，与菲律宾总统阿基诺三世进行会谈，双方同意进一步加强两国关系和安全合作。双方就加强在高层培训、教育、情报交流等方面的防务安全合作，扩大两国在基础设施、旅游、信息技术及商业流程管理、造船、物流、农业经营等领域的合作交换了意见。菲方还提议两国间进行国防对话。双方探讨了东盟的发展并愿继续为该地区的共同利益而密切合作。新加坡与菲律宾根据航空服务协定增加航班服务将有利于促进两国政府、商业与人民间的交流。这是陈庆炎对菲律宾进行的首次正式访问，也是对阿基诺 2011 年对新加坡进行国事访问的回访。访菲期间，陈庆炎还赴 2013 年遭受超强

台风“海燕”重创的菲中部重灾区，向灾民转交新加坡提供的医药用品。

新加坡与马来西亚经济合作日益密切。李显龙与马来西亚总理纳吉布于2014年4月会晤，两国领导人同意全方位发展依斯干达特区，除了进行住宅项目开发，也要发展工业，让特区居民能找到更高薪的工作。随着新马联手发展的依斯干达特区硬件设施的建设，两国的合作将向技能培训的新领域迈进。李显龙与纳吉布联合宣布，新加坡将为依斯干达特区的工人提供职业培训。新加坡与依斯干达特区之间存在互补关系，新加坡囿于土地面积的限制，无法容纳众多有意来新加坡投资或扩充的项目。倘若这些项目符合依斯干达特区的工业计划，可转移至对岸，这将丰富马来西亚柔佛地区的工业项目，与此同时，柔佛工人也将获得更多更好的就业机会。

新加坡与印尼关系又有新进展。李显龙于2014年10月访问了印度尼西亚首都雅加达，并出席印尼当选总统佐科的就职典礼。这是李显龙2004年主政以来，第三次出席印尼新任总统的就职典礼。新加坡希望与新任印尼总统佐科及其团队深化两国的合作与交流，把双边关系推向新高峰。海事合作及印尼国内基建投资等，可成为拓展两国合作关系的领域。尽管两人会面时没机会讨论烟霾问题，新加坡政府希望与印尼政府携手对抗霾害，也将继续提供扑灭林火的援助。2014年印尼苏门答腊和加里曼丹等林火导致新加坡上空出现烟霾，空气污染指数也不时达到不健康水平。李显龙向印尼政府阐明立场，希望能够与印尼合作，逐步解决问题。佐科表示将致力于恢复作为海事国家的声望，他向李显龙寻求新加坡在这方面的援助，同时表示希望改革官僚体系和吸引用以建设基础设施的外国投资。李显龙答应给予相关援助，并建议佐科或其内阁部长与新加坡商界分享有关策略和计划。

Y.5

泰国：政局平稳　经济恢复

潘艳贤*

摘　要：2014 年泰国发生军事政变，政局因军方接管政权而暂趋平静，但在军方严管之下各派分歧与冲突并未停止，只要有合适的土壤，冲突随时可能爆发。作为政变领导人，巴育治国既有可圈可点之处，亦有不少措施为外界诟病，为今后泰国政局的发展增加了不确定性。

关键词：泰国　军事政变　巴育

自 2006 年泰国军方发动政变推翻他信政府以来，泰国政局可谓风起云涌，跌宕起伏。而 2014 年对泰国而言注定又是不平静的一年，陆军总司令巴育发动了军事政变，使泰国再次成为世界瞩目的焦点。

2014 年，受动荡的政治局势影响，泰国经济、外交、社会发展等各方面深受重创。军方接管政权后，为改善国家经济状况采取了多项措施并取得了一定成效，不过泰国经济复苏仍面临诸多不利因素的影响；外交上，虽然军方接管政权导致部分国家的不满与抗议，但至少外交工作得以从混乱的政局中逐渐恢复。

---

* 潘艳贤，硕士，广西民族大学东盟学院助理研究员，主要从事东南亚研究、华侨华人研究、民族问题研究等。

一 政治：军方接管政权，政局渐趋平稳

泰国2006年以来的政治斗争可以归结为两大阵营之争，即以他信家族为核心的挺他信阵营和以王室等传统精英机构为核心的反他信阵营。前者背后是民主意识逐步觉醒的草根阶层、农民群体、新资本集团以及“红衫军”，后者则包括保皇派、军队、民主党、城市中产阶级、“黄衫军”等。两大政治势力势均力敌，导致泰国深陷政治“黑洞”之中。

2014年上半年，泰国各政治利益集团依然政争不止。他信妹妹英拉总理领导的泰国政府无疑处于旋涡的中心。以推翻“他信政权”、驱赶英拉下台为目的的反政府抗议示威活动持续数月，对立双方分歧越来越大，斗争手段越来越激烈，暴力冲突导致28人死亡，数百人受伤，社会严重分裂。即使随后反他信阵营与英拉政府由“街头政治”转入“司法程序”的斗争，矛盾依然无法调和。军方在组织各方协商未果的情况下，于5月22日发动政变。2014年下半年，面对国家政治的混乱局面，军方宣布接管政权并成立过渡政府，积极开展各项工作，逐步恢复政治平稳，振兴经济，逐渐取得了大部分民众的理解与支持。虽然军事政变为泰国政局带来短暂平静，但这只是在军方严管之下的表象，各政治派别间的根本矛盾并未改变，只要有合适的土壤，冲突随时可能爆发。而作为政变领导人，巴育治国既有可圈可点之处，亦有不少措施为外界所诟病，这也为今后政局的发展增加了不确定性。

纵观2014年泰国政治纷争，国家独立机构和军队对政局走向起到了关键作用。事实上，在泰国近现代的政治舞台上，独立机构和军队一直发挥着独特的重要作用。

（一）独立机构决定政局走向

泰国独立机构主要是为了进行政治上的改革，弥补三权分立代议制的不足，根据1997年的《泰王国宪法》精神而成立的。泰国独立机构自成立以来，在监督政府政务、保障公民权益等方面发挥了重要作用。但是，随着泰

国政治环境与社会环境的不断变化，独立机构受到了内外多种因素的影响，陆续出现了不少问题，从而影响到独立机构的运作。

对于泰国反他信阵营的政治力量而言，宪法法院等国家独立机构就是斗争的有效利器。一直以来，民主党等反他信阵营在关键时刻总会通过向宪法法院等国家机构施加影响，以达到迫使亲他信阵营的执政政府下台的目的。过去几年，宪法法院曾做出不少对他信阵营不利的案件裁决，选举委员会也做出过不少对他信阵营参选不利的决定，而上议院则提出过不少不利于他信阵营的弹劾案。沙玛政府、颂猜政府的倒台，泰爱泰党的解散，无不与这些国家机构有关。

选举委员会和宪法法院都是在枢密院和军人集团的政治影响力控制之下，也就是体现了王室与军方的政治意志。从 2008 年、2010 年和 2014 年选举委员会的行动中都能看到王室希望通过第三方的渠道解决现有政治危机的意图。

国家独立机构本应保持其中立性，然而在泰国却成为利益集团斗争的工具。1997 年颁布的宪法扩大了总理的权力。英拉利用推行的政策，削弱了宪法法庭、反贪委员会等独立机构的权力，导致这些独立机构对其反击，就调任前国家安全委员会秘书长他汶是否违宪、“大米收购计划”中是否有渎职行为展开调查，最终导致英拉下台。

2013 年年底由于修宪及特赦法案引起的泰国党派纷争再度白热化。进入 2014 年，面对“街头政治”收效甚微的局面，反对派步步为营，变换策略，继而又在司法层面对英拉政府展开攻击。泰国反贪委员会继续调查英拉 2013 年启动的“大米收购计划”，导致稻农进行抗议示威，这使英拉政府后院起火，执政根基松动。2014 年 3 月 20 日，泰国反贪委员会又认定上议院议长尼空在主持通过为泰党所提出的一项修宪草案中渎职，决定对其提起诉讼，并立即终止了其议长职务。而除尼空外，在国会支持该修宪案的多名为泰党议员同样受到反贪委员会的调查，如果认定违法，这些议员将被禁止参政 5 年。军方接管政权后，反腐成为国家维持和平秩序委员会的重要议题，也是巴育军政府的主要政策之一。对此，包括泰国国家发展研究中心在内的多名学者交换意见后得出的结论是，巴育政府实际上只是针对英拉政府动用包括国家反贪委员会在内的各种机构反贪而已。学者们提出“巴育政府该如何面对反对者的质疑：你们用一种标准扳倒了对方，但会用同样的标准来扳倒自己吗？”[①] 反腐对泰国民众而言固然是好事，但反腐有明显的特定对象未免会被质疑。

选举委员会在2014年也成为泰国备受关注的国家机构。根据泰国法律所赋予该机构的职责，其必须根据法律规定尽可能保障国家大选顺利举行。但从组织2月2日的选举开始，该机构却被质疑没有尽全力推进选举，而是寻求各种理由推迟。公众将目光聚集在选举委员会主席颂猜身上。因为2006年4月2日，他信率领泰爱泰党参加选举时，颂猜是当时抵制泰爱泰党参加选举的重要角色。如今，与泰爱泰党一脉相承的为泰党受到了同样的“待遇”也就不足为奇了。

相比反贪委员会与选举委员会，泰国宪法法院对政局导向作用更加明显。其不仅裁决2014年2月2日大选无效，更在2014年5月7日裁决英拉在2011年将前国家安全委员会秘书长他汶调离的行为违反宪法，并宣布解除英拉的总理职务。这一裁决具有明显的政治动机。在宪法法院判决前，泰国国内的政治观察人士已就总理英拉会被宪法法院裁决下台这一问题达成共识。至此，自2006年以来上台的他信阵营的三位总理沙玛、颂猜和英拉都先后被宪法法院用判决手段逼退。有国外媒体称此为“司法政变”。

除上述案件外，泰国宪法法院2014年判决的关系政局走势的案件还有2万亿泰铢基建项目借贷案以及素贴所领导的政治活动是否属于反当前政体行为案件等，这些案件的结果均对执政的为泰党政府不利。在2万亿泰铢基建项目借贷案中，宪法法院将“大米换高铁计划”的基础设施建设项目判决违宪后，无疑是将英拉用来拉拢泰国底层百姓，尤其是稻农的重要手段彻底废除了。而在素贴集团政治活动是否属于反当前政体行为案件中，宪法法院取消了对素贴的逮捕令。宪法法院的负责人、泰国总检察长恰如盼·迈达嘉尊被泰国媒体普遍认为是他信的政敌，这或许是宪法法院裁决对他信阵营

① 《巴育军政府最突出政绩：清剿英拉党派》，经理在线网，2014年12月25日。

不利的原因之一。而针对司法机构左右泰国政局的现象，泰国有评论认为，“很显然，独立机构希望免除英拉和整个内阁的职务，制造一个权力真空，然后称不能举行选举，指定一个他们选择的总理。”[①] 事实上，宪法法院等独立机构并不是被民主党所利用，这些独立机构代表的是曼谷精英阶层的利益。在泰国国王普密蓬·阿杜德身体状况日益欠佳，泰国王室内部出现派系利益争夺的特殊时期，他信阵营在泰国政坛卷土重来引起了曼谷精英阶层的敌意。泰国近年来混乱的政局表明，这些独立机构并未能清除他信势力，相反，使泰国民主政治陷入了死胡同。

泰国萱律实皇家大学社会民意调研中心 2014 年 6 月 18 至 28 日在泰国全国范围内对 2218 名民众做了随机抽样调研，结果 98.68% 的受访者赞同改革司法体系，禁止政治家干预司法。[②] 赞同率为所在调查选项最高，这说明民众对政治利益集团干预司法是极其反感的，这些民意成为巴育在改革中不得不面对的问题。

（二）军方强势介入政局

在争端各方僵持不下、国家接近无政府状态的情况下，泰国军方在 2014 年 5 月 20 日实施军事管制以介入干预。军方宣布解散看守政府设立的维持安全秩序中心，设立由军方管理的维护和平与秩序指挥中心来处理国家事务。

2014 年 5 月 21 日下午，军方召集了看守内阁新总理尼瓦探隆、反政府示威领导人素贴·特素班、支持英拉政府的“红衫军”领导人及选举委员会和上议院负责人到军方指定地点会谈。5 月 22 日，军方在斡旋各方和谈无果后宣布接管政权。泰国版“鸿门宴”正式上演。陆军总司令巴育在宣布接管政权的同时，宣布由泰国军警组成的“国家维护和平与秩序委员会”

---

① 孙广勇：《泰国独立机构宣布国会选举无效，或临近权力真空》，中国新闻网，2014 年 3 月 22 日，http：//www. chinanews. com/gj/2014/03 – 22/5981511. shtml。

② 《民调：巴育推改革获大众支持》，《世界日报》，2014 年 6 月 30 日，http：//www. udnbkk. com/。

（以下简称维和委员会）将成为泰国最高权力机构，从泰国时间 2014 年 5 月 22 日下午 4 时 30 分开始接管国家权力，同时，自己出任该委员会主席。巴育指出，接管政权是为了制止暴力事件，防止动乱升级，恢复国家安定秩序。

2014 年 7 月 31 日，泰国产生了由 200 人组成的泰国国家立法议会，议员中有 105 人为现役或退役军官。8 月 21 日，泰国国家立法议会召开会议，巴育被选举为临时总理。巴育是该次选举的唯一候选人。在到会的 194 名议员中，除议会主席和两名副主席弃权外，其他议员均赞成巴育出任总理。8 月 24 日，普密蓬国王御准巴育为过渡政府总理，巴育正式成为泰国第 29 任总理。

巴育所领导的军政府执政后，采取各种措施消除他信在泰国政治上的影响。最明显的是其采取各种措施争取民众支持，尤其是被视为他信票仓的东北地区农民的支持。他不仅承诺偿付英拉在任时大米典押政策所拖欠农民的款项，还将英拉时期的“大米换高铁计划”进行升级，加入了对泰国农民的“扶持计划”，给陷入困境的农民带来希望，赢得了部分农民的支持。

另一方面，巴育政府的军方背景及军队式的管理方法也引起了广泛的关注。军方自接管泰国政权以来，形成了以军方要员为核心的领导班子。在巴育组建的过渡政府内阁成员中，军方成员占内阁总人数的 1/3。这些内阁成员拥有特权，可以随时审查地方是否实施中央政策法令。政府机构也保留了许多具有军方特色的机构，如国家维和委员会、国家法律委员会、国家变革委员会等。巴育组阁成立过渡政府后，国家维和委员会也并没有解散，各项戒严时期发布的命令，包括控制各地集会的命令仍然维持效力。对高校等学术机构、媒体持续的严管措施更形成了一种高压的政治环境。也正是因为如此，美国等西方国家对军政府的“独裁”指控也不无道理。泰国学者普遍认为，这或许会造成一种很危险的局面，就是无人敢于对军方背景的过渡政府提出反对和批评意见，形成矛盾的积压。如果巴育政府的严管措施超过民众忍耐的限度，冲突可能会在一定时期内爆发。

2014年发生的政变是泰国历史上自1932年实行君主立宪制以来的第20次政变。在军方宣布接管政权之前，“红”“黄”两派虽各有动作，却极少正面交锋。随着英拉的下台，为泰党支持者和反对者之间发生暴力冲突的可能性大增。一旦两派民众在街头对抗，街头政治这一泰国政治的民间延伸形式很可能会失控，对国家造成严重影响。而政变的出现使这种可能性大大降低，对政局缓和的作用明显，给泰国纷扰多时的政坛确实创造一段平静的时期。另一方面，虽然政变具有一定的积极意义，但此次政变左右不了选民心中的两派民意，依旧解决不了政治体制的缺陷和民主的局限性。[①] 这是巴育政府在接下来的改革中所需要面临的“老大难问题”。

泰国自1932年建立民主体制以来，产生了18部宪法，发生了20次政变，成为世界上军事政变最多、政府更迭最频繁的国家之一。2006年以来，泰国两大派争夺权力，已形成“冤冤相报”的恶性循环局面。泰国反复爆发的政治争斗表明，国家政权的稳定首先需要国内各党派和阶层摒弃各自的私利，街头政治即使能赢得一时胜利，也绝对不能保证社会的长期安定。城乡发展悬殊，贫富差距严重，才是泰国政局无休止动荡的根源。巴育政权要使饱受动荡之苦的泰国走上稳定发展的有序民主之道仍面临着内外多重挑战。

二　经济：新政府积极治理，经济恢复生气

2014年上半年，持续蔓延的政治纷争对泰国各项经济活动造成的影响进一步扩大。民间消费、民间投资、外贸出口等主要经济指标均出现萎缩，政府支出尤其是政府大型投资项目无法顺利开展。5月，军方宣布接管政权后，采取积极措施恢复国内外经济活力。而巴育当选过渡政府总理后，更把促进经济复苏、恢复投资者信心作为施政优先重点，制定了振兴经济路线

① 凌朔：《泰国军方政变欲平息政治危机：治标不治本》，新华网，2014年5月24日，http://news.xinhuanet.com/world/2014-05/24/c_126542743.htm。

图，加快解决受到政局拖累而无法解决的各种经济问题，取得一定的积极效果，泰国经济也得以恢复生气。

（一）政争使经济发展陷于停滞

从2013年第四季度开始，泰国国内政治动荡愈演愈烈，新政府迟迟无法产生，英拉看守政府无法实施推动经济的政策措施，政府预算支出受到限制，政府和民间投资、消费、旅游业等都受到严重拖累而出现下滑。这一现象持续至2014年上半年。进入2014年，包括民间消费和投资、工业生产和出口等在内的主要经济活动继续处于萎缩状态。数据显示，2014年第一季度泰国经济季环比萎缩2.1%，年同比萎缩0.6%，这直接反映了泰国各项经济活动，遭受自2013年年末政治混乱问题所造成的恶性影响进一步扩大。作为泰国经济增长重要支撑的旅游业也受到政局动荡的影响，入境外国游客人数大幅下降。

国际信用评级机构穆迪在一份报告中称，让英拉下台的裁决对泰国的评级造成了负面影响，因为这将延长泰国已经持续6个月的政治危机，为泰党支持者和反对者之间发生暴力冲突的可能性加大。这些都将消极影响投资者和消费者的信心，增加泰国经济下行的风险。事实证明确实如此。

国内政局不稳定给泰国经济带来负面影响，主要包括以下三个方面。

第一，政府投资推迟。例如2014年政府预算经费支出和大型建设工程的立项或推进均受到此影响。

第二，泰国民间企业的经济信心受到冲击。外国采购商基于泰国混乱的政治形势，担心无法按期交付商品，转向其他国家订购商品。泰国商业部报告显示，2014年全年泰国出口下跌0.14%，进口下跌8.97%，亦直接证明了这一点。泰国经济70%依赖出口经济，出口下滑，国家财政收入也就跟着减少。

第三，外国投资者对泰国的信心受影响，导致撤资现象的出现。泰国投资局（BOI）数据显示，自2013年10月政局动荡以来，政府停摆导致多项外商投资项目遭暂时冻结审批，因此，多家外资企业寻求投资其他国家。

（二）“巴育经济学”显成效

2014 年 5 月 22 日，泰国军方接管政权，维和委员会成为泰国的最高权力机构。维和委员会在政变后组建了国家行政管理顾问团及经济工作团，广泛征求政府机构及社会各界建议，推出一系列经济刺激措施，把促进经济复苏、恢复投资者信心作为施政优先重点。

2014 年 6 月 9 日，维和委员会推出紧急措施以提振泰国经济。主要内容包括几个方面。

第一，5 月 22 日宣布接管政权后，维和委员会立即召开了经济会议，宣布将紧急筹集 920 亿泰铢用于偿付因“大米典押”政策拖欠的农民款项。泰国农业商会及零售业商会就此均表示，清偿农民欠款将降低民众不良债权比率，提升消费信心。

第二，任命新一届泰国投资促进委员会组成人员，加紧审批申请投资优惠项目，加快解决工厂许可审批缓慢问题。2014 年 6 月 18 日，维和委员会主席巴育就任泰国投资促进委员会（BOI）主席，并召开了政变后首次会议，批准了部分因政局动荡而搁置数月的投资项目，涉及金额 1200 亿泰铢。6 月 19 日，巴育会见了泰国外国联合商会的代表，包括美国、法国、英国等国在泰商会代表参加了会谈，巴育进一步阐释维和委员会发布的经济振兴路线图，以提振外资信心。

第三，督促政府各部门加快支出 2014 财年的财政预算。维和委员会 6 月 10 日审核通过了《2015 年泰国财政预算草案》。根据该预算草案，从 2014 年 10 月 1 日至 2015 年 9 月 30 日泰国全年财政预算为 2. 575 万亿泰铢（约合人民币 4952 亿元），同比增长 2%，财政赤字预计为 2500 亿泰铢，与 2014 年度持平。维和委员会还督促相关部门加紧列支 2014 年度剩余财政预算。

第四，重新审视并修订基础设施建设规划及优先顺序。6 月，泰国交通部提出“2014 ~ 2022 年基础设施投资方案”，并得到维和委员会批准。该投资方案所涉总投资额约 3 万亿泰铢（约合人民币 6000 亿元）。该项投资计划不包含高速铁路计划，但包括全国铁路复线、曼谷 10 条线路电车、农村公路铺设沥青、疏通河港和码头等。同时，维和委员会宣布将基础设施投资计划首先从社会经济效益高、对社区居民影响小的大型项目入手，如城市轨道交通系统、双线铁路等。

与紧急措施一同公布的还有短期经济措施以及长期发展目标。其中短期经济措施主要内容包括：继续实施因政局动荡搁置的 2014 年国有企业项目，继续实施基础设施建设，设立全国性私人基金降低公共支出，促进边境贸易，为边境附近中小企业提供支持。而维和委员会所公布的长期发展目标则包括：成为东盟共同体主导国之一，促进再生能源发展，达到能源平衡，国有企业实现现代化。

随着这一系列措施的实施，泰国消费者信心逐渐恢复，投资气氛也逐渐改善，泰国国内各项经济活动在 2014 年下半年逐步恢复正常。曼谷大学 2015 年年初发布巴育政府经济成绩评估报告，负责调查的单位访问 28 家重量级机构的 66 名经济学家，得出的结论是，总理巴育个人表现得分 6.62 分，高于英拉的 3.66 分。①

三　外交：恢复外交，任重道远

与经济形势如出一辙，2014 年年初，泰国与他国的外交关系因持续的政治争斗陷于停滞。通过军事政变而上台的巴育过渡政府首先面临的外交问题就是其领导的军方背景的过渡政府如何与欧盟、美国等对泰国政权变动存在意见的国家进行沟通，争取理解，并在这些外交活动当中平衡泰国的利益。面对与美欧关系的紧张，接管政权后的巴育政府延续泰国等距离平衡外交的政策。与美国“若即若离”，与中国“关系密切”，这些都显示了巴育政府高超的外交手腕。

---

① 《泰国银行家赞许“巴育经济学”》，中华人民共和国驻泰王国大使馆经济商务参赞处网站，2014 年 8 月 22 日，http://th.mofcom.gov.cn/article/jmxw/201409/20140900739534.shtml。

（一）泰美关系

在亚太地区，泰国要成为美国的盟友，首先必须具有美国所认可的民主价值观。从 2013 年年底泰国政局持续混乱开始，美国曾通过多种渠道对泰国军方提出勿介入政治的要求，然而事与愿违，最终泰国军队还是发动了军事政变。

美国主管东亚和太平洋事务的助理国务卿罗素就泰国国家立法议会弹劾前总理英拉一事表示担忧，称“国际社会会认为这是一场政治性驱逐行动”①。在巴育宣布接管泰国政权后，美国国务卿克里对泰国军方进行了公开的强硬批评。同时，美国宣布暂停与泰国的安全相关援助项目，并将冻结对泰军事援助。

美国的强硬姿态导致泰国的反美情绪出现升温，巴育亦多次对美国等西方国家不理解其为何接管政权表示失望。面对泰国民众的强烈反应以及从自身战略需求考量，美国面对重要“盟友”的政权变换，并没有采取有效的制裁措施。2014 年 8 月底，巴育在仍担任陆军总司令的情况下正式就任泰国总理，并组建了新一届内阁，其中军官占有 1/3 席位。美国对这一系列事态却一反常态地一直保持沉默。

美国驻泰国大使克丽丝蒂·肯尼在接受泰国《民族报》采访时表示，美国没有“降级”与泰国的双边关系，称泰国依然是美国的重要盟友。② 这说明美国希望看到泰国回归民主，但它并不愿意拿与泰国的关系冒险。当美国政府意识到其对泰国军政府接管政权后的一系列不友好表现可能会把泰国慢慢推向中国阵营，并会对其推行“重返亚洲”政策产生不良影响后，逐渐开始克制。

---

① 《泰国总理：在中日之间保持平衡》，新浪财经，2015 年 2 月 10 日，http：//finance. sina. com. cn/world/20150210/101421517891. shtml。

② 《“金色眼镜蛇”明年“缩水”上演》，中国网，2014 年 10 月 27 日，http：//news. china. com. cn/rollnews/news/live/2014 – 10/27/content_ 29488794. htm。

（二）泰中关系

2014年年初，泰国政局变化对中泰的经济合作产生了不利影响。泰国宪法法院2014年3月12日判决已获泰国国会通过的一项2.2万亿泰铢（约合678亿美元）的基础设施建设项目违宪，这意味着该项目的核心部分“大米换高铁”项目也将随之暂停。但是，泰国军方宣布接管政权后，这一形势得到逆转。

泰国军方宣布接管政权后，中国政府随即表达了理解并希望泰国国内稳定。政变不久后，中国移动公司以8.81亿美元的价格收购了泰国True电信公司（泰国三大电信运营商之一）19%的股份，成为该公司第二大股东。在西方国家抨击声音一片的背景下，中国这一系列的行为正是急需外国理解的泰国新政权所需要的。

2014年6月6日，巴育会见了中国商业代表团，表达了维护两国经济合作的愿望。他呼吁中国投资者理解泰国当前的形势，并保持对泰国的信心。

2014年6月9日，泰国维和委员会决定对国内一系列大型基础设施建设项目进行重新评估，其中包括与中国的“大米换高铁”项目。在此之前，泰国军政府曾通过一些途径，释放出激活“大米换高铁”项目的信号。“大米换高铁”被泰国宪法法院判定“违宪”后又重现生机。

2014年7月，泰国维和委员会负责对外经济的军政顾问、泰国前副总理颂吉以特使的身份访问北京，与中国国家副主席李源潮等人举行会谈，就加深两国间合作关系达成共识。随后维和委员会批准了从泰国东部的临海工业地延伸至东北部的高速铁路建设计划，向外界显示出与中国友好的姿态。

2014年年底，泰国过渡政府总理巴育先后两次到访中国。其先是11月出席在中国北京举行的亚太经合组织领导人非正式会议，并与中国领导人举行会谈，后又于12月22日至23日对中国进行正式访问。访问期间，巴育表示，“泰方高度重视对华关系，将坚定落实双方达成的合作协议和共识，推进铁路、农业、经贸等领域合作，推动泰中关系和东盟－中国关系取得更大发展。”

对于泰中关系的趋热现象，笔者认为，两国的友好发展符合双方共同发展的利益。这一现象虽然出现在美国等西方国家批评泰国军事政变后，有泰国外交平衡策略的考量在内，但亦说明，对于泰国而言，与中国保持良好的经济、外交关系是其重要的外交内容，符合其利益。另外，对于中国而言，中国正处于美国寻求其亚洲盟友的支持，并寻求与缅甸、越南等国家建立更紧密联系来对抗中国的非常时期，因此，中国与泰国保持良好的关系也显得尤为重要。

饱受动荡之苦的泰国民众最期望的是国家的稳定和发展。军方 2014 年接管政权迅速止住了泰国长期的动荡乱局，满足了百姓对国家稳定的迫切需求。巴育就任过渡政府总理后，更采取切实行动解决泰国经济、社会矛盾，赢得了民心。2014 年 8 月下旬的泰国媒体民调显示，80.5% 的民众支持巴育担任总理，这足以说明大部分民众对巴育接管政权后的表现感到满意。可以说，泰国民众对巴育政府的改革充满期望。泰国民众对巴育的高期望值从另一种意义上来说是把“双刃剑”，因为 2015 年巴育政府仍面临诸多难题需要解决。

Y.6

文莱：内政外交稳健推进*

葛红亮　邵建平**

摘　要：2014年是文莱独立30周年。过去一年，文莱以实施《伊斯兰刑法》为契机完善了伊斯兰法制，持续加强伊斯兰教在社会、教育与文化领域的教化作用，以此文莱政府希望进一步增强国家政治社会的稳定基础；经济发展，受到国际油气资源价格波动的影响，增速放缓，但文莱政府加强了对经济多元化发展的引导；对外交往中，文莱积极发展宗教外交，持续以区域组织为依托，大力拓展与周边地区和相关国家的合作关系。展望2015年，文莱的政治、经济与对外交往形态相较2014年将有着很强的延续性。

关键词：文莱　政治　经济　对外交往　回顾　展望

2014年是文莱独立30周年。文莱以实施《伊斯兰刑法》为契机完善了伊斯兰法制，加强了伊斯兰教在社会、教育与文化领域的教化作用；经济方

* 本文是广西教育厅高等学校科学研究一般项目"'中国－东盟命运共同体'建设及广西的角色研究"（KY2015YB085）、中国－东盟研究院2014年开放性课题"东盟国家南海政策研究"（CW201409）的阶段性研究成果。

** 葛红亮，国际关系专业博士，广西民族大学东盟研究中心助理研究员，主要从事海洋问题、安全问题、亚太国际关系等研究；邵建平，国际关系专业博士，云南红河学院政治学与国际关系学院讲师，主要从事东南亚区域与国别问题、南海争端等研究。

面，受到国际油气资源价格波动的影响，增速放缓，但文莱政府加强了对经济多元化发展的引导；对外交往中，文莱积极发展宗教外交，持续以区域组织为依托，大力拓展与周边地区和相关国家的合作关系。展望2015年，文莱的政治、经济与对外交往形态相较2014年将有很强的延续性。

2014年，文莱在政治、经济改革等方面均做出了不少努力，同时也在保持对外政策延续性的基础上，继续不断加强区域内的合作及增强与周边国家的互动关系。

一　政治：完善法律体制，增强国家稳定基础

众所周知，文莱历来被誉为"和平之邦"和高福利国家，文莱社会秩序井然而有序。[①] 近些年来，文莱为应对国外极端伊斯兰势力的不利影响，不断寻求强化伊斯兰宗教法治基础。2014年，文莱完善伊斯兰法制体系，将其作为实现增强国家稳定根基的主要手段。

（一）完善伊斯兰法制体系，推进政治体制改革

完善伊斯兰法制体系——分阶段实施《伊斯兰刑法》（Shari'ah Penal Code）是2014年文莱政治社会生活中的焦点，其代表着文莱政教混同的国家体制进一步强化。

尚在2013年10月22日，文莱苏丹哈桑纳尔·博尔基亚（Haji Hassanal Bolkiah）就宣布将在6个月后在国内分阶段推行《伊斯兰刑法》，以增强未来政治社会稳定的基础和保持国家的稳定、人民的生活富裕。[②] 2014年3月6日，文莱苏丹在第10届立法会议开幕式上对2014年工作进行了全面规划，内容涉及政治、经济、外交与社会福利等多方面，其中《伊斯兰刑法》

① 柳思思：《伊斯兰教的"和平"与"中道"理念——伊斯兰教对于文莱政治社会发展的作用》，《东南亚研究》2013年第2期，第48页。

② 马静、马金案：《文莱：2013年发展回顾与2014年展望》，《东南亚纵横》2014年第2期，第15页。

的实施成为其阐述的重点。4 月 30 日，文莱苏丹在国际会议中心举行的宣告仪式上宣布《伊斯兰刑法》第一阶段已经开始实施。[①] 以此为标志，《伊斯兰刑法》正式进入文莱现有的刑事法律司法系统。

从内容上来看，《伊斯兰刑法》主要包括了四个方面：其一，维护伊斯兰宗教神圣性；其二，加强宗教管理；其三，加强对不文明行为的管理；其四，涉及其他犯罪的，将依据《伊斯兰刑法》进行审判处理。[②]

文莱推行《伊斯兰刑法》在国际社会引起的反应可谓泾渭分明。阿曼、科威特、马来西亚等伊斯兰国家表示尊重和理解。与之相反，联合国人权事务高级专员办事处则批评文莱广泛施用死刑之举有悖相关国际法准则。对文莱实施该法的动机，对《伊斯兰刑法》颇有研究的新加坡学者陈永良教授则认为："文莱苏丹或许认为，到了目前这个人生阶段，他有义务在个人及国家层面上取得宗教认同"，同时他也表示这显示文莱苏丹随着年龄的增长，思想也越发保守。[③] 针对国际社会的反应，文莱一方面表示将以理性的方式来应对各界的评论和批评，另一方面也在持续不断地完善伊斯兰法制体系。

（二）持续发挥伊斯兰宗教在保持国家政治社会稳定中的效用

伊斯兰教君主制（MIB）是文莱的基本国家体制，也是文莱政府验证民众是否忠君爱国的主要准则。在文莱，任何人都不得反对政府的伊斯兰教化政策。[④] 伊斯兰教既是国家政治和法治发展的指导内核，也是被文莱政府视为保障政治社会持续性稳定的基本教化原则。近年来，受现代化与全球化浪潮的影响，文莱继续发挥伊斯兰教在维护政治社会稳定中的价值，将宗教价值观和各种仪式相结合，宣扬传统优秀的原则成为一项重要的渠道。2014 年，文莱延续了"和平与安全"的治国主旨，继续通过伊斯兰教原则仪式化的渠道来宣扬国民原则，进而持续发挥伊斯兰教在保持国家政治社会稳定

---

① 《东南亚首个国家——文莱今天起实施回教刑事法》，《联合早报》2014 年 5 月 1 日。

② 张志鹏：《文莱〈伊斯兰刑法〉加剧政教混同》，《中国民族报》2014 年 5 月 6 日，第 5 版。

③ 《东南亚首个国家——文莱今天起实施回教刑事法》，《联合早报》2014 年 5 月 1 日。

④ 黄云静：《伊斯兰教与当代文莱政治发展》，《当代亚太》2007 年第 4 期，第 27 页。

中的效用。

首先，文莱政府持续将伊斯兰教和《古兰经》作为“做人做事”的基本原则。一方面，文莱大力弘扬《古兰经》的教义，宣传伊斯兰教是寻求和平的宗教。为此，文莱苏丹及其领导下的政府一方面不遗余力地利用各种伊斯兰宗教节日和相关仪式，宣扬优秀的传统文莱精神。另一方面，文莱加强了对民众学习伊斯兰教和平精神的引导。2014 年 3 月 5 日，文莱宗教事务部官员称《古兰经》是塑造 Sakinah 家庭[①]生活的基本准则。8 月，苏丹 68 岁华诞庆典举行。在活动中，文莱苏丹宣扬了文莱传统的优秀价值观，培养行为的端正和尊重领导的品性，希望文莱人遵守世代相传的价值观念。

伊斯兰教对文莱教育发展一直影响颇深，宗教教育也向来被优先发展，推广《古兰经》和加强伊斯兰教义的学习则是文莱政府期望透过教育途径维护政治社会稳定的重要手段。3 月 31 日，文莱举办了《古兰经》阅读大赛。5 月 27 日，文莱苏丹在出席伊斯兰全球庆典时强调清真寺、宗教学校和阿拉伯文学校在教育体系中的重要性。为强化《古兰经》对国内穆斯林行为的约束作用，7 月 15 日文莱苏丹亲自主持了结合文莱本国国情的《古兰经合集》的出版仪式。

其次，2014 年文莱借助《伊斯兰刑法》的实施还加强了对宗教传播的管理。政治和宗教异端的挑战历来被文莱政府视为国家政治与社会稳定的障碍。政党政治和对“伊斯兰君主体制”的反对，及假伊斯兰传教之名宣扬极端思想，一向被文莱政府所警惕。此前，未经文莱伊斯兰宗教理事会批准而在公众场合演讲或在演讲中公开宣扬反伊斯兰思想的，都会被处以 2000 美元罚款和 3 个月的监禁。[②]但随着 2014 年 4 月《伊斯兰刑法》第一阶段的实施，文莱加强了对伊斯兰宗教传播的管理，对违反规定者的处罚也相应加大。根据新规定，未得到政府许可在文莱传播伊斯兰教的传教士，会面临两年的监禁，任何机构或者个人要传播伊斯兰教都必须得到文

① Sakinah 家庭指的是，在一个家庭里，人人都感受到爱、安全、受保护、欢乐和受到真主安拉的庇护。

② 张学刚：《文莱民族宗教概况》，《国际资料信息》2003 年第 12 期，第 20 页。

莱伊斯兰宗教理事会的书面许可，否则会被处以两年的监禁和高达 8000 美元的罚款。

二　经济：增速放缓，政府主导多元化发展

文莱经济增速在 2014 年呈现出放缓的趋势，而这一趋势与文莱经济结构单一和多元化不足有直接的关系。文莱是东盟主要的石油和天然气生产国，油气资源的出口是文莱国民经济的支柱，其国民收入的 2/3 都来自于油气资源。2014 年，受国际油气价格下跌影响，文莱较为单一的经济结构受挫。在此背景下，文莱加快了经济多元化的步伐，政府加强了对经济的引导。

（一）文莱经济2014年增速放缓，单一经济结构受挫

第一，受到油气资源产业不景气影响，文莱 2014 年国内生产总值增长放缓。2014 年第一季度，文莱的 GDP 为 4914. 7 亿文莱元，与 2013 年第四季度相比，减少了 3. 732 亿文莱元，与 2013 年同期相比下降了 3. 3%，主要是因为油气部门的收入与 2013 年同期相比下降了 10. 3%。[①] 2014 年第二季度，文莱的 GDP 为 4944 亿文莱元，其主要得益于非油气产业部门的增长。与 2013 年同期相比，文莱 2014 年第二季度油气产业部门的生产总值下降了 1. 5%，而非油气产业部门的生产总值增长了 2. 5%。[②] 2014 年第三季度，文莱的 GDP 与第一、第二季度相比都产生了下滑，为 4428. 7 亿文莱元。同样，文莱第三季度的油气资源产业总值与 2013 年同期相比下降了 3. 2%，而非油气资源产业总值增长了 1. 8%。[③]

---

① "Quarterly Gross Domestic Product, First Quarter 2014", Negara Brunei Darussala, http://www.depd.gov.bn/gdp/2014/SMGDP_Q12014.Pdf, p. 5.

② "Quarterly Gross Domestic Product, First Quarter 2014", Negara Brunei Darussala, http://www.depd.gov.bn/gdp/2014/SMGDP_Q12014.Pdf, p. 5.

③ "Quarterly Gross Domestic Product, First Quarter 2014", Negara Brunei Darussala, http://www.depd.gov.bn/gdp/2014/SMGDP_Q12014.Pdf, p. 5.

表 1　文莱 2014 年各月对外贸易情况

单位：亿文莱元

月份	1	2	3	4	5	6	7	8	9	10	11	12
进出口贸易额	15.25	13.42	13.92	16.83	14.29	16.03	17.18	13.83	16.61	12.60	13.04	13.02

资料来源：http：//www.depd.gov.bn/statistic_ data.html.

第二，对外贸易发展不平稳。2014 年，文莱的对外贸易也因油气资源产业的不景气受到了一定的影响。如 2014 年 1 月，文莱进出口贸易额 15.25 亿文莱元，同比下降 16.2%。其中，出口 13.06 亿文莱元，同比减少 10.6%；进口 2.19 亿文莱元，同比减少 39%。在其主要出口商品中，原油和液化天然气出口额同比分别下降 17.7% 和 3.5%。[①] 表 1 是文莱 2014 年全年各月对外贸易情况。从表中可以看出，2014 年 6 月、7 月文莱对外贸易得到了一定的发展，其主要得益于原油出口增长和国际油价短暂上涨。6 月，原油出口额环比增长 30.6%。[②] 第四季度，文莱的对外贸易总体处于不景气状态，如 2014 年 10 月，文莱出口额下降了 23.2%。

第三，出现通货紧缩。受到油气资源产值下降影响，2014 年文莱出现了通货紧缩问题。通货紧缩导致文莱消费价格指数下降。根据统计，2014 年 1～10 月，文莱消费价格指数同比下降 0.2%。其中，服饰、家居和休闲文化类消费价格跌幅居前，同比分别下降 2.5%、2.4% 和 2.2%。[③]

（二）文莱政府加强了对经济多元化发展的引导

第一，致力于多元经济结构的建立。为了摆脱对石油和天然气的过度依赖，文莱独立后就一直致力于经济结构多元化。经过多年努力，文莱经济对

① 《文莱 1 月份进出口贸易额大幅下降》，中华人民共和国商务部网站，2014 年 4 月 30 日，http：//www.mofcom.gov.cn/article/i/jyjl/j/201404/20140400568436.shtml。

② 《文莱 6 月原油出口增长带动对外贸易回升》，中国驻文莱经商参处网站，2015 年 2 月 28 日，http：//bn.mofcom.gov.cn/article/jmxw/201408/20140800715079.shtml。

③ 《文莱 10 月份通货紧缩局面延续》，中华人民共和国商务部网站，2014 年 12 月 8 日，http：//www.mofcom.gov.cn/article/i/jyjl/j/201412/20141200842536.shtml。

油气资源绝对依赖的局面有所缓解，非油气产业得到了一定程度的发展。当然，文莱过度依赖油气资源的问题仍然没有从根本上得到解决。正因为如此，2014 年国际油价的波动直接导致文莱经济增速大大放缓。在此背景下，文莱政府 2014 年更加重视经济结构多元化的建设。文莱苏丹哈桑纳尔・博尔基亚 2014 年 8 月在其 68 岁生日时重申“2035 年宏愿计划”时指出，“经济结构多元化”的建立是“2035 年宏愿计划”实现的重点。在具体行动中，2014/2015 财年，文莱加大了教育培训、投资、提高生产率以及公民和居民福利保障领域的财政预算。2014 年，文莱还将打造生物创新走廊作为经济多元化的一部分，旨在促进食品及生物产业在文莱的发展，建立一个国际知名的清真产业园，并打造一个以研究和开发为主导的环境。

第二，重视能源产业的可持续发展。为了国家经济实现可持续发展，文莱除了倡导推动经济结构多元化外，还积极探索能源产业的可持续发展。一方面，文莱不断强调发展可再生能源的重要性。2014 年 8 月 18 日，文莱首相府能源部强调“到 2035 年，文莱可再生能源比重将提高到 10%，能源强度将在 2005 年的基础上降低 45%”①。为了实现此目标，2014 年 3 月，文莱首相府能源部发布了《2014 年文莱能源白皮书》，旨在推动能源可持续发展。文莱政府还制定了一系列包括推动能源价格改革以及提高能源效率、促进可再生能源推广使用等相关策略，通过综合运用经济、法律等手段推动文莱国民经济和能源领域长期、可持续发展。另一方面，文莱政府还积极配合国际社会承担节能减排的国际义务。2014 年 9 月 23 日，文莱苏丹哈桑纳尔・博尔基亚在出席联合国气候变化峰会时指出，文莱计划在 2035 年达到节能减排 63% 的目标。他还表示文莱政府将继续减少矿物燃料使用，并制定新的能源关税标准。文莱减排目标与其“2035 年宏愿计划”相呼应配合。文莱苏丹认为，“宏愿”首要目标是增进人民福祉，其中，保证人民享有清洁健康的环境尤为重要。

① 《文莱坚定发展可再生能源》，中华人民共和国商务部亚洲司网站，2014 年 8 月 20 日，http：//yzs. mofcom. gov. cn/article/zcfb/201408/20140800704329. shtml。

第三，实施扩展性财政政策。针对因国际油价下降导致的经济衰退，文莱政府依托庞大的储备资产、健全的银行体系加强金融体系建设，实施扩展性财政政策。通过增加财政支出，降低税收等措施刺激需求增长和扶持中小企业。2015 年 3 月，文莱苏丹批准文莱企业所得税率 2015 年进一步下调至 18.5%。此外，为提升国内企业竞争力，文莱政府还规定允许先进资讯技术或设施资金、本地人员聘请及本地员工培训经费等支出均可从公司税款中抵扣。①

对于文莱政府实施的扩展性财政政策，国际货币基金组织给予了高度评价。2014 年 7 月，国际货币基金组织与文莱举行第四条款年度磋商时称，文莱稳健的政策有利于促进其宏观经济发展和维护社会稳定。IMF 执行董事会认为文莱制订缜密的财政计划、实施经济多元化政策、扶持私营经济将有助于增加就业并实现经济长期稳定增长。②

第四，着力推进“2035 年宏愿计划”。“2035 年宏愿计划”由文莱苏丹在 2008 年提出，其有三大目标：到 2035 年，拥有受过良好教育和技术熟练的人民；人民生活质量进入全球前十；实现充满活力的可持续发展经济，人均收入进入世界前十。2014 年因国际油价下降对文莱经济的影响，文莱苏丹重申了“2035 年宏愿计划”。他表示，“到 2035 年，文莱要实现经济年均增长 5% ~6%，国家年收入要从目前 200 亿文莱元增长到 800 亿文莱元，人均收入跃居世界前十”③。他还表示，要实现此宏愿，促进文莱经济多元化发展是重点。具体措施是要全方位引进外资、推动中小企业发展、提高社会生产力、改善招商环境、大力发展基础设施建设、促进当地就业。④ 2014

① 《文莱企业所得税 2015 年将下调至 18.5%》，中国驻文莱经商参处网站，2014 年 3 月 14 日，http：//bn.mofcom.gov.cn/article/jmxw/201403/20140300517474.shtml。

② 《国际货币基金组织高度评价文莱财政和货币政策》，中国驻文莱经商参处网站，2014 年 7 月 14 日，http：//bn.mofcom.gov.cn/article/ddgk/zwjingji/201407/20140700661145.shtml。

③ 李国章：《文莱苏丹 68 岁生日重申“2035 宏愿”》，中国经济网，2014 年 8 月 20 日，http：//intl.ce.cn/specials/zxgjzh/201408/20/t20140820_3391095.shtml。

④ 李国章：《文莱苏丹 68 岁生日重申“2035 宏愿”》，中国经济网，2014 年 8 月 20 日，http：//intl.ce.cn/specials/zxgjzh/201408/20/t20140820_3391095.shtml。

年10月8日，文莱“2035年宏愿计划”最高理事会第一次会议在首相府召开。该理事会人员构成规格非常高。首相府高级部长、王储比拉出席并主持会议。首相府多名部长、副部长担任理事会成员，第二财长拉赫曼和能源部部长亚思敏担任理事会副主席。

第五，积极开展对外经贸合作。因为经济结构单一，文莱严重依赖油气出口、生活消费品则严重依赖进口，所以文莱将贸易立国作为基本的国家战略。其贸易政策的基本原则之一，即“支持开放、基于规则以及非歧视性的多边贸易体系”，将WTO、“开放的地区主义”和FTA作为对外贸易的三大支柱，目的就是要“促进经济的显著多元化”①。文莱将自由贸易作为对外贸易政策的重要组成部分，文莱坚信与一些关键的伙伴开展自由贸易能够为文莱打开国际市场，吸引更多的外来投资。为了应对2014年因国际油价下降造成的影响，文莱在2014年加快了多边合作的步伐。文莱积极参加TPP、RCEP谈判，还与东盟其他成员国一起推进东盟共同体的建设。

三 外交：延续对外政策，继续加强周边区域交往

文莱作为小国，遵循着传统的不结盟和对外合作政策。因此，合作外交（特别是区域性合作外交）和宗教外交相结合构成了文莱对外战略思维模式的两个主要内容。② 在伊斯兰宗教“和平与安全”观念的指引下，文莱苏丹不仅在国内倡导和谐相处，也在制定对外政策中烙下了伊斯兰宗教的印记，将相互尊重和合作外交作为外交的基本方针。对此，文莱苏丹在2014年3月的第十届全国立法会议上再度作了强调。

---

① “Foreign Trade Policy”, Ministry of Foreign Affairs and Trade of Brunei Darussalam, http：// www. mofat. gov. bn/index. php? option = com_ k2&view = item&id = 374：brunei – darussalam% E2%80%99s – foreign – trade – policy.

② 饶亮亮、黄涛：《浅议文莱战略文化》，《东南亚之窗》2014年第2期，第19页。

（一）继续奉献积极的宗教外交政策

文莱目前是东南亚最稳定、最安全的国家之一。对此，文莱苏丹及其领导下的政府则将功劳归功于伊斯兰教教义作为文莱治国理政的方针与指南的价值与意义。[①] 在保持感激之余，文莱也保持着积极的对外宗教来往，以加强和密切自身和伊斯兰世界国家的关系。2014 年，文莱在发展宗教外交方面仍然不遗余力。

概括来看，文莱 2014 年的宗教外交大致包括下述三个方面。其一，继续无条件支持巴勒斯坦地区建国和发展。支持巴勒斯坦民族解放运动和地区的发展是文莱加强和伊斯兰世界联系的重要内容之一。2014 年 3 月 1 日，东亚国家合作促进巴勒斯坦发展第二次会议在印尼雅加达举行。文莱亲王殿下穆罕默德·博尔基亚（Prince Mohamed Bolkiah）和外交与贸易部第二部长林玉成率领代表团出席了此次会议。

其二，文莱和伊斯兰世界国家来往不断。3 月 11 日，阿曼苏丹王储及文化遗产部部长率领的代表团来访，文莱公主玛斯娜（Hajah Masna）和外交与贸易部第二部长林玉成宴请了代表团一行。3 月 12 日，文莱王储穆赫塔迪·比拉率领政府多位高级官员和军方将领到访科威特，并参观了科威特第 35 装甲旅。3 月下旬，巴基斯坦、孟加拉国相关领导先后来访文莱，分别与文莱就双边的合作关系进行了探讨，签署了相关的合作协议。

其三，文莱 2014 年保持着与伊斯兰会议组织（OIC）的积极联系。4 月 7 日，文莱外交与贸易部部长穆罕默德·博尔基亚亲王前往迪拜参加了主题为“投资伙伴关系的前沿和新兴市场持续和包容性增长”的第四届年度投资会议。6 月 15 日，穆罕默德·博尔基亚亲王前往沙特阿拉伯参加第 41 届伊斯兰会议组织外长会议。9 月下旬，伊斯兰会议组织成员国议会联盟第二届大会在摩洛哥首都拉巴特开幕。会上，文莱和与会国家敦促以色列“尽

---

① 柳思思：《伊斯兰教的“和平”与“中道”理念——伊斯兰教对于文莱政治社会发展的作用》，《东南亚研究》2013 年第 2 期，第 52 页。

快、无条件、不间断地”恢复同巴勒斯坦民族权力机构的谈判，结束对巴勒斯坦和其他阿拉伯领土的占领，以便最终在中东地区实现“全面、公正和持久的和平”。[①] 此外，文莱文化、青年与体育部部长哈扎伊尔·阿卜杜勒表示，文莱和伊斯兰会议组织成员国成功地完成了《吉达宣言》，强调成员国加强落实伊斯兰青年和体育发展的相关协议。

（二）以建交30周年契机与多国加强了联系

2014 年是文莱独立 30 周年，也是文莱与许多国家建交 30 周年的重要年份。借助纪念建交 30 周年的一系列活动与领导人往来，2014 年文莱加强了与相关国家的往来关系。首先，文莱和日本、印尼等合作举办了一系列庆祝活动，强化了双边关系。其次，文莱与美国、韩国等国家的领导人和高级官员为庆祝建交 30 周年加强了来往和互致了贺电。

（三）继续拓展与东盟国家和周边区域的合作关系

文莱作为东盟的成员国之一，一直在东盟区域组织中扮演着非常积极的角色，不仅如此，它还坚定地将东盟视为地区稳定的力量与促进区域合作的重要推动力量。[②] 2014 年，文莱在东盟组织框架下及与东盟国家的合作关系发展中始终保持着积极角色。同时期，文莱还致力于发展与区域内更为广阔的合作关系。首先，文莱积极参与东盟框架下的一系列多边议程安排，积极和其他东盟成员国一起推动东盟共同体的建设。其次，文莱积极发展与东盟其他成员国的合作与往来关系，密切和其他东盟成员国，尤其是缅甸、新加坡的双边关系。

（四）持续发展对华友好合作关系

2013 年对中国、文莱两国来说，是不平凡的一年，两国关系再上新台

---

① 王京：《伊斯兰会议组织成员国议会联盟第二届大会开幕》，央视网，2014 年 9 月 28 日，http：//www. cctv. com/special/161/2/13965. html。

② Graham Saunders，《A History of Brunei》，Oxford，Oxford University Press，1994，p. 178。

社长致辞

我们是图书出版者，更是人文社会科学内容资源供应商；

我们背靠中国社会科学院，面向中国与世界人文社会科学界，坚持为人文社会科学的繁荣与发展服务；

我们精心打造权威信息资源整合平台，坚持为中国经济与社会的繁荣与发展提供决策咨询服务；

我们以读者定位自身，立志让爱书人读到好书，让求知者获得知识；

我们精心编辑、设计每一本好书以形成品牌张力，以优秀的品牌形象服务读者，开拓市场；

我们始终坚持“创社科经典，出传世文献”的经营理念，坚持“权威、前沿、原创”的产品特色；

我们“以人为本”，提倡阳光下创业，员工与企业共享发展之成果；

我们立足于现实，认真对待我们的优势、劣势，我们更着眼于未来，以不断的学习与创新适应不断变化的世界，以不断的努力提升自己的实力；

我们愿与社会各界友好合作，共享人文社会科学发展之成果，共同推动中国学术出版乃至内容产业的繁荣与发展。

社会科学文献出版社社长

中国社会学会秘书长

2016 年 1 月

社会科学文献出版社成立于1985年，是直属于中国社会科学院的人文社会科学专业学术出版机构。

成立以来，特别是1998年实施第二次创业以来，依托于中国社会科学院丰厚的学术出版和专家学者两大资源，坚持“创社科经典，出传世文献”的出版理念和“权威、前沿、原创”的产品定位，社科文献立足内涵式发展道路，从战略层面推动学术出版五大能力建设，逐步走上了智库产品与专业学术成果系列化、规模化、数字化、国际化、市场化发展的经营道路。

先后策划出版了著名的图书品牌和学术品牌“皮书”系列、“列国志”、“社科文献精品译库”、“全球化译丛”、“全面深化改革研究书系”、“近世中国”、“甲骨文”、“中国史话”等一大批既有学术影响又有市场价值的系列图书，形成了较强的学术出版能力和资源整合能力。2015年社科文献出版社发稿5.5亿字，出版图书约2000种，承印发行中国社科院院属期刊74种，在多项指标上都实现了较大幅度的增长。

凭借着雄厚的出版资源整合能力，社科文献出版社长期以来一直致力于从内容资源和数字平台两个方面实现传统出版的再造，并先后推出了皮书数据库、列国志数据库、“一带一路”数据库、中国田野调查数据库、台湾大陆同乡会数据库等一系列数字产品。数字出版已经初步形成了产品设计、内容开发、编辑标引、产品运营、技术支持、营销推广等全流程体系。

在国内原创著作、国外名家经典著作大量出版，数字出版突飞猛进的同时，社科文献出版社从构建国际话语体系的角度推动学术出版国际化。先后与斯普林格、博睿、牛津、剑桥等十余家国际出版机构合作面向海外推出了“皮书系列”“改革开放30年研究书系”“中国梦与中国发展道路研究丛书”“全面深化改革研究书系”等一系列在世界范围内引起强烈反响的作品；并持续致力于中国学术出版走出去，组织学者和编辑参加国际书展，筹办国际性学术研讨会，向世界展示中国学者的学术水平和研究成果。

此外，社科文献出版社充分利用网络媒体平台，积极与中央和地方各类媒体合作，并联合大型书店、学术书店、机场书店、网络书店、图书馆，逐步构建起了强大的学术图书内容传播平台。学术图书的媒体曝光率居全国之首，图书馆藏率居于全国出版机构前十位。

上述诸多成绩的取得，有赖于一支以年轻的博士、硕士为主体，一批从中国社科院刚退出科研一线的各学科专家为支撑的300多位高素质的编辑、出版和营销队伍，为我们实现学术立社，以学术品位、学术价值来实现经济效益和社会效益这样一个目标的共同努力。

作为已经开启第三次创业梦想的人文社会科学学术出版机构，我们将以改革发展为动力，以学术资源建设为中心，以构建智慧型出版社为主线，以“整合、专业、分类、协同、持续”为各项工作指导原则，全力推进出版社数字化转型，坚定不移地走专业化、数字化、国际化发展道路，全面提升出版社核心竞争力，为实现“社科文献梦”奠定坚实基础。

经 济 类

经济类皮书涵盖宏观经济、城市经济、大区域经济，
提供权威、前沿的分析与预测

经济蓝皮书

2016 年中国经济形势分析与预测

李　扬 / 主编　　2015 年 12 月出版　　定价 :79.00 元

◆　本书为总理基金项目，由著名经济学家李扬领衔，联合中国社会科学院等数十家科研机构、国家部委和高等院校的专家共同撰写，系统分析了 2015 年的中国经济形势并预测 2016 年我国经济运行情况。

世界经济黄皮书

2016 年世界经济形势分析与预测

王洛林　张宇燕 / 主编　　2015 年 12 月出版　　定价 :79.00 元

◆　本书由中国社会科学院世界经济与政治研究所的研究团队撰写，2015 年世界经济增长继续放缓，增长格局也继续分化，发达经济体与新兴经济体之间的增长差距进一步收窄。2016 年世界经济增长形势不容乐观。

产业蓝皮书

中国产业竞争力报告（2016）NO.6

张其仔 / 主编　　2016 年 12 月出版　　估价 :98.00 元

◆　本书由中国社会科学院工业经济研究所研究团队在深入实际、调查研究的基础上完成。通过运用丰富的数据资料和最新的测评指标，从学术性、系统性、预测性上分析了 2015 年中国产业竞争力，并对未来发展趋势进行了预测。

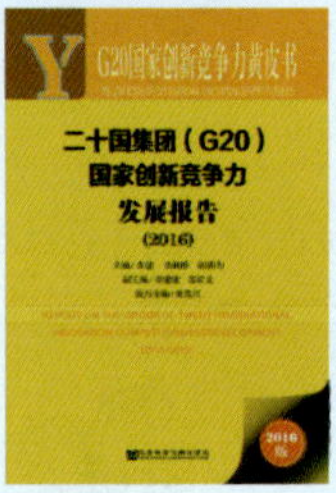

G20 国家创新竞争力黄皮书

二十国集团（G20）国家创新竞争力发展报告（2016）

李建平　李闽榕　赵新力 / 主编　　2016 年 11 月出版　估价 :138.00 元

◆　本报告在充分借鉴国内外研究者的相关研究成果的基础上，紧密跟踪技术经济学、竞争力经济学、计量经济学等学科的最新研究动态，深入分析 G20 国家创新竞争力的发展水平、变化特征、内在动因及未来趋势，同时构建了 G20 国家创新竞争力指标体系及数学模型。

国际城市蓝皮书

国际城市发展报告（2016）

屠启宇 / 主编　　2016 年 1 月出版　　估价 :79.00 元

◆　本书作者以上海社会科学院从事国际城市研究的学者团队为核心，汇集同济大学、华东师范大学、复旦大学、上海交通大学、南京大学、浙江大学相关城市研究专业学者。立足动态跟踪介绍国际城市发展实践中，最新出现的重大战略、重大理念、重大项目、重大报告和最佳案例。

金融蓝皮书

中国金融发展报告（2016）

李　扬　王国刚 / 主编　2015 年 12 月出版　定价 :79.00 元

◆　本书由中国社会科学院金融研究所组织编写，概括和分析了 2015 年中国金融发展和运行中的各方面情况，研讨和评论了 2015 年发生的主要金融事件。本书由业内专家和青年精英联合编著，有利于读者了解掌握 2015 年中国的金融状况，把握 2016 年中国金融的走势。

农村绿皮书

中国农村经济形势分析与预测（2015 ~ 2016）

中国社会科学院农村发展研究所　国家统计局农村社会经济调查司 / 著
2016 年 4 月出版　估价 :69.00 元

◆　本书描述了 2015 年中国农业农村经济发展的一些主要指标和变化，以及对 2016 年中国农业农村经济形势的一些展望和预测。

西部蓝皮书

中国西部发展报告（2016）

姚慧琴　徐璋勇 / 主编　　2016 年 7 月出版　　估价 :89.00 元

◆　本书由西北大学中国西部经济发展研究中心主编，汇集了源自西部本土以及国内研究西部问题的权威专家的第一手资料，对国家实施西部大开发战略进行年度动态跟踪，并对 2016 年西部经济、社会发展态势进行预测和展望。

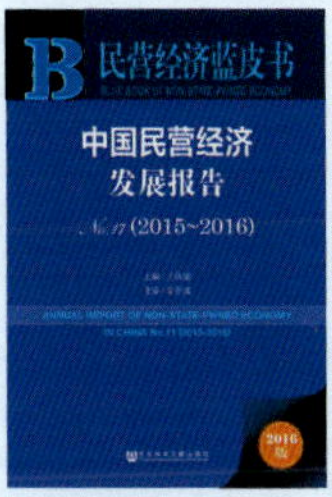

民营经济蓝皮书

中国民营经济发展报告 No.12（2015 ～ 2016）

王钦敏 / 主编　2016 年 1 月出版　估价 :75.00 元

◆　改革开放以来，民营经济从无到有、从小到大，是最具活力的增长极。本书是中国工商联课题组的研究成果，对 2015 年度中国民营经济的发展现状、趋势进行了详细的论述，并提出了合理的建议。是广大民营企业进行政策咨询、科学决策和理论创新的重要参考资料，也是理论工作者进行理论研究的重要参考资料。

经济蓝皮书夏季号

中国经济增长报告（2015 ～ 2016）

李　扬 / 主编　2016 年 8 月出版　估价 :69.00 元

◆　中国经济增长报告主要探讨 2015~2016 年中国经济增长问题，以专业视角解读中国经济增长，力求将其打造成一个研究中国经济增长、服务宏微观各级决策的周期性、权威性读物。

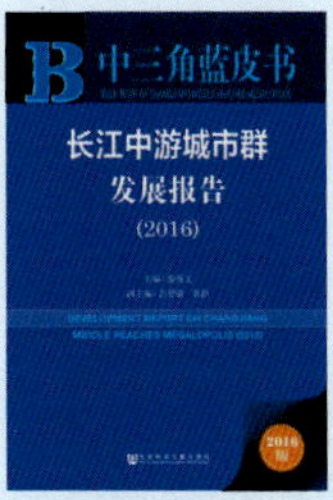

中三角蓝皮书

长江中游城市群发展报告（2016）

秦尊文 / 主编　2016 年 10 月出版　估价 :69.00 元

◆　本书是湘鄂赣皖四省专家学者共同研究的成果，从不同角度、不同方位记录和研究长江中游城市群一体化，提出对策措施，以期为将“中三角”打造成为继珠三角、长三角、京津冀之后中国经济增长第四极奉献学术界的聪明才智。

社会政法类

社会政法类皮书聚焦社会发展领域的热点、难点问题，
提供权威、原创的资讯与视点

社会蓝皮书

2016 年中国社会形势分析与预测

李培林　陈光金　张　翼 / 主编　2015 年 12 月出版　定价 :79.00 元

◆　本书由中国社会科学院社会学研究所组织研究机构专家、高校学者和政府研究人员撰写，聚焦当下社会热点，对 2015 年中国社会发展的各个方面内容进行了权威解读，同时对 2016 年社会形势发展趋势进行了预测。

法治蓝皮书

中国法治发展报告 No.14（2016）

李　林　田　禾 / 主编　2016 年 3 月出版　估价 :105.00 元

◆　本年度法治蓝皮书回顾总结了 2015 年度中国法治发展取得的成就和存在的不足，并对 2016 年中国法治发展形势进行了预测和展望。

反腐倡廉蓝皮书

中国反腐倡廉建设报告 No.6

李秋芳　张英伟 / 主编　2017 年 1 月出版　估价 :79.00 元

◆　本书抓住了若干社会热点和焦点问题，全面反映了新时期新阶段中国反腐倡廉面对的严峻局面，以及中国共产党反腐倡廉建设的新实践新成果。根据实地调研、问卷调查和舆情分析，梳理了当下社会普遍关注的与反腐败密切相关的热点问题。

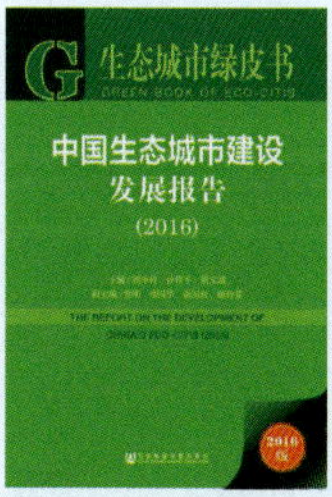

生态城市绿皮书

中国生态城市建设发展报告（2016）

刘举科　孙伟平　胡文臻 / 主编　2016 年 6 月出版　估价 :98.00 元

◆　报告以绿色发展、循环经济、低碳生活、民生宜居为理念，以更新民众观念、提供决策咨询、指导工程实践、引领绿色发展为宗旨，试图探索一条具有中国特色的城市生态文明建设新路。

公共服务蓝皮书

中国城市基本公共服务力评价（2016）

钟　君　吴正杲 / 主编　2016 年 12 月出版　估价 :79.00 元

◆　中国社会科学院经济与社会建设研究室与华图政信调查组成联合课题组，从 2010 年开始对基本公共服务力进行研究，研创了基本公共服务力评价指标体系，为政府考核公共服务与社会管理工作提供了理论工具。

教育蓝皮书

中国教育发展报告（2016）

杨东平 / 主编　2016 年 5 月出版　估价 :79.00 元

◆　本书由国内的中青年教育专家合作研究撰写。深度剖析 2015 年中国教育的热点话题，并对当下中国教育中出现的问题提出对策建议。

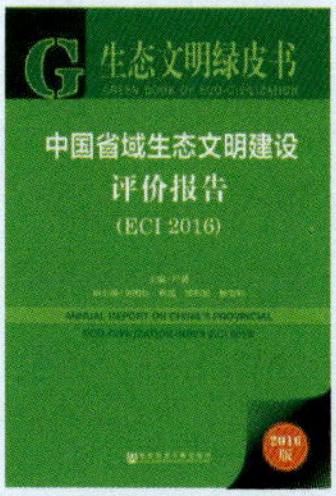

生态文明绿皮书

中国省域生态文明建设评价报告（ECI 2016）

严耕 / 主编　2016 年 12 月出版　估价 :85.00 元

◆　本书基于国家最新发布的权威数据，对我国的生态文明建设状况进行科学评价，并展开相应的深度分析，结合中央的政策方针和各省的具体情况，为生态文明建设推进，提出针对性的政策建议。

行业报告类

行业报告类皮书立足重点行业、新兴行业领域，
提供及时、前瞻的数据与信息

房地产蓝皮书

中国房地产发展报告 No.13（2016）

魏后凯　李景国 / 主编　　2016 年 5 月出版　　估价 :79.00 元

◆　蓝皮书秉承客观公正、科学中立的宗旨和原则，追踪 2015 年我国房地产市场最新资讯，深度分析，剖析因果，谋划对策，并对 2016 年房地产发展趋势进行了展望。

旅游绿皮书

2015 ～ 2016 年中国旅游发展分析与预测

宋　瑞 / 主编　　2016 年 1 出版　　估价 :98.00 元

◆　本书中国社会科学院旅游研究中心组织相关专家编写的年度研究报告，对 2015 年旅游行业的热点问题进行了全面的综述并提出专业性建议，并对 2016 年中国旅游的发展趋势进行展望。

互联网金融蓝皮书

中国互联网金融发展报告（2016）

李东荣 / 主编　　2016 年 8 月出版　　估价 :79.00 元

◆　近年来，许多基于互联网的金融服务模式应运而生并对传统金融业产生了深刻的影响和巨大的冲击，“互联网金融”成为社会各界关注的焦点。 本书探析了 2015 年互联网金融的特点和 2016 年互联网金融的发展方向和亮点。

资产管理蓝皮书

中国资产管理行业发展报告（2016）

智信资产管理研究院 / 编著　　2016 年 6 月出版　　估价 :89.00 元

◆　中国资产管理行业刚刚兴起，未来将中国金融市场最有看点的行业，也会成为快速发展壮大的行业。本书主要分析了 2015 年度资产管理行业的发展情况，同时对资产管理行业的未来发展做出科学的预测。

老龄蓝皮书

中国老龄产业发展报告（2016）

吴玉韶　党俊武 / 编著
2016 年 9 月出版　估价 :79.00 元

◆　本书着眼于对中国老龄产业的发展给予系统介绍，深入解析，并对未来发展趋势进行预测和展望，力求从不同视角、不同层面全面剖析中国老龄产业发展的现状、取得的成绩、存在的问题以及重点、难点等。

金融蓝皮书

中国金融中心发展报告（2016）

王　力　黄育华 / 编著　　2017 年 11 月出版　　估价 :75.00 元

◆　本报告将提升中国金融中心城市的金融竞争力作为研究主线，全面、系统、连续地反映和研究中国金融中心城市发展和改革的最新进展，展示金融中心理论研究的最新成果。

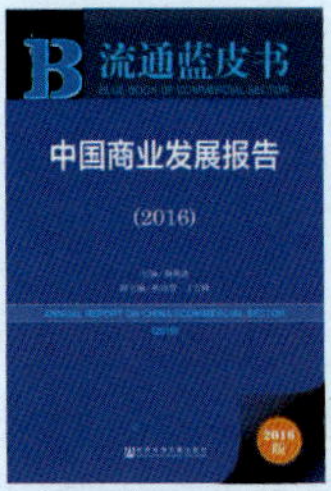

流通蓝皮书

中国商业发展报告（2016）

荆林波 / 编著　2016 年 5 月出版　　估价 :89.00 元

◆　本书是中国社会科学院财经院与利丰研究中心合作的成果，从关注中国宏观经济出发，突出了中国流通业的宏观背景，详细分析了批发业、零售业、物流业、餐饮产业与电子商务等产业发展状况。

国别与地区类

国别与地区类皮书关注全球重点国家与地区，
提供全面、独特的解读与研究

美国蓝皮书

美国研究报告（2016）

黄　平　郑秉文 / 主编　2016 年 7 月出版　估价 :89.00 元

◆　本书是由中国社会科学院美国所主持完成的研究成果，它回顾了美国 2015 年的经济、政治形势与外交战略，对 2016 年以来美国内政外交发生的重大事件以及重要政策进行了较为全面的回顾和梳理。

拉美黄皮书

拉丁美洲和加勒比发展报告（2015~2016）

吴白乙 / 主编　2016 年 5 月出版　估价 :89.00 元

◆　本书对 2015 年拉丁美洲和加勒比地区诸国的政治、经济、社会、外交等方面的发展情况做了系统介绍，对该地区相关国家的热点及焦点问题进行了总结和分析，并在此基础上对该地区各国 2016 年的发展前景做出预测。

日本经济蓝皮书

日本经济与中日经贸关系研究报告（2016）

王洛林　张季风 / 编著　2016 年 5 月出版　估价 :79.00 元

◆　本书系统、详细地介绍了 2015 年日本经济以及中日经贸关系发展情况，在进行了大量数据分析的基础上，对 2016 年日本经济以及中日经贸关系的大致发展趋势进行了分析与预测。

俄罗斯黄皮书

俄罗斯发展报告（2016）

李永全 / 编著　2016 年 7 月出版　估价 :79.00 元

◆　本书系统介绍了 2015 年俄罗斯经济政治情况，并对 2015 年该地区发生的焦点、热点问题进行了分析与回顾；在此基础上，对该地区 2016 年的发展前景进行了预测。

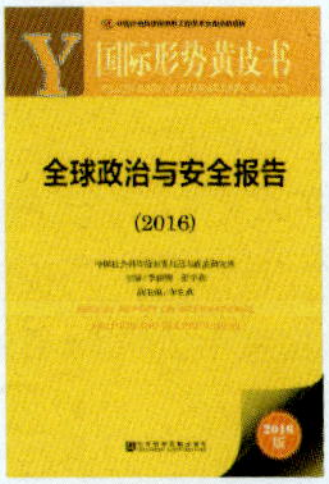

国际形势黄皮书

全球政治与安全报告（2016）

李慎明　张宇燕 / 主编　2015 年 12 月出版　定价 :69.00 元

◆　本书旨在对本年度全球政治及安全形势的总体情况、热点问题及变化趋势进行回顾与分析，并提出一定的预测及对策建议。作者通过事实梳理、数据分析、政策分析等途径，阐释了本年度国际关系及全球安全形势的基本特点，并在此基础上提出了具有启示意义的前瞻性结论。

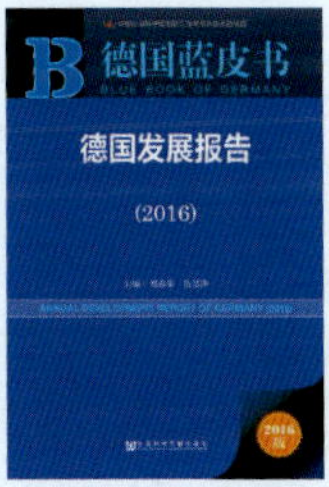

德国蓝皮书

德国发展报告（2016）

郑春荣　伍慧萍 / 主编　2016 年 6 月出版　估价 :69.00 元

◆　本报告由同济大学德国研究所组织编撰，由该领域的专家学者对德国的政治、经济、社会文化、外交等方面的形势发展情况，进行全面的阐述与分析。

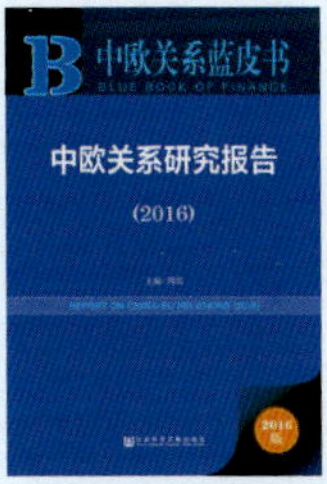

中欧关系蓝皮书

中欧关系研究报告（2016）

周弘 / 编著　2016 年 12 月出版　估价 :98.00 元

◆　本书由欧洲所暨欧洲学会推出，旨在分析、评估和预测年度中欧关系发展态势。本报告的作者均为欧洲方面的专家，他们对欧洲与中国在各个领域的发展情况进行了深入地分析和研究，对读者了解和把握中欧关系是非常有益的参考。

地方发展类

地方发展类皮书关注中国各省份、经济区域，
提供科学、多元的预判与资政信息

北京蓝皮书

北京公共服务发展报告（2015~2016）

施昌奎 / 主编　　2016 年 1 月出版　估价：69.00 元

◆　本书是由北京市政府职能部门的领导、首都著名高校的教授、知名研究机构的专家共同完成的关于北京市公共服务发展与创新的研究成果。

河南蓝皮书

河南经济发展报告（2016）

河南省社会科学院 / 编著　　2016 年 12 月出版　估价 :79.00 元

◆　本书以国内外经济发展环境和走向为背景，主要分析当前河南经济形势，预测未来发展趋势，全面反映河南经济发展的最新动态、热点和问题，为地方经济发展和领导决策提供参考。

京津冀蓝皮书

京津冀发展报告（2016）

文　魁　祝尔娟 / 编著　　2016 年 4 月出版　估价 :89.00 元

◆　京津冀协同发展作为重大的国家战略，已进入顶层设计、制度创新和全面推进的新阶段。本书以问题为导向，围绕京津冀发展中的重要领域和重大问题，研究如何推进京津冀协同发展。

文化传媒类

文化传媒类皮书透视文化领域、文化产业，
探索文化大繁荣、大发展的路径

新媒体蓝皮书

中国新媒体发展报告 No.7（2016）

唐绪军 / 主编　　2016 年 6 月出版　　估价 :79.00 元

◆　本书是由中国社会科学院新闻与传播研究所组织编写的关于新媒体发展的最新年度报告，旨在全面分析中国新媒体的发展现状，解读新媒体的发展趋势，探析新媒体的深刻影响。

移动互联网蓝皮书

中国移动互联网发展报告（2016）

官建文 / 编著　　2016 年 6 月出版　　估价 :79.00 元

◆　本书着眼于对中国移动互联网 2015 年度的发展情况做深入解析，对未来发展趋势进行预测，力求从不同视角、不同层面全面剖析中国移动互联网发展的现状、年度突破以及热点趋势等。

文化蓝皮书

中国文化产业发展报告（2016）

张晓明　王家新　章建刚 / 主编　　2016 年 4 月出版　　估价 :79.00 元

◆　本书由中国社会科学院文化研究中心编写。 从 2012 年开始，中国社会科学院文化研究中心设立了国内首个文化产业的研究类专项资金——“文化产业重大课题研究计划”，开始在全国范围内组织多学科专家学者对我国文化产业发展重大战略问题进行联合攻关研究。本书集中反映了该计划的研究成果。

经济类

G20国家创新竞争力黄皮书
二十国集团（G20）国家创新竞争力发展报告（2016）
著(编)者:李建平 李闽榕 赵新力
2016年11月出版 / 估价:138.00元

产业蓝皮书
中国产业竞争力报告（2016）NO.6
著(编)者:张其仔 2016年12月出版 / 估价:98.00元

城市创新蓝皮书
中国城市创新报告（2016）
著(编)者:周天勇 旷建伟 2016年8月出版 / 估价:69.00元

城市蓝皮书
中国城市发展报告 NO.9
著(编)者:潘家华 魏后凯 2016年9月出版 / 估价:69.00元

城市群蓝皮书
中国城市群发展指数报告（2016）
著(编)者:刘士林 刘新静 2016年10月出版 / 估价:69.00元

城乡一体化蓝皮书
中国城乡一体化发展报告（2015～2016）
著(编)者:汝信 付崇兰 2016年7月出版 / 估价:85.00元

城镇化蓝皮书
中国新型城镇化健康发展报告（2016）
著(编)者:张占斌 2016年5月出版 / 估价:79.00元

创新蓝皮书
创新型国家建设报告（2015～2016）
著(编)者:詹正茂 2016年11月出版 / 估价:69.00元

低碳发展蓝皮书
中国低碳发展报告（2016）
著(编)者:齐晔 2016年3月出版 / 估价:89.00元

低碳经济蓝皮书
中国低碳经济发展报告（2016）
著(编)者:薛进军 赵忠秀 2016年6月出版 / 估价:85.00元

东北蓝皮书
中国东北地区发展报告（2016）
著(编)者:马克 黄文艺 2016年8月出版 / 估价:79.00元

工业化蓝皮书
中国工业化进程报告（2016）
著(编)者:黄群慧 吕铁 李晓华 等
2016年11月出版 / 估价:89.00元

管理蓝皮书
中国管理发展报告（2016）
著(编)者:张晓东 2016年9月出版 / 估价:98.00元

国际城市蓝皮书
国际城市发展报告（2016）
著(编)者:屠启宇 2016年1月出版 / 估价:79.00元

国家创新蓝皮书
中国创新发展报告（2016）
著(编)者:陈劲 2016年9月出版 / 估价:69.00元

金融蓝皮书
中国金融发展报告（2016）
著(编)者:李扬 王国刚 2015年12月出版 / 定价:79.00元

京津冀产业蓝皮书
京津冀产业协同发展报告（2016）
著(编)者:中智科博（北京）产业经济发展研究院
2016年6月出版 / 估价:69.00元

京津冀蓝皮书
京津冀发展报告（2016）
著(编)者:文魁 祝尔娟 2016年4月出版 / 估价:89.00元

经济蓝皮书
2016年中国经济形势分析与预测
著(编)者:李扬 2015年12月出版 / 定价:79.00元

经济蓝皮书·春季号
2016年中国经济前景分析
著(编)者:李扬 2016年5月出版 / 估价:79.00元

经济蓝皮书·夏季号
中国经济增长报告（2015～2016）
著(编)者:李扬 2016年8月出版 / 估价:99.00元

经济信息绿皮书
中国与世界经济发展报告（2016）
著(编)者:杜平 2015年12月出版 / 定价:89.00元

就业蓝皮书
2016年中国本科生就业报告
著(编)者:麦可思研究院 2016年6月出版 / 估价:98.00元

就业蓝皮书
2016年中国高职高专生就业报告
著(编)者:麦可思研究院 2016年6月出版 / 估价:98.00元

临空经济蓝皮书
中国临空经济发展报告（2016）
著(编)者:连玉明 2016年11月出版 / 估价:79.00元

民营经济蓝皮书
中国民营经济发展报告 NO.12（2015～2016）
著(编)者:王钦敏 2016年1月出版 / 估价:75.00元

农村绿皮书
中国农村经济形势分析与预测（2015～2016）
著(编)者:中国社会科学院农村发展研究所
国家统计局农村社会经济调查司
2016年4月出版 / 估价:69.00元

农业应对气候变化蓝皮书
气候变化对中国农业影响评估报告 No.2
著(编)者:矫梅燕 2016年8月出版 / 估价:98.00元

企业公民蓝皮书
中国企业公民报告 NO.4
著(编)者:邹东涛　2016年1月出版 / 估价:79.00元

气候变化绿皮书
应对气候变化报告（2016）
著(编)者:王伟光 郑国光　2016年11月出版 / 估价:98.00元

区域蓝皮书
中国区域经济发展报告（2015～2016）
著(编)者:梁昊光　2016年5月出版 / 估价:79.00元

全球环境竞争力绿皮书
全球环境竞争力报告（2016）
著(编)者:李建平 李闽榕 王金南
2016年12月出版 / 估价:198.00元

人口与劳动绿皮书
中国人口与劳动问题报告 NO.17
著(编)者:蔡昉 张车伟　2016年11月出版 / 估价:69.00元

商务中心区蓝皮书
中国商务中心区发展报告 NO.2（2016）
著(编)者:魏后凯 李国红　2016年1月出版 / 估价:89.00元

世界经济黄皮书
2016年世界经济形势分析与预测
著(编)者:王洛林 张宇燕　2015年12月出版 / 定价:79.00元

世界旅游城市绿皮书
世界旅游城市发展报告（2016）
著(编)者:鲁勇 周正宇 宋宇　2016年6月出版 / 估价:88.00元

西北蓝皮书
中国西北发展报告（2016）
著(编)者:孙发平 苏海红 鲁顺元
2015年12月出版 / 估价:79.00元

西部蓝皮书
中国西部发展报告（2016）
著(编)者:姚慧琴 徐璋勇　2016年7月出版 / 估价:89.00元

县域发展蓝皮书
中国县域经济增长能力评估报告（2016）
著(编)者:王力　2016年10月出版 / 估价:69.00元

新型城镇化蓝皮书
新型城镇化发展报告（2016）
著(编)者:李伟 宋敏 沈体雁　2016年11月出版 / 估价:98.00元

新兴经济体蓝皮书
金砖国家发展报告（2016）
著(编)者:林跃勤 周文　2016年7月出版 / 估价:79.00元

长三角蓝皮书
2016年全面深化改革中的长三角
著(编)者:张伟斌　2016年10月出版 / 估价:69.00元

中部竞争力蓝皮书
中国中部经济社会竞争力报告（2016）
著(编)者:教育部人文社会科学重点研究基地
南昌大学中国中部经济社会发展研究中心
2016年10月出版 / 估价:79.00元

中部蓝皮书
中国中部地区发展报告（2016）
著(编)者:宋亚平　2016年12月出版 / 估价:78.00元

中国省域竞争力蓝皮书
中国省域经济综合竞争力发展报告（2015～2016）
著(编)者:李建平 李闽榕 高燕京
2016年2月出版 / 估价:198.00元

中三角蓝皮书
长江中游城市群发展报告（2016）
著(编)者:秦尊文　2016年10月出版 / 估价:69.00元

中小城市绿皮书
中国中小城市发展报告（2016）
著(编)者:中国城市经济学会中小城市经济发展委员会
中国城镇化促进会中小城市发展委员会
《中国中小城市发展报告》编纂委员会
中小城市发展战略研究院
2016年10月出版 / 估价:98.00元

中原蓝皮书
中原经济区发展报告（2016）
著(编)者:李英杰　2016年6月出版 / 估价:88.00元

自贸区蓝皮书
中国自贸区发展报告（2016）
著(编)者:王力 王吉培　2016年10月出版 / 估价:69.00元

社会政法类

北京蓝皮书
中国社区发展报告（2016）
著(编)者:于燕燕　2017年2月出版 / 估价:79.00元

殡葬绿皮书
中国殡葬事业发展报告（2016）
著(编)者:李伯森　2016年4月出版 / 估价:158.00元

城市管理蓝皮书
中国城市管理报告（2016）
著(编)者:谭维克 刘林　2017年2月出版 / 估价:118.00元

城市生活质量蓝皮书
中国城市生活质量报告（2016）
著(编)者:张连城 张平 杨春学 郎丽华
2016年7月出版 / 估价:89.00元

城市政府能力蓝皮书
中国城市政府公共服务能力评估报告（2016）
著(编)者:何艳玲　2016年7月出版 / 估价:69.00元

创新蓝皮书
中国创业环境发展报告（2016）
著(编)者:姚凯 曹祎遐　2016年1月出版 / 估价:69.00元

慈善蓝皮书
中国慈善发展报告（2016）
著(编)者:杨团　2016年6月出版 / 估价:79.00元

地方法治蓝皮书
中国地方法治发展报告 NO.2（2016）
著(编)者:李林 田禾　2016年1月出版 / 估价:98.00元

法治蓝皮书
中国法治发展报告 NO.14（2016）
著(编)者:李林 田禾　2016年3月出版 / 估价:105.00元

反腐倡廉蓝皮书
中国反腐倡廉建设报告 NO.6
著(编)者:李秋芳 张英伟　2017年1月出版 / 估价:79.00元

非传统安全蓝皮书
中国非传统安全研究报告（2015～2016）
著(编)者:余潇枫 魏志江　2016年5月出版 / 估价:79.00元

妇女发展蓝皮书
中国妇女发展报告 NO.6
著(编)者:王金玲　2016年9月出版 / 估价:148.00元

妇女教育蓝皮书
中国妇女教育发展报告 NO.3
著(编)者:张李玺　2016年10月出版 / 估价:78.00元

妇女绿皮书
中国性别平等与妇女发展报告（2016）
著(编)者:谭琳　2016年12月出版 / 估价:99.00元

公共服务蓝皮书
中国城市基本公共服务力评价（2016）
著(编)者:钟君 吴正杲　2016年12月出版 / 估价:79.00元

公共管理蓝皮书
中国公共管理发展报告（2016）
著(编)者:贡森 李国强 杨维富
2016年4月出版 / 估价:69.00元

公共外交蓝皮书
中国公共外交发展报告（2016）
著(编)者:赵启正 雷蔚真　2016年4月出版 / 估价:89.00元

公民科学素质蓝皮书
中国公民科学素质报告（2016）
著(编)者:李群 许佳军　2016年3月出版 / 估价:79.00元

公益蓝皮书
中国公益发展报告（2016）
著(编)者:朱健刚　2016年5月出版 / 估价:78.00元

国际人才蓝皮书
海外华侨华人专业人士报告（2016）
著(编)者:王辉耀 苗绿　2016年8月出版 / 估价:69.00元

国际人才蓝皮书
中国国际移民报告（2016）
著(编)者:王辉耀　2016年2月出版 / 估价:79.00元

国际人才蓝皮书
中国海归发展报告（2016）NO.3
著(编)者:王辉耀 苗绿　2016年10月出版 / 估价:69.00元

国际人才蓝皮书
中国留学发展报告（2016）NO.5
著(编)者:王辉耀 苗绿　2016年10月出版 / 估价:79.00元

国家公园蓝皮书
中国国家公园体制建设报告（2016）
著(编)者:苏杨 张玉钧 石金莲 刘锋 等
2016年10月出版 / 估价:69.00元

海洋社会蓝皮书
中国海洋社会发展报告（2016）
著(编)者:崔凤 宋宁而　2016年7月出版 / 估价:89.00元

行政改革蓝皮书
中国行政体制改革报告（2016）NO.5
著(编)者:魏礼群　2016年4月出版 / 估价:98.00元

华侨华人蓝皮书
华侨华人研究报告（2016）
著(编)者:贾益民　2016年12月出版 / 估价:98.00元

环境竞争力绿皮书
中国省域环境竞争力发展报告（2016）
著(编)者:李建平 李闽榕 王金南
2016年11月出版 / 估价:198.00元

环境绿皮书
中国环境发展报告（2016）
著(编)者:刘鉴强　2016年5月出版 / 估价:79.00元

基金会蓝皮书
中国基金会发展报告（2016）
著(编)者:刘忠祥　2016年4月出版 / 估价:69.00元

基金会绿皮书
中国基金会发展独立研究报告（2016）
著(编)者:基金会中心网 中央民族大学基金会研究中心
2016年6月出版 / 估价:88.00元

基金会透明度蓝皮书
中国基金会透明度发展研究报告（2016）
著(编)者:基金会中心网 清华大学廉政与治理研究中心
2016年9月出版 / 估价:85.00元

教师蓝皮书
中国中小学教师发展报告（2016）
著(编)者:曾晓东 鱼霞　2016年6月出版 / 估价:69.00元

教育蓝皮书
中国教育发展报告（2016）
著(编)者:杨东平　2016年5月出版 / 估价:79.00元

科普蓝皮书
中国科普基础设施发展报告（2016）
著(编)者:任福君　2016年6月出版 / 估价:69.00元

科学教育蓝皮书
中国科学教育发展报告（2016）
著(编)者:罗晖 王康友　2016年10月出版 / 估价:79.00元

劳动保障蓝皮书
中国劳动保障发展报告（2016）
著(编)者:刘燕斌　2016年8月出版 / 估价:158.00元

连片特困区蓝皮书
中国连片特困区发展报告（2016）
著(编)者:游俊 冷志明 丁建军
2016年3月出版 / 估价:98.00元

民间组织蓝皮书
中国民间组织报告（2016）
著(编)者:黄晓勇　2016年12月出版 / 估价:79.00元

民调蓝皮书
中国民生调查报告（2016）
著(编)者:谢耘耕　2016年5月出版 / 估价:128.00元

民族发展蓝皮书
中国民族发展报告（2016）
著(编)者:郝时远 王延中 王希恩
2016年4月出版 / 估价:98.00元

女性生活蓝皮书
中国女性生活状况报告 NO.10（2016）
著(编)者:韩湘景　2016年4月出版 / 估价:79.00元

汽车社会蓝皮书
中国汽车社会发展报告（2016）
著(编)者:王俊秀　2016年1月出版 / 估价:69.00元

青年蓝皮书
中国青年发展报告（2016）NO.4
著(编)者:廉思 等　2016年4月出版 / 估价:69.00元

青少年蓝皮书
中国未成年人互联网运用报告（2016）
著(编)者:李文革 沈杰 季为民
2016年11月出版 / 估价:89.00元

青少年体育蓝皮书
中国青少年体育发展报告（2016）
著(编)者:郭建军 杨桦　2016年9月出版 / 估价:69.00元

区域人才蓝皮书
中国区域人才竞争力报告 NO.2
著(编)者:桂昭明 王辉耀
2016年6月出版 / 估价:69.00元

群众体育蓝皮书
中国群众体育发展报告（2016）
著(编)者:刘国永 杨桦　2016年10月出版 / 估价:69.00元

人才蓝皮书
中国人才发展报告（2016）
著(编)者:潘晨光　2016年9月出版 / 估价:85.00元

人权蓝皮书
中国人权事业发展报告 NO.6（2016）
著(编)者:李君如　2016年9月出版 / 估价:128.00元

社会保障绿皮书
中国社会保障发展报告（2016）NO.8
著(编)者:王延中　2016年4月出版 / 估价:99.00元

社会工作蓝皮书
中国社会工作发展报告（2016）
著(编)者:民政部社会工作研究中心
2016年8月出版 / 估价:79.00元

社会管理蓝皮书
中国社会管理创新报告 NO.4
著(编)者:连玉明　2016年11月出版 / 估价:89.00元

社会蓝皮书
2016年中国社会形势分析与预测
著(编)者:李培林　陈光金　张翼
2015年12月出版 / 定价:79.00元

社会体制蓝皮书
中国社会体制改革报告（2016）NO.4
著(编)者:龚维斌　2016年4月出版 / 估价:79.00元

社会心态蓝皮书
中国社会心态研究报告（2016）
著(编)者:王俊秀 杨宜音　2016年10月出版 / 估价:69.00元

社会组织蓝皮书
中国社会组织评估发展报告（2016）
著(编)者:徐家良 廖鸿　2016年12月出版 / 估价:69.00元

生态城市绿皮书
中国生态城市建设发展报告（2016）
著(编)者:刘举科 孙伟平 胡文臻
2016年9月出版 / 估价:148.00元

生态文明绿皮书
中国省域生态文明建设评价报告（ECI 2016）
著(编)者:严耕　2016年12月出版 / 估价:85.00元

世界社会主义黄皮书
世界社会主义跟踪研究报告（2015~2016）
著(编)者:李慎明　2016年4月出版 / 估价:258.00元

水与发展蓝皮书
中国水风险评估报告（2016）
著(编)者:王浩　2016年9月出版 / 估价:69.00元

体育蓝皮书
长三角地区体育产业发展报告（2016）
著(编)者:张林　2016年4月出版 / 估价:79.00元

体育蓝皮书
中国公共体育服务发展报告（2016）
著(编)者:戴健　2016年12月出版 / 估价:79.00元

土地整治蓝皮书
中国土地整治发展研究报告 NO.3
著(编)者:国土资源部土地整治中心
2016年5月出版 / 估价:89.00元

土地政策蓝皮书
中国土地政策发展报告（2016）
著(编)者:高延利 李宪文 唐健
2016年12月出版 / 估价:69.00元

危机管理蓝皮书
中国危机管理报告（2016）
著(编)者:文学国 范正青　2016年8月出版 / 估价:89.00元

形象危机应对蓝皮书
形象危机应对研究报告（2016）
著(编)者:唐钧　2016年6月出版 / 估价:149.00元

医改蓝皮书
中国医药卫生体制改革报告（2016）
著(编)者:文学国 房志武　2016年11月出版 / 估价:98.00元

医疗卫生绿皮书
中国医疗卫生发展报告 NO.7（2016）
著(编)者:申宝忠 韩玉珍　2016年4月出版 / 估价:75.00元

政治参与蓝皮书
中国政治参与报告（2016）
著(编)者:房宁　2016年7月出版 / 估价:108.00元

政治发展蓝皮书
中国政治发展报告（2016）
著(编)者:房宁 杨海蛟　2016年5月出版 / 估价:88.00元

智慧社区蓝皮书
中国智慧社区发展报告（2016）
著(编)者:罗昌智 张辉德　2016年7月出版 / 估价:69.00元

中国农村妇女发展蓝皮书
农村流动女性城市生活发展报告（2016）
著(编)者:谢丽华　2016年12月出版 / 估价:79.00元

宗教蓝皮书
中国宗教报告（2016）
著(编)者:邱永辉　2016年5月出版 / 估价:79.00元

行业报告类

保健蓝皮书
中国保健服务产业发展报告 NO.2
著(编)者:中国保健协会 中共中央党校
2016年7月出版 / 估价:198.00元

保健蓝皮书
中国保健食品产业发展报告 NO.2
著(编)者:中国保健协会
中国社会科学院食品药品产业发展与监管研究中心
2016年7月出版 / 估价:198.00元

保健蓝皮书
中国保健用品产业发展报告 NO.2
著(编)者:中国保健协会
国务院国有资产监督管理委员会研究中心
2016年2月出版 / 估价:198.00元

保险蓝皮书
中国保险业创新发展报告（2016）
著(编)者:项俊波　2016年12月出版 / 估价:69.00元

保险蓝皮书
中国保险业竞争力报告（2016）
著(编)者:项俊波　2015年12月出版 / 估价:99.00元

采供血蓝皮书
中国采供血管理报告（2016）
著(编)者:朱永明 耿鸿武　2016年8月出版 / 估价:69.00元

彩票蓝皮书
中国彩票发展报告（2016）
著(编)者:益彩基金　2016年4月出版 / 估价:98.00元

餐饮产业蓝皮书
中国餐饮产业发展报告（2016）
著(编)者:邢颖　2016年4月出版 / 估价:69.00元

测绘地理信息蓝皮书
测绘地理信息转型升级研究报告（2016）
著(编)者:库热西·买合苏提　2016年12月出版 / 估价:98.00元

茶业蓝皮书
中国茶产业发展报告（2016）
著(编)者:杨江帆 李闽榕　2016年10月出版 / 估价:78.00元

产权市场蓝皮书
中国产权市场发展报告（2015～2016）
著(编)者:曹和平　2016年5月出版 / 估价:89.00元

产业安全蓝皮书
中国出版传媒产业安全报告（2016）
著(编)者:北京印刷学院文化产业安全研究院
2016年4月出版 / 估价:69.00元

产业安全蓝皮书
中国文化产业安全报告（2016）
著(编)者:北京印刷学院文化产业安全研究院
2016年4月出版 / 估价:89.00元

产业安全蓝皮书
中国新媒体产业安全报告（2016）
著(编)者:北京印刷学院文化产业安全研究院
2016年5月出版 / 估价:69.00元

大数据蓝皮书
网络空间和大数据发展报告（2016）
著(编)者:杜平　2016年2月出版 / 估价:69.00元

电子商务蓝皮书
中国电子商务服务业发展报告 NO.3
著(编)者:荆林波 梁春晓　2016年5月出版 / 估价:69.00元

电子政务蓝皮书
中国电子政务发展报告（2016）
著(编)者:洪毅 杜平　2016年11月出版 / 估价:79.00元

杜仲产业绿皮书
中国杜仲橡胶资源与产业发展报告（2016）
著(编)者:杜红岩 胡文臻 俞锐
2016年1月出版 / 估价:85.00元

房地产蓝皮书
中国房地产发展报告 NO.13（2016）
著(编)者:魏后凯 李景国　2016年5月出版 / 估价:79.00元

服务外包蓝皮书
中国服务外包产业发展报告（2016）
著(编)者:王晓红 刘德军
2016年6月出版 / 估价:89.00元

服务外包蓝皮书
中国服务外包竞争力报告（2016）
著(编)者:王力 刘春生 黄育华
2016年11月出版 / 估价:85.00元

工业和信息化蓝皮书
世界网络安全发展报告（2016）
著(编)者:洪京一　2016年4月出版 / 估价:69.00元

工业和信息化蓝皮书
世界信息化发展报告（2016）
著(编)者:洪京一　2016年4月出版 / 估价:69.00元

工业和信息化蓝皮书
世界信息技术产业发展报告（2016）
著(编)者:洪京一　2016年4月出版 / 估价.79.00元

工业和信息化蓝皮书
世界制造业发展报告（2016）
著(编)者:洪京一　2016年4月出版 / 估价:69.00元

工业和信息化蓝皮书
移动互联网产业发展报告（2016）
著(编)者:洪京一　2016年4月出版 / 估价:79.00元

工业设计蓝皮书
中国工业设计发展报告（2016）
著(编)者:王晓红 于炜 张立群
2016年9月出版 / 估价:138.00元

互联网金融蓝皮书
中国互联网金融发展报告（2016）
著(编)者: 李东荣　2016年8月出版 / 估价:79.00元

会展蓝皮书
中外会展业动态评估年度报告（2016）
著(编)者:张敏　2016年1月出版 / 估价:78.00元

节能汽车蓝皮书
中国节能汽车产业发展报告（2016）
著(编)者:中国汽车工程研究院股份有限公司
2016年12月出版 / 估价:69.00元

金融监管蓝皮书
中国金融监管报告（2016）
著(编)者:胡滨　2016年4月出版 / 估价:89.00元

金融蓝皮书
中国金融中心发展报告（2016）
著(编)者:王力 黄育华　2017年11月出版 / 估价:75.00元

金融蓝皮书
中国商业银行竞争力报告（2016）
著(编)者:王松奇　2016年5月出版 / 估价:69.00元

经济林产业绿皮书
中国经济林产业发展报告（2016）
著(编)者:李芳东 胡文臻 乌云塔娜 杜红岩
2016年12月出版 / 估价:69.00元

客车蓝皮书
中国客车产业发展报告（2016）
著(编)者:姚蔚　2016年2月出版 / 估价:85.00元

老龄蓝皮书
中国老龄产业发展报告（2016）
著(编)者:吴玉韶 党俊武　2016年9月出版 / 估价:79.00元

流通蓝皮书
中国商业发展报告（2016）
著(编)者:荆林波　2016年5月出版 / 估价:89.00元

旅游安全蓝皮书
中国旅游安全报告（2016）
著(编)者:郑向敏 谢朝武　2016年5月出版 / 估价:128.00元

旅游绿皮书
2015～2016年中国旅游发展分析与预测
著(编)者:宋瑞　2016年1月出版 / 估价:98.00元

煤炭蓝皮书
中国煤炭工业发展报告（2016）
著(编)者:岳福斌　2016年12月出版 / 估价:79.00元

民营企业社会责任蓝皮书
中国民营企业社会责任年度报告（2016）
著(编)者:中华全国工商业联合会
2016年7月出版 / 估价:69.00元

阶，各领域的合作关系也正在不断深入推进。[①] 2014年，两国关系延续了良好发展的势头，在双边渠道，抑或是在东盟框架下，均取得了积极的成果。

2014年，中国、文莱双边关系在两国领导人及相关人员的一致努力下，再获佳绩。2014年2月23日，中国国家主席习近平向文莱苏丹发去贺电，祝贺文莱独立30周年。在贺电中，习近平主席强调，中国和文莱是友好邻邦，双方建立了战略合作关系，希望在两国共同努力下推动合作关系不断向前发展。[②] 3月9日，文莱苏丹哈桑纳尔·博尔基亚致电习近平主席，就马来西亚航空公司3月8日从马来西亚吉隆坡飞往北京的MH370航班失联事件表示慰问。[③] 3月中旬，文莱苏丹就3月1日发生在云南昆明的暴力恐怖袭击事件致电习近平主席表示哀悼和慰问。3月21日，中国人民解放军副总参谋长孙建国抵达文莱，对文莱进行了为期两天的访问。访问期间，孙建国及代表团成员与文莱皇家武装部队进行了对话、交流，讨论了扩大双方国防合作关系的问题。[④] 3月下旬，文莱宗教代表团来华访问。5月16日，中国商务部部长高虎城会见了文莱外交与贸易部第二部长林玉成。在会谈中，双方就两国经贸合作进行了交流，而文莱对中国所提出的互联互通、加强基础设施建设等方面的倡议表示支持，也欢迎中资企业在油气勘探、能源开发等领域参与到双方的合作中。[⑤] 8月9日，文莱外长在缅甸内比都会见了中国外交部部长王毅，双方在会谈中一致认为，中国和东盟国家有责任通过"双轨渠道"处理南海问题，通过协商谈判解决争

---

① 马静、马金案：《文莱：2013年发展回顾与2014年展望》，《东南亚纵横》2014年第3期，第18页。

② 《习近平主席向文莱苏丹致国庆贺电》，中国驻文莱大使馆网站，2014年2月23日，http://www.fmprc.gov.cn/ce/cebn/chn/zwgxs/t1132639.htm。

③ 《文莱苏丹就马来西亚航空航班失联事件向习近平主席致慰问电》，中国驻文莱大使馆网站，2014年3月10日，http://www.fmprc.gov.cn/ce/cebn/chn/zwgxs/t1135693.htm。

④ 《文莱皇家武装部队司令塔维会见孙建国》，中国驻文莱大使馆网站，2014年3月25日，http://www.fmprc.gov.cn/ce/cebn/chn/zwgxs/t1140673.htm。

⑤ 《高虎城部长会见文莱外交与贸易部第二部长林玉成》，中国驻文莱经商参处网站，2014年5月19日，http://bn.mofcom.gov.cn/article/jmxw/201405/20140500591661.shtml。

议、管控分歧和维护地区稳定。[①] 9 月 30 日，文莱苏丹兼首相哈桑纳尔·博尔基亚分别致电中国国家主席习近平和国务院总理李克强，祝贺中华人民共和国成立 65 周年。

此外，2014 年中国和文莱两国在经济合作、文化交流、防务合作等方面也取得了进步。[②] 3 月 3 ~7 日，12 名文莱政府高级官员组成的联合代表团，考察了位于杭州的恒逸总部。在考察期间，代表团成员进行了实地考察，并就施工、审批和劳工管理等相关问题进行了沟通。3 月 14 日上午，文莱皇家武装部队海军“达鲁勒山”号（KDB DARULEHSAN）近海巡逻舰从摩拉海军基地起航，赴中国青岛参加西太平洋海军论坛及多国海上联合演习。这是文莱皇家武装部队海军舰艇首次访华，也是首次赴华参演。对此，文莱军方认为，此次参演将进一步增进文莱海军与中国人民解放军海军之间的防务交往。[③] 6 月 17 ~18 日，文莱驻华大使到访中国广西防城港市。在访问和出席相关活动期间，他表示期待中国更多的城市举办促进中国、文莱文化交流的活动。7 月 15 日，中国政府向文莱学生埃菲拉颁发了奖学金，以供其赴中国攻读硕士学位。17 日，一批文莱学生远赴中国参加由国家汉语办公室组织的交流活动。

两国还积极经由东盟管道发展对话与区域合作关系。4 月 7 日，文莱相关官员在北京出席了“2014 年中国－东盟文化交流年”开幕活动。9 月 15 日，文莱最高法院首席大法官赴中国广西南宁出席“中国－东盟大法官论坛”。10 月 22 日，中国－东盟银行联合理事会和文莱伊斯兰教银行主办的中国－东盟银行会议在文莱举行。11 月，文莱苏丹在缅甸出席了第 17 届中国－东盟峰会等一系列会议。

除上述对外活动外，文莱 2014 年还积极依托相关国际组织拓展对外交

---

① 《王毅会见文莱外交与贸易部长穆罕默德亲王》，中国驻文莱大使馆网站，2014 年 8 月 20 日，http：//www. fmprc. gov. cn/ce/cebn/chn/zwgxs/t1184240. htm。

② 中国与文莱的经济贸易往来情况已在本文第二部分文莱经济部分阐述，这里不再赘述。

③ 《中国驻文莱使馆房新文临时代办参加文莱海军为赴华参演舰艇举行的送行仪式》，中国驻文莱大使馆网站，2014 年 4 月 16 日，http：//www. fmprc. gov. cn/ce/cebn/chn/sgxss/t1147547. htm。

往关系。5 月 24 日，文莱卫生部部长出席了第 67 届世界卫生组织会议。在会议上，他表示，为了应对气候变化，各国应积极加强卫生系统建设，非政府组织、私人部门及其他社会团体要在应对气候变化和公共健康中承担起相应的责任。5 月 24 日，文莱外交与贸易部部长偕夫人赴阿尔及利亚出席第 17 届不结盟运动部长级会议。6 月 18 ~ 19 日，文莱主办了东盟第六届国际议会大会党团会议。9 月下旬，文莱苏丹赴美国出席第 69 届联合国大会。在大会发言中，文莱苏丹称，文莱将和国际社会一道反对任何形式的恐怖主义，支持区域及国际社会的任何反恐行动。

Y.7

越南：多边外交活跃

潘艳勤*

摘　要： 2014年，越南政治稳定，越南共产党继续打击腐败，以树立国民对党和政府的信心。越南经济发展迅速，国内生产总值较2013年增长约5.98%，但越南的经济形势仍不容乐观。越南外交事务相当活跃。2014年5月，越南与中国因为南海问题关系紧张，两国关系进入低谷。越南事后努力修复与中国的关系，同时积极寻求国际力量支持自己在本地区事务的发展。越共积极开展多边外交，高层互访频繁。越南加强与美国、俄罗斯、日本、韩国、印度等国以及欧盟的合作与联系，同时与周边国家，尤其是老挝、柬埔寨、马来西亚等国的合作加强，以顺应国内社会经济发展的需要，应对当今复杂多变的国际形势。

关键词： 越南　政治　经济　外交

2014年，越南社会主义共和国（以下简称越南）政治保持稳定，经济发展迅速，越南共产党（以下简称越共）继续打击腐败，树立国民对党和政府的信心。这一年，越南外交事务相当活跃，越共积极开展多边外交，高层互访频繁，与大国及周边国家的合作加强，以顺应国内社会经济发展的需

* 潘艳勤，博士，广西民族大学东盟学院助理研究员，主要从事中国南方跨境少数民族的历史与文化研究。

要，应对当今复杂多变的国际形势，同时不断提高自身的国际形象和地位，以期融入国际社会。

一　政治：加强立法工作，继续打击腐败

（一）立法工作成为国会的核心任务

2014 年 5 月 20 日，越南第十三届国会第七次会议在首都河内举行。[①]开幕式当天，越南政府副总理阮春福作有关 2013 年经济社会发展结果补充评估及 2014 年前几个月开展落实发展计划情况等报告。越南祖国阵线中央委员会主席阮善仁作有关选民意见和建议的综合报告。越南国会常委会委员、国会经济委员会主任阮文饶作对政府有关 2013 年经济社会发展结果补充评估和国家财政预算以及 2014 年前几个月开展落实发展计划情况等报告的审查报告。越南财政部部长丁进勇受政府总理委托作关于建议国会批准 2012 年国家财政预算决算呈文。越南国会常委会委员、国会财政预算委员会主任冯国显发表关于 2012 年国家财政预算决算呈文的审查报告。

越南交通运输部部长丁罗升受政府总理委托作关于《越南民用航空法》（若干条款修改补充法草案）的呈文。越南国会常委会委员、国会法律委员会主任潘忠理作关于对《越南民用航空法》（若干条款修改补充法草案）的审查报告。越南国会常委会委员、国会法律委员会主任潘忠理作关于 2015 年国会的法律、法令立法计划草案及第十三届国会和 2014 年法律、法令立法计划调整等呈文。越南最高人民法院院长张和平作关于《人民法院组织法》（修正案）草案的呈文。越南国会常委会委员、国会司法委员会主任阮文现作关于对《人民法院组织法》（修正案）草案的审查报告等。此外，越

① 《第十三届越南国会第七次会议发表一号公报》，新文网，2014 年 5 月 21 日，http://www.news-com.cn/asean/vietnam/a/201405/22240877.shtml。

南政府副总理兼外交部部长范平明就东海局势、中国在南海建立海洋石油981钻井平台发表越南的主张和措施等报告。

本次国会会议审批通过11项法律草案及2015年立法工作计划的决议，并对另外16项法律草案提出意见。[①] 立法工作成为本次会议的核心任务。

（二）越共继续加强反腐工作

2014年，越共继续加强反腐败工作，以树立民众对党和政府的信心。腐败被认为是越南社会的主要危害之一，反腐败问题成为越南社会关注的议题。

2014年12月，越共中央检查委员会审议并执行对原越共中央委员、原国家监察总署总监察长陈文传的党内警告处分。[②] 陈文传利用职务便利，以低价非法购买富润郡15坊阮仲选路105号公租土地及房屋，后又通过转让的方式将该地块及房屋出售给自己的女儿。根据2014年12月1日胡志明市人民委员会主席做出的第5858号决定，决定收回陈文传供其孩子居住的富润郡15坊阮仲选路105号公租土地及房屋。

越南政府办公厅主任阮文年称，越共正密切关注有关党员干部的社会舆论。[③] 在越南，党统一管理干部。党依照章程规定对党员干部进行分层管理。相关机关有权力和责任按规定采取必要的措施对其进行管理。党员干部一旦出现问题，将像陈文传一样被通报，并将追究到底。越共处理陈文传的态度十分坚决，体现了高度负责的态度和依照程序公开透明地处理的精神。

2014年12月6日，越共中央总书记阮富仲在河内市巴亭郡、还剑郡和

① 《越南国会主席致第十三届国会第7次会议开幕词》，越南社会主义共和国门户网站，2014年5月21日，http：//cn. news. chinhphu. vn/Utilities/PrintView. aspx？ID = 15121。

② 卢矜灵编译《越南原中央委员陈文传被处以党内警告处分》，《东盟参考》（内部资料）2014年第12期（总第52期），第15页。

③ 卢矜灵编译《越共关注有关党员干部的社会舆论》，《东盟参考》（内部资料）2014年第12期（总第52期），第16页。

西湖郡与选民会谈中表示，越共已将腐败视为国家四大危机之一。[①]越共坚决反贪污腐败和浪费，坚决在各级党委和政府中开展反腐败工作，不设禁区，对腐败行为绝不忍让。越共需要思考如何确保反腐败成效，同时确保社会经济稳定发展，目前反腐效果未达预期，情况复杂，必须依法、严格、长期逐步地加以解决。

二　经济：快速稳定发展

（一）国内经济快速发展

2014 年越南经济发展迅速，国内生产总值（GDP）较 2013 年增长约 5.98%。[②] 这一增幅高于 2012 年的 5.25% 和 2013 年的 5.42%。其中，下一季度的增速仍继续高于上一季度的增速（第一季度增长 5.06%、第二季度增长 5.34%、第三季度增长 6.07% 和第四季度增长 6.96%）。工业生产指数较 2013 年增长 7.6%，远高于 2013 年 5.9% 的增幅。2014 年，越南新注册成立企业近 7.5 万家，注册资本总额近 433 万亿越南盾，虽然在企业数量上较 2013 年减少 2.7%，但在注册资本上却增长 8.4%。值得注意的是，平均每家企业注册资金达 58 亿越南盾，较 2013 年增长 11.5%。同时，2014 年有超过 1.5 万家企业恢复运营，同比增长 7.1%。

（二）对外贸易保持顺差

2014 年，越南外交部积极扩大市场，参与自由贸易协定（FTA）的谈判，为越南对外经贸的发展创造了有利条件。2014 年，越南出口商品金额约达 1500 亿美元，较 2013 年增长 13.6%，而进口商品金额约达 1480 亿美

① 卢矜灵编译《阮富仲：将一视同仁进行反腐败工作》，《东盟参考》（内部资料）2014 年第 12 期（总第 52 期），第 16～17 页。

② 《2014 年越南全国 GDP 增长 5.98%》，人民报网，2014 年 12 月 28 日，http：//cn.nhandan.org.vn/economic/item/2743201－2014。

元，较2013年增长12.1%，实现了贸易顺差约20亿美元。[①] 据越南农业与农村发展部统计，2014年越南农林水产出口总额约为308亿美元，比2013年增长11.2%，贸易顺差约为95亿美元，同比增长7.7。[②]

（三）国计民生与社会问题

1. 越南放弃2019年第十八届亚洲运动会主办权

2014年4月17日，越南总理阮晋勇在电视台上正式宣布越南首都河内放弃2019年第十八届亚洲运动会主办权。[③] 越南政府就阮晋勇的决定发表公告，说明其放弃主办亚运会的两个主要理由：一是越南对于举办亚运会这样的大型赛事没有经验，也还没有为此做好准备。申办时，越南没有做好保证赛事成功举办的具体计划，而目前相关筹备计划也没能得到政府总理的批准。二是越南在世界金融危机和全球经济下滑中受到了巨大的影响，国家经济水平仍处于困境。目前，越南中央和地方的预算有限，预算仅用于更加紧急的任务中。

2. 越南企业发展步履艰难

尽管越南2014年经济发展迅速，但越南经济形势仍不容乐观。2014年9月以来，越南新成立企业52525家，但破产的企业达51244家，暂停经营活动的有18873家。[④] 213000家企业申报未发生企业所得税，占报税企业的68.6%。难以征收的税款比2013年增长7.3%。在过去几年部分大中型企业能维持生产经营，但现在有多家停止了生产经营活动。企业破产对就业问题、国家税收、银行坏账、经济增长等方面产生负面影响，同时可能导致经

---

① 《2014年越南全国GDP增长5.98%》，人民报网，2014年12月28日，http://cn.nhandan.org.vn/economic/item/2743201-2014。

② 卢矜灵编译《2014年越南农林水产出口总额达308亿美元》，《东盟参考》（内部资料）2014年第12期（总第52期），第17页。

③ 《越南放弃2019年第十八届亚运会主办权称经济仍处困境》，观察者网，2014年4月17日，http://www.guancha.cn/sports/2014_04_17_223004.shtml。

④ 卢矜灵编译《2015年越南经济：克服困难、稳定宏观经济》，2014年11月4日，http://dongmengxueyuan.gxun.edu.cn/download.jsp?urltype=news.NewsContentUrl&wbtreeid=1502&wbnewsid=2913。

济犯罪的增加。

3. 越南处于人口增长的黄金阶段

越南人口普查结果显示，截至 2014 年 4 月 1 日，越南人口已达 90493352 人，总人口数量排名世界第十三、东南亚第三。[①] 过去 5 年，越南人口共增加 4646355 人，年均增加 929271 人。2009～2014 年人口增长的平均速度为 1.06%/年，1999～2009 年的平均增速为 1.2%/年。这两个阶段是过去 35 年中越南人口增速最低的。

越南新生儿性别比例失衡问题令人担忧，男女比例为 112.2∶100，2009 年新生儿男女比例为 110.6∶100，而正常性别比例应为 104～106∶100。越南农村新生儿性别比为 113.1∶100，新生儿性别比例失调。越南人平均预期寿命为 73.2 岁，其中男性为 70.6 岁，女性为 76 岁，65 岁以上人口数量占总人口的 7.1%。越南未进入老龄社会，仍然处于人口增长的黄金阶段。

三 多边外交活跃

2014 年，越南积极开展对外交往，成果丰硕。越南与美国的关系发展迅速，与欧盟的合作不断扩大，与日本、韩国、俄罗斯等本地区大国关系良好，同时保持加强与东盟成员国的合作，多边外交非常活跃。

（一）与中国的关系进入低点

2014 年，中国和越南之间最突出的问题就是两国因 5 月 2 日中国企业所属“981”海上钻井平台在中国西沙群岛毗连区内开展钻探活动引发的冲突，此后越南在河内和胡志明市多次爆发反华游行示威，在越南平阳省、河静省等多地发生了打砸抢烧严重暴力事件，致使两国关系降至自 1991 年实

---

① 卢羚灵编译《越南人口达九千万》，《东盟参考》（内部资料）2014 年第 12 期（总第 52 期），第 17 页。

现正常化以来的最低点。[①] 中国与越南就南海问题进行了多次沟通协调，使得两国关系由紧张趋向缓和。

2014 年 5 月 17 日，中国政府紧急派出了外交部部长助理刘建超率领的中国政府跨部门联合工作组赶赴越南开展工作。[②] 中国通过各种渠道，加大对越方的交涉，同越南政府及有关部门保持密切沟通，全力救治中方伤员，同时要求越方立即制止一切暴力行为，严惩凶手，并且确保类似事情不再发生。

2014 年 6 月 18 日，正在越南访问的中国国务委员杨洁篪会见了越共中央总书记阮富仲和总理阮晋勇，并与越南副总理范平明举行会谈。[③] 中越双方就当前海上局势充分、深入地交换了意见。

2014 年 8 月 26 日，越共中央政治局委员、书记处常务书记黎鸿英作为阮富仲总书记的特使访华。[④] 黎鸿英此访的目的是与中国领导人就缓解局势、杜绝发生导致两国关系紧张的事件等问题交换意见，希望借此访问推进越中两党、两国关系健康、稳定且长期发展，满足两国人民的愿望和利益。

2014 年 10 月中旬，在意大利出席亚欧首脑会议的中国总理李克强会见了越南总理阮晋勇。李克强表示，中越两国是邻居。经过双方共同努力，两国克服了前段时间遇到的困难，双边关系逐步恢复。[⑤] 他希望双方落实好两党两国领导人达成的共识，推动两国关系健康稳定发展。同时，中越双方要把握好两国关系发展的大方向，妥善处理和管控好海上分歧，为双边合作营造有利的环境。双方要统筹好互利合作总体格局，继续推进海上、陆上、金

---

① 潘珊菊：《中国首次披露南海“981 钻井平台”位置》，《京华时报》2014 年 6 月 9 日，http://mil.sohu.com/20140609/n400592368.shtml。

② 朱马烈：《外交部确认 2 名中国人在越南打砸抢烧活动中遇难》，环球网，2014 年 5 月 16 日，http://world.huanqiu.com/exclusive/2014-05/4998082.html。

③ 《杨洁篪会见越共总书记、越南总理：南海问题再难也要解决》，观察者网，2014 年 6 月 19 日，http://www.guancha.cn/Neighbors/2014_06_19_238994.shtml。

④ 钟和：《越共总书记特使访华修复关系》，《新民晚报》2014 年 8 月 26 日，http://xmwb.news365.com.cn/gj/201408/t20140826_1250189.html。

⑤ 谭晶晶、葛晨：《李克强会见越南总理阮晋勇》，中国中央政府门户网站，2014 年 10 月 16 号，http://www.gov.cn/guowuyuan/2014-10/16/content_2766391.htm。

融全方位务实合作。阮晋勇表示，越中是友好邻邦，越方致力于推进越中全面战略合作伙伴关系，愿与中方落实好双方达成的共识，加强高层交往，巩固传统友谊，增进相互了解与信任，妥善管控和处理海上分歧，发挥双边合作指导委员会等机制作用，推进基础设施、金融、海上共同开发等领域合作，实现互利共赢，共同发展。

2014 年 12 月 25 日至 27 日，中共中央政治局常委、全国政协主席俞正声率团对越南进行正式访问，分别会见了越共中央总书记阮富仲、国家主席张晋创、政府总理阮晋勇等越南高层。[①] 俞正声根据当前中越关系强调指出，面对当前复杂多变的国际和地区形势，双方领导人要把握好友好合作的主基调：一是要加强互信、增进共识；二是要加强舆论引导，妥善处理海上问题；三是要推动各领域务实合作，实现共同发展。

（二）与美国的关系发展迅速

2014 年 4 月 16 日，由美国参议院临时议长帕特里克·莱希率领的美国议员代表团抵达了河内，开始对越南进行为期 4 天的正式访问。[②] 在会见帕特里克·莱希的会谈上，越方表示一向重视与美国的关系，并将努力实施符合两国全面伙伴关系精神的各项协议，希望两国加倍努力解决好两国关系之间所存在的问题。越方希望美国政府为越南输美商品开放市场，减轻贸易壁垒；早日承认越南市场经济地位，支持《跨太平洋伙伴关系协定》谈判早日结束等。帕特里克·莱希也强调，美国国会和政府十分重视对越合作，美国参议院一向支持美国政府在同越南合作克服战争遗留后果及增进两国人民的友谊所做出的努力。

2014 年 7 月 14 日，越南政府副总理兼外交部部长范平明在政府总部会见了正在访越的美国总统代表麦艾文·梅代洛斯，双方就越美两国关系具体

---

① 杨晔：《俞正声对越南进行正式访问》，人民网，2014 年 12 月 28 日，http：//cpc. people. com. cn/n/2014/1228/c64094 – 26287381. html。

② 《越通社本周（2014. 4. 14 ~ 2014. 4. 20）要闻回顾》，越通社，2014 年 4 月 20 日，http：//zh. vietnamplus. vn/越通社本周 20144142014420 要闻回顾/24725. vnp。

问题和共同关心的地区与国际问题等交换了意见。[①] 范平明对越美两国在政治—外交、经济—贸易、教育、国防安全等领域合作的积极进展以及两国在国际和地区论坛上的协调配合表示满意。

2014 年 8 月 14 日，美国参谋长联席会议主席登普西率领美国军队高级代表团访问越南。[②] 这是美国三军参谋长联席会议主席登普西首次访问越南。越美双方就共同关心的国际和地区问题交换了意见，并对 2013 年 7 月确立的两国全面合作关系框架和 2011 年 9 月签订的国防合作备忘录中双方国防合作的成果进行了评价。越南人民军总参谋长、国防部副部长杜伯巳上将和美国参谋长联席会议主席登普西上将认为，两国国防合作已经取得了切实效果，符合双边的需求。双方同时还就代表团交流、克服战争后果、军医培训等进行了交流。双方同意，将继续按照备忘录落实双方国防合作，包括代表团交流、搜救、联合国维和活动经验交流、处理战争后果、海上安全、培训等。

（三）与欧盟合作扩大

越南与欧盟 2012 年 6 月正式签署《越南 – 欧盟全面合作伙伴框架协定》（PCA）后，双方关系全面务实发展。在政治上，双方高层保持频繁互访及沟通，希望加强双方多领域合作关系。贸易方面，欧盟是越南第二大贸易伙伴，是越南最大的出口市场。[③]

1. 越南政府副总理武文宁访问瑞典和英国

2014 年 4 月 9 日至 17 日，越南政府副总理武文宁对瑞典和英国进行了

---

① 《范平明副总理会见美国总统代表》，越通社，2014 年 7 月 16 日，http：//www. news – com. cn/asean/vietnam/a/201407/17256962. shtml。

② 王建：《美国参谋长联席会议主席登普西首次访问越南》，人民网，2014 年 8 月 14 日，http：//military. people. com. cn/n/2014/0814/c172467 – 25468360. html。

③ 《大力推动越南欧盟合作关系》，越南投资发展网，2015 年 5 月 15 日，http：//www. vnone. cn/index. php？ m = content&c = index&a = show&catid = 15&id = 5605。

正式访问。[①] 武文宁副总理此访的目的是积极开展越南共产党和政府的外交政策，就加深越瑞（典）传统友好合作关系以及推进越英战略伙伴关系向前发展的措施和方向进行了讨论。

2014 年 4 月 14 日，越南副总理武文宁访问英国，并出席了越南与英国网络组织同越南驻英大使馆联合举办的越英企业论坛。[②] 武文宁副总理在会上强调，自越英两国 2010 年建立战略伙伴关系以来，双方关系取得了长足发展。2013 年双边贸易额达 40 亿美元以上。越南正与欧盟等诸多合作伙伴就自由贸易协定进行谈判。英国企业可以给越南基础设施发展、技术培训、高端人力资源开发提供协助。武文宁副总理表示，英国企业应敦促英国政府早日承认越南完全市场经济地位。

2. 越南政府总理阮晋勇访问比利时、欧盟、德国、梵蒂冈

越南政府总理阮晋勇于 2014 年 10 月 13 日至 15 日对比利时、欧盟、德国进行正式访问，并出席 10 月 16 日至 17 日在意大利米兰举行的第 10 届亚欧首脑会议，10 月 18 日访问梵蒂冈。[③] 阮晋勇总理此行的目的在于探讨越南与欧盟未来的合作方向、加快越南与欧盟自由贸易协定（EVFTA）谈判进程，并讨论加强多边论坛的合作。作为东盟—欧盟关系的协调员国，阮晋勇总理应邀在第 14 届亚欧企业论坛发表演讲，并代表东盟国家在全体会议上发表题为《亚欧携手在联通世界中共同应对全球问题》的主旨演讲。[④]

在这次高层访问中，德国和比利时继续将越南视为优先提供官方发展援助资金的国家。越南与比利时就旨在制订 2015 年后阶段新合作计划达成一致。此外，越南总理与德国和比利时领导人还一致同意促进在海港、运输后

① 《武文宁副总理对瑞典和英国两个进行访问》，新文网，2014 年 4 月 12 日，http：//www. news - com. cn/asean/vietnam/a/201404/14229481. shtml。

② 《越南政府副总理武文宁对英国进行正式访问》，人民报网，2014 年 4 月 15 日，http：//cn. nhandan. org. vn/mobile/mobile_ friendshipbridge/mobile_ vietnam - and - the - world/item/1907901. html。

③ 《大力推动越南欧盟合作关系》，越南投资发展网，2015 年 5 月 15 日，http：//www. vnone. cn/index. php? m = content&c = index&a = show&catid = 15&id = 5605。

④ 《越南副外长裴青山：阮晋勇总理访问欧洲之旅增进越南与各国合作关系》，人民报网，2014 年 10 月 20 日，http：//cn. vietnamplus. vn/Home/201410/4135。

勤服务、清洁能源、高科技、职业培训等领域的合作关系。欧盟承诺将于2015年早日完善《越南－欧盟全面合作伙伴框架协定》（PCA），并承诺在2014～2020年向越南资助4亿欧元。

3. 欧洲委员会主席与欧盟外交与安全政策高级代表兼欧洲委员会副主席访问越南

2014年8月，欧洲委员会主席巴罗佐与欧盟外交与安全政策高级代表兼欧洲委员会副主席凯瑟琳·阿什顿访问越南。阮晋勇总理与巴罗佐主席举行会谈，双方一致同意加强高层和各级别互访与沟通；加强在国际和地区论坛的咨询及相互支持；为越南和欧盟企业在各自市场长期经营投资提供便利条件。[①] 阮晋勇总理在与凯瑟琳·阿什顿的会谈中强调，越南一向重视与欧盟各成员国的关系，希望促进双边合作关系有效、务实地发展，阿什顿女士此访以及欧洲委员会主席巴罗佐即将对越南进行的访问将为双边关系起着推动作用。阮晋勇总理建议欧盟早日批准《越南－欧盟全面合作伙伴框架协定》（PCA），支持《越南－欧盟自由贸易协定》（FTA）谈判早日结束，并希望欧盟早日承认越南完全市场经济地位。凯瑟琳·阿什顿女士表示，欧盟希望与越南进一步密切双边关系。她正式公布欧盟已决定今后5年为越南提供的官方发展援助资金增加30%，并透露欧盟正努力推动《越南—欧盟全面合作伙伴框架协定》和《越南－欧盟自由贸易协定》的谈判进程，同时将向越南提供协助，以早日承认越南完全市场经济地位。

（四）与俄罗斯的关系有新进展

2014年4月15日至16日，俄罗斯外交部部长谢尔盖·拉夫罗夫正式访问越南，这标志着越俄全面战略伙伴关系有了新的进展。[②] 越南政府副总理兼外交部部长范平明与谢尔盖·拉夫罗夫部长举行会谈，双方探讨推进两国

---

① 《2014年越南与美、日、中、俄、欧、印等大国的关系》，越南社会主义共和国中央政府门户网站，2015年1月2日，http：//cn. news. chinhphu. vn。

② 《2014年越南与美、日、中、俄、欧、印等大国的关系》，越南社会主义共和国中央政府门户网站，2015年1月2日，http：//cn. news. chinhphu. vn。

在经贸、文化教育、科学技术等领域的双边合作并加强在国际平台的配合。

2014 年 9 月，越南政府副总理黄忠海一行对俄罗斯进行正式访问。9 月 5 日，越南外交部副部长裴青山和俄罗斯外交部副部长伊戈尔·莫尔古洛夫举行了越俄外交部副部长级政治磋商。①双方就推进越俄两国在政治、国防安全、经贸、能源、教育培训、科技等领域合作关系的各项措施进行讨论，就增强经贸合作达成一致；对越俄外交部之间紧密且有效的协调表示满意并予以高度评价。同时，双方就共同关注的地区和国际问题广泛交换意见，就越俄两国在联合国，特别是地区乃至国际舞台上的协调机制达成一致。

2014 年 11 月 24 日至 28 日，越共中央总书记阮富仲分别对俄罗斯和白俄罗斯进行正式访问。俄罗斯总统普京 25 日与阮富仲会谈，两国领导人讨论了在一系列领域加强协作的问题，其中包括电力、机器制造、采矿业、铁路建设等领域的合作。② 两国领导人还就越南增加向俄罗斯出口农产品、两国合作开发油气资源、2020 年前将两国贸易额提高至 100 亿美元、建立三国关税同盟（包括俄罗斯、白俄罗斯、哈萨克斯坦）与越南自由贸易区等达成一致。

（五）与印度双边关系加强

2014 年 9 月 15 日至 17 日，印度总统普拉纳布·慕克吉对越南进行国事访问。两国发表了《越南与印度联合公报》，并就各自国家经济社会发展情况、外交政策、双方关系及共同关心的问题交换了意见。③ 印度再度重申，继续将越南视为印度“向东看政策”中的支柱之一。越南重申，继续支持

① 梅英（编译）《越俄举行外交副部长级政治磋商》，《越南共产党电子报》2015 年 9 月 6 日，http：//dangcongsan. vn/cpv/Modules/News _ China/News _ Detail _ C. aspx? co _ id = 7338716&cn_ id = 673178。

② 吴刚：《普京说俄越关系具有广阔发展前景》，新华网，2014 年 11 月 26 日，http：//news. xinhuanet. com/world/2014 -11/26/c_1113402450. htm。

③ 《印度总统访问越南两国发表联合公报》，新文网，2014 年 9 月 16 日，http：//www. news - com. cn/asean/vietnam/a/201409/16270529. shtml。

印度“向东看政策”，也支持印度在地区和国际舞台上扮演更重要的角色。

2014 年 10 月 27 ~ 29 日，越南政府总理阮晋勇对印度进行正式访问。阮晋勇总理此访进一步推动了越印战略合作伙伴关系发展，深化了两国在经贸、科技、文化、教育、旅游等领域的合作。两国领导也就共同关心的国际与地区问题交换了意见。[①]

（六）与日本的海洋安全合作加强

2014 年 3 月 18 日，越南国家主席张晋创对日本进行国事访问，并与日本首相安倍晋三签署了《越 - 日共同宣言》。[②] 近些年来，特别是 2009 年两国建立战略合作伙伴框架以来，越南与日本在各个领域的关系迅猛发展。在此基础上，两国领导人共同将越南与日本的关系提高到新的层次——旨在维护亚洲和平与繁荣的纵深战略合作伙伴关系。两国领导人强调，继续加强在论坛、合作机制以及在区域和国际组织方面的密切合作。日本首相表示，将时刻准备援助越南加强海上执法能力；在经济方面，越南是日本 ODA 政策中的头等重要合作伙伴。日本将向越南提供总额约为 1200 亿日元（约合人民币 72 亿元）的政府贷款，帮助越南建设高速公路、港口以及发供电设施等基础设施。[③] 张晋创表示，今后将着重加强与日本在机场、港口等基础设施领域的合作。

2014 年 7 月 31 日至 8 月 2 日，日本外务大臣岸田文雄访问越南，并与越南副总理兼外交部部长范平明共同主持第 6 届越日合作委员会会议。[④] 岸田文雄与范平明就两国深化航海安全合作以及双方共同关注的国际战略问题交换意见，

---

① 《阮晋勇总理访问印度：为越印战略合作伙伴关系发展注入强劲动力》，越南社会主义共和国中央政府门户网站，2014 年 10 月 24 日，http：//cn. news. chinhphu. vn/Utilities/PrintView. aspx？ID = 1644943. html。

② 王建：《越南国家主席访问日本两国成为纵深战略合作伙伴》，中国日报中文网，2014 年 3 月 19 日，http：//world. chinadaily. com. cn/2014 - 03/19/content_17358814. htm。

③ 沈靓：《日越渐入“蜜月期”》，《东方早报》2014 年 3 月 20 日，http：//www. dfdaily. com/html/51/2014/3/20/1131689. shtml。

④ 刘卉：《日本外相将访问越南加深两国关系越媒关注》，环球网，2014 年 7 月 30 日，http：//world. huanqiu. com/exclusive/2014 - 07/5090974. html。

其中包括日本计划为越南提供巡逻船。日方将利用政府开发援助向越南提供巡逻船，目前双方加快展开训练海警部队、共同分享情报等相关协调工作。

（七）与韩国的关系密切

2014年12月10～12日，越南总理阮晋勇访问韩国，出席东盟与韩国建立对外关系25周年纪念会议并对韩国进行工作访问。12月10日，韩国总统朴槿惠与越南总理阮晋勇举行首脑会谈，双方就扩大两国合作方案进行商讨，并就韩国与东盟特别峰会、在地区与国际舞台上的合作、朝核问题等朝鲜半岛局势与东北亚和平合作构想等区域内问题交换了意见。[①] 双方一致同意保持高层互访与接触频繁，扩大两国各部委行业合作范围，有效开展落实两国外交、国防安全等领域的对话机制和务实合作，同时进一步加强国防工业、教育培训、打击跨国犯罪和恐怖主义犯罪等领域的合作。朴槿惠总统重申，韩国将越南视为该国官方开发援助政策中最重要的伙伴之一，并优先为越南提供基础设施建设、绿色增长、人力资源培训等领域的援助。

（八）与东盟成员国的合作加强

近年来，越南积极参与东盟事务，大力推动与东盟其他成员的友好合作关系，除了特别推动经贸合作外，合作项目包括政府援助、银行、通信、农业等领域的合作以及旅游开发等，这不仅有利于促进越南社会经济的快速发展，还有利于提高自身在东盟事务中的地位和影响。

1. 与老挝关系密切

2014年1月5日至7日，越共中央政治局委员、国防部部长冯光青大将率领越南国防部高级代表团对老挝进行正式友好访问。[②] 冯光青大将与老

---

① 《越南政府总理阮晋勇同韩国总统朴槿惠举行会谈》，人民报网，2014年12月10日，http：//cn. nhandan. org. vn/mobile/mobile_political/mobile_national_relatioship/item/2687901. html。

② 《越南国防部长冯光青大将与老挝国防部长当斋·皮芝上将举行会谈》，人民报网，2015年1月6日，http：//cn. nhandan. org. vn。

挝国防部部长当斋·皮芝上将签署合作协议，两位部长对越老两国军队近段时间在多领域的合作关系所取得的丰硕成果表示满意，并希望今后双方在教育培训、信息互换、各级代表团互访、紧密配合与合作寻找各个时期在老挝牺牲的越南志愿军和专家遗骸并将其迁回越南等领域的合作关系朝着深广方向发展；同时加快友好边界线建设进程等。

2014 年4 月12 日至13 日，越共中央总书记阮富仲和越南高级代表团访问老挝并祝贺老挝传统节日泼水节。[①] 访问期间，阮富仲与越南驻老挝总领事馆干部人员和老挝南部各省越南人代表见面，探访占巴塞和阿速坡两省一些经济和文化基地。

2014 年 12 月 10 日上午，越共中央政治局委员、越南政府副总理、越老合作委员会越方分委会主任阮春福分别礼节性拜会了老挝人民革命党中央总书记、国家主席朱马利·赛雅颂和老挝国会主席巴妮·雅陶都。[②] 阮春福副总理强调，越南党、国会、国家、政府和人民一向重视巩固与发展越南与老挝一如既往的特殊关系。老挝人民革命党中央总书记、国家主席朱马利对老越两党两国友好合作关系呈现良好发展趋势表示满意；他同意继续保持两国高层互访频繁，加强两党之间理论交流和实践总结，为各党即将召开的全国代表大会做好准备。他同时提议越南协助老挝促进农业发展。

2014 年 12 月 19 日，越南政府副总理阮春福在政府总部会见了来访的老挝政府办公厅副主任、老挝中央农村发展与扶贫指导委员会主任宋沙尼·苏文纳拉一行。[③] 阮春福副总理强调，越南西北地区指导委员会常任机构和老挝中央农村发展与扶贫委员会要积极建言献策，为两国有效开展扶贫济困工作提出切实意见。两国需增进交流，互相交换在偏远贫困地区的扶贫经验。双方一致认为，在越老特殊关系正在发展良好的背景下，两国应注重对

---

① 《阮富仲总书记访问老挝并贺年》，新文网，2014 年 4 月 15 日，http：//www. news - com. cn/asean/vietnam/a/201404/15229922. shtml。

② 《越南政府副总理阮春福礼节性拜会老挝党和国家领导人》，人民报网，2014 年 12 月 10 日，http：//cn. nhandan. com. vn。

③ 《阮春福副总理会见老挝客人》，人民报网，2014 年12 月19 日，http：//cn. nhandan. org. vn。

年轻一代加强宣传教育，同时加大扶贫济困、新农村建设等社会领域的合作力度。

2. 与柬埔寨合作加强

2014 年 1 月 12 日，越南总理阮晋勇访问柬埔寨。柬埔寨首相洪森 13 日在金边与阮晋勇总理举行会谈，双方表示愿意继续深化两国在各个领域的合作。[①] 洪森表示，愿意进一步促进双边关系发展和各领域的交流与合作，特别是在交通领域的合作。阮晋勇则希望继续加强越柬两国在银行、通信、农业等领域的合作，并通过交通领域的合作促进双边贸易和旅游业的发展。

2014 年 7 月，越南政府副总理兼外交部部长、越柬合作委员会越方主席范平明访问柬埔寨，与柬埔寨政府副首相兼外交国际合作大臣、柬越合作委员会柬方主席贺南洪在金边共同主持第 13 次越柬经济、文化与科技合作委员会。[②] 越柬两国在经贸投资领域的合作不断蓬勃发展。2013 年越柬双边贸易额高达 35 亿美元，越南对柬埔寨投资项目 128 个，投资总额超 30 亿美元，两国在教育培训、电信、农林渔业、旅游、金融、银行、卫生、航空、能源、油气等领域的合作得到重视和加强。两国还加大国防和安全的合作力度，陆地边界勘界立碑工作取得了显著进展等。双方一致同意加强教育合作，着力提高教育质量，推进经贸投资合作，协助企业解决困难，有效开展获批项目，早日签署新合作协议，力争到 2015 年两国双边贸易额达 50 亿美元。双方同意，进一步加强两国在自然资源、农林渔业、能源、油气、卫生、交通、电信、金融、银行和旅游等领域的合作，有效落实两国总理所达成的协议，鼓励两国各部委、地方加强互访与交流。

3. 与马来西亚往来密切

2014 年 4 月 3 日至 5 日，马来西亚总理纳吉布对越南进行正式访问。[③]

---

① 王其冰、李宏：《越南总理访问柬埔寨谋求深化两国合作》，新华网，2014 年 1 月 13 日，http：//news. xinhuanet. com/world/2014 - 01/13/c_ 118950615. htm。

② 《越柬经济、文化与科技联合委员会第 13 次会议在金边召开》，2014 年 7 月 11 日，http：//www. asean168. com/a/20140711/4133. html。

③ 《阮晋勇总理与马来西亚总理举行会谈》，人民报网，2014 年 4 月 4 日，http：//cn. nhandan. org. vn/political/national_ relationship/item/1874201。

双方就尽早签署大米贸易备忘录达成一致，并同意继续促进劳务、农业、石油、教育、法律、司法等领域的合作。两国总理均高度评价越马两国防务安全领域合作关系，一致同意尽早签署关于两国海军进行联合巡逻和设立热线电话的协议、预防打击跨国犯罪合作备忘录等文件。除了双边问题外，两国总理还就共同关心的国际和地区问题展开讨论。双方强调将在地区和国际论坛上保持紧密配合，同其他东盟国家努力于2015年建成强大和团结的东盟共同体，制定东盟2015年后的发展规划。两国总理承诺继续展开合作，充分发挥东盟在包括南海问题在内的地区和平与安全事务中的核心作用。

2014年，越南透过多方位、多样化的外交政策，积极主动地融入国际化轨道。越南加强与美国、俄罗斯、日本、韩国、印度等国以及欧盟的合作与联系。除了推进经济发展的贸易往来，还包括为越南提供基础设施发展、高科技培训、高端人才资源开发以及军事合作和海上发展等合作项目。2014年，越南与中国因为南海问题关系紧张，两国关系进入低谷。事后，越南努力修复与中国的关系，同时积极寻求国际力量支持自己在本地区事务的发展。这一年，越南和美国的关系发展迅速，高层往来密切，两国的军事合作逐渐加强。这既符合越南的需要，又迎合了美国奥巴马政府推行的重返亚洲的战略。越美之间的军事交流、国防合作、海上安全培训将成为两国合作的新方向。越南与日本的关系同样发展迅猛，越南充分利用日本的海洋技术以应对棘手的南海问题，越日两国航海安全合作加强。越南与印度的全面合作伙伴关系近年来不断深化，印度重视发展与越南的关系，并把越南看作其“向东看”政策的重要支柱。越南1995年加入东盟后，不断努力加强自身在东盟的角色和地位，并借助东盟拓宽自己的发展空间和在本地区的话语权。近年来，越南与周边国家，尤其是老挝、柬埔寨、马来西亚等国的合作加强，合作涉及贸易、通信、交通、农业、旅游、教育等领域，双边在友好合作的环境下获得共赢。

Y.8

老挝：发展进入新常态

潘 岳*

摘 要： 2014年，老挝发生“5·17”空难事件，老挝人民革命党及时采取对策，政局保持稳定。在经历了“七五”计划前三年的快速发展后，老挝政府采取紧缩政策，调整经济政策，2014年老挝经济趋于放缓。外交上，老挝继续采取全方位的外交政策，积极参与地区事务，加强与东盟各国的联系。

关键词： “5·17”空难 紧缩政策 全方位外交

2014年，老挝经受了“5·17”空难事件的考验，继续保持政治稳定。经济上，老挝政府采取紧缩政策，经济增速有所放缓，力争实现“七五”计划的扶贫目标。外交上，老挝政府继续采取全方位的外交政策，积极与周边国家发展战略合作关系，并积极承办东盟的相关会议，加强与东盟各国的联系。

2014年老挝国内政局稳定，虽然经历了“5·17”空难事件，但中央领导层基本稳定，没有出现大幅度的人员变动。2014财年是老挝“七五”计划执行的第四个年头，目前而言，老挝“七五”计划（2011~2015年）基本能够按预期执行，效果良好。

* 潘岳，硕士，广西民族大学东盟学院副研究员，主要从事东南亚民族文化与宗教文化研究。

一 2014年老挝政治形势

（一）政治格局稳定

2014 年 5 月 17 日早晨，老挝一架搭乘多名政府要员的军方飞机从万象市起飞，前往川矿省参加老挝人民军第二师成立 55 周年庆祝活动，飞机在距离川矿机场约 7 公里处坠毁。该机上载有 17 人，14 人当场死亡，生还的 3 名幸存者中的两人在送往当地医院后因抢救无效死亡。罹难者包括老挝中央政治局委员、政府副总理兼国防部部长当斋·皮芝，老挝公安部部长通班·显阿蓬，老挝人民革命党中央宣传部部长征·颂汶坎，万象市委书记、市长苏甘·玛哈拉等多名老挝政要。其中，当斋·皮芝是老挝著名的军事将领和政治家，老挝人民军中将。11 月 28 日，老挝公共工程和交通部发布“5·17”空难事件的调查报告，认为天气恶劣和飞行员操作失误是事故发生的主要原因。①

“5·17”空难事件后，曾有外国媒体预测，老挝政局将出现动荡。2014 年 7 月 8 日，老挝政府处理的结果是，老挝第七届国会第七次会议调整部分政府高层，老挝人民革命党中央政治局委员本邦·布达纳冯任政府副总理，中央政治局委员潘坎·维帕万任政府副总理兼教育体育部部长，中央书记处书记、国防部代部长森暖·赛雅拉任国防部部长，中央委员辛拉冯·库派吞任万象市市长，中央委员宋赛·西潘敦任政府办公厅主任，中央委员南·维亚吉任阿速坡省省长。公安部部长由原来的副部长宋乔·希拉冯暂时代理，老挝政局仍保持稳定。

（二）“七五”计划如期执行

老挝“七五”计划的目标是经济快速、稳定、持续发展，积极参与地

---

① 《老挝政府发布 QV301 空难调查报告》，中华人民共和国驻老挝人民民主共和国大使馆网站，2014 年 11 月 30 日，http：//la. china - embassy. org/chn/lwdt/t1221570. htm。

区和国际事务，争取加入世界贸易组织，减少贫困，摆脱落后局面。据老挝《人民报》10月8日报道，2014年老挝全国贫困家庭共计92328户，占全国人口的8.11%，8个省份的贫困率已降到10%以下，老挝“七五”计划的减贫目标已经超前完成（老挝“七五”计划的减贫目标是贫困人口率低于全国人口的19%，贫困家庭率低于全国家庭的11%。）。另外，老挝法制建设逐步完善，通过了多部法律。2014年12月12日在万象市召开的老挝第七届国会第八次会议，补充完善2003年版宪法修订草案，讨论通过《外汇管理法》《防止向妇女儿童暴力行为法案》《移民法》《酒精饮料管理控制法》《税法》《医疗法》等法律。

二　2014年老挝经济发展概况

（一）财政收支不平衡，经济增速放缓

2014年3月，世界银行预计2014财年老挝的经济增长率为7.2%。2014年10月6日，世界银行将2014财年老挝的GDP增长率提升到7.5%。世界银行的统计数据基于两个方面：一是资源产量下降，2013～2014财年的老挝能源矿产领域总产值为19.5万亿基普，较2012～2013年度下降3.3%，2013～2014财年的矿产出口总额达15.7亿美元；2014～2015财年前六个月的数据也不容乐观，据老挝能源与矿产部统计（2015年3月11日），这半年的能源矿产领域总产值为8.53万亿基普，仅仅是2013～2014财年的43%，呈下降的趋势。二是财政政策趋紧，2014财年老挝财政仍然入不敷出，财政赤字不断扩大，2013财年也存在这种现象。老挝政府也意识到这一点，2014年7月召开的老挝第七届国会第七次会议通过决议，将2014～2015财年的经济增长率由8%降为7.5%，GDP达到102.3万亿基普（约128亿美元），外汇储备将至少维持5个月的进口需要，矿产产值为13.2万亿基普（约16.5亿美元）。同时，老挝国会批准削减财政开支并增加政府债券，未经国会批准过的项目由地方政府自行解决资金问题，不能列入国家预算开支。在会上，老挝国会还决定

推迟公务员涨薪计划，以节省政府开支。根据此前发布的总理令，2015 年政府公务员工资将上涨。老挝政府下调经济增长率主要是减少借贷，避免在老挝出现金融危机，稳定宏观经济，确保进口安全。2014 年 6 月，老挝的政府外债总额升至 42 亿美元，已经接近警戒水平。

（二）贸易逆差持续增加

2014 年 1 ~9 月，老挝出口商品总额为 26 亿美元，同比下降 7.6%，原因是老挝出口的商品以矿产为主，随着开采的矿产减少，贸易逆差持续扩大。前 9 个月进口总额为 35 亿美元，同比增长 30%，进口商品主要为电子设备、燃料及车辆。为了保持经济持续增长，减少贸易逆差，老挝政府加快了水电站建设，计划 2015 年将总功率达 2976 兆瓦的 8 座水电站投入运营，在 2025 年前投入运营几乎所有大型水电站，将水电出口作为一个重要的创汇手段。目前，老挝正在运作的水电站共有 23 座，总功率达到 3200 兆瓦，年均发电量超过 1.6 万兆瓦，用于国内消费和出口。另外，老挝政府也适度提高矿产的开采总量，从 2013 ~2014 财年的 15.7 亿美元增加到 2014 ~2015 财年的 16.5 亿美元，增长 5%。

（三）居民消费价格指数高位运行，通货膨胀得到控制

根据老挝银行（Bank of the Lao P. D. R）公布的统计数据（见表 1），2014 财年老挝的居民消费价格指数（CPI）为 122.36，高位企稳，商品价格涨势得到控制，通货膨胀率为 4.13%，同比下降 2.24 个百分点。

表 1　2012 ~2014 年老挝的居民消费价格指数和通货膨胀率

时间	2012		2013		2014	
	CPI	通货膨胀率(%)	CPI	通货膨胀率(%)	CPI	通货膨胀率(%)
1 月	107.48	6.69	113.60	5.70	120.41	5.99
2 月	107.80	6.11	114.30	6.03	120.77	5.66
3 月	108.77	5.33	115.08	5.80	121.20	5.32
4 月	110.12	4.37	116.12	5.45	122.22	5.25

续表

时间	2012		2013		2014	
	CPI	通货膨胀率(%)	CPI	通货膨胀率(%)	CPI	通货膨胀率(%)
5月	110.54	3.77	116.78	5.65	122.37	4.73
6月	110.60	3.56	117.52	6.26	122.52	4.26
7月	110.33	2.92	118.53	7.43	122.92	3.70
8月	111.20	3.36	118.79	6.83	123.09	3.62
9月	111.98	3.67	119.66	6.87	123.31	3.05
10月	112.11	3.51	119.65	6.72	123.27	3.03
11月	111.98	3.36	119.76	6.94	123.13	2.81
12月	112.79	4.73	120.29	6.65	123.18	2.40
平均	110.48	4.26	117.51	6.37	122.36	4.13

（四）旅游业持续快速发展

老挝的旅游资源丰富，自然风光优美，人文景观历史悠久。2014年、2015年老挝琅勃拉邦市连续被英国《旅游杂志》评为全球最佳旅游城市。同时，老挝在最佳旅游国的评选中位列第八。2014财年，老挝的旅游业保持快速发展的势头，入境外国游客达415.8万人次，同比增长10%。据老挝新闻文化旅游部统计，在外国游客中，泰国游客达204.3万人次，越南游客达110.8万人次，中国游客为42.2万人次。欧洲游客呈下降趋势，从2013年的21.2万人次降到2014年的20.9万人次。旅游业的发展带动了老挝的航空业，2014年老挝国内航班20447次，国际航班16846次，运送旅客40万人次，飞机过境手续费收入达4110亿基普。

（五）政府提高劳动力最低工资

2014年年底，老挝政府通过议案，决定把国内劳动力最低工资由每月62.6万基普（约80美元）提高到每月90万基普（约110美元）。此举目的在于缓解国内劳动力不足的问题。老挝国内普通劳动力不足和技术工人缺乏已经阻碍了老挝社会经济的发展。目前，老挝国内劳动力分布失衡，70%的劳动力分布在农业，7%的劳动力分布在工业，22%的劳动力分布在服务业。这种状况是造成老挝贫困家庭数量一直高居不下的重要原因。随着外来投资的不断加大，老挝劳动力缺口问题正日益凸显。据老挝政府估算，老挝目前至少有200万的劳动力缺口。

三　老挝全方位外交政策持续推进，积极参与地区事务

2014年，老挝政府继续实行全方位的外交政策，重点与周边国家发展战略合作关系，积极参与东盟事务，积极争取外国和国际组织的经济、技术援助。

中国与老挝持续深入合作，重点商谈中老铁路：从20世纪80年代末中老两国恢复正常外交关系起，中国逐渐成为老挝的重要贸易伙伴，2011年一跃成为老挝的最大投资国。据《参考消息》2013年3月29日报道，目前在老挝的中资企业有700余家，其中在大使馆备案的有近300家，主要以地方企业和民营企业为主，有20余家央企在老挝水电、矿产、农业、通信等领域开展合作，在两国重大项目中发挥主导作用。以水电行业为例，目前中资企业在老挝投资和承建的水电站占老挝电力总装机容量一半左右。2014年7月17日，中国商务部副部长高燕与老挝副总理宋沙瓦在北京共同主持召开中国－老挝经贸合作委员会第六次会议，会议内容涉及中老铁路、农产品贸易、跨境合作区建设、泛北部湾合作等方面。2014年，中老铁路成为中老合作的一个重要项目。2014年4月8日，中国国务院总理李克强出席2014年博鳌亚洲论坛时，与老挝总理通邢·塔马冯商谈启动中老政府间铁路协议事宜。对老挝而言，中老铁路的建设是一个庞大的工程，涉及老挝社会经济的短期和长期发展问题。《南方周末》（2014年4月4日）刊登了一篇名为《“高铁外交”在老挝：道路并不平坦》的文章，文中提到：全长约420公里，时速约200公里，经过150座大桥，穿过76个隧道。计划中的中老高铁无疑是一个高难度项目，光是隧道的总长度就足以连接日本和韩国。当然，它价格不菲——按照早前由老挝政府曝光的合同

条款，老挝政府需要向中国进出口银行贷款72亿美元，这几乎相当于老挝全年的GDP。世界银行、国际货币基金组织都曾劝说老挝政府“慎重考虑”这项庞大的负债。“就算项目完成了，怎么还钱？现在我们连公务员的工资都发不出来。”老挝乐施会的Ratsamy Souvannamethy向《南方周末》记者坦言了他的担忧。老挝政府为了能够及时跟上东盟国家的发展步伐，对中老铁路非常重视。2014年5月7日，老挝副总理宋沙瓦表示，老挝希望年内就修建中老高速铁路与中方展开谈判。2014年8月，老挝公共工程与运输部副部长维莱坎在国会召开的新闻发布会上表示，泰国政府日前批准投资230亿美元修建廊开至玛它普港的高铁计划，对老挝政府决定修建老中铁路具有刺激作用。

越南加大对老挝的投资力度，老越贸易额不断上升。目前，越南在老挝获得老挝政府颁发投资许可证的投资项目共413个，协议金额为50亿美元，成为老挝的第三大投资国，排在中国和泰国之后。2014年1~10月，老挝-越南双边贸易额达9.64亿美元。老挝对越南出口6.34亿美元，同比增长61.8%。老挝从越南进口3.3亿美元，同比增长6.9%。老挝对越南顺差3.04亿美元。老挝从越南进口的商品主要有钢铁、石油、煤炭、摩托车配件等，出口的商品主要是木材和木制品。2014年8月18日，老挝与越南签署2015年档案领域合作备忘录，越南将继续协助老挝对干部进行档案业务培训。2014年10月22日，老挝和越南签署越南至老挝的输油管道项目，项目总额约5亿美元，该项目将于2015年9月兴建，2017年年底和2018年年初将投入使用。2014年11月25日，柬老越发展三角区第八届峰会在老挝首都万象召开，三国发表了联合声明，一致同意落实大湄公河次区域（GMS）《跨境运输协议》（CBTA），深化全面合作关系。

老挝积极参与地区事务。2014年，老挝积极承办东盟的相关会议。9月初，第八届东盟教育部长会议在老挝万象市召开。会议期间，老挝政府还举行了一系列相关会议，如：第九届东盟教育高级官员会议、第五届东盟+3教育高级官员会议、第三届东亚峰会框架内东盟教育高级官员会议、第二届东盟+3教育部长会议、第二届东亚峰会框架内东盟教育部长会议等。9月16日，第35届东盟议会联盟大会在老挝万象市开幕，各成员国在经济、政治、文化、社会、教育和卫生等公共问题达成一致，并发表了联合公报。9月23日，第32届东盟能源部长会议在万象举行，东盟各国的能源部长以及中、日、韩等国代表团参加了本次会议，会议以“东盟绿色通大道”为主题，强调发展绿色能源，实现东盟能源网络的连通。2016年，老挝将担任东盟轮值主席国，预期将有更多的高级国际会议在老挝召开，届时老挝与外界的联系将更加广泛和深入，也将促进老挝基础建设、旅游业、服务业、贸易等行业的发展。

四　结语

2014年，虽然老挝遭到严重的空难事件，但政治上依然稳定。受制于严格的财政政策，老挝经济发展速度降缓，但在扶贫目标上有所突破。外交上，老挝政府继续加强与中国、越南、泰国、柬埔寨等邻国的外交关系，并积极参与东盟事务。

Y.9

柬埔寨：政局稳定发展顺

李 涛*

摘　要：柬埔寨从2013年国会大选以来，代表中下层国民利益的救国党就选举及腐败等问题抗议执政党人民党。两党的分歧使得国内政局动荡，阻碍社会经济发展。直到2014年8月两党由“冲突”演化到“协调对话，达成共识”，结束了持续18年之久的政治僵局，打破了一党独大的局面，促进了柬埔寨的民主政治发展。本文从柬埔寨的政治、经济、社会形势、外交四个方面进行回顾与分析，指出其发展成就及存在的问题。

关键词：柬埔寨　民主政治　发展现状

2013年的柬埔寨国会大选，由于最大反对党救国党以选举存在严重违规为由，拒绝承认大选结果，抵制国会，导致了柬埔寨国内近半年的政治僵局。虽然人民党与救国党（以下简称人救两党）最终达成政治协议，两党协调合作机制逐步建立，但其国内的社会稳定与经济发展受到一定程度的影响。总体而言，面对由反对党的抗议、游行示威，以及工人罢工引发的暴力冲突、社会动荡和带来的巨大经济损失，人民党做出极大的克制、容忍与妥协，保持了国内政局的稳定，促进社会经济建设不断向前发展，对外关系方面也继续呈现活跃态势，与周边国家的关系得以拓展与深化，在多边外交舞台上也有突破性进展。

* 李涛，博士，云南大学国际关系研究院东南亚研究所副研究员，主要从事东南亚研究。

2014年，由桑兰西领导的反对党救国党在柬埔寨掀起了天天举行“人民会议”的活动，要求“柬埔寨重新举行大选，现首相洪森下台”，并且鼓动制衣厂工人为争取每月160美元的基本工资罢工游行，柬埔寨国内持续了近半年的动荡与紧张局势。直到7月22日人救两党最终达成政治协议，才结束了近一年的政治僵局，这给柬埔寨经济发展和社会转型起步带来了些许“阵痛”。让人欣喜的是，经历过更深民主理念“洗礼”后的柬埔寨政局下半年开始从混乱走向有序。经历了大风波后的执政党人民党也在反思，以洪森为首的王国政府一方面努力应对国内国际的舆论指责，开始重建人民对政府的信任；另一方面，开始构建两党协商合作机制，恢复政局的稳定，重建外国投资者的信心。同时严惩腐败现象，要求整顿公务员队伍，并为公务员、教师和工人加薪，以确保新的一年里能继续维持7%的经济增长目标。

一　政治形势：政治僵局结束，两党协调合作机制逐步建立

（一）人救两党谈判达成共识，结束政治僵局

柬埔寨2013年7月28日举行了第五届国会大选的公民投票，计票结果显示：洪森领导的人民党（CPP）获得68票，桑兰西领导的救国党（CNRP）获得55票。但反对党救国党以“大选存在严重舞弊现象”为理由，拒绝参加国会。此后柬埔寨政治陷入僵局，救国党多次举行大规模示威游行。自2013年7月28日至2014年7月28日的一年里，柬埔寨全国共有1907起示威事件，其中制衣和制鞋厂工人罢工1308起、民众的示威180起、政党领导示威182起、暴力示威14起。[①] 在日益严峻的政治情势下，

① 子兴：《内政部召开2014年工作总结会议并发布年度报告》，〔柬〕《柬华日报》2015年2月23日，http://jianhuadaily.net/index.php?option=com_k2&view=item&id=15697:2014&Itemid=590。

人救两党之间展开了旷日持久的政治谈判，最终在 2014 年 8 月 8 日以 123 名全部国会议员共同出席国会的形式，结束了自 1998 年以来持续时间最长的国内政治僵局。随后按照 7 月两党达成的协议，在 8 月 26、27 日柬埔寨国会召开特别会议，顺利选举出了以韩桑林亲王为国会主席、救国党副主席金速卡出任国会第一副主席、颜惹当选国会第二副主席的新一届国会领导集体。其他席位基本由执政党和反对党平均分享，人救两党各出任 5 个国会专门委员会主席。为此，西哈莫尼国王专门发来贺信，高度赞赏人救两党化解政治纠纷的努力，并赞扬和感谢两党为维护国家和人民利益，推动改革和促进民主发展所作出的贡献。

表 1　柬埔寨第五届国会 10 个专门委员会分配方案

国会专门委员会名称	主席	党派
财经、银行和审计委员会	姜叶	人民党
内政、国防和公共职务委员会	洪能	人民党
外交、国际合作与新闻宣传委员会	强文	人民党
立法和司法委员会	宾班雅	人民党
公共工程与运输、邮电、工业、矿物、能源、商业、国土规划和建设委员会	能沙鹏女士	人民党
联络国会、参议院、调查起诉、人权委员会	英才印	救国党
投资、计划、农业、农村发展、环保和水源委员会	波洪	救国党
教育、青年、体育、宗教、文化和旅游委员会	仁卜乐提	救国党
卫生、社会福利、退伍军人、青年改造、劳工、职业培训和妇女事务委员会	高速万洛女士	救国党
调查、肃清和反贪污委员会	胡万	救国党

资料来源：〔柬〕《金边晚报》2014 年 8 月 28 日。

（二）两党协调合作机制逐步建立

在过去 20 多年柬埔寨的政治生活中，虽然人民党长期执政，但至少在形式上维持了多党制。不同时期，各个主要反对党占据不同席位，多党竞争机制和架构形式上存在，但反对党始终构不成对执政党的竞争威胁。[①] 然而，2013 年的国会选举打破了原有的政党格局。执政党席位锐减，救国党席位翻番，而其他反对党如保皇党奉辛比克党、民主联盟党、柬埔寨国籍党、高棉脱贫党、高棉经济发展党和民主共和党则遭遇“滑铁卢”，丧失了全部席位。种种发展的迹象显示，柬埔寨国内的各政党力量对比发生了此消彼长的急剧变化，维持多年的人民党一党独大的局面已被打破，“两党政治格局”雏形已现。[②]

尽管救国党在过去的一年里几乎一直在与人民党“抗争”，不承认大选结果，拒绝参加国会，并举行示威、罢工。但人救两党仍以“不使柬埔寨的局势脱离民主轨道”大局为重，并没有放弃政治谈判结束政治僵局的机会。自 2014 年下半年以来，两党协调合作机制逐步建立起来。第一，人救两党达成包含七项主要内容的《柬埔寨人民党与救国党政治解决协议》。救国党答应加入国会，并愿意以国会反对党角色履行监督政府的职责，这为推动柬埔寨民主发展与进步朝前跨出了一大步。第二，人救两党宣布成立两党国会工作组，并考虑定期每月或每季度举行会议。这为朝野政党开展对话，商讨国事和解决人民问题提供了重要的互信与合作的平台。“一旦发现其中一党违背两党协议精神，双方可通过对话进行协调，确保国会和平稳定发展。”“反对党国会工作组可以通过向执政党国会工作组提出问题，进而促请政府采取改善措施。”[③]第三，人救两党对“选举改革”达成重要共识，双方决心尽快完成新《选举法》，为 2017 年乡选和 2018 年大选完善相关法律。双方同意对选举后保证国家机构正常运行的相关规定列入有关的法律，以保证大选不会影响国家各个公共机构的运行和局势的

① Chem Phalla：“Annual Development Review - 2013 - 14”，Cambodia's leading independent development policy research institute，2014 年 2 月，http：//www. cdri. org. kh/webdata/download/adr/adr1314e. pdf.

② 柳红：《柬埔寨：民主转型加速度》，《经济观察报》2013 年 8 月 23 日，http：//finance. sina. com. cn/roll/20130823/231116547702. shtml。

③ 《人救两党国会工作组首次会议今早举行》，〔柬〕《金边晚报》2015 年 1 月 29 日，http：//www. jinbianwanbao. com/List. asp？ID = 17595。

稳定。正如反对党领袖桑兰西所言，“其会谈成果将载入柬埔寨史册，因为这是两党为维护国家利益达成重要共识的会谈。”第四，洪森首相和救国党主席桑兰西举行闭门会议，并达成了批准救国党成立电视台和继续扩大广播电台收听率范围至其他省市等三项共识。第五，人救两党对“新国家选举委员会”构成达成共识。未来新的国家选举委员会包含有9名成员，其中4名来自人民党、4名来自救国党、另1名是执政党和在野党推选出来的“中立人士”。[①] 第六，人救两党同意建立国会议员小组对话磋商机制。国会于2014年年底通过《国会内部章程修正案》，根据修正的内容，拥有25%国会议席的政党，可设立“少数党领袖”，其职位和政府首相对等，可以平等地位和首相就国家大事进行协商。国会承认桑兰西为国会少数党领袖，具有首相级别的地位。目的是为了以平等地位和首相就国家大事进行协商。

（三）地方基层选举平稳有序，人民党保持优势地位

第二届首都、省、市、县、区理事会选举于2014年5月18日，分别在柬埔寨各省市的197个投票站举行，人民党、救国党、奉辛比克党、民主共和党和民主联盟党5个政党的代表角逐393名首都、省理事和2931名市、县、区理事席位。在首都、省理事会选举中，人民党获得306席，将出任首都和全国24个省的理事会主席；救国党获得86席；奉辛比克党获得卜迭棉芷省1席；民主共和党和民主联盟党没有获得席位。在区、县理事会选举中，人民党获得2237席；救国党获得683席；奉辛比克党获得19席；民主联盟党获得1席；民主共和党没有获得席位。执政的人民党一如所料，囊括约七成席位。由此可见，虽然在2013年的大选中，人民党仅以微弱优势取得胜利，但由于该党依然是柬埔寨拥有党员人数（578万人）、党委员会（1846个）、党办事处（2.06万个）、党工作组（50.06万个）数量最多的

① 子兴：《桑兰西与法国柬侨民会面强调救国党是通过大选更换政府》，〔柬〕《柬华日报》2015年3月22日，http://jianhuadaily.net/index.php? option=com_ k2&view=item&id=16120:2015-03-22-13-54-35&Itemid=590。

政党，加上人民党吸取上次选举失利的教训，开始大力扩充实力派、少壮派进入决策团队，又利用执政优势，采取有效措施提高民众生活水平、笼络人心，在未来的5~10年其地方基层选举、国会选举的优势地位将继续保持。

（四）全面整肃贪风，努力建设廉洁社会

贪污腐败已严重影响到柬埔寨经济社会发展、法治和民主建设以及阻碍消减贫困的力度。为此第五届王国政府采取有效措施，全面整肃贪风，以避免猖獗的贪污问题进一步恶化。正如洪森首相所言，“腐败阻碍国家发展，柬政府正在尽最大努力，执行国家与国际反腐行为的规章，致力于打击腐败现象。”[①] 柬埔寨国家反腐机构（ACU）2014年年底发布《文告》，据统计，截至2014年12月15日，反腐机构共收到899份《投诉书》，其中49%写明涉贪腐人员的姓名。被指控的涉案人中，16%是由《王令》任命的官员，19%是由《政府决议》任命的官员，52%是由政府部门任命的官员，12%是私营公司或非政府组织的人员。《文告》中还提出2015年的工作目标是加强对《反腐法》的宣传和教育，把反贪反腐教育列入学校的教学课程，加强同国内行政部门、公司、非政府组织等的反贪反腐合作，并且进一步加强和世界及本地区国家的反贪反腐合作，旨在杜绝贪污腐败，创造社会良好的法治环境。[②] 根据柬埔寨《反贪法》规定，参议员、国会议员、政府内阁官员、在任的公务员、国家反贪委员会主席及委员会的所有成员、法官和检察官、法庭书记等在任时和离任后，必须以书面向反贪委员会申报国内和国外的个人财产和债务。根据财产申报规定，公务员必须如实申报房产、机动车、机械、珍贵物品及债务等。截至2014年年底，已有七成的公务员前来申报财产和债务。公务员申报财产和债务每两年进行一次，申报工作限定于每年的1月1日至31日一个月整，逾期不申报者，将面临1个月至1年的监禁，以及10万瑞尔（约25美元）至200万瑞尔（约500美元）罚款。

① 《洪森：加强反腐力度建设廉洁社会》，〔柬〕《金边晚报》2014年9月4日，http://www.jinbianwanbao.com/List.asp? ID=16128。

② 《柬埔寨国家反腐机构已收投诉文件900份》，〔柬〕《柬华日报》2014年12月15日，

二　经济形势：各领域保持了稳定与持续发展

2014 年，柬埔寨经济在相对平稳的政治环境中稳步增长，虽然上半年反对党救国党以不加入国会的形式与执政党人民党进行街头斗争，对整体经济增长产生了一定影响，但凭借 2013 年的快速增长和国家机器的强势正常运转，在以农业、旅游业、制衣制鞋业和建筑业为主导的工业以及外国直接投资的强力拉动下，宏观经济各领域均取得了较好增长。

（一）宏观经济继续稳定增长

据亚洲开发银行估计，柬埔寨 2014 年 GDP 总值为 168 亿美元，GDP 增长率为 7.2%，通货膨胀率为 3.9%。[①] 2014 年的国家收入总额为 26.3 亿美元，同比增长 22%，其中来自税款、关税等其他税收的收入达 23 亿美元，仅占 GDP 的 15%，但要高于 2013 年的占比（11%）。[②] 据柬埔寨计划部公布的最新的《2014 年企业调查报告》，全国共有 513759 家企业，较 2011 的企业普查时增加了 50396 家，增长幅度为 9.8%，为国家创造就业岗位 187 万个，其中女性就业岗位有 109 万个，约占 58.3%。[③] 柬埔寨能取得如此快速的经济增长，主要得益于世界经济复苏，尤其是柬埔寨的主要合作伙伴国，如美国、欧盟国家等的经济形势良好，柬埔寨国内政治局势稳定以及燃油价格大幅降低等。

（二）对外贸易持续增长

柬埔寨商业部数据显示，2014 年柬埔寨进出口总额为 181.34 亿美元，

---

① Tweet："Cambodia sees 7.2 pct growth in 2014：PM"，Everyday，February 04，2015，http：//www.everyday.com.kh/en/article/36583.html.

② 《2014 年国家总收入达 26.3 亿美元增长 22%》，〔柬〕《金边晚报》2015 年 3 月 5 日，http：//www.jinbianwanbao.com/List.asp? ID = 17856。

③ 《〈2014 年企业调查报告〉出炉全柬逾 51 万家企业为近 200 万人提供就业》，〔柬〕《金边晚报》2015 年 2 月 26 日，http：//www.jinbianwanbao.com/List.asp? ID = 17817。

比2013年增长14%，其中出口额76.96亿美元，进口额104.38亿美元，贸易逆差27.42亿美元。截至2014年年底，一共有31个国家向柬埔寨提供最惠国待遇（MFN）和普通优惠制（GSP）的贸易优惠政策，其中大部分是美、加、澳等发达国家，以及中国、日本和韩国等亚洲国家。这些国家已成为柬埔寨目前出口的最重要国际市场，柬埔寨绝大部分的制衣产品和农产品都出口到这些国家，尤其是美国和欧洲国家。在柬埔寨的出口中，制衣产品就占了其国内生产总值（GDP）的80%。[①] 柬埔寨2014年服装制品的出口额达57亿美元，比2013年的55亿美元增长了3.6%。[②] 农业、服装出口业、旅游业和建筑业依然是支撑柬埔寨经济的四大支柱。[③] 柬埔寨出口的主要产品是服装、鞋类、橡胶、大米、木薯和玉米等；进口的主要产品是服装原料、建材、汽车、燃油、机械、食品、饮料、药品、化妆品等。柬埔寨的主要贸易伙伴是美国、欧盟、中国、日本、韩国、泰国、越南、马来西亚等。中国、日本、韩国、泰国和马来西亚等在柬埔寨的投资快速增长，极大地推动了柬埔寨的出口贸易。

（三）国内基础设施建设大步迈进

《柬埔寨2014年全国基础设施建设情况报告》显示，在获得外国资金的援助下，柬埔寨2014年兴建道路、桥梁等基础设施项目共31个，耗资约10.9193亿美元，其中16个项目已完成。完成的基础设施建设项目包括：7个道路兴建项目，总长约572.51公里；4个道路维修项目，总长约230.11公里；3个桥梁兴建项目，总长约3.31公里；1个自来水供应系统兴建项目和1个防洪基建项目。报告指出，31个项目之中，中国援助的共有15个项目，基础设施总长约1105.85公里，耗资8.445亿美元，其中完成的项目有

---

① 《31国向柬埔寨提供贸易优惠政策》，〔柬〕《金边晚报》2014年12月18日，http://www.jinbianwanbao.com/List.asp? ID=17240。

② 《2014年柬服装出口额达57亿美元》，〔柬〕《金边晚报》2015年2月13日，http://www.jinbianwanbao.com/List.asp? ID=17760。

③ 《亚开行预计柬埔寨未来两年经济将保持高增长》，〔柬〕《柬华日报》2015年3月24日。

7个，包括4个总长约421.61公里的道路项目和3个总长约3.31公里的桥梁项目。亚洲开发银行援助的项目有7个，耗资6897万美元，其中已有3个项目完工。由亚洲开发银行、世界银行、澳大利亚国际开发署、石油输出国组织和国际开发基金会援助的项目有3个，援建道路总长约176.11公里，耗资1058万美元。另外，韩国援助的项目有3个，耗资7561万美元；日本援助的项目有2个，包括河良大桥项目和1个防洪基建项目；越南援助的项目有1个，即横跨柬越两国边界的智蕾通—隆平大桥项目。这些国内基础设施的建设对于推动当地人民和周围地区的互联互通，解决就业问题，促进当地经济发展，以及保持国家经济可持续发展发挥着积极作用。①

（四）制衣制鞋业、建筑业保持上升态势

制衣制鞋业和建筑业依然保持柬工业的主导地位，其中纺织业与鞋业是柬埔寨尖端的经济产业之一。② 2014年柬埔寨纺织服装业和鞋业的工厂数量明显增加，共有近1000家，工人6.5万名，纺织服装品与鞋类产品出口金额达60多亿美元，并为200多万名劳动者提供就业机会。③ 由于制衣制鞋业继续享受欧盟、美国给予的优惠政策，欧洲、美国是柬埔寨纺织业与鞋业的主要出口市场。

柬埔寨国土规划与建设部的报告显示，2014年获得国土规划与建设部批准的建筑项目1960个，建筑面积达650万平方米，注册投资总额高达25亿美元，比2013年增长了20%左右。④ 金边市国土规划与建设局的报告指出，

---

① "Cambodia the Next Five Years - An Agenda for Reform and Competitiveness", Cambodia Outlook Briefs (2014), November 01, 2014, http://www.cdri.org.kh/webdata/policybrief/ob14/ob1e.pdf.

② "Economic Outlook for Southeast Asia, China and India 2014 BEYOND THE MIDDLE - INCOME TRAP", OECD, http://www.oecd.org/site/seao/Pocket%20Edition%20SAEO2014.pdf.

③ 《2014年柬埔寨纺织品与鞋类产品出口额超60亿美元》，〔柬〕《金边晚报》2014年12月9日，http://www.jinbianwanbao.com/List.asp? ID=17144。

④ 子兴：《国土规划和建设部2014年共批准1960个建筑项目》，〔柬〕《柬华日报》2015年2月7日，http://jianhuadaily.net/index.php? option=com_ k2&view=item&id=15507:2014-1960&Itemid=590。

2014年金边市共接到429个建筑项目申请，建筑面积达270万平方米，申请投资总额为9亿1470万美元。① 政治稳定、经济发展是带动柬埔寨建筑业迅速发展的主要动力，赢得了国内外投资者的信任。在这些建筑投资项目中，国外投资商主要来自中国、韩国、日本、泰国、英国和马来西亚等。② 这些获批的建筑投资项目，主要是兴建住宅区、公寓、酒店、客栈、工厂和体育场等。

（五）旅游业大幅增长，中国地位日益明显

柬埔寨旅游资源丰富，民族风情独特，对国际游客具有很强的吸引力。一直以来，柬埔寨是以拥有世界奇迹——吴哥窟，以及高棉舞蹈、雕刻等非物质文化遗产，高棉食品，美丽的海滩，绿色的森林和自然景区等旅游景区的特色吸引着国际游客。吴哥景区依然是来柬游客的首选旅游目的地，首都金边、西哈努克港是仅次于暹粒的来柬外国游客的重要旅游目的地。此外，柬政府积极打造的东北山区的生态旅游和2008年被联合国教科文组织列为世界文化遗产的柏威夏古刹历史文化旅游也逐步为柬国内外游客所认可，前往旅游人数也不断增多。总部在澳大利亚的"航空中心"公布了关于柬埔寨航空业的报告，柬埔寨被评为最近3年里东南亚国家中旅游业迅速发展的市场。2014年，柬埔寨的三个国际机场中的客流量达570万人次，年增长率高达13%。柬埔寨西哈努克国际机场的客流量约4.3万人次，比2013年增长了两倍。2014年柬接待国际游客450万人次，同比增长5.9%，创造了30多亿美元的收入。③ 越南、中国、韩国、老挝和日本仍为五大外国游客来源国。

自2001年6月中国公民组团赴柬埔寨旅游正式实施以来，中国公民赴

① 子兴：《金边城市建设如火如荼 2014 年共接到 429 个建筑项目申请》，〔柬〕《柬华日报》2015 年 2 月 22 日，http://jianhuadaily.net/index.php?option=com_k2&view=item&id=15674:2014-429&Itemid=590。

② Srinivasa Madhur, "ASEAN Economic Community (AEC) 2015 and Regional Integration: What does it really mean for Cambodia?", Cambodia Outlook Briefs (2014), November 03, 2014, http://www.cdri.org.kh/webdata/policybrief/ob14/ob3e.pdf.

③ 《柬获评东南亚旅游业迅速发展市场》，〔柬〕《金边晚报》2015 年 1 月 30 日，http://www.jinbianwanbao.com/List.asp?ID=17611。

柬旅游人次快速增长，旅游合作势头良好。2014 年，中国公民赴柬旅游人数已达 56 万人次，同比增长 28%。[①] 中国作为来柬外国游客重要来源国的地位日益明显，目前已经成为柬埔寨第二大旅游客源国，这主要得益于两国直飞航线的增加、柬旅游景点的宣传推介，以及两国全面战略合作伙伴关系的日益深化。目前，已有北京、广州、上海、南宁、昆明、南昌和重庆等地开通至柬埔寨金边或暹粒的定期直航班机，此外，还有多个中国城市已开通至暹粒的不定期直航包机，中国国庆长假和春节期间是中国游客来柬的高峰期，每年包机达数十个班次。柬埔寨也在考虑中方的请求，研究为中国游客免签证费，力争吸引更多的中国游客来柬埔寨旅游观光，促进柬埔寨旅游业快速发展。中国游客来柬埔寨旅游的不断增长，也将有利于吸引中国投资商扩大对柬投资。2014 年中国国旅集团在柬埔寨暹粒省开设了首家免税店。

三　社会形势：总体趋向平稳，局部严峻

2013 年大选引发的街头抗议、示威游行和工人罢工等活动直到 2014 年 1 月 4 日才被政府叫停或取缔。柬政府对聚集在首都自由广场的反政府游行示威人群进行了武力驱散，并宣布近期不再允许反对派举行游行示威活动。这是自 1998 年以来柬埔寨发生的最严重的社会暴力事件，充分暴露了柬埔寨社会的深层次矛盾，一定程度上影响了柬埔寨国内的社会和谐稳定。[②] 虽然爆发了游行示威活动，但柬埔寨的社会发展总体趋向稳定。值得注意的是，柬埔寨社会治安形势依然严峻，意外事故、土地纠纷等问题依然突出。

（一）社会治安形势依然严峻

2014 年柬埔寨大选“火药味”渐渐散去，再加上工人薪资和福利不断

① 《唐坤与中国国家旅游局副局长吴文学会谈将提供免签吸引更多中国游客来柬旅游观光》，〔柬〕《金边晚报》2015 年 2 月 7 日，http：//www.jinbianwanbao.com/List.asp? ID = 17694。

② Chem Phalla，“Annual Development Review – 2013 – 14”，Cambodia's leading independent development policy research institute，2014 年 2 月，http：//www.cdri.org.kh/webdata/download/adr/adr1314e.pdf.

提高，罢工与示威事件数量明显减少。柬埔寨罢工、示威处理委员会的统计数据显示，2014 年全国各工厂和企业共发生 290 起示威和罢工，共约有 12.7 万人参加。在 2014 年所发生的罢工和示威中，封路有 13 起、暴力示威有 7 起、游行活动有 20 起。[①] 这些罢工和示威是由一些政治积极分子、环境积极分子等煽动组织的。这些罢工和示威活动多数发生在金边市、干拉省、柴桢省、磅湛省、茶胶省、实居省和暹粒省等，对柬埔寨社会秩序和稳定，以及劳工市场带来严重影响，同时也使外国投资商对柬埔寨投资环境失去信任。罢工事件频繁，是因为受到大选后续的政治僵局影响，一些政治人物趁机把工人当作达到个人政治野心的工具。

此外，抢劫、性犯罪、恶少不良行为、赌博、贩毒等犯罪活动未能得到有效控制，给市民生活以及投资商和外国游客带来困扰。如 2014 年柬埔寨国家反毒机构共破获 1337 起涉毒案件，与 2013 年同期相比，增长 50.39%。拘留了 3142 名涉案者，与 2013 年同期相比，增长 71.69%。[②] 另外，柬埔寨国家警察总署的统计报告显示，2014 年全国发生的刑事犯罪一共有 2814 宗，与 2013 年的 2716 宗相比，增加了 98 宗；其中重大犯罪有 716 宗，与 2013 年的 790 宗相比，减少了 74 宗；中等犯罪有 2098 宗，与 2013 年的 1926 宗相比，增加了 172 宗。[③] 2014 年，内政部和相关部门合作打击了 596 起经济犯罪活动，其中现场打击的案件有 454 起，包括林业、渔业犯罪，以及销售假药、变质食品、走私及侵犯知识产权的案件等，扣留了 348 名嫌疑人，其中 41 人被押送法院处理。[④]

（二）意外事故依然居高不下

柬埔寨公共工程和运输部的统计数据显示，2014 年全国新注册车辆共

---

① 《今年全国共发生 290 起示威和罢工超过 12 万人参加》，〔柬〕《柬华日报》2014 年 12 月 30 日。

② 《柬去年破获 1337 起涉毒案件》，〔柬〕《金边晚报》2015 年 1 月 30 日，http://www.jinbianwanbao.com/List.asp?ID=17617。

③ 《2014 年全国共发生 2814 宗刑事犯罪同比增加 3.6%》，〔柬〕《柬华日报》2015 年 1 月 2 日。

④ 子兴：《内政部召开 2014 年工作总结会议并发布年度报告》，〔柬〕《柬华日报》2015 年 2 月 23 日，http://jianhuadaily.net/index.php?option=com_k2&view=item&id=15697:2014&Itemid=590。

有 328885 辆，其中摩托车约有 30.9 万辆。迄今为止，已在公共工程和运输部注册的车辆总数增长至 278.6 万辆。[①] 随着柬埔寨车辆总数的增长，以及民众对相关交通法规的认知淡薄，每年交通肇事事故也居高不下。目前交通事故已成为柬埔寨头号杀手，2014 年柬埔寨共有 2148 人死于交通事故，同比增长 13%，交通事故受伤率上升 12%。日均 5 人死于车祸，日均 16 人受伤，每年造成约 3 亿美元的直接经济损失。[②]

柬埔寨社会福利基金会公布的年度报告显示，2014 年柬埔寨社会福利基金会在全国一共注册了 934 家企业，涉及的工人人数达 17 万人。全年遇到意外事故的工人共有 18699 人（其中女性有 13820 人），占工人成员总数的 1.8%。在工作岗位现场发生劳工事故的工人有 14022 人，在上下班途中发生意外事故的工人有 4674 人，患有职业病的工人有 3 人。总的来说，2014 年发生劳工事故和意外事故的工人共有 95 人丧生，19425 人受伤（重伤有 17214 人）。

（三）土地纠纷问题仍频发

土地纠纷仍是柬埔寨社会的热点问题。保护柬人权与发展协会（ADHOC）发布的调查报告显示，2000 ~ 2013 年，共有 77 万人卷入土地纠纷，相当于全国人口的 6%。土地纠纷案主要发生在北部和东北部地区，包括拉达那基里、柏威夏和暹粒省。[③] 柬埔寨国土规划与建设部指出，2014 年全国发生了 750 起土地纠纷案件，与 2013 年相比，减少 240 起。但“促进与保护人权”组织（LICADO）的报告显示，2014 年柬埔寨有 10625 户家庭发生土地纠纷问题，与 2013 年相比，增加了 3 倍。[④] 此外，经济特许地的

① 《2014 年全国新注册车辆达 32.8 万》，〔柬〕《柬华日报》2015 年 1 月 5 日。

② 《国家警察总署为警员发放安全帽　要求每位警察严格遵守交通法》，〔柬〕《柬华日报》2015 年 3 月 21 日，http://jianhuadaily.net/index.php?option=com_k2&view=item&id=16108:2015-03-21-13-43-01&Itemid=590。

③ 《77 万人民卷入土地纠纷 1 年王国政府收回特许地 33 万公顷》，〔柬〕《金边晚报》2014 年 5 月 8 日，http://www.jinbianwanbao.com/List.asp?ID=14910。

④ 丽云：《国土规划与建设部发布关于土地纠纷案的〈通告〉》，〔柬〕《柬华日报》2015 年 2 月 23 日，http://jianhuadaily.net/index.php?option=com_k2&view=item&id=15701:2015-02-24-00-50-50&Itemid=590。

土地纠纷（如运动村、万谷湖等地区的土地纠纷）也是当前柬埔寨的一个突出问题，问题远不只是土地纠纷本身，甚至还关系到贫民是否拥有平等的居住权。根据经济特许地政策，企业可申请最多1万公顷的经济特许地，但诸多公司拥有的特许地远远不止于此。如位于上丁省的“绿海农业公司”（Green Sea Agriculture Company）拥有多达10.09万顷的特许地，后来柬埔寨有关部委和该公司修改租赁合同，把该公司的10万多公顷特许地缩减至9800公顷，但仍有不少民众涌入金边市，投诉土地被富人或有权势的人侵占，被投资公司侵占等。民众举行土地纠纷抗议活动，往往会被镇压解散，而且有关民间组织与涉及土地纠纷者的会议也被阻止和扰乱。尽管柬埔寨政府成立土地纠纷解决委员会，声称要以“民为先”原则解决土地纠纷问题，但要彻底解决国内的土地纠纷问题，政府与人民展开对话，建立合理的搬迁赔偿机制尤为重要。①

四　对外交流与合作：呈现全方位、机制性、多边性并重态势

2014年，柬埔寨继续保持了活跃的外交态势，全方位、多层次发展的外交战略的实施保持了国家和社会的稳定，为柬埔寨国家和人民谋取了更大利益，为柬埔寨的经济社会重建寻求到了更多的国际援助。

（一）周边外交关系依然是柬对外政策的重要基石

1. 柬中全面战略合作伙伴关系继续向前发展

（1）高层互访频繁，增进政治互信。2014年高层交往频繁，诺罗敦·西哈莫尼国王和诺罗敦·莫尼列太后两次访华，并会见了国家主席习近平与国家副主席李源潮；洪森首相三次访华，两次会见国家主席习近平，一次会

① Srinivasa Madhur, “Reflections on Priorities for Development Policy Research in Cambodia”, The Development Research Forum, February 01, 2015, http://www.cdri.org.kh/webdata/policybrief/drf/SynthesisReport1－2015.pdf.

见李克强总理。11 月 7 日洪森在北京会见中国国家主席习近平时，明确表示柬埔寨支持中国的“一带一路”计划。柬埔寨官方多次表示乐见中国主导成立亚洲基础设施投资银行（简称“亚投行”），以多渠道融资促进开发。并正式签署《筹建亚投行备忘录》，成为“亚投行”意向创始成员国。[①] 中国宣布出资 400 亿美元设立“丝路基金”，旨在支持“一带一路”建设，支持本地区发展中国家的基础设施建设，柬埔寨也签字参与，希望能成为合作伙伴。12 月 14 日至 17 日，中国全国政协副主席陈晓光率领代表团对柬埔寨进行正式访问，与柬埔寨领导人就中柬关系和各自国内经济社会发展情况等交流看法，加强双方务实交流和合作。12 月 29 日至 31 日，中国国务委员杨洁篪率团出席在金边市举行的两国政府间协调委员会第二次会议，并签署了包括中国向柬埔寨无偿援助 7 亿元人民币、无息贷款 2 亿元人民币等 8 项合作文件。柬中高层领导人的频繁会晤，进一步推进了两国全面战略合作伙伴关系的发展。

（2）经贸往来日益密切与深化。2014 年中柬双边贸易额达 37.58 亿美元，较 2013 年略有下降。其中出口至中国的贸易额达 4.83 亿美元，同比增长 27.92%，进口额 32.75 亿美元，同比有所下降。[②] 截至 2014 年 6 月底，中国企业累计在柬非金融类直接投资 31.8 亿美元。其中，2014 年 1 ~6 月，新增投资 3 亿美元，同比增长 10.8%。截至 2014 年 6 月底，柬对华累计实际投资 1.7 亿美元。截至 2014 年 6 月底，中国企业在柬累计签订承包工程合同额 97.1 亿美元，完成营业额 59.7 亿美元。2014 年 1 ~6 月，中国在柬新签承包工程合同额为 4.3 亿美元，与 2013 年同期相比，下降 15.9%；完成营业额 4.8 亿美元，与 2013 年同期相比，下降 8.9%。[③] 柬埔寨发展理事会（CDC）报告显示，中国是柬埔寨最大的外来投资国，累计投资已达 100

---

① 董冠洋：《洪森北京会见中国国家主席习近平　柬埔寨支持中国“一带一路”计划》，《高棉经济》2014 年第 11 ~12 期（总第 33 ~34 期），第 8 页。

② 《2014 年 1 ~12 月我对亚洲国家（地区）贸易统计》，中国商务部亚洲司网站，2015 年 1 月 8 日，http：//yzs. mofcom. gov. cn/article/g/date/fourteen/201501/20150100884111. shtml。

③ 《中国柬埔寨经贸合作简况》，中国商务部亚洲司网站，2014 年 8 月 22 日，http：//yzs. mofcom. gov. cn/article/t/201408/20140800707366. shtml。

亿美元。中国在柬投资领域主要涉及矿业与能源、工业、制衣业、农业、旅游业、房地产、运输和电信等。①

（3）中国对柬援助不断拓展。2014 年中国宣布向柬埔寨提供 7 亿元人民币无偿援助，2 亿元人民币的无息贷款，其援助金额比往年都多。为了改善柬埔寨农村的医疗条件，中国决定援助 200 辆救护车和 200 台超声仪，服务于基层百姓。中国还以无偿援助形式向柬埔寨提供了一批价值 410 万元人民币的林业物资，包括森林消防用的运输车、巡逻车和手持 GPS 定位仪等 8 类设备。这批物资对柬埔寨人民防范森林火灾，有效减少森林火灾带来的危害，保护森林资源有更好的帮助作用。此外，2014 年年底，中国政府向柬埔寨援助了一项大型农业项目“中柬农业促进中心”，主要对稻谷、木薯、蔬菜等农作物进行研究和培训农业官员及传授农业技术给农民。项目的实施有利于保证柬埔寨农业的可持续发展，同时还有助于为柬埔寨农产品开拓国际市场，特别是中国的市场。一直以来，中国对柬埔寨的援助特别关注民生领域，从修路修桥到赠送沼气设备，从修建水利设施到赠送紧急救灾物资，无不把改善民生作为对柬埔寨援助的优先领域。②

（4）文化、旅游、金融等领域合作发展迅速。1 月，中柬重新签订航空运输协定，为深化两国民航业发展与合作奠定了良好基础。7 月，助力“21 世纪海上丝绸之路”，武汉开通至柬埔寨等东盟四国航线。12 月，由中国免税品集团（柬埔寨）公司（柬中免）投资兴建的柬埔寨第一家市内免税店——吴哥免税店已正式开业。7 月，“柬中文化和经济协会”挂牌成立，奉辛比克党秘书长兼政府顾问涅文才任协会名誉主席。协会的成立是为了促进中柬文化交流，并发展柬埔寨的农业、工业和旅游业，同时加强和增进柬中两国的合作。12 月，由中国驻柬大使馆、柬埔寨皇家研究院联合举办首

① 《柬埔寨中国商会执行会长：中国投资在柬埔寨呈多元纵深发展》，〔柬〕《金边晚报》2014 年 1 月 17 日，http：//www. jinbianwanbao. com/List. asp？ ID = 13878。

② Srinivasa Madhur， “Cambodia Tomorrow：Development Research Priorities for a Middle Income Country – a Synthesisof the Themes and Messages from the 2013 Development Research Forum Symposium”，The Development Research Forum，SP No. 1，2014，http：//www. cdri. org. kh/webdata/policybrief/drf/SynthesisPaper1. pdf。

届“中柬友好关系溯源——西哈努克思想研讨会”成功举行，并在皇家研究院孔子学院设立“西哈努克研究中心”。10月，暹粒省和广西签署《友好省协议书》，建立两省（区）结盟关系，推动两省（区）在旅游、文化、教育等各个领域合作。

2. 柬泰关系全面改善和加强

（1）政治关系不断改善。洪森首相和新当选的泰国总理巴育多次在国际场合多次会晤，两人就召开两国联合工作小组会议，以协商开发柬泰沿国公省等边境地区的经济特区；增设新关口，修建48号公路，并在斯登波关口建设连接两国的公路和桥梁；推动协商解决两国海域重叠区的管理和开发；在泰工作的柬劳工给予支持和保持以及加强人力资源的交流合作等方面深入交换意见。（2）积极磋商解决边境争端。2013年11月，海牙国际法庭做出判决，重申柏威夏古刹及其所属区域位于柬埔寨领土境内，要求泰国撤出附近地区军事力量。之后柬泰双方对如何执行海牙国际法庭的裁决不断展开谈判。如2014年8月，泰国军队最高司令帕提马帕高访柬，磋商解决柏威夏古刹争端问题。11月，柬成立“保护和开发柏威夏遗址国际协调委员会（ICC）”，得到包括中国、美国和泰国在内的30个国家表态支持。（3）经贸合作继续发展。据泰国驻柬使馆经商处的统计，2014年，柬埔寨和泰国的双方贸易额突破了50亿美元，其中泰国从柬埔寨进口的总额为40亿美元。柬埔寨发展理事会数据显示，在该理事会注册的来自泰国的公司一共有162家，注册投资额约3.8亿美元，在国际公司投资中排名第8。仅2014年就有17家泰资公司新加入柬埔寨投资。[①] 7月，“柬泰跨国铁路桥”（原身为法国殖民时期所遗留）正式开工建设，竣工后将柬泰两国铁路网连接起来。铁路桥建成后，将成为连接柬泰边境地区的柬埔寨卜迭棉省和泰国沙澈府的重要交通枢纽，为加速柬西部省份经济社会发展发挥重要作用；同时，必将极大地改善当地的交通和物流状况，提高当地民众的生活水平。10月，

① 《2015年泰国商展昨日金边开展250个展位250家公司参展》，〔柬〕《金边晚报》2015年2月6日，http://www.jinbianwanbao.com/List.asp?ID=17691。

两国还拟建“斯登波”新口岸。该口岸启动后，所有柬泰的进出口货物必须经过该口岸出入境，这将缓解“波比”国际口岸的压力，扩大柬泰两国的贸易规模，推动两国在边境地区各领域的合作。

3. 越柬全面友好合作关系继续向前发展

（1）在政治互访方面。两国各级代表团互访频繁，并维持了现有的合作机制。2014 年 1 月，越南总理阮晋勇访柬，两国总理表示希望进一步促进双边关系发展和各领域的交流与合作，特别是在交通、银行、通信、农业等领域的合作，促进双边贸易和旅游业的发展。2014 年 12 月，越南国家主席张晋创率团访柬，双方均表示希望两国边界勘界立碑工作尽早结束，旨在将两国边界线建设成为和平、友好、合作与共同发展的边界线。柬埔寨首相洪森于 2014 年 4 月赴越出席湄公河委员会第二次峰会；国会主席韩桑林于 2014 年 8 月出席越南西南边界战争胜利日和柬埔寨推翻波尔布特种族灭绝政权 35 周年纪念典礼等。两国领导人在历次访问中均强调了巩固与加强两国全面友好合作关系的决心。（2）在经贸合作方面。截至 2014 年年底，越南是柬埔寨第五大外资来源地，越南在柬埔寨共有 134 个投资项目，注册资金总额达 33.6 亿美元，集中于经济作物种植、开矿、油气勘探与经营、电信、金融银行等领域。2014 年前 10 个月，越柬双边贸易总额达 26 亿美元，预计 2014 年全年将达 35 亿美元。两国力争 2015 年实现双向贸易总额达到 50 亿美元的目标。[①]（3）在国防安全合作方面。多年来，双方在信息互换中紧密配合，解决好在边界地区发生的问题，加强培训合作，维持海上联合巡逻，在为牺牲于柬埔寨的越南志愿军烈士遗骸搜寻工作方面紧密合作。2014 年，越南国防部向柬埔寨国防部和皇家军队资助 2160 万美元，提供有关设备、教育培训、卫生、基础设施建设等领域的支持。此外，还有柬埔寨皇家军队各级士官 300 人赴越南接受长期的培训课程。

然而，我们也看到，2014 年柬越之间也出现了“不和谐”之音。先是

① 《越南国家主席张晋创明日访问柬埔寨　进一步深化柬越全面友好合作关系》，〔柬〕《金边晚报》，2014 年 12 月 23 日，http：//www.jinbianwanbao.com/List.asp？ID＝17272。

越南驻柬使馆发言人陈万通曾说，“下柬领土早已属于越南，不是从1949年6月4日法国殖民者划归越南管理后，才属于越南。”这番言论遭到了柬埔寨救国民族团结阵线、“下柬协会”、“柬埔寨知识分子和学生联盟”以及下柬群众等的强烈抗议，并在越南驻柬大使馆前面举行多次示威活动，要求越南驻柬大使馆就“下柬土地是越南领土”错误言论公开道歉。示威群众甚至焚烧越南国旗，呼吁抵制越南商品。柬埔寨举办示威主要有三个目的：第一，要求越南遵守《巴黎和平协议》；第二，要求越南接受下柬领土原本是柬埔寨领土的事实；第三，要求越南撤除对下柬领土的殖民地统治。

4. 柬老关系稳步推进

（1）高层互访方面。柬埔寨国会主席韩桑林亲王于2014年9月率领代表团赴老挝参加第35届东盟议会联盟大会。2014年11月，洪森首相率政府高级代表团访老，并出席在万象举行的第八届柬老越（CLV）三国峰会。（2）陆地边界勘界立碑方面。柬老两国陆地边界界碑共有145个。截至2014年年底，两国已完成121个（约86%）边界立碑工作。双方一致表示，要共同努力，尽快完成余下的24个界碑，把柬老边境地区建成两国人民和睦相处、友好交流、互利合作的纽带。此外，双方还在共同打击贩卖人口、武器交易、跨国贩毒、非法砍伐森林等方面进行了卓有成效的合作。

2014年，值得一提的是，老挝计划中的栋沙宏（DonSahong）水电站项目备受世界关注和争议。该水电站项目是一座240兆瓦的径流式水电项目，位于老挝南部占巴塞省孔区湄公河的一条支流上，距老挝和柬埔寨边境以北2公里处。栋沙宏水电站项目建设不仅严重影响到湄公河下游国家的粮食安全，湄公河现有85头江豚也受到影响，甚至面临灭绝，而且项目在建时，将使这条唯一流入柬埔寨的湄公河被封堵，而每年通过这条河流迁徙到柬埔寨的鱼群将受到阻碍，导致柬埔寨水产每年损失高达14亿至39亿美元。该项目的开发严重影响到柬埔寨的自然资源和湄公河流域居民，也违背了湄公河委员会成员国的合作精神。因此遭到柬埔寨、越南等下游国家以及世界自然基金会（WWF）等非政府组织的抗议。老挝政府一改往日立场，表示在建造栋沙宏大坝之前会倾听湄公河委员会和发展伙伴的意见，并与它们紧密合作。

（二）与区域外大国关系发展迅速

1. 柬美关系

2014年11月，洪森首相在出席在缅甸首都内比都举行的“东盟－美国峰会”时与美国总统奥巴马会晤，洪森表示对美国打击在伊拉克和叙利亚的“伊斯兰国”组织予以支持，双方还共同探讨了解决气候变化的影响等世界和地区面临的问题。从1992年以来，美国政府已向柬埔寨政府提供无偿援助超过10亿美元，每年平均提供约5000万美元，旨在推动柬埔寨社会和经济发展，并主要针对农业、教育、妇女和儿童健康等其他领域。美国政府还决定在2015年为柬埔寨提供4350万美元无偿援助，主要用在农业、环境和医疗领域。美国最新统计数据显示，2014年柬美双边贸易额31.7亿美元，较2013年（30.1亿美元）增长了5%。其中柬埔寨对美出口增加了2.6%，达到28.4亿美元。美国是柬埔寨最大的出口市场。柬埔寨出口到美国的产品主要是服装、鞋子和大米等，从美国进口的产品主要是汽车、机械和医疗器械等设备。①

2. 柬日关系

2013年大选时，柬埔寨首相洪森要求日本政府协助柬埔寨进行选举体制改革工作。2014年5月，日本派遣专家协助研究柬埔寨大选的结果。2014年11月，日本政府邀请人救两党两名工作人员赴日本，监督日本大选活动，这也是日本在协助柬埔寨体制改革选举工作项目中的一部分。日本平均每年在柬投资1.6亿美元，仅次于中国，是柬埔寨第二大外资来源国。日本的投资多涉及道路基础设施修建、城市下水管网改善及农业等领域，民众

① “Trade in Goods with Cambodia – U. S. Trade with Cambodia”, United States Census, http: // www. census. gov/foreign – trade/balance/c5550. html.

能从开发项目中立即受益。[①] 此外，对柬援助也是柬日关系的一大亮点。日本驻柬大使馆发布的公告称，自1991年以来，日本政府向柬埔寨政府及非政府组织提供总额为5260万美元的援助，以建设柬埔寨的525个项目。尤其是在农业发展领域，日本政府曾援助柬埔寨维修和改善水利系统，以及培训种植技术等。2014年12月，日本政府通过利民工程无偿援助项目（KUSANONE），向柬埔寨提供306442美元的经费援助，用于维修磅湛、茶胶和柴桢三省的灌溉系统。[②] 为开发日本旅游市场，吸引更多的日本游客来柬旅游观光，柬政府考虑对日本游客免签证费。除了东盟国家之外，截至目前柬埔寨尚未对任何国家免签证费，如果柬埔寨对日本游客免签证费的提案得以正式实施，日本将成为东盟国家之外第一个获得柬免签证费的国家。

3. 柬韩关系

（1）两国合作关系晋升为战略伙伴关系。2014年12月，洪森首相率领政府高级代表对韩国进行工作访问并出席东盟－韩国建立对话关系25周年纪念峰会。在与韩国总统朴槿惠会晤时，双方就加强两国贸易、工业、农业和旅游等领域的合作达成广泛一致。双方一致同意把两国的“伙伴关系”提升为“战略伙伴关系”。会谈后，两国政府还签署了柬韩教育合作备忘录、鼓励两国青年商务合作交流谅解备忘录、医科和保健护理医疗合作备忘录、商业知识产权合作备忘录和银行与金融结算系统谅解备忘录等5项合作谅解备忘录。

（2）两国经贸关系发展迅速。截至2014年年底，韩国对柬埔寨投资累计48亿美元，成为柬埔寨的主要投资来源国之一。主要涉及的领域包括制衣业、建筑业、房地产、农业、银行与金融、旅游、餐饮业等。韩国游客每年来柬埔寨旅游约有45万人次，预计未来将有更大的增长。随着韩国游客

---

① Srinivasa Madhur, “Cambodia Tomorrow: Development Research Priorities for a Middle Income Country – a Synthesisof the Themes and Messages from the 2013 Development Research Forum Symposium”, The Development Research Forum, SP, No. 1, 2014, http://www.cdri.org.kh/webdata/policybrief/drf/SynthesisPaper1.pdf.

② 《日本政府援30.6万美元助磅茶柴三省维修水利》，〔柬〕《金边晚报》2014年12月9日，http://www.jinbianwanbao.com/List.asp?ID=17155。

的增长，韩国航空公司对柬埔寨的直飞航线每天已增加至6个航班。2014年7月，韩国首尔至柬埔寨西哈努克省的直航开通。值得一提的是，目前在韩国的柬埔寨劳工达3.5万人，每年增加约4000人，每年汇回近3亿美元外汇。①

（3）在国际合作和官方援助方面。韩国对柬埔寨加入世贸组织（WTO）、加入东盟成员和东盟地区论坛（ARF）方面提供支持和帮助。另外，韩国还对柬埔寨卫生、农业、基础设施建设和人力资源开发等工作提供支持和帮助。2014年韩国向柬埔寨职业技术教育领域提供2亿美元援助，推动柬埔寨在技术和职业培训等方面的发展，已成为对柬援助的第五大援助国。韩国还是继越南后对柬埔寨提供无偿援助最多的国家。据统计，1991至2014年，韩国国际协力机构（KOICA）已向柬埔寨提供无偿援助累计1.56亿美元。②

① 《去年八千万美元，韩在柬投资逐年增》，〔柬〕《星洲日报》2015年3月24日，http://www.camsinchew.com/node/40540?tid=5。

② 《韩国协力机构已向柬无偿援助1.56亿》，〔柬〕《金边晚报》2015年3月23日，http://www.jinbianwanbao.com/List.asp?ID=18055。

Y.10

中国与印度尼西亚：深化合作　共同发展

郑一省　陈俊源*

摘　要：2014 年，中国与印尼的关系获得了新的发展。这一年双方在政治、经济、文化等领域的交流合作不断扩大，在国际和地区事务中保持密切协调和配合。具体表现在：中国与印尼政治的互信，双方政府部门的相互交流加强，中国与印尼的合作呈现出深化的趋势。不过，由于国际形势的变化莫测和历史的遗产等方面的因素，双方可能会面临着一些诸如南海问题的复杂化与国际化，以及贸易保护主义与投资贸易的不

* 郑一省，博士，广西民族大学民族学与社会学学院教授，研究方向为华侨华人、东南亚民族和国际关系问题；陈俊源，广西民族大学东盟学院硕士研究生，研究方向为华侨华人和东盟问题。

平衡等现实问题，这些问题将会影响着印尼与中国两国深化合作的进程。

关键词：中国　印度尼西亚　合作　发展

2005 年，印尼与中国建立了“战略合作伙伴关系”，2013 年 10 月，习近平主席访问印尼，将两国关系提升到“全面战略合作伙伴关系”。近几年来，中国与印尼合作获得深化，在政治、经贸和文化交流方面共同发展。

一　2014 年中国与印尼关系的回顾

中国与印尼在地区和世界事务中存在许多共识，双方在各个领域都加强了来往，推动两国关系向深入发展。2014 年，中国与印尼的关系获得了新的发展。这一年双方在政治、经济、文化等领域的交流合作不断扩大，在国际和地区事务中保持密切协调和配合，双边关系发展给两国人民带来了实实在在的利益，也为地区和平发展做出了重要贡献。

（一）双方领导人积极推动两国关系向前发展

2014 年，中国与印尼的最高领导人加强紧密联系，积极利用各种时机推进两国关系向前发展。2014 年 7 月印尼举行总统大选，出身于平民的佐科以 53% 的得票率当选为新一届总统。10 月 20 日，印尼新总统佐科宣誓就职。24 日，中国国家主席习近平同佐科总统通电话。习近平祝贺佐科就任印尼新一届总统，并指出，中国和印尼是关系融洽、彼此信任的好邻居、好朋友。两国面临相似国情和发展任务，在双边、地区、国际事务中拥有广泛的共同利益。印尼是东盟领头羊和全球新兴经济体的主要代表之一，加强两国全方位战略合作符合两国共同利益，也有利于地区乃至世界和平、稳定、繁荣。而佐科总统表示，发展印尼同中国全面战略伙伴关系对两国、对亚洲和世界都很重要。印尼方希望同中方深化经贸、投资、基础设施建设等领域合作。①

2014 年 11 月初，印尼总统佐科上任时首次出访，就是到中国参加 APEC 会议。在 APEC 会议期间，佐科总统向世界展示了印尼宏伟的发展蓝图，发展基础设施建设将是他任期内的优先事项，并向亚太投资者敞开大门。而李克强总理也表示中方愿同印尼扩大双向贸易投资、能源、农业等领域合作，鼓励中国企业参与印尼的基础设施建设，并加强人文交流。11 月 9 日，国家主席习近平在人民大会堂会见了出席 APEC 会议的印尼总统佐科。在会见时，习近平指出，佐科总统提出的建设“海洋强国”理念和中国提出的建设“21 世纪海上丝绸之路”倡议高度契合，双方可以对接发展战略，推进基础设施建设、农业、金融、核能等领域合作，充分发挥海上和航天合作机制作用，推动两国合作上天入海。②

中国与印尼两国领导人交往密切，政治互信不断加强，共同推动着中印尼全面战略伙伴关系继续向前发展。

（二）两国政府相关部门加强交流

除了两国领导人加强紧密联系外，两国政府高层也频繁互访。2014 年 5 月 12 日，中印尼海上合作委员会（MCC）第二次会议在印尼雅加达召开。中国外交部副部长刘振民和印尼外交部副部长瓦达纳共同主持会议。两国外交、交通、海洋、渔业、海军、财政等部门代表出席会议。在这次会议上，中印尼双方一致认为，两国加强海上务实合作具有重要意义，同意进一步加强对话与沟通，密切协作，积极落实 MCC 首批合作项目，推动两国海上务实合作实现更大发展，并商定在中国举行 MCC 第三次会议。③

---

① 《习近平同印度尼西亚总统佐科通电话》，中华人民共和国驻印度尼西亚共和国大使馆网站，2014 年 10 月 24 日，http：//id. china - embassy. org/chn/zgyyn/t1204068. htm。

② 刘华：《APEC 授权发布：习近平会见印度尼西亚总统佐科》，新华网，2014 年 11 月 9 日，http：//news. xinhuanet. com/2014 - 11/09/c_ 1113174426. htm。

③ 刘慧、庄雪雅：《中印尼海上合作委员会第二次会议在雅加达举行》，人民网，2014 年 5 月 12 日，http：//world. people. com. cn/n/2014/0512/c1002 - 25007866. html。

2014 年 5 月 15 ~17 日，印尼国家原子能机构主席威斯努布罗托率团访华。中国国防科工局局长、国家原子能机构主任许达哲在北京会见了威斯努布罗托先生一行，双方就两国间核能合作深入交换了意见。在会见中，许达哲表示，中方愿与印尼分享核能和核技术应用经验，用于造福两国人民。[①] 威斯努布罗托表示，中国在核能和核技术应用领域积累了丰富经验，希望能与中国加强相关领域合作。[②] 其间，印尼代表团前往清华大学参观，并与清华大学核能与新能源技术研究院举行会谈，双方就高温气冷核反应堆技术培训、人员交流以及技术合作等议题进行了交流和讨论，签订合作意向书，并就成立联合工作组推进双方合作达成一致。[③]

2014 年 11 月 3 日，中国外交部部长王毅在印尼访问时受到印尼总统佐科的接见。佐科向王毅外长表示，期待下周前往北京出席亚太经合组织领导人非正式会议并与习近平主席会晤。印尼和中国是战略伙伴，发展两国关系意义重大，符合双方共同利益。印尼提出建立“海洋强国”，中国提出建设“21 世纪海上丝绸之路”，两者高度契合，双方可以积极开展合作。印尼将拓展港口、铁路、高速公路、发电站等基础设施建设，希望得到中国的大力支持，印尼支持建立亚洲基础设施投资银行。王毅表示，中国热烈欢迎佐科总统赴华出席亚太经合组织领导人非正式会议。印尼是重要的发展中大国，发展潜力巨大。中国一直将印尼作为外交全局尤其是周边外交的优先方向。中国和印尼互为发展机遇，双方要挖掘潜力，实现共同发展繁荣，造福两国人民，为维护地区和平稳定做出新的贡献。中国愿将印尼作为共建 21 世纪海上丝绸之路的主要合作伙伴，积极参与印尼建设海洋强国进程，大力开展与印尼在海洋经济、基础设

---

① 《许达哲会见印尼国家原子能机构主席威斯努布罗托》，http://www.sastind.gov.cn/n169/c334973/content.html。

② 《国防科工局局长会见印尼国家原子能机构主席》，中国中央政府门户网站，2014 年 5 月 16 日，http://www.gov.cn/xinwen/2014-05/16/content_2680856.htm。

③ 《印度尼西亚国家原子能委员会代表团访问核研院》，清华大学核能与新能源技术研究院网站，2014 年 5 月 20 日，http://www.tsinghua.edu.cn/publish/inet/4019/2014/20140520135103196413541/20140520135103196413541_.html。

施建设等领域的合作，将中印尼全面战略伙伴关系建设落到实处。两国还要共同努力，推动中国－东盟关系不断取得新的发展。①

2014 年 11 月 23～24 日，中印尼第八轮领事磋商在印尼巴厘省登巴萨成功举行，磋商由中国外交部领事司司长黄屏与印尼外交部领事司司长德利共同主持，中国外交部和驻印尼使领馆，印尼外交、检察、移民、警察、禁毒等部门官员参加。双方共同回顾了中印尼第七轮领事磋商成果和落实情况，一致对中印尼领事关系做出积极评价。双方一致认为，领事关系是双边外交关系中的重要组成部分，两国应充分发挥领事磋商平台作用，及时解决两国在人员交往中遇到的问题。双方就便利人员往来、维护两国公民与企业合法权益等议题进行了坦诚、务实、富有建设性的交流和沟通，特别就签证政策、为中国公民出入境印尼、中国企业在印尼开展经贸活动等方面提供便利以及印尼政府关心的问题进行深入讨论，并达成重要共识。双方一致认为，本轮磋商取得了积极、丰富的成果，有利于促进两国人员交往，将推动两国领事关系不断向前发展。②

（三）两国的经济关系显著发展，互利共赢

从中国与印尼的关系来看，双方合作的重点仍是放在经贸关系上。多方位的合作发展，已经成为中国与印尼两国的共识。

1. 双边贸易额虽有下降，但仍继续维持高位

从中国与印尼的经济关系来看，2013 年中印尼货物贸易额为 524.5 亿美元。其中，印尼对中国出口 226.0 亿美元，占印尼出口总额的 12.4%；印尼自中国进口 298.5 亿美元，占印尼进口总额的 16.0%。中国成为印尼的第一大进口来源地和继日本之后的第二大出口市场。2014 年，印尼对中国双边货物贸易额为 482.3 亿美元，下降 8.7%。其中，印尼对中国出口 176.1 亿美元，下降 22.1%，占印尼出口总额的 10.0%，下降 2.4 个百分点；印尼自中国进口

① 顾时宏：《印尼总统佐科维会见王毅》，中国－东盟传媒网，2014 年 11 月 4 日，http://www.china－asean－media.com/_d276712470.htm。

② 《中印尼成功举行第八轮领事磋商》，中华人民共和国驻印度尼西亚共和国大使馆网站，2014 年 11 月 27 日，http://id.china－embassy.org/chn/sgsd/t1214955.htm。

306.2亿美元，增长2.6%，占印尼进口总额的17.2%，增长1.2个百分点。印尼对中国的贸易逆差为130.1亿美元，增长77.5%。[①]

就中国与印尼的双边贸易产品品种来看，2014年，印尼对中国出口最多的商品为矿物燃料、动植物油、杂项化学制品、木浆及纸浆、木材及制品，而印尼从中国进口的主要产品有机械设备、机电产品、钢铁制品、钢材、有机化学品。[②]

2014年印尼为中国煤炭最大进口国，2014年印尼累计向中国出口煤炭10636万吨，虽同比下降15.39%，但仍占中国煤炭进口总量的36.48%。[③]

2. 中国企业对印尼的投资领域逐渐扩大

印尼是中国在东南亚投资较多的国家之一，来到印尼寻找投资机会的中国企业数量日益增多，投资涉及领域逐渐扩大，大型投资项目不断涌现，充分显示了中国与印尼经贸合作的深入发展。根据印尼投资统筹机构的统计资料，印尼2014年吸引的外国投资高达307万亿印尼盾（约256亿美元），同比增长13.5%。该年第四季度，印尼五大投资国依次是：新加坡9亿美元，马来西亚8亿美元，日本7亿美元，中国5亿美元，韩国4亿美元。中国以5亿美元名列第四大投资国。[④]

从中国企业投资印尼来看，主要是多项重大基础设施项目，以及钢铁、电力和农业等领域。（1）金属矿产和钢铁投资。印尼是全球最大的镍矿出口国，通常向中国等国出口上万吨矿石。中国进口镍矿，将之转化成含镍生铁等合金产品。含镍生铁是不锈钢的主要成分。中国2013年红土镍矿总进口量超过7000万吨，其中58%来自印尼，所进口的红土镍矿矿石以中高品

① 《2014年印度尼西亚与中国的双边贸易额为482.3亿美元》，http://www.askci.com/news/2015/05/06/1113354gfj.shtml。

② 《2014年印度尼西亚与中国的双边贸易额为482.3亿美元》，http://www.askci.com/news/2015/05/06/1113354gfj.shtml。

③ 《2014年印尼为中国煤炭最大进口国》，中国－印尼经贸合作网，2015年2月12日，http://www.cic.mofcom.gov.cn/ciweb/cic/info/Article.jsp?a_no=367429&col_no=459。

④ 李国章：《中国成为印尼的第四大投资国》，中国经济网，2015年1月30日，http://www.cs.com.cn/hw/hqzx/201501/t20150130_4634821.html。

位为主。[①] 2013 年 7 月，中国北京神雾集团和印尼 PT. BALINTON RESOURCES INVESTMENT 公司合作处理 80 万吨红土镍矿项目正式开工，该项目总投资 1.7 亿多美元。[②] 2014 年中国企业加快了去印尼建镍加工厂的步伐。中国罕王公司早在几年前就在印尼的苏拉威西北科纳威有自己的镍矿资产，该项目矿区面积 78.7 平方公里，JORC 资源量为 3.5 亿吨红土镍矿、480 万吨镍金属量，目前已在投产、扩建阶段，具备每年采矿 300 万吨的能力。[③] 2014 年 5 月 2 日，广新集团及广青科技参股的广青镍业 60 万吨镍铁项目在印尼中苏拉威西省 Morowali 县印尼经贸合作区青山工业园区举行开工典礼。该项目将建设年产 60 万吨含镍量约 10% 的镍铁，计划于 2016 年年初投产。[④] 2014 年 12 月，首钢国际工程公司总承包的印尼马仕达钢铁厂 90t/h 步进梁式加热炉项目顺利投产，这是中国与印尼钢铁企业的合作项目之一。2008 年，印尼马仕达钢铁公司拟为其新建的 50 万 t/a 棒材项目配套建设加热炉，先后考察了几家国际一流的工程公司和中国专业的加热炉公司并开展工程招标，首钢国际工程公司凭借成熟可靠的技术、丰富的业绩、热情的服务与合理的价格，赢得了印尼马仕达钢铁公司的信任，成功中标。[⑤]

（2）电力投资和船舶建造。印尼总人口超过 2.38 亿，发电总装机容量 44661 兆瓦，人均装机容量仅 0.19 千瓦。印尼急需大力发展电力建设，为经济长足发展提供支撑。中国电力公司开始进入印尼发展。2014 年 8 月 17 日，中国电建集团承建的印尼亚齐 2 号火电机组已经顺利移交业主，正式投入发电。亚齐电站是中国电建集团所属水电国际在印尼承接的第一个 EPC（工程

---

① 《印尼“新政”搅动全球矿市，亚洲矿商多手段应对印尼“禁矿令”》，http://www.baosteel.com/baosteelpc/Tradenews/ShowArticle.asp? ArticleID=97604。

② 《中国企业与印尼合作红土镍矿项目举行开工仪式》，中国铁合金在线网，2012 年 8 月 1 日，http://www.cnfeol.com/niekuang/n_110646100551.aspx。

③ 《镍矿供应短缺将持续 5 年逼中国企业“组队”赴印尼建厂》，http://news.cnfol.com/chanyejingji/20141023/19268661.shtml。

④ 《曲线拿矿中国企业集体赴印尼建厂》，《上海证券报》2014 年 5 月 15 日，http://www.cs.com.cn/ssgs/hyzx/201405/t20140515_4390859.html。

⑤ 《首钢国际工程公司加热炉技术在印尼成功应用》，中国钢铁企业网，2014 年 12 月 9 日，http://news.gtxh.com/news/20141209/shougang_545937088.html。

总承包）火电项目，装机2×110兆瓦。电站1号机组已于2014年4月移交商业运行。[①] 这样，由中国电建集团亚齐电站安装的两台机组均已实现商业运行，为亚齐省经济发展和社会稳定、印尼北苏门答腊电网的稳定性做出了贡献。[②] 2014年，中国太阳能企业——世界桥梁技术与贸易公司又在北苏省的德纳德（Ternate）建立一座太阳能发电站，该公司已经在希利（Hiri）、莫迪（Moti）和巴当杜亚（BatangDua）这3个小岛建设了小型的太阳能发电站。[③] 中国自主研发设计的首艘滨海锡矿采选船2014年11月1日在上海签约投产，该船将帮助印尼国家锡矿公司开采海面50米以下的锡矿资源。这艘锡矿采选船由北车船舶与海洋工程发展有限公司联手上海崇和实业有限公司研发，挖深可达80～100米，可覆盖国内外超过90%的滨海矿产资源开采需求。[④] 而印尼作为海矿资源丰富的国家，滨海采矿规模日益增长。印尼目前的装备技术将海洋采矿深度局限在40米以内，已达到开采瓶颈。此次中方与印尼在装备技术采购与采矿设备运输方面的合作，将有望扭转印尼的开采困境，即向储矿水深80～100米的采砂矿区发展。正像中国国际商会秘书长林舜杰所表示的，中国与印尼两国企业的深层合作，标志着中国海洋采矿船舶企业已具备“走出去”的实力。[⑤]

（3）对农业园和工业园的投资。2014年，中国还与印尼的地方政府合作，建立一些工业园和农业园，加大对这方面的投资。2014年2月10日，中国江苏省在印度尼西亚加里曼丹岛设立农工贸经济合作区获得批准，这个合作区成为江苏首家境外产业合作集聚区。加里曼丹岛产业合作集聚区被定

---

① 《印尼亚齐2号火电机组已经于本月17日正式投入发电》，http：//www.simomall.com/dongtai/236.html。

② 《中国电建承建印尼亚齐火电站两台机组均已投入发电》，国际在线网，2014年8月21日，http：//news.ifeng.com/a/20140821/41670811_0.shtml。

③ 《中企在北苏3岛建太阳能电站》，中国－印尼经贸合作网，2014年1月10日，http：//www.cic.mofcom.gov.cn/ciweb/cic/info/Article.jsp? a_no=341850&col_no=465。

④ 《中国海洋采矿船舶技术“出海”助印尼锡矿开采》，http：//finance.ifeng.com/a/20141101/13240050_0.shtml。

⑤ 李姝徵：《中国海洋采矿船舶技术“出海”助印尼锡矿开采》，中国新闻网，2014年11月1日，http：//finance.chinanews.com/cj/2014/11－01/6740108.shtml。

位为农林种植与产品加工合作区，将带动中国国内农副产品种植和养殖业、木材加工业、榨油类企业以及建筑、设备、水电等配套企业“走出去”。[①]在2013年年底，江苏省在该产业合作集聚区已购买了30年使用期的土地678平方公里，整个项目预计在2019年正式建成。[②]中国上海泛太平洋集团有限公司和印尼第一太平洋矿业有限公司合作兴建的北马鲁古镍业工业园2014年12月24日晚在雅加达举行隆重开工奠基仪式。镍业工业园位于印尼北马鲁古省韦达县萨格雅镇，占地约30亩，投资规模超过20亿美元。该工业园将分3期建设，年产镍铁90万吨，同步建设60万千瓦电厂、150万吨水泥厂和100万吨特钢厂，工业园建成后年产值将达50亿美元，并带动当地直接就业1万人以上。[③]

3. 旅游项目合作更上一层楼

自2001年印尼正式成为中国公民出境旅游目的地国后，前往印尼旅游的中国游客数量一直快速增长，[④]而印尼前往中国旅游的人数也在不断增加。据统计，2014年1～12月进入印尼的外国游客达940多万人次，比2013年同期的880多万人次，增长7.2%，其中中国游客95万多人次，[⑤]中国已成为印尼旅游业的重要客源国（见表1）。

表1　2014年进入印尼旅游的人数较多的国家统计表

国别	中国	新加坡	马来西亚	澳大利亚	日本
旅游人次	959231	1519223	1276105	1098383	486687

资料来源：印尼统计局，http：//www. bps. go. id/Subjek/view/id/8#subjekViewTab3 | accordion – daftar – sub。

① 《中国江苏在印尼设立首家境外产业合作集聚区》，国际在线网，2014年2月11日，http：//gb. cri. cn/42071/2014/02/11/5951s4418862. htm。

② 《中国江苏在印尼设立首家境外产业合作集聚区》，国际在线网，2014年2月11日，http：//gb. cri. cn/42071/2014/02/11/5951s4418862. htm。

③ 《中印尼合作北马鲁古镍业工业园举行开工奠基仪式》，http：//www. chinanews. com/gj/2014/12 – 24/6904925. shtml。

④ 《中国成为印尼最大游客来源国》，http：//www. iflying. com/news/4753. html。

⑤ 《印尼旅游部推介外南梦县系列文化艺术节吸引游客》，http：//www. chinadaily. com. cn/micro – reading/dzh/2015 – 02 – 28/content_ 13293875. html。

2014年中国前往印尼旅游的人次是95万多人次，比2012年的68万多人次和2013年的75万多人次，分别增加了39.7%和26.7%。2014年1~4月，中国前往印尼旅游的人次达324344人次，同比增长30.42%，占同期赴印尼的外国游客总数的11%，一度超过澳大利亚，成为印尼第一大游客来源国。[①] 2014年，中国游客前往印尼旅游的热门景点仍是巴厘岛，前往那里的中国游客达58.6万人次，同比增长51.3%。[②]

（四）中印尼在军事、教育交流与合作方面获得新的进展

自2006年第一次防务安全磋商以来，中国与印尼的军事交流与合作不断加深。双方在高层互访、防务磋商、联演联训和多边安全领域都进行了很好的交流与合作。

2014年，中国与印尼在军事领域双边合作不断加强，这体现在两国高级军官的互访、对话、学术交流和人员培训及联合演习等方面，如中国为印尼国民军Su－27/Su－30战斗机空军飞行员提供训练。另外，海军对话和军舰互访也在不断增强。3月19日，中国人民解放军副总参谋长孙建国海军上将应邀出席了在印尼雅加达召开的国际防务对话会，并发表题为《携手共建和平、友谊、合作之海》的主旨演讲，并与印尼国防和军队官员就管理争议水域、应对非传统威胁、海上力量现代化与稳定化、加强海上法律与外交合作进行了探讨。[③] 2014年10月27日，代号为“空降利刃－2014”的中印尼联合反恐训练在中国境内拉开大幕。这是继2013年中印尼空降兵在印尼境内首次成功举行联合训练后，[④] 中国军队与印尼特种部队在

① 《中国超过澳大利亚成为印尼最大游客来源国》，http：//go.huanqiu.com/html/2014/news_0619/2593.htm。

② 《中国驻印尼登巴萨总领馆举办2015年春节招待会》，http：//news.163.com/15/0217/09/AIL6LQ7800014SEH.html。

③ 顾时宏：《孙建国出席第四届雅加达国际防务对话会》，中国新闻网，2014年3月19日，http：//www.chinanews.com/mil/2014/03－19/5970946.shtml。

④ 《中印尼空降兵举行“空降利刃－2014”联合反恐训练》，http：//news.ifeng.com/a/20141028/42317702_0.shtml。

战术层面开展的又一次务实交流活动。中国空军司令部军训部副部长张月明表示，通过联合反恐训练，将进一步加强中印尼空降兵部队友好交流与合作，提高空降兵部队遂行多样化任务能力，深化和推动两国两军特别是两国空军的友谊与合作交流。① 而参训的印度尼西亚空降兵指挥官班巴上校则表示：“‘空降利刃 -2014’对于印尼国民军空降兵以及中国人民解放军空降兵都有非常重要的战略意义。联训可以提升两国两军的合作以及人员训练的素质。通过这次联训我希望两国两军所有参训队员互相交流分享经验，提升部队的质量。”② 2014 年 12 月 12 日，印尼国防部部长尤沃诺·苏达索诺和国民军总司令约戈·苏延托与到访的中国人民解放军总参谋长助理章沁生会谈，就两国国防部门开展首次防务安全磋商，加强两军互相理解与信任交换意见。③

2014 年 3 月 25 日 ~4 月 1 日，中国 - 东盟中心组织的“中国高职院校东盟行”活动在印尼雅加达和巴厘岛分别举行，来自中国 8 所高职院校和教育装备企业的 20 名代表与印尼 70 余所理工学院、社区学院、职业高中的 100 余名代表出席了中国 - 东盟职业教育合作洽谈会。洽谈会上，中国与印尼双方代表进行了面对面的交流沟通，积极寻求在学生互换、教职员工交流及合作项目等方面的合作机会，共签署 93 份合作备忘录。中国南京铁道职业技术学院分别与萨玛林达国立理工学院、斯里维加亚国立理工学院、茉莉芬社区学院、雅加达第 26 职业高中、大德尔邦吉第二职业高中、梅贾扬职业高中等 6 所院校和巴厘省教育质量保障局达成合作意向并签署了合作备忘录。④

---

① 《中印尼空降兵举行“空降利刃 - 2014”联合反恐训练》，http：//news. ifeng. com/a/20141028/42317702_ 0. shtml。

② 王珊：《中印尼空降兵举行“空降利刃 -2014”联合反恐训练》，国际在线网，2014 年 10 月 28 日，http：//gb. cri. cn/42071/2014/10/28/6071s4744338. htm。

③ 赵金川：《印度尼西亚与中国军方开展首次防务安全磋商》，新华网，2014 年 12 月 22 日，http：//www. hbrc. com/rczx/news - 6246605. html。

④ 南京铁道职业技术学院：《钱吉奎院长参加“中国高职院校东盟行”活动　出访印尼、新加坡　与印尼多所院校签署合作备忘录》，南京铁道职业技术学院网，2014 年 4 月 8 日，http：//www. njrts. edu. cn/newsDetail. aspx？ news_ pkid = N216627。

二　中国与印尼未来深化合作关系的展望

2014 年中国与印尼双方在许多领域方面的合作与交流是富有成效的。中国为了构建全方位对外开放新格局，又适时地推出“一带一路”建设，这些都将给中国与印尼带来双赢的结果。

（一）中国与印尼未来深化合作关系潜力巨大

中国国家主席习近平 2013 年 10 月成功访问印尼，两国元首就构建中印尼全面战略伙伴关系达成重要共识，为两国关系的未来发展指明了方向。2014 年，中国与印尼各方面的合作取得较好的成就。可以说，中国与印尼只要加强政治互信，继续保持战略合作伙伴关系，深化合作关系，进一步加强安全和防卫合作，加强民间交流，中国与印尼的战略合作关系就会向前发展。

印尼与中国一样，作为发展中国家，在推动民主政治、经济发展和社会进步方面做了很多努力。经过近二十年的民主改革，印尼已成为开放而包容，社会安定，文化多元的国家。佐科担任印尼新总统领导和组成新一届政府不久，便提出了要建设海洋大国、海洋强国的伟大理想，恰好与中国提出的“一带一路”构想不谋而合。

自 2010 年东盟 - 中国自贸区启动以来，印尼与中国的经贸合作日益密切。如今中国已是印尼的第一大贸易伙伴，前往印尼寻找投资机会的中国企业不断增多，中印尼企业间的合作包括能源、矿产、农业和渔业等领域。中国与印尼均是重要的新兴经济体和发展中大国，经贸互补性很强，合作潜力巨大。双向投资是未来中印尼经贸合作的亮点，而基础设施建设则有望成为新的增长点，尤其是海港、航空港、铁路和公路等基建项目，这些都是中国企业投资印尼的目标。印尼国企部部长莉尼在 2015 年 3 月访问中国时表示，印尼即将出台新的五年中期规划（2015 ~ 2019 年），将大规模扩大基础设施建设投资，并计划新建 2000 公里的高速公路，重启 24 个闲置的港口，兴建

10 座新机场和翻新旧机场，新建 3500 万千瓦电站。印尼希望能与中国国有企业在基础设施、产业以及其他领域开展务实合作。① 印尼投资统筹机构数据显示，2015 年 1 ~3 月，印尼共审批 596 个外国投资项目，总投资 161 亿美元，比 2014 年同期增长 155%。在 2015 年前两个月的外国投资中，中国以 67.7 亿美元居首，比 2014 年同期增长 11 倍。② 这也恰恰说明中国与印尼的经济合作前景看好。

（二）中国与印尼未来深化合作中将面临的问题

随着中国与印尼政治的互信，双方政府部门的相互交流加强，中国与印尼的合作呈现出深化的趋势，不过，由于国际形势的变化莫测，以及历史的遗产等方面的因素，两国在深化合作的道路中可能会面临一些现实问题。

1. 南海问题的国际化与复杂化可能影响双方关系

目前，南海问题已经国际化与复杂化。中国对南海问题的处理，一直秉承着“主权属我、搁置争议、共同开发”的原则。③ 但由于东南亚一些国家置若罔闻，一直在明里暗里挑动南海冲突，使其问题愈加复杂。印尼一直在东盟国家中扮演着领导者的角色，且在南海问题上与中国不存在岛礁的主权纠纷，只是在海洋划界问题上有一定的争议。正是这种地区的角色，使得印尼试图在南海问题上发挥积极作用。④ 20 世纪 90 年代，印尼就开始牵头举行南海问题的双轨研讨会。印尼总统佐科上台后，曾表示将督促中国和东盟成员尽快达成《南海行为准则》（COC），强调印尼拒绝接受任何军事手段解决南海问题，并“准备作为调停者”，决心承担起印尼“作为区域大国的

---

① 李韶辉：《务实高效推动中印尼基础设施和产能合作》，中华人民共和国驻印度尼西亚共和国大使馆网站，2015 年 3 月 11 日，http：//id. china - embassy. org/chn/zgyyn/t1244616. htm。

② 《今年前两个月中国成为印尼最大投资国》，《印尼国际日报》2015 年 3 月 17 日，http：//indonesia. caexpo. com/jmzx_ yinni/2015/03/17/3641530. html。

③ 《“主权属我、搁置争议、共同开发”》，http：//news. sohu. com/20130802/n383263622. shtml。

④ 《印尼在南海问题上扮演一个什么角色?》，http：//club. mil. news. sina. com. cn/viewthread. php? page = 1&tid = 681989。

责任”。[①] 印尼的这些建议，以及佐科的讲话得到了中国政府的充分肯定。不过，虽然印尼不是南海主权争议当事国，与中国不存在岛礁的主权纠纷，但其对中国的“九段线”并不认同。比如，2009年印尼曾就“九段线”问题向联合国大陆架界定委员会表达了官方立场，称“九段线”在国际法中没有任何依据。而2015年3月22日佐科在日本访问时，又重申了印尼政府的这种立场。可以说，随着南海问题国际化和复杂化加剧，作为东盟成员之一的印尼能否独善其身，这对印尼与中国关系的稳定发展具有一定的挑战性。

2. 贸易保护主义的影响与投资贸易的不平衡

随着全球化的进程加快，许多国家为了本国民族经济的发展，贸易保护主义开始抬头，并有逐渐蔓延之势。印尼近两年出台的一些新政策或条例有碍于双边的经贸发展。2014年1月印尼公布禁止镍矿和铝土矿出口的政策，导致全球镍矿供应逐渐缩减，推动镍价在短短3个月时间内飙升40%。作为全球最大的金属消费国，中国的镍资源紧缺。中国99%的镍矿需要进口，其中来自印尼的进口量占比高达50%。[②] 7月印尼出台限制煤炭出口新政策。根据规定，印尼的煤炭公司必须申请出口许可证才能开展煤炭出口业务。[③] 作为全球最大的动力煤出口国，印尼目前的煤炭出口量约占其产量的70%，且其中大部分均运往中国和印度。[④] 近期以来印尼政府出台了新的条例，单方面废止2014年10月与中国签署的渔业协议，该协议曾被指独厚中国渔民，允许中国渔业公司以合资方式在印尼海域捕鱼。[⑤] 这个协议的废除给包括中国在内的一些国家的渔民在印尼海域捕鱼造成很大的影响。

---

① 《印尼：尊重中国在南海的岛礁建设》，http://bbs.tiexue.net/post2_9735180_4.html。

② 魏书光：《印尼资源出口新规不断　动力煤出口将设上限》，《证券时报》2014年6月20日，http://stock.stcn.com/common/finalpage/edNews/2014/20140620/456563005774.shtml。

③ 《印尼出台限制煤炭出口新政策》，《钢联资讯》2014年7月29日，http://energy.cngold.org/c/2014-07-29/c2672867.html。

④ 《印尼资源出口新规不断　动力煤出口将设上限》，http://finance.ifeng.com/a/20140708/12675936_0.shtml。

⑤ 《签署不足半年，印尼废止与中国渔业协定》，《南华早报》2015年1月26日，http://www.guancha.cn/Neighbors/2015_01_26_307529.shtml。

同时，中印尼间的贸易和投资呈现出不平衡的状态。在双边贸易方面，印尼对中国出口的商品多为初级产品等。而中国对印尼出口的多为经过加工的中高端产品，中印尼双方目前的经贸合作模式呈现出单一性的特点。这种情况还表现在相互投资方面。印尼有丰富的石油、天然气以及煤、锡、铝矾土、镍、铜、金、银等矿产资源，中国在印尼投资的很大一部分企业都集中于资源开发领域，[①] 这实际上属于一种资源型投资。而印尼对中国的投资不仅投资额较少，涉及的行业也拓展不宽，主要涉及一些纸浆、轮胎、旅游、酒店、房地产等行业。

综上所述，虽然中国与印尼的深化合作关系存在这样或那样的问题，但加强并推动两国关系向前发展，是中印尼领导人和两国人民的愿望。2015年是两国建交65周年，也是万隆会议召开60周年。可以预料，中国与印尼两国领导人将借此机会推动中印尼深化合作关系的向前发展。

① 《共建海上丝绸之路：投资印尼的机遇与风险清单》，http：//money. 163. com/15/0529/05/AQOR5HA500253B0H. html。

Y.11

中国与马来西亚:患难中增强互信

黄婉玮　李一平*

摘　要: 2014年是中国与马来西亚建交40周年。受马航MH370事件的影响，中马双方在患难中政治互信增强，双边贸易总额再次突破千亿美元，联合军演深化了中马全面战略伙伴关系，伊斯兰文化的交流加强了社会互信和了解。本文从政治互访、经贸往来、文化交流、教育合作、科技交流及防务合作六个方面，分析了2014年中马双边合作的成果及存在的问题，并从中马双方经济转型的共同处境提出未来合作方向，旨在促进区域内多元文化下的和平共进。

关键词: 马来西亚　回顾　展望

2014年中国与东盟的合作正步入钻石十年，在尊重主权和领土完整及独立的基础上发展出“10+1”和“10+7”的合作框架，而美国的“亚太再平衡”战略引起区域政局变幻之际，中马关系正处在历史上最好的时期，双方签订建交40周年联合公报，体现了“加强”、“深化”及“扩大”合作框架，在政治、经济、旅游、教育、基础建设和防务安全等方面不断加深，以建立互信，对东盟区域的稳定和促进经济社会一体化有重要的贡献。

---

* 黄婉玮，博士，厦门大学南洋研究院研究员，主要从事东南亚问题研究；李一平，博士，厦门大学南洋研究院教授，主要从事东南亚国际关系、华侨华人问题研究、中国外交研究。

一　中马两国政治关系不断密切

（一）政治领导人交往频繁

自1974年5月正式建交后，中马两国领导人间交往密切。特别是进入21世纪以来，两国高层政治领导人互访极为频繁。双方互相往来，不断加强治国理政经验交流。2014年5月27日～6月1日，应中国国务院总理李克强邀请，马来西亚总理纳吉布对中国进行正式访问。双方同意进一步扩大两国在经贸、投资、金融、基础设施、汽车、农业、人文等领域的互利合作，合作推进中马钦州产业园区和马中关丹产业园区建设。同时，进一步加强金融合作，继续扩大本币在贸易和投资中的使用，共同推动亚洲基础设施投资银行的筹建工作。此外，双方还商定在广西南宁、马来西亚槟城和哥打基纳巴卢分别设立总领事馆。5月30日，中国国家主席习近平会见马来西亚总理纳吉布。双方共同回顾了两国建交40年来外交关系的跨越式发展，并就马航MH370航班失联事件、南海问题的解决等诸多问题交换了意见。同时，双方领导人在继承两国友好传统，互利共赢，共同为建设21世纪海上丝绸之路和亚洲基础设施投资银行而努力等问题上达成共识。

2014年是中马建交40周年，为此，中马两国各界举办了一系列庆祝纪念活动。两国政治领导人以此为契机，继承双方友好互利的传统，进一步加强两国在各个领域之间的合作和交流。2014年5月31日，中国国家主席习近平同马来西亚最高元首哈利姆互致贺电，热烈庆祝中马建交40周年。双方重申将保持密切的高层往来，不断拓展在经贸、金融、人文等领域的合作，推动双方在防务、执法等方面的合作。6月3日，中国国务院总理李克强同马来西亚总理纳吉布共同签署《中华人民共和国和马来西亚建立外交关系40周年联合公报》。公报全面回顾和总结了中马关系40年来取得的成就，重申两国在双边及多边国际问题上的多项共识，并对两国关系未来发展做出详细规划。8 月 8 日，外交部部长王毅在缅甸首都内比都出席东亚合作系列外长会议期间会见马来西亚外长阿尼法。马来西亚当地时间 10 月 7 日，马来西亚总理纳吉布在吉隆坡会见中国国务委员杨洁篪。当天，杨洁篪还同马来西亚政府代表、国防部部长希沙慕丁举行会谈，同正在纽约出席联大的阿尼法外长通话，并会见了交通部部长廖中莱、总理府部长魏家祥、贸工部部长慕斯塔法、总理中国事务特使黄家定等马方政要，同他们就推进两国合作交换意见，达成广泛共识。2014 年 11 月 10 日，马来西亚总理纳吉布赴北京参加亚太经合组织（APEC）第二十二次领导人非正式会议，会见了中国国家主席习近平。两国领导人就如何为中马关系持续健康发展筑牢基础，共同开创中马关系的新未来这一重要议题交换意见。

（二）两国在双边及多边事务上的合作不断加深

中国与马来西亚间政治联系的不断密切，还体现在两国在众多双边及多边国际事务中达成共识并加强合作，共同为维护地区及世界和平做出贡献。

1. 马航 MH370失联事件

2014 年 3 月 8 日，马来西亚航空公司从吉隆坡飞往中国北京的 MH370 航班失联，机上共载有 227 名乘客和 12 名机组人员，其中有 154 名中国人。事件发生后，中马两国领导人高度关注。马方展开紧急搜救活动，中国政府予以谅解和克制并全力支持和投入搜救行动，中国国家主席习近平做出重要指示，要求中国有关部门加强与马来西亚方面的联系，密切关注搜救的进展情况，全力做好应急处理和遇难中国公民的善后工作。在此次共有 26 个国家参与的大规模国际搜寻工作中，中国派出最多的舰船、飞机和专家协助马来西亚进行搜救工作，并配合马方制定搜救方案，全力开展事件调查。同时，中马两国协调有关各方，完成中国乘客家属的相关服务工作，妥善处理此次事件。由于该空难涉及亚洲航空业且中国公民人数最多，中国在多方面给予最大力度支持和合作，但也凸显了中国与东盟在安全情报和数据上的共享不足，并缺乏打击跨境罪犯之信息沟通。[①] 从结果来看，在双方领导人及有关部门的协调配合、共同努力下，两国的友好关系并未受到太大冲击。

2. 共同推动东南亚地区稳定繁荣发展

国际社会把中国与东盟国家既往十年的交往称为“黄金十年”。中国视东盟国家为周边外交的优先方向，双方政治互信、经济互惠、睦邻友好，共同筑起了中国－东盟关系稳固的堤坝。作为东盟中的重要成员，马来西亚始终同中国保持密切合作，双方在东盟、东盟地区论坛、亚太经合组织、亚欧会议、联合国等多边场合保持磋商与合作，为维持东南亚地区的繁荣与稳定做出努力。2014 年 11 月，马来西亚总理纳吉布赴北京参加由中国主办的亚太经合组织（APEC）第二十二次领导人非正式会议。纳吉布在会议中表示，实现亚太地区的和平、稳定和经济发展需要中国的积极参与，马方愿意在 APEC 框架内与中方共同努力。近年来，中国和东盟领导人相继提出包括“2 +7 合作框架”、合作建设“21 世纪海上丝绸之路”、建设中国－东盟命运共同体在内的重要倡议，马来西亚领导人多次公开表示支持。2015 年，东盟轮值主席国由马来西亚担任，中方对此表示支持，并承诺同马来西亚一起，为推动中国与东盟各国的合作做出积极贡献。

3. 南海问题

南海问题主要是指中国与某些东南亚国家在南海主权归属上的争议。其表现在两个方面：一是南沙群岛主权归属问题；二是领海、大陆架和专属经济区的划分问题，它已经成为影响亚太地区国际关系及稳定发展的一个重要问题。目前，中马两国对中国南沙群岛部分岛礁的归属问题有争议。

为解决南海争端，避免因南海问题影响两国外交关系，中方和马方在多次交流中同意通过当事国之间的直接谈判协商解决问题，避免采取使事态复杂化、扩大化的举动，共同维护南海的和平稳定。在 2014 年 6 月 3 日签署

---

① 在中国涉及通过非法金字塔传销活动的“未来世界首富”张健，潜逃马来西亚持续行骗，约 5 万人上当，在中国与马来西亚两地共骗取约 9 亿林吉特，纵然马来西亚执法单位贸消部曾要求张健现身助查，但被其无视而逃至泰国，最终才在泰国落网。由此可以看出两国政府在应对跨境犯罪方面仍需加强信息分享。

的《中华人民共和国和马来西亚建立外交关系40周年联合公报》中，两国强调共同维护南海和平、安全与稳定及航行自由安全的重要性，并建议各直接当事国应保持克制并根据包括1982年《联合国海洋法公约》在内的国际法原则，以和平方式磋商和谈判解决分歧。双方领导人一致认为，不直接相关方介入和干涉有关争议无助于问题的解决，反而会使有关分歧进一步加深和使情况复杂化。双方重申愿同其他东盟国家一道，共同落实《南海各方行为宣言》，在协商一致的基础上积极而有步骤地推动磋商进程，朝着制定《南海行为准则》的方向继续努力。这体现了中国和马来西亚两国通过和平方式解决南海问题的看法是基本一致的。

二　两国经济合作不断加强

（一）双边贸易往来势头良好

马来西亚统计局公布的数据显示，2014年1～9月，马来西亚与中国双边货物贸易额为470.4亿美元，增长0.7%。其中，马来西亚对华出口208.9亿美元，同比下降3.3%，为马来西亚出口总额的11.9%，同比下降1.0个百分点；马来西亚自中国进口261.5亿美元，增长4.2%，占马来西亚进口总额的16.7%，增长0.4个百分点。马方贸易逆差52.6亿美元，上升50.7%。

同期，马来西亚对华出口量最大的商品分别是机电产品、矿物燃料、机械设备、动植物油和橡胶及制品；上述五大类商品的出口额依次为82.9亿美元、23.0亿美元、19.7亿美元、18.1亿美元和13.9亿美元，占马来西亚对中国出口总额的75.3%，其他对华出口商品还有有机化学品、塑料制品、光学仪器制品、矿砂、锡及制品、铜及制品、木材及制品等。马来西亚进口自中国的商品主要有机械设备、机电产品、钢材、光学仪器产品和铝及制品等。2014年1～9月，马来西亚进口的上述五类商品合计168.4亿美元，占马来西亚自中国进口总额的64.4%。除上述产品外，马来西亚进口自中国的大宗商品还有铜类制品、钢铁制品、运输设备、无机化学品、新鲜蔬菜、船舶、鞋类制品和纸制品等。截至2014年9月底，中国成为马来西亚仅次于新加坡的第二大出口市场和第一大进口来源地。以上数据表明，中马双边贸易的内容不断丰富，结构不断优化。①

2014年，中马双边贸易额克服国际大宗商品市场需求萎靡不振，原油、橡胶和棕榈油价格持续下跌等不利因素影响，在2013年的基础上仍突破千亿美元。据中国海关统计，2014年中马双边贸易额为1020.2亿美元，同比下降3.8%，其中中国对马出口463.6亿美元，同比增长0.9%，中国自马进口556.6亿美元，同比下降7.5%。马来西亚连续7年保持中国在东盟最大贸易伙伴地位。②

（二）双向投资合作不断完善

除了双边贸易外，中国与马来西亚之间的相互投资合作也进一步加强。截至2012年年底，马来西亚对中国投资5253个项目，总金额达63.27亿美元。中国对马来西亚投资19.8亿林吉特。2013年10月，中国与马来西亚签署了《中华人民共和国政府与马来西亚政府经贸合作五年规划》（2013~2017年），积极推动两国间的双向投资，表示愿意为两国在2017年实现双边贸易额1600亿美元的目标而共同努力。近年来，双方积极推进在特许经营、制造业、港口开发与物流、铁路、建筑和设计服务、电信、垃圾和水处理、银行与金融服务、教育、医疗卫生、康体养生、在华清真产品与服务等领域的合作。

2014年2月25日，中马两国成立中国-马来西亚钦州产业园区和马来西亚-中国关丹产业园（简称“两国双园”）联合合作理事会。5月31日，马来西亚总理纳吉布访华期间，由中国商务部投资促进事务局、马来西亚投

① 中国商务部综合司、商务部国际贸易经济合作研究院：《国别贸易报告·马来西亚》，国别数据网，2014年12月23日，http://countryreport.mofcom.gov.cn/record/qikan.asp?id=6764。

② 《2014年中马双边贸易额再次突破千亿美元》，中华人民共和国驻马来西亚大使馆经济商务参赞处网站，2015年1月14日，http://my.mofcom.gov.cn/article/sqfb/201501/20150100867150.shtml。

资发展局、东海岸经济特区发展理事会、中马钦州产业园区以及马中关丹产业园共同签署五方谅解备忘录。这标志着中马联合招商机制正式建立，双园开发建设正式进入科学化、机制化和规范化的快速发展轨道，两国双园建设正式启动。首个入驻马中关丹产业园的是广西北部湾国际港务集团，在马投资联合钢铁厂项目约13亿美元。3月1日，马来西亚由中国企业参与承建的槟城第二跨海大桥正式建成通车。该大桥总造价约46亿林吉特（部分使用中方提供融资），主桥和桥梁海上桩基部分由中国港湾工程有限责任公司承建（中方承建部分约22亿林吉特），是东南亚地区跨度最长的跨海大桥。5月6日，由广西北部湾国际港务集团投资约13亿美元建造的联合钢铁厂项目作为首个入驻马中关丹产业园的重点项目，正式获得马来西亚国际贸易与工业部颁发的工业生产许可证。该项目年产钢铁300多万吨，一旦投产将使马来西亚成为东南亚最重要的钢铁制造中心之一。[①] 这些投资项目的顺利运行，对中马两国的经济发展起到了一定的促进作用。

（三）双边金融合作不断深化

中国与马来西亚金融合作目前已经深入了双边的外汇和债券市场，马来西亚一直走在人民币国际化的前沿。

2014年10月24日，包括中国、马来西亚、新加坡在内的21个首批意向创始成员国的财长和授权代表签署了筹建亚洲基础设施投资银行（简称“亚投行”）备忘录，[②] 马来西亚成为亚投行创始成员国之一；11月10日，马来西亚总理纳吉布出席在中国北京举办的APEC领导人非正式会议期间，分别与中国国家主席习近平、国务院总理李克强进行了会谈。当天，中国人民银行与马来西亚国家银行签署了在吉隆坡建立人民币清算安排的合作

① 《2014年中马经贸合作10件大事》，中华人民共和国驻马来西亚大使馆经济商务参赞处网站，2015年1月16日，http://my.mofcom.gov.cn/article/sbhz/201501/20150100868739.shtml。

② 刘华：《习近平：亚投行应加快推动区域经济合作》，新华网，2014年10月24日，http://finance.sina.com.cn/china/20141024/142020633601.shtml。

备忘录;① 马来西亚获得的吉隆坡人民币清算安排将有利于中马企业和金融机构使用人民币进行跨境交易，进一步促进双方的贸易和投资便利化。

三　文化、教育、科技等领域交流日益扩大

除了政治、经济等领域外，近年来，中马两国在文化、教育、科技等领域的相互往来也不断扩大。

（一）文化方面

2014 年既是中马建交 40 周年，也是中马友好交流年及中国 - 东盟文化交流年。因此，在这一年中，中马两国在文化领域的交流比较丰富。2014 年 5 月 21 日，马来西亚人民引颈盼望的中国两只熊猫“凤仪”和“福娃”抵达马来西亚履行 10 年租借期，取名为“靓靓”和“兴兴”。当前“熊猫效应”在马来西亚造就的游客人次和各种商机大幅攀升。马来西亚国际贸易及工业部副部长哈敏沙慕里预估这对可爱的珍稀动物将使该国在 10 年内出口到中国的总额提高至 3105.5 亿美元；7 月 3 日，中国伊斯兰教协会在马来西亚首都吉隆坡主办“中国 · 马来西亚伊斯兰文化交流会暨中国伊斯兰文化展”,② 首次向海外推介中式伊斯兰文化，促进两地伊斯兰社会的了解及有望提升社会互信程度。2014 年 10 月 6 日晚，由中国 - 东盟中心组派的中国东方演艺集团访马首场演出在马来西亚吉隆坡国际会展中心演出大厅隆重举行。来自中国的演员们表演了既富于民族风格，又充满现代气息的歌舞、声乐及器乐节目，展示了博大精深的中国文化和艺术，引来观众阵阵掌声，取得了很好的效果。

---

① 刘铮、王培伟：《中马央行签署备忘录在吉隆坡建立人民币清算安排》，新华网，2014 年 11 月 10 日，http://news.xinhuanet.com/fortune/2014-11/10/c_1113187546.htm。

② 中国伊斯兰教协会研究部：《传承丝路情谊，共创美好未来——2014 中国 · 马来西亚伊斯兰文化交流会暨中国伊斯兰文化展活动纪实》，中国伊斯兰教协会网站，2014 年 8 月 11 日，http://www.chinaislam.net.cn/cms/zjjy/yjdt/wenhuajiaoliu/wenhuajiaoliu/201408/11-6673.html。

（二）教育方面

一直以来，中马两国政府十分注重推动双方在教育领域的合作。2009年，中马签订了两国《高等教育合作谅解备忘录》，2011年签署了两国《关于高等教育学位学历互认协议》。双方共同为早日实现2020年中国－东盟“双十万”学生流动计划，以及马来西亚在马培养20万名国际留学生的目标，让更多人受到良好的教育而努力。

在这一系列努力中，厦门大学马来西亚分校的建立尤为突出。厦门大学马来西亚分校的教育理念和学位授予都将与厦门大学本部保持一致，所授学位也将获中国和马来西亚两国教育部认证。2013年1月21日，在纳吉布总理见证下，马来西亚高教部卡立诺丁部长向来访的中国厦门大学校长朱崇实递交了邀请书，正式邀请厦门大学赴马来西亚开设分校。随后，各项准备工作如期进行。2014年3月3日，厦门大学校长朱崇实教授在布城拜会了马来西亚副总理兼教育部部长慕尤丁，双方进一步讨论了有关厦门大学与马来西亚教育部合作的具体事宜。7月3日，马来西亚总理纳吉布、中国教育部代表陈舜和厦门大学校长朱崇实等共同出席厦门大学马来西亚分校的奠基仪式。分校预计最早将于2016年春季招生，首批预计将面向中、马和东盟等其他国家招生500人。

（三）科技方面

在科技方面，中马双方交流也日趋活跃。2013年10月，中马两国科技主管部门签署《中华人民共和国政府和马来西亚政府科学技术和创新合作协定》。双方成立了科技创新联委会，推动两国科技界和产业界开展多种形式的科技与创新合作。2014年10月29日，中国科技部与马来西亚科技创新部在北京举行了科技创新合作联委会第一次会议，双方承诺将共同推动合作共建清真食品联合实验室，共建中马技术转移中心，启动马杰出青年科学家来华工作计划。同时，围绕新能源和可再生能源行动计划，两国将联合开展相关技术和产品的研究与展示，组织人员培训、开展技术对接及学术交流等活动。此外，中马双方还将共同开展科技与创新政策研究。①

四　两国在安全、防务领域的合作日渐深化

自20世纪90年代初中马两国国防部部长实现互访以来，两国军方人员互访和国防业务的交流日益频繁，两国军事关系一直向前稳步发展。1999年5月两国签署的《关于未来双边合作框架的联合声明》强调，为进一步发展防务合作关系，两国除加强两军高层交往外，还应促进各个层次的互访，包括考察、军舰互访、培训、信息和情报交流、组织研讨会和开展互利研究与开发等。② 21世纪以来，双方在军事合作上又取得了新的成绩。

在中马两国于2014年6月3日签订的公报中，中马双方明确表示同意加强防务合作，增进两国防务部门间的友好、理解与协调。相关合作包括高层交往与会议、联合训练、人员培训、建立两军联络热线、海军舰船互访等。两国还签署国防科技工业领域合作谅解备忘录，同意本着平等互利的原则推进在国防科技工业领域的合作。

2014年12月22~26日，中国和马来西亚“和平友谊-2014”军队联合桌面推演在马来西亚举行，这是两军首次联合桌面推演。马方共有22人参加，中方有21人参加。在为期5天的推演中，双方共同推演了海空兵力投送、联合护航、联合搜救、联合解救被劫持船只和人道主义援助与救灾等科目，并就军队参与人道主义援助与救灾行动机制交流经验。③ 这次军演增进了中马两国军方的相互了解，是两军在联合演训方面进行合作的积极尝试，为未来两军进一步开展人道主义援助与救灾合作打下了坚实基础，掀开

① 《中国马来西亚政府间科技创新联委会一次会议召开》，中华人民共和国中央人民政府网站，2014年11月13日，http://www.gov.cn/xinwen/2014-11/13/content_2777690.htm。

② 中华人民共和国外交部：《中华人民共和国政府和马来西亚政府关于未来双边合作框架的联合声明》，《中华人民共和国国务院公报》1999年第27期。

③ 赵博超：《中国和马来西亚军队联合桌面推演圆满结束》，新华网，2014年12月24日，http://news.mod.gov.cn/headlines/2014-12/26/content_4560822.htm。

了安全合作的新一页。

此外，中国军队于2014年3月以来配合马来西亚军方积极参加马航MH370失联航班搜救工作，并在2014年12月马来西亚特大洪灾中提供救灾物资援助。马来西亚2014年遭遇45年来最严重水灾，包括吉兰丹在内的东海岸地区受灾严重，全国损失约10亿林吉特。中国红十字会、中国驻马来西亚大使馆和中资企业向灾区提供了共10万美元和100万林吉特的赈灾款，并且中国政府还提供了价值2000万元人民币的紧急人道主义物资援助。这一切进一步证明了中马两国在军事领域的合作在不断加强。

五　中马两国关系中现存问题

（一）赴马旅游人数减少

据《南洋商报》2014年12月30日报道，马来西亚旅游总会主席韩沙拉末表示，2014年1～8月赴马外国游客（不含中国游客）总人数同比增长12.2%，但中国游客人数同比下跌11.9%，相当部分负责中国团体旅游业务的本地旅游从业者业务骤降50%～80%，这导致马旅游收入减少数十亿林吉特。[①]

赴马中国游客大量减少，有两大主要影响因素。第一，2014年发生的马航MH370客机失联事件和“4·2”马来西亚仙本那劫持事件影响了中国游客前往马来西亚旅游的热情。2014年3月8日，马来西亚航空公司从吉隆坡飞往中国北京的MH370航班失联，机上共载有227名乘客和12名机组人员，其中有154名中国人。事件发生后，中马两国政府采取紧急应对措施。然而，由于中马两国政治习惯差异及信息通达度等因素的影响，部分失联乘客家属及国内群众对马来西亚政府处理此事的态度及行为大为不满，认

① 《1～8月中国赴马游客下跌11.9%　马业界呼吁豁免中国游客签证》，中华人民共和国驻马来西亚大使馆经济商务参赞处网站，2015年1月5日，http://my.mofcom.gov.cn/article/sqfb/201501/20150100857116.shtml。

为马政府“拖延、隐瞒、掩盖”真相，甚至在国内一些社交网络上掀起抵制马来西亚的风潮，这在很大程度上影响了中国游客赴马旅游的热情和兴趣。马航 MH370 失联事件引发的风波尚未平息，又发生中国赴马游客遭遇绑架的事件。2014 年 4 月 2 日，东马仙本那 singamata 酒店被一伙武装人员袭击，1 名中国上海籍女孩和 1 名菲律宾籍酒店女员工遭到劫持。虽然事后该中国游客平安获释，但这起事件还是引起了中国民众对于赴马旅游安全性的担忧，使得有赴马旅游意愿的人数进一步减少。第二，目前中国游客赴马旅游仍需要办理签证，这使得马来西亚和其他东南亚国家相比，在旅游业上的竞争力大大下降。目前，越南、老挝、柬埔寨、菲律宾、泰国和印尼等国家已对中国游客豁免签证或免签证费，这成为很多中国游客在选择前往东南亚国家旅游时的重要考虑因素。为了保持在旅游业上的优势，马来西亚政府也采取了相应措施。马来西亚总理纳吉布 2015 年 1 月 20 日宣布，将免除中国游客签证费。但基于安全考虑，目前不会考虑豁免中国游客签证。

（二）南海争端

南海问题一直是影响亚太地区和平稳定发展的一个重要问题。中国和马来西亚的主要领土纠纷集中在马来西亚对其宣称主权的弹丸礁上。2009 年 3 月 5 日，马来西亚时任总理巴达维登上弹丸礁宣示主权，曾引起中国媒体和政府的关注。如前文所述，目前，中国同马来西亚在南海问题上基本保持友好协商的和平态度，因此两国之间并无爆发大规模武装冲突的可能。然而，比较令人担心的是基层的擦枪走火，如到南沙海域捕鱼作业的中国渔民不时遭到马来西亚军舰的骚扰、毒打，甚至被逮捕，判刑坐牢，中国渔政船与马来西亚军舰对峙等，如处理不好，在南海问题敏感多变之际，很容易引起媒体关注和激起彼此国内民族主义情绪，进而影响两国关系。[①] 因此，南海问题也成为时刻影响中马关系的一个重要因素。

---

① 廖小健：《美国“重返亚洲”后的马美、马中关系探析》，《东南亚研究》2012 年第 2 期。

六 中马未来合作方向

2020年中国将实现中华民族伟大复兴的“中国梦”，在中国共产党成立一百周年之时，人均收入和GDP指数在2010年的基础上翻一倍、全国60%地区城镇化、进入一个小康社会；马来西亚“2020年宏愿”是由第四任总理马哈迪提出的，经历了两次亚洲金融风暴后，马来西亚依然坚定迈向高收入国家之路，双方国家合作是未来发展的方向，并且马来西亚在2015年开始担任东盟轮值主席国两年，如此一来，东盟一体化也成为双边合作的核心。

（一）合力加强区域安全信息共享和防务合作

在全球化与区域经济一体化当中出现了核心和边缘化的利益整合问题，尤其“伊斯兰国”在亚洲扩散已造成社会不安定，加上2014年在亚洲连续发生几起空难也打击了亚洲地区的飞行安全，影响了本区域的安全与稳定，对中国崛起也不利，有鉴于此，中国须加强与周边国家设立信息共享与军事防务机制，联合打击恐怖分子和加强安全。但是，东盟及亚洲区域与中国设立共享机制的前提是先达到一定的彼此政治互信程度，中马合作关系在此方面可作为铺垫，共同加强信息沟通打击跨境犯罪、走私贩毒及非法贩卖人口等，从中增强互信再扩大至区域内的互信分享。

（二）推进东盟一体化合作

马来西亚从2015年出任东盟轮值主席国，要在为期两年内完成八项优先任务，其中两项为东盟共同体和东盟共同体愿景，要在2015年完成。① 因此，东盟任务成为未来中马合作的核心之一，总理纳吉布曾在第65届联合国大会上提出了建立“全球中庸运动”（Global Movement of Moderates，简

① 《大马制定八大优先任务，各国反应积极》，《诗华日报》2015年1月29日，http：//www. news. seehua. com/archives/15452/。

称 GMM)，2014 年在北京举办的亚太经济合作组织领导人非正式会议上再次提倡“以中庸抵抗全球恐怖主义”之说并发起“全球中庸运动基金会”(简称 GMMF)。未来的东盟会议，马来西亚将以“中庸”概念倡导东盟任务。“全球中庸运动”与中国的“海上丝绸之路”两者有异曲同工之处，即都以开放性与包容多元化的态度对待周边国家，对东盟一体化有促进作用。东盟内的核心问题之一是南海主权争议，虽然东盟各国与中国达成“搁置争议，共同开发”的共识，以和平解决利益问题，但自美国推出“亚太再平衡”战略以来，一些国家的态度转为强硬，与中国矛盾激化。马来西亚在南海问题上采取温和（中庸）态度，甚少与中国激化矛盾。但未来得看马来西亚作为东盟轮值主席国如何以中庸去化解区域纠纷。其实，南海利益配置问题或许在区域利益整合后可以迎刃而解，唯主权从国家过渡到区域需较长时间，或只有等东盟共同体愿景完成后才有可能化解南海利益纷争。

（三）发展伊斯兰文化经济带，加快中国融入共同体

2014 年中国电视台一档歌唱比赛节目出现名叫茜拉的马来姑娘，黑色头巾配猩红长袖长裙的穆斯林装扮，令不少中国观众眼前一亮，“茜拉为什么戴头巾?”更成为网民热议的话题，体现海外穆斯林与中国穆斯林的社会差异,[①] 此外，2014 年由中国伊斯兰教协会在吉隆坡主办的伊斯兰展览和交流促进了两国穆斯林的情谊，也成为中国融入东南亚伊斯兰文明圈的窗口。东盟有世界庞大的穆斯林人口，而中国可通过与马来西亚共建两国伊斯兰经济带，对中国 - 东盟共同体合作发挥积极的作用。当前“双园模式”的广西壮族自治区和吉兰丹州皆有穆斯林人口，回族是广西主要少数民族之一，而吉兰丹是奉行伊斯兰教制的伊斯兰教州，若联合开发清真产业的合作可建立中马伊斯兰文化经济带，可惜马来西亚因地方政府为在野党执政之州，与中央缺乏配合乃至推动力度低，导致投资商涉足的兴趣也低。

另外，在学术上两国学者也可共同探讨国际伊斯兰的课题，例如现代化

① 《茜拉的头巾与中国热议》,《亚洲周刊》2014 年 3 月 16 日第 28 卷 10 期。

与伊斯兰利益的问题。

最后要说的是，高铁将可能成为中马合作项目。中国正与日本、韩国、德国竞争“马来西亚—新加坡高速铁路”的招标项目，该铁路全程长354公里，将于2020年完成，目前中国有价格和质量的优势，唯马方声称要综合竞标者的各方面实力，由此看来日本将是最大竞争者，因日本与马来西亚合作历史悠久，互信程度高。无论如何，该铁路建好后会加快区域一体化和经济文明圈之建构。

Y.12

中国与菲律宾：领土争端的困扰

杨静林*

摘　要：南海领土争端全面困扰着2014年中菲两国关系的发展与走势，不仅双边外交关系陷入困顿，双边旅游、投资与贸易都受到了极大的负面冲击。双方海军在黄岩岛、仁爱礁的交锋成为两国南海争端的焦点。随着中国对南海主权实际控制能力的增强，菲律宾强化军事同盟，开展东盟外交、大国外交及欧盟外交，为菲律宾的南海诉讼寻求国际上的支持，对中国宣称南海主权制造国际舆论上的压力。

关键词：中菲关系　南海领土争端

南海领土争端全面困扰着2014年中菲关系的发展与走势，不仅双方外交关系陷入困顿，双边经济、旅游、投资与贸易都受到了很大的负面冲击。双方海军在黄岩岛、仁爱礁的新一轮交锋成为两国南海争端的热点。随着中国对南海主权实际控制能力的增强，菲律宾强化菲美军事同盟，开展东盟外交、大国外交及欧盟外交，为菲政府在国际法庭的南海诉讼寻求国际上的支持，对中国宣称南海主权制造国际舆论上的压力。

---

* 杨静林，博士，广西民族大学东盟学院副教授，主要从事中菲关系、华侨华人等研究。

一 中国与菲律宾的外交关系

2010年8月在马尼拉发生香港游客遭枪杀的事件，香港特区政府与菲律宾政府举行多轮协商和谈判，要求菲政府就该事件进行道歉，并采取了经济制裁。迫于压力，2014年2月1日，菲律宾参议员敦促菲政府就香港人质事件向香港道歉。2014年4月23日，香港特别行政区政府与菲律宾政府发表联合公告，菲律宾政府正式向该事件的受害者及家属致歉。联合公告宣称："香港特别行政区政府（香港特区政府）及菲律宾政府同意以下述方式，解决和处理受害者及家属就道歉、赔偿、惩处负责官员和其他人士及采取措施保障旅客安全的四项要求。"[①] 由此，从2014年以来备受香港特区关注和追踪的人质事件得到官方层面的最终解决。

近年来，菲律宾国内的社会治安和公共安全秩序没有得到改善，甚至有进一步恶化的趋势，在国际社会马尼拉素有"绑架之都"之称。菲律宾连续发生针对中国公民的绑架及枪杀案件，中国驻菲大使及中国外交部发出紧急通知告知中国人谨慎赴菲及中国公民在菲律宾的人身安全与财产安全问题。2014年9月8日，1名中国公民在菲律宾大马尼拉地区遭2名菲律宾人绑架。11日晚，1名中国公民在菲南部三宝颜－锡布盖省遭当地身份不明的武装人员绑架，13日上午在菲律宾BULACAN省MEYCAUAYAN市遭遇枪击。中国外交部发言人洪磊在15日的例行记者会上表示，中方对有关情况表示严重关切，敦促菲政府采取有效措施，切实保障在菲中国机构和公民的安全和合法权益。菲律宾警方证实有犯罪团伙有计划、有预谋地袭击中国使馆、中资机构和菲律宾商场等公共设施。鉴于菲律宾安全形势的恶化，中国外交部于2014年9月12日提醒中国公民近期暂勿前往菲律宾，提醒在菲律宾的中国公民和机构加强

---

① 张明宇：《港府与菲方就人质事件发公告：菲方致以最悲痛歉意》，中国新闻网，2014年4月23日，http://www.chinanews.com/ga/2014/04-23/6097812.shtml。

安全防范。[①] 菲政府对影响社会治安的各种绑架和犯罪活动的不作为及低效率，在某种程度上纵容了菲律宾国内犯罪分子的不法行为。

2014 年 9 月 16 ~ 19 日，菲律宾副工商部长特拉道率领 60 人的代表团，参加第 11 届东盟博览会、中国 – 东盟商务与投资峰会，菲律宾中国洪门联合总会副理事长林育庆博士随团参加。特拉道与广西壮族自治区政协副主席刘志勇进行了会谈。[②] 受中菲关系低迷的影响，菲政府参加此次东盟博览会无论在规格上，还是在规模上都比往年要低。2014 年 10 月 15 日中国 – 东盟博览会副秘书长杨雁雁女士率领代表团访问菲律宾中国洪门联合总会。2014 年 11 月，在北京举行的 APEC 会议期间，习近平主席和阿基诺总统进行了简短的交流。两国领导人的会面回避了南海问题的话题，中方提到愿与菲方一起发展两国双边关系，及支持菲律宾做好 2015 年亚太经合组织领导人非正式会议的东道主，阿基诺从中国领导人手中接过主办 2015 年 APEC 系列会议的接力棒。

二　中国与菲律宾的经济关系

由于中菲两国贸易互补性强，在制造业、服务业及信息通信、矿产资源等领域合作的潜力空间大，两国贸易与投资及旅游业呈现缓慢增长的态势，但中菲贸易结构不对称，菲律宾出口依赖于中国的市场。两国南海争端冲突不断，2014 年中国对菲律宾进行了严厉的经济制裁，限制菲律宾农产品出口中国，菲律宾对华的旅游业及相关产业受到了打击。

（一）信息通信、交通运输及矿产等领域的合作

中菲产业结构优势互补，中国先进的工业技术及信息通信技术为菲律宾

① 南若染：《菲律宾遭枪击中国公民逝世，在菲中国人安全受关注》，《世界日报》2014 年 9 月 16 日，http://www.chinanews.com/hr/2014/09 – 16/6594126.shtml。

② 庄铭灯：《副工商部长在南宁表示南海争端未影响菲中贸易》，菲律宾中文网，2014 年 9 月 16 日，http://www.philippine.cc/news/5025.html。

经济发展所需。而中国急需对外投资市场和工业品出口市场，高度依赖海外的各种经济资源，菲律宾巨大的消费市场以及丰富的铜矿、铁矿等资源吸引着中资企业和商人。目前，中国企业集中于菲律宾的制造业、服务业、信息和通信等行业进行投资及市场开发。2014 年 1 月 2 日，中国中冶所属中冶宝钢技术服务有限公司与菲律宾联合铜业公司（PASAR）正式签订 100 套环保型渣处理设备和 3 台 70 吨铰接式抱罐车制造合同，合同额 750 万美元。① 该公司成功实现自主知识产权冶金集成装备出口销售第一单，承接 100 套环保型渣罐设备，用于替代传统铸造渣包的新型产品。菲律宾第二大移动通信商 Globe 公司启动了全国范围内的 TD－LTE 网络建设。华为公司作为主要供应商，将提供先进的 TD－LTE 解决方案，助力其部署包括首都马尼拉在内的多城市的 TD－LTE 网络。②

中国企业涉足菲律宾城市设施的基础建设。中国北车集团大连机车车辆有限公司有望拿下马尼拉城铁 3 号线（MRT3）运能扩展合同。菲交通部部长约瑟夫·阿瓦亚称，该项目评标委员会最有可能将项目授予中国北车大连机车公司，最早在2014 年1 月初通知该公司。大连机车公司中标价为37.59 亿比索，将交付 48 辆轻轨列车。③ 全部48 辆新列车计划分批交付，最后一批的交付时间是在 2016 年 5 月完成。该项基础设施的合作是为了更新马尼拉破旧的交通系统，改变马尼拉市内拥挤的交通状况。8 月 14 日，“2014 中国机电产品展”在马尼拉 SMX 会展中心开幕，菲律宾总统阿基诺、副总统比奈、参众两院议长为展会发来贺词。中国机电商会副会长王贵清、菲律宾华商总会理事长施文届、金远商务参赞出席开幕式并致辞。这次中国机电展是中国机电商会在菲举办的第 10 届。来自国内 60 余家企业参展，

① 李香玉：《中冶宝钢技术首单冶金集成装备出口菲律宾》，中国工程建设网，2014 年 10 月 15 日，http：//china. huanqiu. com/News/sasac/2014 －10/5167229. html。

② 驻菲律宾经商参处（编译）：《华为助力菲 Globe 电信公司建设 TD－LTE 网络》，《世界日报》2015 年 1 月 6 日，http：//www. mofcom. gov. cn/article/i/jyjl/j/201501/20150100858892. shtml。

③ 驻菲律宾经商参处（编译）：《大连机车公司有望中标马尼拉城铁列车项目》，中国驻菲律宾大使馆经济参赞处网站，2014 年 1 月 3 日，http：//www. mofcom. gov. cn/article/i/jyjl/j/201401/20140100449787. shtml。

展览面积近3000平方米，展出产品包括工程车辆、发电机、水泵和家用电器等。

此外，中国是菲律宾镍矿资源出口的主要市场。菲律宾和印度尼西亚是2012年最大的两个镍矿出口国，加起来占全球市场份额的38%，但菲镍矿的品位较低，镍含量在1% ~1.8%之间（其中仅有10%的矿石达到1.8%）。受印尼禁止矿产品出口的影响，菲镍矿对华出口猛增，但中国镍加工厂需要进行调整以适应菲较低品位的矿石。①

（二）中菲贸易与投资：在困境中缓慢增长

中国超过美国、仅次于日本，成为菲律宾的第二大贸易伙伴，也是菲律宾第三大出口市场，第一大进口来源国。菲律宾统计署数据显示，2014年5月，菲律宾对中国出口贸易额呈现高增长的态势，同比增长51.3%，总额为9.59亿美元，该月菲律宾对外出口总额达55亿美元，对中国的出口额占到菲律宾对外出口总额的17.4%。② 据有关数据统计，2014年1~7月，中菲贸易总额为103亿美元，同比增长19%。截至7月底，菲律宾从中国的进口额达55亿美元，同比增长约20%。中国自菲进口产品前5位分别是电子（8.1亿美元）、机械（4.32亿美元）、矿砂（2.28亿美元）、铜及其制品（1.51亿美元）、矿物燃料（0.9亿美元）。中国对菲出口前5位产品为电子（4.04亿美元）、钢铁（3.42亿美元）、机械（2.34亿美元）、塑料及其制品（0.96亿美元）、车辆及其零件（0.9亿美元）。③

2012年，菲律宾在中国的投资额仅为1.32亿美元；2013年，中国在菲律宾的投资额为12.4亿比索，同比下降超过30%；2014年菲政府批准的来

---

① "It maybe in the Good Profit for export Filipino Nickel Minerals," *Philippiness Business Mirror*, Jan 14th, 2014.

② 《今年5月中国跃居菲律宾第二大出口市场》，南博网，2014年7月14日，http://www.caexpo.com/news/info/focus/2014/07/14/3627025.html。

③ 驻菲律宾经商参处（编译）：《去年11月菲中贸易环比增长3.8%》，《菲律宾商报》2015年1月22日，http://www.mofcom.gov.cn/article/i/jyjl/j/201501/20150100875482.shtml。

自中国的投资达96.2亿比索，远高于2013年同期的2.45亿比索。[①] 中国香港和台湾地区是菲律宾主要的外资来源地。菲央行数据显示，2014年10月，菲外资净流入量为4.44亿美元，较2013年同期的2.19亿美元几乎翻番。1~10月，菲律宾外资净流入量为53.2亿美元，同比增长64%，超过菲律宾央行预计全年44亿美元的目标。其中外资母公司在菲外资子公司增资32.55亿美元，同比增长55%；外资企业本地融资13.52亿美元，同比增长89%。菲律宾外资主要来源于美国、中国香港、日本、新加坡和中国台湾，集中在金融保险、制造、房地产、商业批发零售和运输仓储等行业。[②]

在中菲双边贸易中，菲律宾对中国市场和资本具有一定的依赖性。菲律宾国家统计办公室数据显示，该国2014年进出口总额为1081.86亿美元，中菲贸易额占菲律宾外贸总额近30%，而只占中国外贸总额的0.89%。中国海关总署的数据也显示，中国2015年4月对菲律宾的出口占出口总额的0.9%。[③] 菲律宾通过开展投资说明会等商业活动扩大对华出口商机。2014年2月21日，“走进菲律宾投资说明会”在北京举行，会议由中国—东盟商务理事会、菲律宾驻华大使馆和中国水利电力对外公司共同主办。菲律宾驻华大使艾尔琳达·巴西里奥出席会议并致辞。她说，“近年来，在东亚地区，菲律宾经济发展速度仅次于中国，得益于菲律宾内需不断扩大，这同时也为中国企业提供了大量商机，菲律宾欢迎中国企业前往开展投资合作。”[④]

南海领土争端增加了两国贸易与投资的不确定性及投资风险。在两国对

---

① “The Philippines Government Shows the Trade between China and Philippines Rapid Grow,” *Philippine Daily Inquirer*, Oct 31th, 2014.

② 驻菲律宾经商参处（编译）：《菲去年1~10月吸引外资净额同比增长64%》，《菲律宾星报》、《商业世界报》2015年1月13日，http://www.mofcom.gov.cn/article/i/jyjl/j/201501/20150100866402.shtml。

③ 《中国与南海最新消息：2014年中国对菲律宾的制裁》，中国军情网，2015年1月5日，http://www.52junqing.com/nanhai/2015/0105/181434.html。

④ 赵志芳：《“走进菲律宾”投资说明会在京举行》，中国经济新闻网，2014年2月21日，http://www.cet.com.cn/cjpd/cjhy/1113749.shtml。

抗的紧张形势下，华商的人身安全与正常的商业活动受到了潜在的威胁，影响中国企业、商人在菲律宾投资的积极性，规避资本风险使得菲律宾在华招商引资困难重重。一些准备对菲律宾进行投资的中国企业感到担忧，处于观望状态；已经在菲投资的中资企业更深感忧虑。在菲投资的中国企业项目和工程受到一定影响。① 因此，相比泰国、马来西亚、新加坡等东盟国家，菲律宾与中国之间的投资与贸易增长非常缓慢，且所占的比重显得微不足道。

（三）在困境中发展的中菲旅游合作

2014 年中国赴菲游客人数仅次于韩国、美国，是菲律宾的第三大旅游客源地。据菲律宾旅游局初步统计，2014 年上半年菲吸引外国游客人数为 243 万人次，同比增长 2.22%。韩国仍是菲最大游客来源国，2014 年上半年来菲游客 54.8 万人次，占比 22.5%；其后为美国的 38.9 万人次，增长 6.8%；中国游客以 22.6 万人次排名第三，增长 13.6%；第四为日本的 22 万人次，增长 9%；2014 年上半年海外游客共在菲消费 1098 亿比索，中国游客消费 48.8 亿比索。② 2014 年全年，到访菲律宾的外国游客在 500 万人次左右，旅游收入预计 47 亿美元。韩国仍是最大的客源地，约有 110 万人次；美国游客 70 万人次；中国游客在 45 万 ~55 万人次之间，超过日本，居第三位。③ 相比 2011 年赴菲的中国游客 24 万人次增长了约 1 倍。

中菲南海领土争端的冲突升级及菲律宾不断恶化的社会治安成为影响中国游客赴菲旅游的主要原因。中国多省市的旅游机构暂停赴菲旅游。包括中青旅、凯撒旅游在内的北京多家旅行社主动劝退有赴菲旅游计划的游客，携程、去哪儿网等旅游网站下架菲律宾的游线产品，福建、安徽等省的旅行社暂停赴菲游项目。由于中国游客的不足，菲律宾主要廉价航空宿务太平洋航

① 《中国与南海最新消息：2014 年中国对菲律宾的制裁》，中国军情网，2015 年 1 月 5 日，http://www.52junqing.com/nanhai/2015/0105/181434.html。

② "The Number of Foreigner Visitors to Philippines Raising by 2.2% in the First Half of Year", Philippines Star, Aug 15th, 2014.

③ 驻菲律宾经商参处（编译）：《2014 年访菲外国游客约 500 万人次》，《商业世界》2015 年 1 月 7 日，http://www.mofcom.gov.cn/article/i/jyjl/j/201501/20150100859894.shtml。

空公司取消了2014年9月~12月之间的149架次包机，约损失24138名乘客。亚洲航空公司也暂停了从北京和上海飞往卡利博机场的航线，该机场主要为长滩岛服务，马尼拉和上海之间的航线也相应减少。①

因赴香港劳务的菲律宾劳工已经初具规模，有18.5万菲律宾人在香港居住和工作。② 他们在中菲两地的往返增多。10月，菲律宾和香港签署航空服务协议，将菲律宾与香港两地之间的每周客容量由1.5万扩大至3万个。

三 中菲南海争端与菲律宾的南海外交

（一）2014年中菲南海领土争端一波三折

2013年中国宣布划设东海防空识别区，菲政府时刻留意中国划定的防空识别区。2014年1月，菲律宾总统阿基诺对外表示："东海最近的事态发展，特别是设立防空识别区引发人们对区域国际民用航空的安全与保障的担忧，使得菲律宾增强对区域和平与稳定的呼吁。"他补充道："我们都应该关注中国官员近期关于中国将会在适当的时候设立其他防空识别区的言论。"③ 2014年1月6日，菲律宾军方向南海增兵，新的驻军进驻中业岛。④经过菲律宾新一轮的设施升级和增兵后，驻中业岛的菲律宾军人预计包括100名海军官兵、36名陆军人员和42名空军飞行与情报侦察人员。菲律宾强占中业岛43年，菲律宾增兵意图是"实际控制50年"，从国际法层面获得完全主权，以此为据点进一步扩大对周边海域的实际控制权，增加菲律宾

① 驻菲律宾经商参处（编译）：《旅游警示使中国赴菲律宾游客锐减》，中国驻菲律宾大使馆经商参赞处网站，2014年10月24日，http://ph.mofcom.gov.cn/article/jmxw/201410/20141000772823.shtml。

② "Philippines and Hongkong Signed the Agreement about Aviation Service," *Philippines Banner*, Oct 17th, 2014.

③ "Presidents Aquino Appeal to the Peace Approach to Solve the Territorial Dispute," *Manila Standard Today*, Dec 15th, 2013.

④ 苏亚华：《菲律宾增兵中业岛，欲达50年控制》，联合早报网，2014年1月9日，http://www.zaobao.com/realtime/world/story20140109-297635。

在南海的权益。菲律宾一名安全官员称："中业岛是菲在南海岛链上的主要军事前哨，这意味着菲律宾军方能更好地对南海局势进行监控。"菲律宾在2014年伊始便"急切"往南海岛礁调集兵力，俄罗斯独立军事观察家谢苗诺夫表示，菲方此举既有自身的需要，更有美国和日本在背后撑腰的因素。① 2014年1月27日，中国海岸警卫船和渔船还停留在黄岩岛海域及南沙群岛的仁爱礁附近，菲律宾海军为避免冲突已经故意绕开。但菲军参谋总长包蒂斯塔称，如果菲渔民再遇到"军事武力"，菲政府军队将前往援助。"倘若我们的渔民遭到暴力对付，那么我们将不得不反抗，这与我们保护人民和国家的使命是一致的。"包蒂斯塔又表示政府的政策是"避免冲突"。"我们不希望与任何人产生任何冲突对抗，我们也不希望与中国的海岸警卫队发生冲突。我们希望通过国际仲裁的和平方式来解决问题。"②

2014年2月初，菲律宾军方决定，在两年时间内增召4000名新兵加入海军，以扩充海军力量。菲律宾海军发言人格列戈里·法比克中校2月4日透露，"这是为了弥补海上作战力量的严重人力不足。"阿基诺三世又特别批准：从2014年至2016年，菲律宾政府将拨款640亿比索采购大型军舰、战机和两栖战车。其中尤为引人关注的是，2艘可向南海迅速增兵的战略运输船，2架能够对南海岛礁实施低空打击的AW－109型武装直升机，以及12～20辆可帮助海军陆战队执行"夺岛"任务的两栖战车。③

2014年2月24日，中国海警船驱逐黄岩岛附近的菲律宾渔船。菲政府向中国提出抗议，中国外交部驳回了抗议并重申中国对黄岩岛的主权。针对菲律宾不断挑战中国的底线，中国政府加大限制菲律宾香蕉对华出口的力度，严令各直属检验检疫局人员加强对进口菲律宾水果检验检疫，加

---

① 《菲律宾咬牙硬凑三军增兵中业岛觊觎南海资源》，《湖北日报》2014年1月14日，http：//mil. huanqiu. com/world/2014－01/4751644. html。

② 陈晓茹：《菲律宾南海"三板斧"盘点：急扩南海军力》，《中国青年报》2014年2月8日。

③ "Philippine Military Said the Chinese Fishermen in Disputed Waters," *Manila Times*, Feb 24th, 2014.

大开箱和抽查比例，同时要求各局对辖区进口菲律宾水果检验检疫进行评估。菲律宾水果在中国海关和港口大量积压，菲律宾香蕉出口商损失达到约10亿比索。

2014年3月29日，中国两艘海岸警卫船在仁爱礁附近阻断一艘为驻扎仁爱礁的菲律宾士兵运送食物和补给的民用船只，两国海军因仁爱礁的对峙而再起冲突。3月30日菲政府就仁爱礁的主权正式向联合国国际海洋法法庭提交了一份4000页的备忘录。备忘录包含了菲律宾所有关于西菲律宾海（南中国海）相关的法律依据及其他相关的论据。中国强烈反对菲律宾政府向国际海洋法法庭提交备忘录，并强调菲律宾的行径是破坏中菲双边关系。①

2014年4月10日，10余艘中国渔船在黄岩岛附近作业，菲律宾海军巡逻舰抵达，企图抓扣中国渔民，中国海监船及时赶到，与菲律宾巡逻舰进行对峙。菲政府为争夺黄岩岛主权已经制定了三套方案。方案一是，继续倡导在2013年提出的建立“和平、自由、友谊和合作区”的南海争端解决方案；方案二是，加强与其他东盟国家的协商，寻求在国际法框架内解决南海主权争议；方案三是，加强国防建设，保障菲律宾“领土”的安全。4月24日，菲律宾外交部宣称确定在国际海洋法法庭与中国打官司，一周内向中国发出正式通知。中国外交部边海司司长邓中华28日约见了菲律宾驻华使馆临时代办蔡福炯，就黄岩岛领土主权归属提交国际仲裁向菲律宾提出严正交涉。菲司法部部长德利马4月30日表示，阿基诺总统已经要求司法部和其他相关机构认真研究《联合国海洋法公约》，准备在中国拒绝接受将黄岩岛问题诉诸国际仲裁的情况下，“强行解决问题”。5月6日，中国渔民在南沙半月礁海域作业，遭到菲律宾海警武装船只拦截和威胁，11名渔民被扣押。5月7日中国外交部发言人华春莹表示，中国对包括半月礁在内的南沙群岛及附近海域有无可争辩的主权，要求菲方做出合理解释，立即放人放

① “The Philippines and China: Conflict or Cooperation in the South China Sea?” the dissertation of Conference: The Harmony of Civilizations and Prosperity for All – China and the World: Tradition, Reality and Future, p3.

船，再次警告菲律宾方面不要采取任何挑衅行动。[①] 同一天，菲律宾众议院少数党领导人丹尼罗·苏亚雷斯在菲律宾国会续会上提出议案，称将对中国进行经济制裁，包括对所有从中国进口的产品和服务进行严格审查。[②] 5月8日菲警方在新闻发布会上表示，这些渔民及渔船在菲南部巴拉望省附近海域专属经济区内被发现，并在菲律宾境内非法作业，罪名为“非法入境”。菲警方将此案移交菲律宾非法入境管理委员会。中国驻菲大使馆及外交部声明，该事件是对中国的挑衅行动。

2014年5月11日，菲政府鼓动民众和海外侨民发起针对中国的游行示威，严重损害了中菲关系。中国驻菲律宾大使馆发出通知，提醒驻菲律宾中资机构人员注意安全，尽量减少外出。2014年6月，中国继续在南中国海区域内进行填海造地工程，包括在永暑礁和赤瓜礁建立军事设施。菲律宾发出新的外交抗议，菲外交部发言人查尔斯·何塞说，菲方在继续展开监视，以确定中国在南薰礁和华阳礁的类似活动，一旦证实中国在这些地方填海造地，菲方无疑还将发出抗议。[③] 菲总统阿基诺三世宣称，中国船只在南沙群岛进行施工建设，“对菲方造成干扰”，还将在第24届东盟峰会上提出此问题。

2014年6月19日中国海事局发布通告，6月13日~8月21日，中国3处海上钻井平台将在南海水域进行钻井作业，要求各国航船远离平台1海里以外通过。外交部发言人秦刚强调，中方捍卫领土和海洋权益的决心是坚定不移的，如果有关方面蓄意做出单方面挑衅行为，中方将不得不做出必要反应。[④]

---

① 《外交部回应渔船被扣：要求菲方立即放人放船》，新华网，2014年5月7日，http://news. xinhuanet. com/world/2014 - 05/07/c_ 1110585183. htm。

② 《菲律宾议员称将对中国进行经济制裁》，凤凰财经网，2012年5月10日，http://finance. ifeng. com/news/hqcj/20120510/6438765. shtml。

③ 侯涛、邱永峥：《中国“南沙建机场”引猜测，多方将在南海修工事》，环球网，2014年6月16日，http://world. huanqiu. com/exclusive/2014 - 06/5020287. html。

④ 《外交部回应菲律宾南海仲裁案：将不得不对挑衅做出必要反应》，观察者网，2014年12月15日，http://www. guancha. cn/Neighbors/2014_ 12_ 15_ 303434. shtml。

2014 年 12 月 7 日，中国政府发表关于菲律宾所提南海仲裁案管辖权的立场文件，文件明确表明中国不接受、不参与菲律宾单方面提起的所谓南海问题仲裁案。12 月 12 日，菲律宾外交部表示不会同中方就南海争端重启双边谈判，12 月 15 日国际海洋法法庭要求中国提交“备忘录的反对议案”，中国政府重申反对南海主权之争的国际仲裁，坚持与当事国直接谈判解决。

2014 年 12 月 14 日，菲政府对美国出版南海权利主张的研究报告表示欢迎，特别是其结论部分。报告结论部分称中国主张九段线原则不符合《联合国海洋法公约》。菲律宾外交部在声明中表示，该项研究以“事实叙述及分析”支持了菲律宾，根据《联合国海洋法公约》申请第三方仲裁并要求中国澄清南中国海海洋权利的立场。菲律宾外交部称，菲律宾将继续遵循公认的国际法原则，坚持以和平方法解决争端。还强调，美国发布支持《联合国海洋法公约》，将有助于菲律宾维护海上权益与和平解决海上争端的决心。①

（二）阿基诺政府在南海问题上的同盟外交与多边外交

菲律宾军事力量薄弱，财政也不足，无力大规模地扩军和增强军备。为了在南海岛屿主权之争上与中国对抗，菲律宾政府一面付诸国际法，一面开展多方的南海外交，以达到国际社会对菲律宾的南海诉讼案的支持，同时让区外、区内大国干预阻止中国在南海的进一步行动。

首先，菲律宾强化美菲军事同盟，扩大美军在菲律宾的驻军规模，增强美国在南海海域的军事存在，以威慑中国在南海的维权行动。2014 年 2 月美国太平洋舰队司令抵达马尼拉，与菲律宾政府官员商议包括与中国的领土争端以及美国“亚洲再平衡”政策的“意义”在内的议题。4 月，菲美开始就关于允许增加美军在菲军事存在的“加强国防合作协议”第六回合的谈判，通过签署《美菲加强防务合作协议》，美军 20 多年后再次获得了进

① “The Philippines welcome the USA’s report on the Sovereignty of South China Sea,” *Manila Bulletin*, Dec 15th, 2014.

入菲军事基地的权利和机会。美国驻菲律宾大使菲利普·戈德堡说："这一协议必将会把两国的双边安全关系提到一个新的、更高的水平。"美军已经在菲律宾建立了5个海军基地。6月美国军舰入驻菲律宾乌卢甘湾新海军基地。乌卢甘湾位于巴拉望西海岸，比苏比克湾更接近南沙群岛，仅相距160公里。阿基诺称，这将会给予菲律宾更大的能力去调查和捍卫菲律宾在南海的水域。9月29日，4000多名菲军和美军在吕宋岛和巴拉望岛多处海域举行大规模军演。9月29日~10月10日，在巴拉望岛和吕宋岛的其他区域进行两栖登陆演习。菲律宾派出近1200名海军陆战队及海陆空三军的作战人员，与来自美国队第3海军远征旅和第76特混舰队的指挥官共同参加军演，旨在提高菲律宾武装部队的规划能力以及有效地执行双边海上安全和领土防御作战行动的能力。

美国的南海战略意图非常明显，通过深入介入南海问题，维系亚太地区的局势稳定，从根本上保障美国在南海及亚太地区的战略利益，煽动菲律宾与中国政府直接对抗，遏制中国在南海不断扩大的影响力。美国驻菲律宾大使菲利普·戈德堡说："相关国家应该通过机制来解决这些问题，像菲律宾政府一样遵照《联合国海洋法公约》把争端提交到联合国仲裁庭。我们的立场很明确，我们将会支持我们的盟国，就像我们支持菲律宾一样。"① 美国的战略意图非常明显，从中立到不介入转变为介入但不陷入的南海政策。② 美国驻菲大使戈德堡称，"美国的立场没有像中国用九段线来作为依据，宣称拥有南中国海大部分主权的"。美国支持菲律宾寻求仲裁的"权利"，但那并不代表美国支持仲裁案件。

《美菲加强防务合作协议》遭到菲律宾国内民族主义者及国际和平人士的反对。世界人权律师公开宣布要在国际法庭上对美国与菲律宾之间的《加强防务合作协议》（EDCA）提起诉讼，称这两个国家需对地区和平与稳定所面临的威胁承担责任。2014年4月15~19日，在比利时布鲁塞尔国际民主法律

---

① "USA Tank Saying was that Expert from Asia Supported to USA Convert Its Strategy about Key Point to Asia", *The Manila Standard Today*, June 7th, 2014.

② 鞠海龙：《菲律宾南海政策中的美国因素》，《国际问题研究》2013年第4期，第42页。

工作者协会（IADL）第18届大会期间，多国律师纷纷对起诉《美菲加强防务合作协议》表示支持。50多个国家的500多名律师、法官、地方法官、学者、法律专业学生代表参加这个为期5天的主题为“律师为人权”的会议。许多代表认为这份新的协议以及美国“重返亚洲”计划将威胁地区的和平与稳定，美军扩大在菲律宾的军事存在对菲律宾的和平进程构成了威胁。①

其次，强化与日本、韩国和澳大利亚的传统盟友关系，开展安全问题上的首脑外交，大肆购买军事武器，大搞联合军事演习，在南海海域显示盟友的集体军事力量，以削弱中国在南海不断增长的政治影响力及对南海岛屿的控制。2014年3月菲律宾与韩国签订购买军事武器合同，菲律宾以4.2亿美元购买韩国产FA－50轻型战斗机，韩方还向菲律宾提供训练战术，向其提供飞行员和维修技师的培训。② 澳大利亚国防部部长戴维·约翰斯顿6月2日表示支持美国国防部部长查克·哈格尔的声明，指责中国在南中国海地区“破坏稳定的行为”。③ 菲律宾众议员鲁道夫·比亚松（Rudolfo Biazon）和日本众议员中田宏（Hiroshi Nakada）敦促启动全球性的宣传活动反对中国在争议海域的单边活动和挑衅的声索。菲日两国签署《合作促进海上法治联合声明》，指出双方认为在海洋声索的问题上，各国应该在国际法的基础上提出并澄清它们的声索，而不应该使用武力和胁迫来追求它们的声索。④ 2014年4月2日两艘日本驱逐舰抵达菲律宾军港进行访问，并同菲律宾海军进行联合军事演习。⑤ 12月日本决定向菲律宾提供187.32亿日元贷

① “World Human Right Declaring for Prosecute to the Agreement about USA and The Philippines Reinforcement defend Cooperation to International Court”, *Malina Standard Today*, April 21th, 2014.

② 查云帆：《韩国与菲律宾签军购合同，菲购入12架韩国产战机》，中国新闻网，2014年3月28日，http://www.chinanews.com/gj/2014/03－28/6006289.shtml。

③ “Australia expression for support USA National Defend Statement About Dispute of South China Sea”, *Malina Standard Today*, June 3th, 2014.

④ “The Philippines and Japan's Law Constitutor Struggle for resolving to Sea Dispute”, *Manila Standard Today*, Sept 4th, 2014.

⑤《美国之音：日本派两艘军舰赴菲律宾搞联合军事演习》，参考消息网，2014年4月4日，http://mil.cankaoxiaoxi.com/2014/0404/370790.shtml。

款以帮助菲律宾落实《加强菲律宾海岸警备队安全应对能力计划》。① 日本、韩国和澳大利亚等区外大国涉足南海问题，尤其是日本积极推行东南亚地区安全战略，日本在南海问题上发挥的最有效的作用就是促使美国、越南、菲律宾以及其他致力于维持现状的国家形成联盟，为中国解决南海问题增加了阻力。

再次，菲律宾开展周边东盟国家的外交，菲律宾加强与南海声索国之间的军事与安全合作，借助东盟的集体力量在南海问题上给中国施压，制止中国扩大海洋权益的军事与外交行动。2014 年 2 月 24 日菲外长访问印尼，印尼外长马尔迪·纳塔勒加瓦会见菲外长罗萨里奥，罗萨里奥表示，“印度尼西亚是我们区域内最亲密的朋友和永远的手足。”关于中国南海问题，印尼外长强调说，“我们原则上支持菲律宾所有对关于西菲律宾海的措施，不管是从东盟，还是从法律手段上，或者通过联合国法庭解决。”② 2014 年 2 月 20 日，菲律宾海军总司令乔斯·路易斯·阿拉诺（Jose Luis Alano）访问马来西亚，以加强两国海军之间的双边区域合作关系。马来西亚皇家海军将与菲律宾海军开展更多合作演习以提升两军之间的关系与合作。马来西亚海军司令丹斯里·阿卜杜·阿齐兹·加法尔说，两国军队还将加强情报交流和技术合作。③

菲律宾与越南相互承诺加强南海合作，促进各方遵循法律原则解决海洋争端。2014 年 7 月 3 日，应越南副总理兼外长范平明的邀请，菲外长罗萨里奥访问越南，讨论加强两国合作，共同谴责中国在南海海域的行为。在南海领土争端升温之际，菲律宾与越南考虑将双边关系推进到更高层次、建立战略伙伴关系，将进一步深化双边政治、经济、安全等领域的合作。双方批评中国在西沙群岛附近设置石油钻井设施是严重违反国际法的行为。④ 菲外

① 包霞琴：《浅析安倍内阁的东南亚安全外交》，《国际观察》2014 年第 6 期，第 58 页。

② 《印度尼西亚是菲律宾外区域内最亲密的朋友》，印度尼西亚外交部官网，http：/ www. deplu. go. id/。

③ 《马菲加强军事合作》，〔马来西亚〕《先锋报》，http：//www. utusan. com. my。

④ 倪林军：《境外媒体：菲越欲建伙伴关系对抗中国》，新华网，2014 年 7 月 4 日，http：// world. cankaoxiaoxi. com/2014/0704/412156_ 6. shtml。

长罗萨里奥与越南副总理兼外交部部长范平明在2014年10月16日第十届亚欧会议的非正式会议期间进行会面，罗萨里奥称：“这些活动（尤指在南海的单边行为）违反了《联合国海洋法公约》，也违背了《南海各方行为宣言》的规定。争议的核心问题是中国的‘九段线’原则，该原则宣称几乎整个南中国海的‘无可争辩的主权’。”他还提及欧洲理事会主席近期也曾鼓励菲律宾遵循国际法原则解决与中国的海上争端问题。范平明称，亚欧会议主席在发言中也提到了海上安全问题。范平明称赞菲律宾政府通过各种国际场合积极寻求解决领土争端问题的方式。① 2014年12月，越南就不断恶化的南海争端向国际海洋法法庭提交了本国立场，表示支持菲律宾的南海仲裁案。菲律宾安全分析专家罗梅尔·班劳伊说，“越南所做的事情事实上正支持、重申甚至参与菲律宾的法律行动，这有利于我们的国家利益。”②

另外，菲律宾开展欧洲外交，谋求欧洲国家对菲律宾的支持和同情。2014年4月，英国驻菲大使艾哈迈德称，英国支持菲律宾以原则为基础的方法解决与中国的领土争端，大多数的国际社会成员也希望联合国能够对南中国海的主权争端进行裁决。③ 称无论时局好坏，英国永远是菲律宾的朋友。艾哈迈德强调英国与菲律宾的关系已经超越了政府与政府或企业与企业间的关系，他还在演讲中表示菲律宾的国家利益与英国也有利害关系。④ 在阿基诺总统9月13~20日访问西班牙、比利时、法国和德国期间，他直接与这些国家的领导人讲述南中国海正在发生的事情，就与中国南中国海领土的争端博取欧盟国家的支持。菲律宾助理外交大臣柯林森（Zeneida Collinson）称，阿基诺总统提议阻止中国进一步升级南中国海的紧张局势。柯林森告诉记者：“我们将寻求西班牙继续支持菲律宾在南中国海的立场。”

① “Philippines and Vietnam mutually commitment to promotion South China Sea's Stability and Peace”, *Manila Standard Today*, Oct 18th, 2014.

② 宋宇：《英媒：菲越结束不信任，南海问题上联手对付中国》，参考消息网，2014年12月15日，http://www.rmzxb.com.cn/yw/tx/2015/12/15/418752.sthml。

③ “British Favor for the Philippines'Approach to Solving for Sea Territorial Dispute”, *Manila Standard Today*, April 27th, 2014.

④ “UK Gave More Support to Philippines,” *Manila Bulletin*, April 27th, 2014.

阿基诺称西班牙表达了对南中国海发展局势的“关心”，尤其是在看到中国在争议地区进行填海工程的照片后。欧盟重新呼吁南海争端中的各声索方依据法律原则解决争端。欧盟委员会主席巴罗佐在 15 日与菲律宾总统阿基诺会面后发出以上呼吁。①

在西班牙、比利时和欧盟之后，法国也表示了对菲律宾立场的支持，支持通过和平、以国际法为基础的方式来解决海洋争端。阿基诺一直在努力游说欧盟支持菲律宾的立场，支持菲律宾在国际法的基础上通过国际仲裁的方法来解决与中国的海洋争端。阿基诺与法国总统还对即将签署的《菲律宾 - 法国防务合作协议》表示欢迎。声明指出：“新协议将延续 1994 年签署的旧协议，继续加强两国国防部门和军队在国防装备、后勤和国防工业等领域的合作。”阿基诺强调称，法国将会成为菲律宾政府努力实现武装部队的现代化和提高国家防御能力方面的一个“可靠的伙伴”。②

最后，开展公共外交，举办国际学术研讨会等活动，向国际社会表明菲律宾的南海权益，寻求国际舆论的支持。2014 年 3 月初，菲律宾召开第 19 届女性法官协会全国会议及研讨会，在会上讨论南海岛屿的法律归属及争议岛屿的国际法诉讼问题，卡皮奥称中国提出的关于斯卡伯勒浅滩（中国称黄岩岛）的“历史事实”在某种程度上是有冲突的，或许在仲裁案件中还对菲律宾有利。③ 2014 年 5 月 28 ~ 29 日在马尼拉举行的第二届东盟区域论坛《联合国海洋法公约》研讨会上，菲律宾敦促东盟各成员国共同努力全面落实《联合国海洋法公约》，明确地界定东盟成员国之间的领土界线，避免东南亚区地区因领土要求相互冲突。④ 9 月 11 日菲律宾海事和海洋事务机构与德拉萨大学联合在该大学展出 60 张古代地图，这些地图从公元 960 年

---

① “EU Said to Peacefully Resolve Sea Dispute”, *Manila Standard Today*, Sept 17th, 2014.

② “The Philippines and France Signed the Bilateral Agreement About Aviation Service, Education and Culture”, *Manila Bulletin*, *Manila Standard Today*, Sept 18th, 2014.

③ 《菲律宾宣布加强军事防御对抗中国》，《东盟参考》2014 年第 3 期，第 25 页。

④ 李晓闻：《菲挑动对华紧张气氛　菲外长声称黄岩岛不属中国》，《环球时报》2014 年 9 月 13 日。

的宋朝到20世纪初清朝末年，时间跨度近1000年。菲外交部部长、国防部部长等高官为此次活动“站台”，声称可以证明黄岩岛不是中国的一部分。日本《外交学者》网站评论说，这是菲律宾针对中国的“地图战”。[①]

菲律宾政府在南海问题上与中国针锋相对，也不乏主张对华采取务实政策的声音。菲律宾国内权威的外交与经济分析专家理查德·海德瑞安称，菲律宾最好在2016年3月之前，即向联合国国际海洋法法庭提交的南海诉讼案未裁决前避免与中国发生冲突对抗。菲律宾可以利用缓解冲突机制的最主要的方法，即与中国开通热线。热线机制有助于防止两国在公海海域发生冲突。一旦发生事件，菲律宾和中国可以在媒体披露信息前通过热线马上提出处理的方法以避免形势的升级。菲律宾应该给中国提供更多的投资机会。中国对菲律宾非常有帮助，特别是在基础设施建设领域。海德瑞安称：“只有中国能够提供比较实惠的补助和高效的基础设施服务。有了中国的帮助，菲律宾可以开发非战略性领域的基础设施项目。老实说，我不赞成被菲律宾视为头号威胁的国家持有菲国内电力行业的股份，但我希望看到中国在菲律宾基础设施建设中发挥重要作用。”海德瑞安称，如果重视与中国关系的其他方面，菲律宾能够获得更多的益处。他解释说：“黄岩岛是重要的，但是顺畅的交通以及满足农村地区人民的基础设施需求也同样重要。那也是菲律宾国家利益。”[②] 2014年10月29日《马尼拉时报》举办“中菲商务论坛”，菲律宾前外长罗伯托·罗慕洛（Alberto Rómulo）认为菲政府对中国的起诉是不明智的，也不利于中菲关系的长远发展。他说到，“中国崛起成为经济大国是必然的，菲律宾有必要恢复并加强与中国之间的关系。中国迅速崛起为全球经济大国也影响着菲律宾的经济。虽然菲律宾政府有权利去寻求国际仲裁以维护有争议的礁石和浅滩的主权，向联合国国际海洋法法庭提交诉讼，但这一做法只会导致两国关系的进一步恶化。”菲律宾政府向美国寻求

---

① 佘建：《湖南地图出版社推出竖版〈中国地势图〉》，红网，2013年10月11日，http：//news. sina. com. cn/o/p/2013-10-11/154728407377. shtml。

② “Filipino Authoritative Expert Suggestion to Improvement Relationship of the Philippines with China”, *Manila Bulletin*, Oct 12th, 2014.

帮助只会将问题“复杂化”。他指出中国曾提议搁置争议，共同开发海洋资源。各个声索国应该共同进行海上合作，才能维护区域的和平与稳定。①

（三）菲律宾在南海有争议海域的油气开采

菲律宾开展南海外交，在国际社会谴责中国政府在南海的正当维权活动，实则混淆视听，转移国际注意力，为其在有争议的南海海域开发油气资源提供便利。美国能源信息管理局（EIA）最近发布的报告称，菲能源部2014年拿出的巴拉望地区11个油气区块开发招标项目将大幅提高菲自产原油产量，2019年可望达到日产3.9万桶。EIA的数据显示，2013年菲石油日产量为2.6万桶，但日消费量为29.9万桶，缺口部分依靠进口。这些项目于2013年6月开始招标，2014年2月截标。② 2015年1月，菲律宾政府宣布在宿务省中部发现石油，一家澳大利亚公司（Gas2Grid Ltd）得到许可，正在开采这个名为马洛洛的油气田。试运行期间每日开采量为100～200桶原油，从目前的技术数据看，产量将超过预先评估。菲律宾在南海利用的油田远远不能满足其国内的能源消费需求，这将会继续刺激菲律宾联合区外大国的能源公司及周边国家加大对南海油气资源的开采。

四　中菲南海争端下的菲律宾华侨华人

华侨华人在中国的对外关系中具有两重性，当国家关系改善与发展时，华侨华人发挥沟通双边关系的桥梁作用。当国家关系恶化时，华侨华人受到政治冲击。从2013年年底开始，菲律宾当局以“非法务工”为由多次抓捕在菲律宾的中国务工人员，并以打击走私为名搜查华人商铺，查封华商仓库。菲律宾的华侨华人成为菲政府在南海问题向中国施压的“棋子”。不管

① “Philippines' Former Minister of Foreign Affairs Claims to Enhance to Tie The Philippines and China”, *Manila Times*, Oct 29th, 2014.

② 驻菲律宾经商参处（编译）：《菲石油日产量2019年将达3.9万桶》，《菲律宾星报》2014年1月28日，http://www.mofcom.gov.cn/article/i/jyjl/j/201501/20150100881523.shtml。

是合法经营的老华商，还是游走在“灰色经济地带”的新华商，正成为菲律宾当局对抗中国的外交工具，要挟中国政府在南海问题上做出让步。

2014 年 2 月 11 日菲律宾移民局在 999 商场抓捕华人，菲律宾移民局还于 2 月 25 日、26 日突击检查马尼拉的 DUBAI 仓库和溪亚婆 QIYAOPO 市场，扣押 30 多名涉嫌“非法务工”的中国人。从 2013 年 12 月至 2014 年 2 月，菲律宾当局已 5 次抓扣中国籍劳工，总计 300 多人，参与执法的部门从起初的菲律宾移民局，扩大到国家调查局、特警等单位。许多中国商人都表示，此前菲律宾对中国非法劳工的抓扣次数很少，一般都是移民局官员在重大节日借机敲诈勒索，但最近一段时间以来（中菲领土争端的加剧），这种抓捕行动日益频繁，已让在菲经商的中国新侨民风声鹤唳。[①] 菲律宾华侨华人在经济上的成功并没有改变政治上的无权地位，菲律宾华侨华人在国家关系恶性状态下的政治生存环境极为脆弱。一些华侨华人将希望寄托在下一任菲律宾总统身上，希望下一届政府采取务实的对华政策。只有中菲两国关系好转，菲律宾华侨华人才有相对稳定的环境。

① 张月恒、陈浩：《菲律宾借岛争刁难华商，持枪警察严查中国面孔》，《环球时报》2014 年 4 月 4 日。

Y.13

中国与新加坡：为建交25周年预热

魏 炜*

摘 要： 中国与新加坡自 1990 年建交以来，两国关系发展迅速。2014 年两国高层政要互访频繁，落实双方合作项目，深化金融合作，增加外商投资，推进军事安全合作，加强人文交流，为 2015 年中新建交 25 周年预热。本文还分析了中新关系特点，展望“后李光耀时代”的中新关系更上一层楼。

关键词： 中新关系 回顾 展望

2015 年是中新建交 25 周年。从 25 年前新加坡坚持要做“东盟内最后一个同中国建交的国家”① 到如今习近平总书记希望的“两国合作继续走在中国同东盟国家合作前列”②，建交以来中新两国关系可以说是飞速发展、直线上升。中国人讲究周年庆，尤其是逢五逢十的整数；中新关系的发展给新加坡带来巨大利益，新加坡人又熟谙与中国相处之道，自然清楚 25 周年对两国关系进程的里程碑意义。因此，中新两国都非常看重建交 25 周年这

* 魏炜，史学博士，赣南师范学院历史文化与旅游学院副院长，东南亚研究中心主任，教授，主要从事战后东南亚史研究。

① 《李光耀谈新中建交》，《联合早报》1990 年 7 月 4 日。

② 白洁、王恒志：《习近平会见新加坡总统陈庆炎》，《人民日报》2014 年 8 月 17 日。

样的重大时机，一系列纪念筹备工作在 2014 年紧锣密鼓地开展起来，2014 年是中新为庆祝两国建交 25 周年的预热年。

一 2014年中国与新加坡关系基本情况

（一）中新政治关系

2014 年，中新两国高层互动频繁。新加坡总统陈庆炎、总理李显龙和副总理张志贤等高层政要相继访华，李显龙总理和张志贤副总理一年内都两次到访中国，在高层政要的出访活动中如此密集的安排不多见。新加坡政府各部的部长、副部长或陪同李显龙总理和张志贤副总理，或单独率团，几乎都在 2014 年访问中国，不少官员也是一年中多次来华。

2014 年访问新加坡的中国政要包括：中国国务委员杨洁篪，中共中央政治局委员、广东省委书记胡春华，中共中央宣传部副部长、中国国家互联网信息办公室主任鲁炜带领的中国国信办代表团。

2014 年 10 月 17 日，中国国务院总理李克强在亚欧峰会期间与李显龙总理会晤。

2014 年中新高层政要会晤讨论的重点问题如下。

1. 深化中新天津生态城建设合作

2014 年中新天津生态城建设取得新进展，4 月中新天津生态城联合工作委员会第六次会议，审议通过了生态城工作报告，就生态城未来发展愿景和有关支持政策进行了讨论，指出要充分发挥中新双方各自优势，加强在产业招商、项目规划、教育医疗、社会管理等领域合作。① 11 月，中国国家发展和改革委员会与天津市政府联合举行生态城建设新闻发布会，公布了《中国－新加坡天津生态城建设国家绿色发展示范区实施方案》，同时公布的还

① 曹乐溪：《中新天津生态城联合工作委员会第六次会议召开》，中国中央人民政府网，2014 年 4 月 3 日，http://www.gov.cn/xinwen/2014-04/03/content_2652253.htm。

有产业等5类政策支持方案，放宽投资准入，借鉴上海自贸区经验，允许符合条件的企业赴新加坡上市。

2. 推进中新第三个政府间合作项目

2013年中国提出中新第三个政府间合作项目的倡议后，新加坡多名政要、官员和商界领袖频繁访问中国西部的多个省份和城市，实地考察了解当地的发展现况和需要。2014年是筹备工作的关键年，中新两国都高度重视。2014年夏季青年奥林匹克运动会开幕式期间，习近平主席会见陈庆炎总统，他们讨论了新加坡在中国西部开发第三个政府间合作项目的可能性。8月，中国国务委员杨洁篪访问新加坡，目的之一是为中新第三个政府间合作项目铺路。9月，李显龙总理到广西出席第十一届“中国－亚细安博览会”，这期间同中共中央政治局常委、中国国务院副总理张高丽会面，两人针对中新第三个政府间合作项目交换意见。10月，亚欧峰会上李克强总理与李显龙总理会见，明确了项目合作方向，同月张高丽副总理会见年内第二次访华的新加坡副总理兼国家安全统筹部部长及内政部部长张志贤时再次讨论了该项目。在中新的多次磋商中，2014年，就项目的合作基础和以“互联互通、现代服务业”为主题达成了共识，成立了中新第三个政府间合作项目部级联合委员会（Joint ministeral committee，简称JMC）和副部级的工作委员会（Joint working committee，简称JWC）。2015年将在项目理念、选址和部分项目方面做出结论。

3. 加强中新在社会治理、城镇化、网络空间方面合作

2014年7月，第二届中新社会治理高层论坛在北京举行，孟建柱与张志贤共同主持，新加坡文化、社区及青年部，外交部，内政部，律政部，国家发展部，人力部，社会及家庭发展部，贸工部，公共服务署，公共服务学院，最高法院和人民协会的官员参加论坛。双方都提出要加强交流互鉴，共享社会治理法治化经验，提升在社会治理、执法司法等领域交流合作水平。6月，鲁炜带领的中国国信办代表团访问新加坡，就中新双方在网络空间发展、网络空间管理、网络安全、网络教育、打击网络犯罪尤其是打击网络恐怖主义活动等方面加强合作达成广泛共识。

4 月，中国国家副主席李源潮会见新加坡国家发展部部长许文远表示，在中国上一阶段的发展及下一阶段的城镇化进程中，新加坡充当中国的“一面镜子”，中国通过借鉴新加坡的经验，能预见未来可能面临的问题并找寻解决方法。

（二）中新经贸合作

2014 年中新经贸合作延续了 2013 年的业绩。据中国商务部统计，2014 年 1～11 月，中新货物进出口总值 712.8 亿美元，比 2013 年同期增长 3.7%，其中中国出口 433.7 亿美元，同比增长 4.5%，进口 279.1 亿美元，同比增长 2.4%。新加坡是中国第十一大贸易国，在中国与东盟国家贸易中仅次于马来西亚居第二，占中国与东盟进出口总值的 16.5%，中国对新出口的主要货物是机电产品、高新产品、猪肉。在投资方面，2014 年新加坡仍然是中国的最大投资国，全年实际投入资金 59.3 亿美元（见表 1、表 2）。[①] 新加坡对中国海外投资的吸引力也越来越大，2013 年新加坡已经是中国对外直接投资的第三大目的国，中国的直接投资额达 20.33 亿美元。[②] 2014 年 11 月英国经济学人智库（The Economist Intelligence Unit，EIU）发布“2014 年中国海外投资指数”报告，就全球 67 个国家和地区对中国投资的吸引力作出排名，新加坡因对外资开放度高、拥有出色的基础设施、适宜的工商业监管环境以及自由的资本和劳动力市场、风险最低而继续名列第二，得分从 2013 年的 48.9 分提高到 54.6 分，与排名第一的美国差距进一步缩小（美国 2013 年得分 54.9 分，2014 年得分 57.5 分）。[③]

① 中国海关总署：《重点商品进出口统计》，中国商务部商务数据中心，http：//data.mofcom.gov.cn/channel/includes/list.shtml? channel = mysj&visit = D&type = 4。

② 中华人民共和国商务部：《中国对外投资合作发展报告》，《中国统计年鉴 2014》，2014 年 12 月，http：//fec.mofcom.gov.cn/uploadfile/duiwaitouzihezuofazhanbaogao2014.pdf。

③ 经济学人智库（EIU）：《中国海外投资指数报告》，2014 年 11 月 10 日，http：//going-global.economist.com/2014/11/07/。

表 1　2014 年对华直接投资前十位国家/地区

单位：亿美元

国家/地区	实际投资金额	国家/地区	实际投资金额
中国香港	857.4	美国	26.7
新 加 坡	59.3	德国	20.7
中国台湾	51.8	英国	13.5
日　　本	43.3	法国	7.1
韩　　国	39.7	荷兰	6.4

资料来源：中国商务部《2014 年对华直接投资前十位国家/地区》，中国商务部商务数据中心，http：//www.mofcom.gov.cn。

表 2　2009～2014 年新加坡对华投资情况

年份	实际投资金额(亿美元)	在对华直接投资国家中排名
2014	59.3	1
2013	73.27	1
2012	65.39	2
2011	63.28	2
2010	56.57	1
2009	38.86	2

资料来源：中国商务部《2009～2014 年新加坡对华投资情况》，中国商务部商务数据中心，http：//www.mofcom.gov.cn。

2014 年中新的金融合作更上新台阶，临近年底实现两项重大合作项目：10 月 24 日，新加坡成为亚洲基础设施投资银行首批意向创始成员国之一；10 月 28 日，中国外汇交易中心启动人民币对新元的直接交易，这是中新两国共同推动双边经贸关系进一步向前发展的重要举措，提升了新加坡作为中国以外最大的离岸人民币清算中心的地位，有利于加强两国金融合作，支持中新之间不断发展的经济金融关系。

据新加坡国际企业发展局的统计，截至 2014 年 9 月，中国为新加坡第一大贸易伙伴、第二大出口市场和第一大进口来源地。新加坡对华出口方面，机电产品一直是主力产品，1～9 月出口额为 204.0 亿美元，增长 9.2%，占新加坡对中国出口总额的 53.6%。化工产品、矿产品和塑料橡胶是新加坡对中国出口的第二至第四大类商品，1~9月分别出口42.2亿美元、41.8亿美元和41.3亿美元，分别占对中国出口总额的11.1%、11.0%和10.8%，化工产品和塑料橡胶分别增长22.5%和26.8%，矿产品下降2.3%。新加坡对华进口方面，机电产品是新加坡自中国进口的首位商品，1~9月进口额为190.8亿美元，占新加坡自中国进口总额的58.2%，同比下降1.7%。机电产品中，电机和电气产品进口121.0亿美元，同比下降2.8%；机械设备进口69.8亿美元，同比增长0.3%。矿产品和贱金属及制品分别是新加坡自中国进口的第二和第三大类商品，1~9月进口额分别为38.0亿美元和27.8亿美元，分别占自中国进口总额的11.6%和8.5%，矿产品增长17.8%，贱金属及制品下降1.6%。除上述产品外，化工产品、光学钟表医疗设备和纺织品及原料等也是新加坡自中国进口的主要大类商品。中国是新加坡机电产品、贱金属及制品、纺织品及原料和家具玩具的首位进口来源地，分别占其同类商品进口总额的18.2%、23.3%、30.5%和34.2%。[①]

2014年中国地方与新加坡的经济关系也深入发展。年内新加坡广东商会和中国新加坡商会山东分会分别在新加坡和山东济南成立，宣示了中国广东在新加坡及新加坡在中国山东商务的扩展。中国西部特别是四川、重庆与新加坡的经贸合作在2014年继续推进，2014年10月29日，新加坡中华总商会在重庆举行“重庆企业走出去：新加坡及东南亚区域展望与投资前景研讨会”，新加坡中华总商会向重庆企业推出《新加坡投资指南》，研讨会是中华总商会“中国企业家走出去”的系列论坛之一，也是此系列论坛首次从中国沿海地区移师中西部地区。

2014年中新企业间合作良好。2014年1月初，新加坡能源公司（Singapore Power International）将其独资公司新能源国际（澳洲）资产（SPI（Australia）Assets Pty Ltd.）的60%股权卖给中国国家电网公司，并

---

① 《2014年1~9月新加坡货物贸易及中新双边贸易概况》，中国驻新加坡大使馆经济商务参赞处网站，2015年1月23日，http://sg.mofcom.gov.cn/article/maoyi/baoxian/201501/20150100876005.shtml。

且把新能源澳洲电网19.9%的股权以8.24亿澳元（约10.08亿新元）卖给中国国家电网公司。新加坡的四家企业——吉宝置业（中国）、星展银行（中国）、胜科工业和新加坡航空公司——获颁中国－东盟商务理事会的“2014东盟走进中国成功企业”奖项。[①] 中国－东盟商务理事会是中国与东盟五大对话合作机制之一，2011年开始设立此奖项，每年奖励10家东盟公司，以肯定它们对中国经济和社会发展所做出的贡献，推动中国与东盟的经贸合作。

此外，新中两国民间往来频繁，中国是新加坡的第二大客源国，仅次于印度尼西亚。虽然2014年中国游客比2013年减少了24%，是游客数量降幅最大的客源国，[②] 但中国游客在新加坡的消费却同比大幅上升18%，总额达29.81亿新元，已超越印度尼西亚游客，成为在新加坡消费最高的群体，2014年也是多年来中国游客在新加坡消费增幅最大的一年。[③] 2014年新加坡的美食行业加大了开发中国市场的力度，11月12日，新加坡食品厂商首次以“食尚新加坡”（Tasty Singapore）品牌，抱团参加第18届上海国际食品饮料及餐饮设备展览会，进军“舌尖上的中国”。

（三）中新军事安全合作

2014年也是中新军事关系的升温年，年内防务方面的高层会晤进行过3次。第一次是5月19日，中国国务委员兼国防部部长常万全与新加坡国防部部长黄永宏在缅甸首都内比都出席亚细安国防部长会议时举行了双边会谈，讨论南中国海等区域局势，重申中新融洽且友好的双边防务关系。第二

① 《新加坡四企业获颁“走进中国奖”》，中国驻新加坡大使馆经济商务参赞处网站，2015年3月3日，http://sg.mofcom.gov.cn/article/fuhua/tzdongtai/201503/20150300906414.shtml。

② 李蕙心：《2014年赴新加坡外国游客减少，中国游客降幅最大》，中国商务部中新经贸合作网，2015年2月13日，http://www.csc.mofcom-mti.gov.cn/csweb/csc/info/Article.jsp?a_no=367606&col_no=137。

③ 《2014年1~9月新加坡货物贸易及中新双方贸易概况》，中国驻新加坡大使馆经济商务参赞处网站，2015年3月7日，http://sg.mofcom.gov.cn/article/maoyi/baoxian/201501/20150100876005.shtml。

次是7月新加坡副总理兼国家安全统筹部部长及内政部部长张志贤和国防部第二部长陈振声访问中国时，中国中央军事委员会副主席范长龙与他们会面，重申中新两国将继续致力于推动双边防务联系与交流。第三次在11月中新联合军演期间，新加坡国防部部长黄永宏访华，中国国务委员兼国防部部长常万全与其会晤，就加强两国防务领域的合作达成“四点共识”：一是在相互尊重和照顾彼此安全关切以增进互信的基础上，推动两军关系健康稳定发展；二是开展经常性高层会晤和战略磋商，增进沟通与相互理解；三是加强联合训练等方面务实合作，促进相互信任；四是增进两军工作层交往对话，深化人文关系和友谊。

军事安全关系是中新近年来发展的合作领域，2008年签署了防务交流和安全合作协定，使防务交流正式化，并于2009年首次举行双边陆军“合作”演习（Exercise Cooperation）。两国武装部队也透过互访、举办课程、研讨会与军港访问等各种合作，展开频密交流。不过，两军在2009年和2010年连续两年进行年度“合作”演习后，间隔了三年，2014年再次重启，11月在南京军区进行了历年来规模最大的联合演习。2014年的两军交流合作还包括新加坡海军两度造访中国，先于4月应中国人民解放军海军邀请，派遣“威武”号隐形护卫舰（RSS Formidable）参与在青岛举行的多国海上联合演习；8月，新加坡海军隐形护卫舰“刚毅”号（RSS Intrepid）抵达湛江市军港，访问中国海军南海舰队。

（四）中新教育文化交流

2014年中新开展的大型教育文化交流活动有：第四届“翰墨传情”新中书画艺术交流展，北京教育局直属机构北京国际教育交流中心派遣来自北京语言大学、首都师范大学、中国传媒大学及北京第二外国语大学的16名学生及教师，在新加坡多所中小学举办50多场文化讲座。10月“精神如见：中山舰出水文物特展”在晚晴园—孙中山南洋纪念馆开展，展期长达半年。广东和苏州是中新关系密切的省市代表，2014年广东在新加坡举办了广东文化周，苏州市则获得2014年度李光耀世界城市奖。

（五）台湾地区与新加坡的关系

据台湾经济部门统计，2014 年台湾地区与新加坡进出口贸易情况是：台从新进口的商品总值 83.8 亿美元，较 2013 年下降 1.94%；台对新出口的商品总值 205.4 亿美元，较 2013 年增长 5.22%。① 2014 年新加坡仍然是台湾第 14 大出口国。②

2014 年是台新经济伙伴协议（ASTEP）签署后第一个生效年，这份全面的经济合作协议也是台湾与东南亚国家签订的首个经济合作协议，台湾方面希望协议不仅能促进台新经济合作，而且能有助于拓展东南亚市场。协议签署后的双方贸易和投资成果也确实显示出其促进作用。台湾方面统计，自协议 2014 年 5 月生效至 2015 年 1 月，台湾对新加坡出口较 2013 年同期增长 9%，达 157.9 亿美元，进口达 62.4 亿美元，贸易总额 220.3 亿美元，较 2013 年同期增长 5%。在投资方面，台新双向投资均有增长，协议生效至 2015 年 2 月，新加坡来台投资 108 项，价值 4.06 亿美元，较 2014 年同期增加 1.88 亿美元；台商赴新加坡投资 17 项，达 1.31 亿美元，较 2014 年同期增加 4400 万美元。③

台新之间仍然维持无正式外交的密切关系，文化交流热络，2 月台北艺术大学赴新演出，11 月新加坡穆斯林学童台湾熟悉之旅，台湾屏东县原住民学生英语精英团访问新加坡。2014 年新加坡留台校友会举办第 36 周年会庆，驻新加坡台北办事处代表谢发达到会希望校友会致力于推动新加坡与台湾软实力交流。

---

① 商务部：《2014 年新加坡货物贸易及中新双边贸易概况》，中国商务部商务数据中心，2015 年 4 月 14 日，http://www.fdi.gov.cn/1800000121_35_296_0_7.html。

② 《2014 年我商品进出口排名持平，成长率优于全球总额成长率》，驻新加坡台北办事处网站，2015 年 4 月 16 日，http://www.taiwanembassy.org/sg/ct.asp?xItem=606786&ctNode=8570&mp=286。

③ 《2014 年我商品进出口排名持平，成长率优于全球总额成长率》，驻新加坡台北办事处网站，2015 年 4 月 16 日，http://www.taiwanembassy.org/sg/ct.asp?xItem=606786&ctNode=8570&mp=286。

二　2014年中新关系特点分析

（一）全方位的深度合作趋于稳定

近十年来，中新关系从传统的政治、文化、经贸扩大到军事安全，但受南海与东海局势动荡的影响，中新在军事安全这个新领域中的交流时冷时热。新加坡建国之父李光耀为国家奠定了美国主导、多边卷入的亚太安全战略，随着中国成为全球第二大经济体、与周边国家在南海和东海的领土争端日益激化，李光耀对中国的担心、要求制衡中国的主张日益明晰，2010 年前后，李光耀多次发声并出书，支持美国重返亚洲，2012 年年底更因一本名为《李光耀：大师论中美和世界》的新书几乎将李光耀和新加坡推到“反华”阵营当中，中新防务合作也遭遇小小的寒流。2014 年中新在高层接触与防务领域的合作较前两年有明显升温，一方面是东海、南海的争端与协调进入常态化，中国对外军事防务合作加强的体现；另一方面也显示出新加坡单纯倚重美国的地区安全战略正在调整，这种调整符合新加坡务实的小国外交风格，也符合新加坡多边卷入、势力均衡的安全战略。2014 年新加坡国防部部长黄永宏访华后即表示，新中深化防务联系，不会影响新加坡同伙伴国关系，“两国之间的关系更为密切和坚固，并不代表其他国家就会被排挤在外。美国和亚细安各国都认识到这一点，我相信他们会对新中加强防务联系表示欢迎。”强调新加坡倡议的多边关系及安全架构都具包容性，能接受各国之间交叉建立的多个双边及多边联系。①

中新金融合作是双方经贸关系向深度拓展的重要方面，中国是亚洲最大的经济体，新加坡是全球重要的金融中心之一，双方在国际金融市场中的彼

① 林子恒：《黄永宏：将探讨如何深化新中防务关系》，联合早报网，2014 年 11 月 11 日，http：//www. zaobao. com/realtime/singapore/story20141111 -410828。

此借力将使双方共同受益。2014 年新加坡首批加入亚投行及人民币实现对新元的直接交易，标志着中新在金融领域确立了更牢固的合作关系。

（二）中国中西部与新加坡的经贸合作有新突破

近十年来，新加坡顺应中国西部开发战略，加大与中国内地的合作。目前，新加坡是重庆第二大、四川省第三大投资来源国。2013 年，新加坡和四川的双边贸易额达到 16.2 亿美元，约 20.25 亿新元，在过去五年增长超过 3.5 倍，新加坡在四川的实际投资为 11.7 亿美元，比五年前增长超过四倍。截至 2013 年年底，新加坡在四川投资 482 个项目，实际投资额累计 38.7 亿美元。[①] 2014 年中国西部与新加坡的合作又有新突破：新加坡中华总商会“中国企业家走出去”系列论坛首次从中国沿海地区移师中西部地区，在重庆举行“重庆企业走出去：新加坡及东南亚区域展望与投资前景研讨会”，帮助重庆企业“走出去”，实现新加坡与中国西部企业的双向深度合作。中新第三个政府间合作项目也确定落户中国西部地区，在西安、成都和重庆三地中选择，该项目一旦实施，意味着新加坡将在中国“一带一路”的新发展战略中同时完成陆地和海上的布局，率先抢占中国经济发展新空间格局中独一无二的商机。

（三）中新关系在中国 - 东盟关系中地位更加突出

在东盟国家中，新加坡与中国的合作面最广，程度最深，中新政府间合作项目、中新贸易量、中新相互投资、中新金融合作、中新防务交流、中新教育合作、中新在治国理政方面的交流等等，都走在中国与东盟国家交流合作的前列。2014 年，虽然中国对新加坡进出口总值在中国与东盟国家贸易量中不是第一（见表 3），但中国保持了新加坡第一大贸易伙伴的地位，同时为新加坡第二大出口市场和第一大进口来源地。而如前文所述，中新政府

---

① 《新加坡与四川锁定消费和航空为重点合作领域》，联合早报网，2014 年 4 月 21 日，http：//china. huanqiu. com/News/mofcom/2015 -04/6247739. html。

间项目、投资、金融合作、防务交流、治国理政等其他交流合作在 2014 年均有新进展新突破，进一步拉大了与其他东盟国家的距离。

表 3　2012 ~ 2014 年中国对新加坡货物进出口统计

年份	进出口总值（亿美元）	中国出口总值（亿美元）	中国进口总值（亿美元）	在东盟国家中排名	占中国 - 东盟贸易总值比例(%)
2012	692. 8	407. 5	285. 2	3	17. 3
2013	759. 1	458. 6	300. 5	2	17. 1
2014（1 ~ 11 月）	712. 8	433. 7	279. 1	2	16. 5

资料来源：中国商务部《2012 ~ 2014 年中国对新加坡货物进出口统计》，中国商务部商务数据中心，http：//data. mofcom. gov. cn/channel/includes/list. shtml？ channel = mysj&visit = D&type = 4。

三　中新关系前景与展望

第一，除了在经济、教育、人才培训、科技和文化方面的合作，中新双方近年还在食品安全、社会治理和金融服务领域拓展合作，在城镇化、社会治理、法治国家建设、生态环境保护等领域，双方目前的合作交流仅仅是开始，有广阔的前景。尤其是社会治理领域，中新有相似的建设目标——实现社会公正，营造良好的可持续发展的生态环境；相通的个人、家庭、社会、政府关系理念——强调个人及家庭在福利保障方面的自理与自律；相仿的社会治理结构——政府在社会治理中居主导地位，通过政策规范个人、社会与政府三者之间的责任关系，协调社会与经济的同步发展；新加坡经历过中国目前的社会发展程度，而且“新加坡探索植根东方传统文化、融合现代文明的社会治理之路和在社会治理法治化方面一系列行之有效的做法，对中国提升社会治理法治化水平具有借鉴作用”①。因此，中新非常有必要深度分

① 蒋皓：《第二届中新社会治理高层论坛在京举行》，法制网，2014 年 7 月 28 日，http：//www. legaldaily. com. cn/index/content/2014 - 07/28/content_5691544. htm？ node = 30348。

享社会治理现代化的经验教训。

第二，新加坡成为中国企业进军海外市场的中介平台和区域跳板，在中国企业“走出去”战略中继续发挥作用。2014 年中国发起设立了亚投行和丝路基金，为“一带一路”沿线国家基础设施、资源开发、产业合作和金融合作等提供投融资支持，中国对外投资和海外项目将开启全新格局。李克强总理在作 2015 年政府工作报告时提出，要构建全方位对外开放新格局，推进“丝绸之路经济带”和“21 世纪海上丝绸之路”合作建设，报告要求把“一带一路”建设与区域开发开放结合起来，加快互联互通，加快实施“走出去”战略，统筹多边、双边和区域开放合作。“两会”期间，李克强总理在与代表讨论和记者招待会上都多次提到希望中国企业走出去。新加坡是国际金融中心，也是全球商业贸易中心，能够为中国企业提供人民币贸易等投资服务，探索东南亚市场的中国企业也可以利用新加坡的一系列专业服务，例如法律、审计和金融服务等，更顺利地实现走出去战略。

第三，在地区合作方面，2014 年，中新双方领导人都多次强调要共同推进中国“21 世纪海上丝绸之路”和亚洲基础设施投资银行建设，提升中国 - 东盟自贸区水平，携手建设更为紧密的中国 - 东盟命运共同体，促进地区和平、稳定、繁荣。2015 年新加坡接任东盟与中国关系协调国，密切的中新关系在中国与东盟的“钻石十年”中大有作为。

李光耀逝世后新加坡进入了后李光耀时代，人们普遍预测后李光耀时代的新加坡会有许多不确定性。李光耀的去世也使中新关系进入了后李光耀时代，但我们确信后李光耀时代的中新关系在互惠互利的基础上会越来越好。

Y.14

中国与泰国：密切合作稳发展

卢妹莲　黄 成　周喜梅*

摘　要：2014 年，中国与泰国在政治、经贸、军事、安全和教育文化上展开密切合作。两国高层互访频繁，签署多项合作协议。2015 年是中泰建交 40 周年，以此为契机，中泰两国传承中泰友谊，加强战略对话，推动中泰全面战略合作伙伴关系的发展。

关键词：中国　泰国　合作　发展

2014 年对中泰两国来说，是进一步深化全面战略合作伙伴关系的一年。尽管泰国政局发生短时间震荡和政权更替，并因此在较短时间内影响了中国政府与泰国前政府达成的一系列合作协议的具体落实和推进，但总的来说，并没有影响中泰友好密切关系。2014 年下半年，尤其是 10 月以后，中泰两国政府共同发表了《中华人民共和国政府和泰王国政府联合新闻公报》，两国政府积极推进各领域、各方面的务实合作，取得了可喜成就，尤其是高铁合作项目得到了全面落实。

* 卢妹莲，硕士，广西民族大学东盟学院信息员，主要从事东南亚问题研究；黄成，广西民族大学法学院硕士研究生，主要从事东南亚问题研究；周喜梅，朱拉隆功大学法学博士，广西民族大学东盟学院副院长、硕士生导师，教授，主要从事民法、泰国法律制度等研究。

一　政治互访频繁、着重落实合作共识

2014 年泰国政局出现短期震荡，经历了英拉政府向巴育政府的更替。在 2014 年之前，中国与泰国英拉政府已经达成了多项领域的合作协议和备忘录，尤其是在高铁项目合作、农业合作和能源合作方面。在泰国巴育政府执政后，中泰两国密切高层互访，旨在全面落实合作共识，进一步促进两国多领域纵深合作。中国国家主席习近平和国务院总理李克强于 2014 年 11 月同来华参加 APEC 会议的泰国总理巴育举行会晤，同年 12 月，李克强总理访问泰国，紧接着，泰国总理巴育访问中国，中泰两国进一步密切关系，务实推进各领域合作，取得可喜成果。2014 年，泰国是中国 - 东盟关系协调国，中泰两国就更好地发挥泰国在协调中国 - 东盟关系中的作用，尤其是南海问题上发挥协调作用，多次互换意见。

2014 年 8 月 9 日，中国外交部部长王毅在缅甸首都内比都出席东亚合作系列外长会议期间会见泰国代理外交部部长西哈萨。王毅表示，中方高兴地看到泰国局势逐渐趋向稳定，祝愿泰国人民在稳定、改革、发展的道路上迈出新步伐。中国将为此发挥建设性作用。泰国为中国和东盟友好关系的发展发挥了重要作用，是中国 - 东盟关系的协调国。西哈萨表示，不管泰国局势如何发展，泰方都积极致力于发展泰中关系。泰方坚定致力于推动东盟 - 中国对话协商，促进双方关系发展。①

2014 年 9 月 19 日，中国中央军委副主席范长龙和泰国副总理兼外交部部长、武装部队最高司令塔纳萨在北京八一大楼举行会谈。范长龙指出，在中泰两国军队领导人热切关心和支持下，两国军队间交流和合作取得了更高层次的发展，战略互信进一步加深，双方合作机制进一步完善，尤其是训练合作不断加强，最终促使多边合作取得新进展。范长龙还说，希望两国在现

① 《王毅会见泰国代理外交部长西哈萨》，中华人民共和国外交部网站，2014 年 8 月 9 日，http：//www. fmprc. gov. cn/mfa_ chn/zyxw_ 602251/t1181477. shtml。

有成果的基础上，推动两国关系走得更深、更远。塔纳萨表示，泰国军队愿意同中国军队一起努力巩固发展两国传统友谊，加强两军务实交流合作，促进地区和平与稳定。①

2014 年 11 月 9 日，国家主席习近平同出席亚太经合组织领导人非正式会议（APEC）的泰国总理巴育在北京人民大会堂举行会谈。习近平指出，中泰一家亲，中方真诚祝愿泰国人民安居乐业、国家长治安定，愿意同泰方共同努力，不断完善、丰富中泰两国全面战略合作伙伴关系。目前为止，中泰两国在铁路、能源、水利、教育等领域达成合作共识，希望得到进一步的落实和完善。中国鼓励和支持中方企业前往泰国投资。2015 年是中泰两国建交 40 周年，除了政治、经济上的合作之外，双方还要加强人文交流，增进两国之间的友谊。中方赞赏泰国在深化中国 - 东盟合作以及友好往来的过程中发挥的积极作用，愿意同泰方一道共同促进亚洲的和平稳定以及繁荣发展。巴育表示，泰国正努力探索符合本国国情的发展道路，希望同中方相互借鉴，共同发展，尤其是随着“丝绸之路经济带”和“21 世纪海上丝绸之路”的建设，双方共同推进铁路、农业的合作，从而增加泰国农产品的对华出口量，促进地区互联互通，加强人才培训，促进民间交往。泰方积极参与亚洲基础设施投资银行的建设，并对中方成立丝路基金给予了大力的赞赏。泰方将继续致力于推动东盟和中国的友好往来，对于中方举办的亚太经济合作组织领导人非正式会议给予了高度的支持。②

2014 年 11 月 9 日下午，国务院总理李克强与出席 APEC 会议的泰国总理巴育在人民大会堂举行会谈。李克强表示，希望将中泰两国友谊转化为惠及两国人民的务实成果。巴育表示，泰方高度重视同中国的友好往来，愿意积极落实中泰双方达成的共识和协议，积极推进经贸、铁路、农业等领域的合作，从而推动中国 - 东盟关系以及泰中关系取得更

① 董子畅：《范长龙会见泰国副总理兼外交部长、武装部队最高司令》，中国新闻网，2014 年 9 月 19 日，http：//www. chinanews. com/mil/2014/09 - 19/6611639. shtml。

② 刘华：《APEC 授权发布：习近平会见泰国总理巴育》，新华社，2014 年 11 月 9 日，http：//news. xinhuanet. com/world/2014 - 11/09/c_1113175705. htm。

大的发展。[①]

2014 年 11 月 13 日，中国国家旅游局副局长杜江在上海会见率团参加 2014 中国国际旅游交易会的泰国旅游与体育部部长科布坎恩·瓦塔纳芙然库尔一行。双方就中泰两国进一步扩大旅游交流与合作交换了意见。[②]

2014 年 12 月 19 日，中国国务院总理李克强出席在泰国曼谷举行的大湄公河次区域经济合作领导人第五次会议，并会见了泰国总理巴育。中泰双方签署了《中泰农产品贸易合作谅解备忘录》和《中泰铁路合作谅解备忘录》，双方协议的成功签署标志着两国互利共赢取得的重大发展，从而进一步提高本地区基础设施建设水平，促进物畅其流，便利人员往来。[③] 2014 年 12 月 22～23 日，应中国国务院总理李克强邀请，泰国总理巴育对中国进行正式友好访问。访问期间，国家主席习近平、李克强总理和全国人大常委会委员长张德江分别同巴育总理进行了会见或会谈。中泰两国就此次访问发表联合新闻公报，就两国关系与各方面合作达成共识。[④]

二　签署多份合作协议、合作计划逐步落实

2014 年，由于泰国政权更替，中泰两国领导人的密切互访主要集中在下半年的 11～12 月期间，两国签订了多份协议和备忘录，发表了《中华人民共和国政府和泰王国政府联合新闻公报》，共同促进合作项目和计划的落实。

2014 年签署的重要协议和备忘录有：（1）《泰国央行和中国人民银行关

① 《李克强会见泰国总理巴育时强调将中泰友谊转化为惠及人民的务实成果》，中国政府网，2014 年 11 月 9 日，http：//www. gov. cn/guowuyuan/2014－11/09/content_ 2776677. htm。

② 冯颖：《杜江会见泰国旅游与体育部部长》，中国日报网，2014 年 11 月 14 日，http：//www. chinadaily. com. cn/hqcj/xfly/2014－11－14/content_ 12708988. html。

③ 钟和：《中泰铁路合作签“升级版”协议》，《新民晚报》2014 年 12 月 20 日，http：//xmwb. news365. com. cn/gj/201412/t20141220_ 1534040. html。

④ 《中华人民共和国政府和泰王国政府联合新闻公报》，新华网，2014 年 12 月 23 日，http：//news. xinhuanet. com/world/2014－12/23/c_ 1113752385. htm。

于在泰国设立人民币清算银行的合作谅解备忘录》；（2）《人民币和泰铢结算双边协议（旨在对已过期协议进行续期）》；（3）《泰国农业与合作社部与中国水利部关于科研、水资源、水利合作谅解备忘录》；（4）《泰国国家证券交易所与中国银行之间的合作备忘录》；（5）《关于在泰国 2015～2022 年交通运输基础设施发展战略框架下开展铁路基础设施建设合作的谅解备忘录》；（6）《关于农产品贸易合作的谅解备忘录》。

2014 年中泰两国关系取得的主要成就归纳如下。①

（1）中泰两国一致认为，在各国经济依存度不断加深、国际地区形势持续变化的背景下，加强中泰双方全面战略合作伙伴关系是符合两国共同利益的明智之举，对于促进两国人民共同福祉，维护本地区和世界的和平、稳定与发展都起到很大的促进作用。

（2）两国领导人对于两国副总理级经贸联委会第三次会议成果给予了积极的评价，并表示要给予全力支持，进一步加强双方在基础设施、投资、贸易、旅游、橡胶工业、能源、金融、航天技术以及信息通信等领域的合作。双方将继续加强农产品方面的贸易。泰方鼓励中方加大对泰国的投资，尤其是高附加值产业的投资。中泰双方将努力实现 2016 年双向旅游人数突破 500 万人次的目标。

（3）2014 年 12 月 19～20 日，大湄公河次区域经济合作（GMS）第五次领导人会议在曼谷圆满结束，中方对此给予了高度的评价。泰方感谢中方的支持，此外，泰方为此次会议取得的丰硕成果发挥了至关重要的作用。中泰双方共同推动大湄公河次区域的可持续发展。

（4）合理运用中泰双方的合作机制，促进两国间投资、贸易和旅游等方面的合作。

（5）泰方对于中国提出的共建“丝绸之路经济带”和“21 世纪海上丝绸之路”的倡议给予了高度的支持。同时，泰方对于中国通过基础设施建

① 《中华人民共和国政府和泰王国政府联合新闻公报》，新华网，2014 年 12 月 23 日，http：//news. xinhuanet. com/world/2014－12/23/c_1113752385. htm。

设合作推进地区互联互通的政策表示高度认可，其中还包括筹建亚洲基础设施投资银行。通过 R3、R8 和 R12 等主要公路网的建设，加强两国间以及地区之间的跨境货物和人员运输的畅通，进而促进双方在投资、旅游、贸易和人员方面的交流。

（6）两国加强金融和银行业合作的领域和深度，扩大本币结算，续签中泰双边本币互换协议和在泰国建立人民币清算安排，为双边的贸易投资提供了便利。

（7）双方共享防洪减灾、水资源管理等方面的技术和经验，加强双边相关项目的开发和建设，努力探索其他方面潜在的互利共赢合作。

（8）两国加强包含航天领域的科技合作，积极推进全球导航、遥控以及其他卫星技术的应用，积极推动双方关于航天活动方面合作的协定。

（9）两国举行国防部防务安全方面的磋商。

（10）两国进一步加强人文、教育特别是职业教育等领域的合作。与此同时，积极开展地方间合作与交流，扩大民间交往，促进中泰友好关系进一步发展。

（11）泰国在发展中国－东盟友好关系过程中发挥了积极作用，中方对此予以肯定。两国将继续深化各领域合作，维护本地区和平与发展，促进中国－东盟战略伙伴关系的加强。两国积极落实《南海各方行为宣言》的紧密合作，推进“南海行为准则”磋商进程，早日达成协商一致的准则。中方对于东盟在地区架构中发挥的主导作用予以肯定，双方继续加强在中国－东盟、东亚峰会、大湄公河次区域经济合作、东盟地区论坛、东盟－中日韩、亚太经合组织、亚洲合作对话、联合国等多边机制框架内的配合与协调。

三　军事、安全防务合作取得进展

2014 年 6 月 13 日，第十次中泰国防部防务安全磋商会议在北京举行，两国将举行中泰国防部防务安全磋商，在国防工业、人员培训和联演联训等领域不断扩大合作，进一步打击贩卖毒品、恐怖主义、组织偷渡等跨国犯罪，推进湄公河流域执法安全合作。①

在泰国巴育总理于2014年12月22～23日访问中国期间，与中国国务院总理李克强就加快两国国防工业合作达成共识。中泰将扩大军事演习、地区安全、军事训练和教育、反恐以及国防工业领域上的合作。在国防工业方面，中国在现有技术基础上将协助泰国发展和建造多管火箭炮系统。②

四　经贸合作稳步推进、科技与高铁合作成果喜人

在中泰双边贸易方面，尽管受到世界经济总体疲软的影响，中泰贸易总量较2013年略有下降，但到目前为止，中国仍是泰国第一大出口市场和第一大贸易伙伴国，并从泰国的第二大进口来源地跃居为第一大进口来源地。在中泰双边投资方面，由于受泰国政权更替影响，中国对泰国的一些投资项目于2014年签署，但仍未启动投资，所以中国对泰国直接投资总额从2013年的位居第二退居第三，远低于日本，略次于欧盟。2014年，中泰在高铁合作、航空技术合作、农业合作方面取得了新的进展，在旅游、教育、社会文化交流等方面继续保持良好势头。

（一）双边贸易

据泰国海关统计，2014年中泰两国双边货物进出口额为633.7亿美元，同比下降1.7%。其中，泰国对中国出口额248.3亿美元，同比下降7.4%，占泰国出口总额的11%；泰国从中国进口385.4亿美元，同比增长2.4%，占泰国进口总额的16.9%。泰国对中国贸易逆差达到137.1亿美元，同比增长27%。

---

① 《第十次中泰国防部防务安全磋商在京举行》，中国国防部网站，2014年6月13日，http：//www.mod.gov.cn/auth/2014－06/13/content_4516103.htm。

② 《中国全方面帮助泰国国防或出口红旗》，《简氏防务周刊》2014年12月24日，http：//mil.huanqiu.com/observation/2014－12/5308092.html。

泰国对中国出口的两大重要商品分别是塑料橡胶和机电产品，2014年两类产品的出口额分别是77.8亿美元和55.1亿美元，分别下降14.3%和3.5%，占泰国对中国出口总额的31.3%和22.2%。植物产品是泰国对中国出口的第三类商品，出口额为30.3亿美元，同比增长18.2%，占泰国对中国出口总额的12.2%。化工产品和矿产品是泰国对中国出口的第四和第五类商品，出口额分别是28.6亿美元、13.7亿美元，同比分别下降16.1%和42.3%，两类产品共计占泰国对中国出口总额的17%。

泰国自中国进口的主要商品为机电产品，2014年进口额为189.6亿美元，基本与2013年持平，占泰国自中国进口总额的49.2%。贱金属及制品、化工产品、塑料橡胶、纺织品及原料分别位列泰国自中国进口的第二至第五大类商品，2014年四类商品的进口额分别为55.7亿美元、33.5亿美元、18.6亿美元和16.9亿美元，同比增长13.1%、12.6%、9.8%和1.8%；此外，运输设备进口14.5亿美元，下降28.3%；上述五类商品共计占泰国自中国进口总额的36.1%。美国、日本、马来西亚和澳大利亚是中国主要的竞争对手。①

表1　泰国对中国出口主要商品构成（2014年）

单位：百万美元，%

海关分类	商品类别	2014年	2013年	同比	占比
第7类	塑料橡胶	7775	9073	-14.3	31.3
第16类	机电产品	5513	5712	-3.5	22.2
第2类	植物产品	3025	2559	18.2	12.2
第6类	化工产品	2863	3413	-16.1	11.5
第5类	矿产品	1372	2380	-42.3	5.5

① 《2014年泰国货物贸易及中泰双边贸易概况》，中华人民共和国商务部网站，http：//countryreport.mofcom.gov.cn/record/qikanlist110209.asp？qikanid=6911&title=2014。

表 2　泰国自中国进口主要商品构成（2014 年）

单位：百万美元，%

海关分类	商品类别	2014 年	2013 年	同比	占比
第 16 类	机电产品	18964	18957	0.0	49.2
第 15 类	贱金属及制品	5565	4921	13.1	14.4
第 6 类	化工产品	3354	2979	12.6	8.7
第 7 类	塑料橡胶	1858	1692	9.8	4.8
第 11 类	纺织品及原料	1687	1657	1.8	4.4

表 3　泰国自中国进口的五大类商品及其国别/地区构成（2014 年）

单位：百万美元，%

HS84 - 85:机电产品			
国家和地区	金额	同比	占比
中国	18964	0.0	28.0
日本	14715	-7.9	21.7
马来西亚	5859	-3.9	8.6
美国	4295	2.8	6.3
中国台湾	3817	2.2	5.6
新加坡	2779	-6.5	4.1
HS50 - 63:贱金属及制品			
国家和地区	金额	同比	占比
日本	8573	-6.2	30.6
中国	5565	13.1	19.8
韩国	2550	1.9	9.1
中国台湾	1335	-3.2	4.8
澳大利亚	912	-10.6	3.3
马来西亚	874	-5.4	3.1
HS28 - 38:化工产品			
国家和地区	金额	同比	占比
中国	3354	12.6	18.7
日本	2063	-4.9	11.5
美国	1508	-8.0	8.4
新加坡	1213	11.5	6.8
德国	890	-3.2	5.0
马来西亚	880	-9.1	4.9

续表

HS39－40:塑料橡胶			
国家和地区	金额	同比	占比
日本	2497	－12.0	23.7
中国	1858	9.8	17.7
韩国	929	－4.1	8.8
美国	843	4.8	8.0
马来西亚	813	5.7	7.7
中国台湾	637	0.6	6.1
HS50－63:纺织品及原料			
国家和地区	金额	同比	占比
中国	1687	1.8	35.8
中国台湾	396	－1.4	8.4
日本	377	－1.0	8.0
美国	325	0.5	6.9
越南	202	16.6	4.3
澳大利亚	188	－14.4	4.0

（二）双边投资

2014年中国（合并香港对泰投资）对泰投资位居对泰国海外投资的第三位，次于日本和欧盟。2014年，向泰国外商投资促进委员会提出申请的海外投资项目为1662项，投资总额7294.45亿泰铢，获得泰国外商投资促进委员会批准的海外投资项目为912项，投资总额为4835.11亿泰铢。①

表4 2014年获泰国外商投资委员会批准的前四位国家或组织投资情况列表

国家或组织		投资项目数(个)	投资总额(亿泰铢)		投资额排名
日本		417	1818.32		1
中国	内地	40	382.47	合计：571.26	3
	香港	25	188.79		
欧盟		79	588.68		2
美国		50	501.58		4

① 泰国外商投资促进委员会网站，http：//www.boi.go.th/index.php？page = statistics_ foreign_ direct_ investment。

（三）重大科技与经贸合作

2014 年，中泰重大合作项目主要集中在高科技领域合作和重大基础设施领域合作。

2014 年，中泰双方开展高铁联合研究中心运营教学平台建设和振动试验台建设；完成中泰遥感卫星数据共享与应用平台终端建设，并启动示范项目；签署共建中泰技术转移中心合作备忘录，并共同组织第二届中国－东盟技术转移与创新合作大会、泰国科技周等重要活动；资助泰方派遣高铁和遥感领域青年科学家来华短期工作，并探讨资助中方科学家赴泰开展科研交流等。

中方向泰方介绍了中国－东盟科技伙伴计划下最新项目倡议，包括启动中国－东盟海水养殖技术联合研究与推广中心建设、实施中国－东盟新能源与可再生能源行动计划。上述倡议得到泰国科技部的赞赏和积极回应。双方同意，将在合适时机成立海水养殖技术合作联合工作组和新能源与可再生能源合作工作组，以推进两国在相关领域的合作。①

2014 年 11 月 11 日，中国航天科技集团公司旗下中国长城工业集团有限公司（长城公司）和泰国泰空大众有限公司（THAICOM），在珠海航展上签署一份通信卫星项目合作框架协议。根据协议，泰国泰空大众公司将与中国长城公司携手合作，寻求新的通信卫星项目的研发和采购的合作机会，双方将就该通信卫星项目共同努力，以期达到技术、财务及市场的最优组合，该协议拟采购的卫星将服务于中国及其他亚太地区国家。包括中泰卫星项目达成合作意向在内，中国航天科技集团公司当天在珠海航展上与众多中外客户签署一系列重大采购与合作协议，协议总金额近 1000 亿元人民币。②

2014 年 5 月 14 日，南方电网公司董事长、党组书记赵建国同泰国能源

① 《中华人民共和国政府和泰王国政府联合新闻公报》，新华网，2014 年 12 月 23 日，http：//news. xinhuanet. com/world/2014－12/23/c_ 1113752385. htm；科技部：《中泰科技部合作联委会第一次会议召开》，中华人民共和国科学技术部网站，2014 年 4 月 2 日，http：//www. most. gov. cn/kjbgz/201404/t20140401_ 112555. htm。

② 《中泰签卫星合作协议》，〔泰国〕《世界日报》2014 年 11 月 14 日，http：//china. huanqiu. com/News/mofcom/2014－11/5202475. html。

部部长蓬萨一行在电力合作和中泰联网项目问题上交换了意见和看法。双方一致认为加强合作、加强联网，互利互惠，意义重大，双方将继续积极推进。①

12 月 4 日，中国长江三峡集团公司副总经理林初学一行与泰国能源部部长浓差博士等进行了会谈。林初学在会谈中介绍了中国三峡集团基本情况以及孟东项目进展情况，表示希望泰国能源部继续支持孟东水电站项目开发工作，并将该项目合作上升到政府间合作层面。浓差在会谈中表示，泰国能源部全力支持中国长江三峡集团牵头的中泰缅联合体开发缅甸孟东水电站项目，目前已原则批准了 EGATi 公司关于孟东项目前期工作的预算。他表示将积极推动将孟东项目纳入政府间合作框架。②

（四）中泰高铁项目合作取得新突破

中泰高铁项目合作可谓一波三折，在泰国英拉政府时期，中泰两国已签署“高铁换大米”计划，由于 2014 年 5 月泰国政权更替，该计划突然搁置，其后，中国国家领导人与泰国新政府经过多次会晤后，中泰两国政府签署《关于在泰国 2015 ~ 2022 年交通运输基础设施发展战略框架下开展铁路基础设施建设合作的谅解备忘录》，中泰高铁合作项目重新启动，并取得比此前更好的成果。重新启动的高铁合作项目有两条线路，即廊开府—呵叻府—景溪县（北标府）—玛塔朴码头（罗勇直辖县）线路，总长 734 公里，景溪县—曼谷，总长 133 公里，两条线路总长达 867 公里，统一采取 1.45 米标准轨道，将采取政府对政府的合作机制，并成立一个执行委员会负责上述备忘录下项目的具体实施。③ 此次高铁项目，为时速 160

① 关飞：《赵建国会见泰国能源部部长蓬萨》，南方电报网，2014 年 5 月 16 日，http://www.csg.cn/nwgsxw/2014/gcdt/201405/t20140516_80799.html。

② 《林初学与泰国能源部部长会谈》，《中国电力》2014 年 12 月 10 日，http://www.boulder.net.cn/html/2014-12-10/20141210093533.html。

③ 《习近平：对中泰铁路合作感到满意，会见泰国总理巴育时祝愿泰国人民新年幸福》，《京华时报》2014 年 12 月 24 日。

公里的双轨线，总成本约合人民币1430亿元。① 中国工商银行（泰国）预计参加对新铁路升级计划的资金支持，同时帮助泰国建筑公司在离岸市场筹集资金。②

中国驻泰大使馆驻泰国经商参赞处报道，为在该地区资助新交通项目，六个湄公河流域国家的领导人目前一致通过万亿泰铢的投资计划。泰国交通部副部长阿空称，该五年计划总计将投资30亿美元（9860亿泰铢），对92项高优先级投资和技术项目进行援助。这一方案旨在提高区域连通性。在这些项目中，中国建设44%，老挝26%，泰国10%；剩下的由柬埔寨、缅甸和越南三国分摊。该项目将通过一系列包括来自中国和区域金融机构的软贷款，如亚洲开发银行资助的资金来源。③

（五）旅游业发展强劲

根据中国旅游局的统计，2014年泰国人入境中国的一共有61.31万人，其中36.21万人次是来中国观光休闲的，占了总人数的六成。④

泰国为开发中国旅游市场促进泰国旅游业复苏，泰国维护和平与秩序委员会同意给予赴泰旅游的中国大陆及台湾地区的公民免签证费用的决定，时间为2014年的8、9、10三个月。⑤ 由于泰国政府采取了一系列促进旅游的刺激政策，2014年中国游客飞往泰国旅游的数量达500万人次，给泰国旅游业带来了近1909亿泰铢的收入。泰国国家旅游局官方预

---

① 李天恩：《中泰重启铁路合作计划迎来两国互利共赢》，中国经济网，2014年8月15日，http://kfq.ce.cn/sy/jt/201408/15/t20140815_1852191.shtml。

② 《工银泰国力挺泰中铁路项目》，中华人民共和国驻泰王国大使馆经济商务参赞处网站，2014年12月25日，http://th.mofcom.gov.cn/article/jmxw/201412/20141200846983.shtml。

③ 《湄公河六国通过万亿铢投资计划——泰中合作引期待》，中华人民共和国驻泰王国大使馆经济商务参赞处网站，2014年12月22日，http://th.mofcom.gov.cn/article/jmxw/201412/20141200842768.shtml。

④ 《2014年1~12月入境旅游外国人人数（按目的分）》，中华人民共和国国家旅游局网站，2015年2月2日，http://www.cnta.gov.cn/zwgk/lysj/201506/t20150610_18859.shtml。

⑤ 杨讴：《泰国将研究给予中国游客免签政策，或免签证费3个月》，泰国外交部网站，2014年8月2日，http://focus.stockstar.com/FB2014071800001616.shtml。

测，2015 年到泰国旅游的中国游客数量将会增长 37%，旅游消费额将会增长 47%。①

五　社会文化教育合作不断深入

中泰社会文化、教育合作领域一直保持很好的发展态势，2014 年也不例外。

2014 年 1 月 31 日，泰国公主诗琳通出席在曼谷唐人街由中泰政府合作举办的 2014 年“欢乐春节”文化活动开幕式，并为仪式剪彩。中国驻泰国大使宁赋魁说：“现在，中国文化部在全球 99 个国家 200 余个城市与当地合作举办的春节庆祝活动中，泰国‘欢乐春节’活动是规模最大、规格最高、影响最广、出席人数最多的。今年，中泰两国政府合作在泰国举办的春节文化活动正好满 10 届。过去的每一届活动都取得了圆满成功，这与泰国王室给予的关心与支持是密不可分的。”②

2014 年 5 月 16 ~ 19 日，2014 年贵阳 · 泰国节在贵阳鸿通城购物中心举行。本届泰国节，让贵州游客不出省就可感受到泰国风情，了解泰国民俗、文化、美食、旅游等信息，并促进两地企业进行多种形式的协作与合作。③

2014 年 6 月 6 日泰国驻昆明总领事馆总领事素差先生及夫人出席 2014 年第二届中国 – 南亚博览会及 2014 年第二十二届中国昆明进出口商品交易会开幕式。总领事表示将全心全意支持泰国民企进驻云南省经商，希望来云南经商的泰国客商不断增加，发挥好 R3A 的交通优势。④

---

① 伍策、元月：《中国游客可投票参选最佳　泰国获取特别大奖名额》，中国网，2015 年 5 月 8 日，http：//www.china.com.cn/travel/txt/2015 – 05/08/content_35523714.htm。

② 张春晓、常天童：《2014 年中泰春节文化活动开幕》，中国新闻网，2014 年 1 月 31 日，http：//news.xinhuanet.com/overseas/2014 – 01/31/c_119197337.htm。

③ 《2014 年贵阳 · 泰国节举行》，《贵州日报》2014 年 5 月 19 日。

④ 张若谷、杨燕：《第二届中国 – 南亚智库论坛在昆明开幕》，中华人民共和国中央人民政府网站，2014 年 6 月 7 日，http：//www.gov.cn/xinwen/2014 – 06/07/content_2696023.htm。

泰国驻昆明总领事馆总领事素差于2014年6月11～18日组织了“2014年云贵湘三省媒体访问泰国团”，目的是希望通过媒体的直接接触让大家了解泰国经历军事政变后国内形势是安全稳定的，从而解除中国游客及商务投资人员的担忧，另外泰方还希望通过这样的机会向中国媒体介绍泰国有名的产品和出色的服务，推广泰国旅游文化和优美景点。①

中泰高尔夫旅游文化交流邀请赛暨海丝经贸文化论坛，2014年7月22～24日，在福建厦门、泉州两地举行。该活动旨在通过高尔夫和海丝经贸文化论坛的交流，促进两国政府和企业在投资、经贸、文化、旅游等领域的合作与交流。这也是中泰两国促进双方密切友好往来的又一大型活动，密切了泰国与中国福建省的友好关系和经济合作。②

2014年9月3日，泰国副总理兼外交部部长、武装部队最高司令塔纳萨上将在武装部队最高司令部会见中国驻泰使馆临时代办吴志武，以泰国政府名义向云南鲁甸地震捐款100万泰铢。普密蓬国王向中国国家主席习近平致电慰问，诗琳通公主以个人名义为灾区捐款20万元人民币。③

2014年10月15日，泰国王室成员、亲王夫人塔雅女士，前国防部部长、五星上将切塔，原国会经济改革审计委员会主席索比博士，以及商界、文化界近40人一行到访重庆市巴南区，在重庆四大古寺之一的天心寺与重庆市文化界专家、学者共同主持中泰文化交流会，为增进重庆与泰国间的了解和互信奠定基础。④

泰国前总理及民主党党魁阿披实于2014年11月16～22日访华，阿披实在民主党总部接受《世界日报》记者独家专访时阐述了泰中两国多项领

---

① 《泰国驻昆明总领事馆为恢复旅游组织中国媒体团访泰》，泰国外交部网站，2014年6月30日。

② 杨伏山：《2014中泰高尔夫旅游文化交流邀请赛在闽举办》，中国新闻网，2014年7月23日，http：//www.chinanews.com/ty/2014/07－23/6415516.shtml。

③ 杨讴：《泰国政府为云南地震捐款》，人民网，2014年9月3日，http：//world.people.com.cn/n/2014/0903/c1002－25599031.html。

④ 罗强：《首届中泰国际佛教文化交流大会在渝开幕》，环球网，2014年10月15日，http：//china.huanqiu.com/News/scio/2014－10/5169971.html。

域的务实与深入合作，并对2015年泰中将共庆建交40周年及诗琳通公主殿下60华诞进行了展望。他说两国可抓住这一契机增进互惠互利合作。泰国注意到中国在经济发展策略上的转变，从注重快速的经济发展，转变为软着陆和稳定的新常态，中国政府更注重经济与社会的发展质量。这不论是在教育、文化交流、生活品质和环保方面，都将为泰国和东盟各国带来丰富的商机。①

2014年6月27日晚，由中国新闻出版广电总局和泰国民联厅联合主办的大型跨国音乐交流活动"中泰友谊歌会·美丽2014"在南宁隆重上演。中泰两国歌手联袂登台献艺，展现两国各具特色的民族风情和绚丽多姿的民族文化。②

六 中泰关系展望

2014年是中泰建立全面战略合作伙伴关系的第三年，中泰两国政府于2014年5月前达成的合作共识和协议的具体落实尽管受到了泰国政局震荡和政权更替的短期影响，但并没有影响两国进一步深化全面战略合作伙伴关系的大方向，尤其是2014年10月以后，两国政府各方面合作全面铺开，成果喜人。2015年是中泰建交40周年，两国领导人已同意共同纪念中泰建交40周年，并希望以此为契机，传承中泰友谊，加强战略对话，推动中泰全面战略合作伙伴关系取得更大发展，造福两国和两国人民。

有关中泰两国未来关系发展，两国政府已签署了一系列文件，主要有：2012年4月19日发表的《关于建立全面战略合作伙伴关系的联合声明》《中泰战略性合作共同行动计划（2012－2016）》《关于可持续发展合作谅解备忘录》，2013年10月11日发表的《中泰关系发展远景规划》。这

---

① 张京：《阿披实访华归来，促把握契机》，〔泰国〕《世界日报》2014年11月25日，http://mp.weixin.qq.com/s?__biz=MzA5Mjg2OTIzMg==&mid=200918543&idx=1&sn=81c0805d50254d489d7e6d9a397255c6&3rd=MzA3MDU4NTYzMw==&scene=6#rd。

② 余显伦：《"湖南文化走进泰国"活动在曼谷成功举行》，中华人民共和国驻泰王国大使馆网站，2014年12月12日，http://www.chinaembassy.or.th/chn/sgxw/t1218762.htm。

些文件对中泰两国全面深化战略合作伙伴关系从各领域、各方面进行了规划和远景设计。如果2015年泰国政治环境稳定，未发生政权更替或平稳地进行政权更替，2015年应是中泰两国达成的合作共识和协议全面推进的一年，中泰两国全面战略伙伴关系将得到更广阔发展，各领域合作将更上一层楼。

Y. 15

中国与文莱：务实合作有亮点

罗 琨*

摘 要： 随着中国“21 世纪海上丝绸之路”战略的实施，中国日益重视与路线沿线国家双边关系的良好发展。文莱具有独特的地理位置和经济发展潜力，深化与文莱在各个领域的交流合作，对两国自身有着重要意义。近年来，中国与文莱在政治、军事、教育、文化、经贸等方面的务实合作呈良好的发展态势。特别是广西与文莱的特色合作成为两国间合作的亮点所在。

关键词： 中国 文莱 广西 双边合作

近年来，中国与文莱关系保持了良好的发展态势，两国都有进一步深化合作的意愿。中国实施“一带一路”战略，文莱地处东盟东部增长三角的中心，位于连接中国与澳大利亚、新西兰、智利等大洋洲和拉丁美洲国家之间的重要位置，同时与科威特等伊斯兰国家关系密切，随着中国建设“21 世纪海上丝绸之路”战略的实施，文莱的地缘优势进一步提升，发展与文莱的友好关系越来越重要。文莱实施多元化经济改革，实现“2035 年宏愿”，需要进一步加强与中国的合作。

---

* 罗琨，广西对外经济文化交流中心研究员。

一　政治、军事互动不断加强

（一）高层互动

两国元首在国庆日互相致贺电。在文莱成立30周年之际，中国国家主席习近平致电文莱苏丹哈桑纳尔·博尔基亚，充分肯定文莱对发展两国友好关系做出的努力，表示中国会继续加强与文莱的合作，继续发展两国传统友谊，推动两国关系不断向前发展。在新中国成立65周年之际，文莱苏丹分别致电中国国家主席习近平和总理李克强。苏丹致电习近平主席表示，文莱重视与中国的传统友谊和紧密合作，感谢习主席为促进文中双边关系所做的贡献。文莱苏丹致电李克强总理表示，文莱重视两国政府和人民的历史联系和亲密友谊，充分肯定两国在多层次的交流合作所取得的成效。

文莱苏丹在“3·1”昆明暴力恐怖袭击、马来西亚航空MH370航班失联、云南鲁甸地震等事件发生后及时向中国发来慰问电，支持中国政府立场。文莱苏丹哈桑纳尔·博尔基亚就3月1日发生在云南昆明的暴力恐怖袭击事件致电中国国家主席习近平，苏丹代表文莱政府和人民谴责恐怖组织的暴行，对中国政府和人民，尤其是遇难者家属表示哀悼。

中国国家主席向文莱苏丹致生日贺函。在苏丹68岁生日之际，中国国家主席习近平致函文莱苏丹哈桑纳尔·博尔基亚，表示衷心祝贺和良好祝愿。习近平主席祝贺苏丹领导文莱走出了一条符合本国国情的发展道路，经济社会发展取得显著成就。习近平主席表示，中国和文莱2013年4月建立战略合作关系以来，双方经贸、能源、人文等领域合作取得积极进展，今后将共同推动中文关系不断迈上新台阶。

（二）军事交流

两国军队高层的互动。2014年3月21日，在斯里巴加湾市，文莱皇家武装部队司令塔维与到访的中国人民解放军副总参谋长孙建国进行了会见。塔维高度评价中国军队在维护海上安全稳定方面发挥的积极作用，感谢中国军队长期以来对文莱军队的支持，表示支持中国维护自己的核心利益。孙建国表示，中国军队愿与文莱军队共同努力，深化各个领域的务实交流与合作，坚持相互尊重、相互信任、相互支持，努力把两军关系提升到一个新的水平。

文莱皇家武装部队海军舰艇首次访华。2014 年 4 月 14 日上午，文莱皇家武装部队的近海巡逻舰“达鲁勒山”号（KDB DARULEHSAN）从摩拉海军基地起航，赴中国青岛参加西太平洋海军论坛及多国海上联合演习。这是文莱皇家武装部队海军舰艇首次访问中国，也是首次赴中国参演。文莱军方认为，此次参演将进一步增进文莱海军与参演各国海军，特别是与主办方——中国人民解放军海军之间的防务交往。

二　教育、文化交流继续发展

（一）教育

文莱与中国在互派留学生、推广汉语方面一直保持着交流与合作。2009 年中国国家汉语国际推广领导小组办公室（国家汉办）派遣五位汉语志愿者教师来文莱中华中学任教，这是中国派出的第一批到文莱任教的教师。文莱中华中学是文莱汉语水平考试（HSK）唯一考点，自 2007 年起已连续 7 年承办考试。

2014 年 4 月 26 日，中国驻文莱使馆临时代办房新文出席文莱中华中学 2014 年汉语水平考试（HSK）颁奖仪式并致辞。房新文代办首先祝贺考生们在此次考试中取得了优异成绩并表示，语言是沟通不同文明最好的桥梁，也是一种重要技能。同学们中文水平的不断进步和提高，为未来参与就业和中文两国文化交流奠定了坚实基础。房新文代办预祝考生们在 2014 年 10 月的考试中再创佳绩，希望文莱中华中学的汉语水平考试越办越好，表示中国大使馆今后将继续为此提供力所能及的帮助。颁奖仪式开始前，房新文代办代表国务院侨办向文莱中华中学转赠了300余册中文教科书，以支持和鼓励该校进一步提升中文教学水平。

（二）文化

中国与文莱官方积极参与中国－东盟合作框架下的文化交流活动。2014年4月，文莱派代表团到北京参加“中国－东盟文化交流年”开幕式。以中国－东盟博览会为契机，文莱积极通过博览会期间的系列活动，加强与中国的文化交流。2014年文莱均派选手参加在南宁举办的中国－东盟棋牌国际邀请赛和中国－东盟国际汽车拉力赛。同时，我国的民间文化团体不断加强与文莱的交流。

2014年3月，文莱国际龙舟赛在文莱首都斯里巴加湾市举行，来自世界各地的40余支代表队参加比赛，中国南京市龙舟运动协会代表南京市首次组队参加文莱龙舟赛，取得了国际混合组1000米直道赛第五名的成绩。国际龙舟赛在文莱有近80年的历史，近年来逐渐发展成为该国最盛大的活动之一，赛事影响力越来越大。中国南京市与文莱的斯里巴加湾市是友好城市。在文莱期间，南京市龙舟运动协会还与当地体育、文化部门进行了交流，对今后两地共同促进龙舟运动和龙舟文化交流合作等达成共识。

2014年3月，中国苏绣作品展在文莱首都斯里巴加湾的文莱皇家码头艺展中心举行，苏绣大师卢福英女士现场示范苏绣的制作过程。苏绣被誉为中国四大名绣之一，此次展览共展出了卢福英的25幅作品，其中包括她耗时半年完成的表现文莱首都象征的奥玛尔·阿里·赛福鼎清真寺的苏绣作品。

2015年3月，由中国驻文莱大使馆、中国福建省泉州海外交通史博物馆和文莱国家海洋博物馆主办的“碧海丝路东方之舟——泉州‘海上丝绸之路’文莱特展”在文莱国家海洋博物馆举行开幕式。展览以“海上丝绸之路”为主题，主要展示“宋船之歌：泉州港与‘海上丝绸之路’”、“云帆高张：中国舟船文化”、“多元荟萃：泉州宗教文化”、“文明对话：中国与文莱的交往”等四个部分的内容，以视频、文物遗迹照片等方式展现中国与文莱两国源远流长的友谊，显示了文莱在海上丝绸之路历史上有着重要的作用和地位。

（三）媒体

文莱发行庆祝中华人民共和国成立65周年特刊，介绍中国历年巨大成就。2014年10月1日，文莱英文报《文莱时报》（*The Brunei Times*）和中文报《联合日报》分别发行特刊，介绍中华人民共和国成立65周年来中国在各个方面取得的巨大成就。中国驻文莱大使郑祥林在特刊上发表国庆节致辞，详细介绍了当前中国国内经济形势及产业结构调整、中国周边外交政策、中文关系等。特刊还刊登一系列文章，介绍中国经济改革成就、科技进步成果、中国－东盟关系、21世纪海上丝绸之路等热点话题，以及近年中文经贸合作取得的成果。

三　经贸合作开启新篇章

（一）基本数据

2013年，中国与文莱双边贸易额达17.9亿美元，增长11.6%，其中中国出口17亿美元，增长36%；中国进口0.9亿美元，下降74.7%。2014年1～6月，中国与文莱双边贸易额7.5亿美元，下降14.2%，其中中国出口6.3亿美元，下降19.4%；中国进口1.2亿美元，增长33%。[①] 7月，中国与文莱双边贸易总额达1.99亿美元，增长31.7%，其中中国进口4850.42万美元，激增700.9%；中国出口1.50亿美元，环比增长3.7%。[②] 中国自

① 《中国文莱双边经贸合作简况》，中国商务部亚洲司网站，2014年8月22日，http：//yzs.mofcom.gov.cn/article/t/201408/20140800707322.shtml。

② 《2014年7月中国与文莱双边贸易额环比增长31.7%》，中新网，2014年9月10日，http：//www.asean168.com/a/20140910/43281.html。

文莱进口前五位的商品是矿物燃料、有机化学品、石料及类似制品、木浆及其他纤维、软体动物。中国对文莱出口前五位的商品是家具、电子、针织服装、鞋靴类似品、皮革制品。随着中国－东盟自贸区发展，中国与文莱的原油贸易恢复，双边贸易规模将继续保持增长趋势。

（二）直接投资

随着中国与文莱关系的不断深化，越来越多的中国企业关注文莱市场，越来越多的经贸团体访问文莱。目前，已有10家中资企业在文莱注册公司，业务经营范围包括电信服务、房地产开发、地质勘探、中医药、渔业、农业、水电和道路施工等①。

恒逸石化项目建设顺利推进。2012年，浙江恒逸集团拟在文莱大摩拉岛投资兴建石油炼化一体项目。2013年2月，国家发展和改革委做出《国家发展改革委关于浙江恒逸石化有限公司在文莱投资建设年加工800万吨原油的石化项目核准的批复》，同意浙江恒逸在文莱投资建设石化项目。2014年12月18日，文莱第二财政部部长丕显拉赫曼、第二外交部部长丕显林玉成、能源部部长丕显亚斯敏和首相署副部长拿督阿里，考察大摩拉岛恒逸石化项目建设工地，了解项目建设进展情况。该项目由恒逸集团与文莱达迈控股公司合资兴建，位于文莱大摩拉岛，占地面积260公顷，一期投资43亿美元，建成后可年产800万吨芳烃产品及汽油、柴油等燃料，并创造800个工作岗位。② 该项目的建设发展将为文莱本地企业提供大量商机。目前，该项目在厂区、码头、航道等前期基础设施建设工作方面推进顺利。根据该项目协议，恒逸集团每年资助一批文莱大学生前往浙江大学学习深造，帮助文莱培养本国人才。

葫芦岛七星国际投资集团在文莱实施独资项目。2014年4月28日，中

① 《中文双边经贸关系概况》，中国驻文莱大使馆经济商务参赞处网站，2010年3月16日，http：//bn. mofcom. gov. cn/article/zxhz/hzjj/201003/20100306824331. shtml。

② 《文莱四位部长联合考察恒逸石化项目建设情况》，中国驻文莱大使馆经济商务参赞处网站，2014年12月23日，http：//bn. mofcom. gov. cn/article/zxhz/zzjg/201412/20141200843607. shtml。

国葫芦岛七星国际投资集团与文莱经济发展局就该公司在文莱独资项目签订土地租赁协议。该项目计划投资5000万美元，将在文莱沙兰比嘉工业园建设以制造焊接圆形碳钢管为主的工厂。[①] 该工厂将为石油和天然气以及建筑等行业生产约10万吨焊接圆形碳钢管，每年的出口价值达1亿美元。该工厂预计2017年正式运作，能为文莱创造约300个就业机会。这是继恒逸集团之后我国又一民营企业在文莱的重大直接投资，标志着中国对文莱直接投资又迈出坚实一步。文莱首相署副常任秘书兼经济发展局首席执行官马纳夫博士表示，该项目符合文莱经济多元化战略需要，不仅能为本地创造更多的就业机会，而且将为交通物流等行业带来更多商机。

华为公司成功中标文莱3G网络改造项目。2014年12月19日，华为公司成功中标文莱Progresif移动通信公司3G网络改造项目，项目交付期约2年，金额1720万文莱元，折合1320万美元。[②] 该项目通过实施3G网络改造，大幅提升网络质量，为客户提供更丰富的业务种类、更快捷的数据服务和更好的移动用户体验。

（三）能源合作

中国与文莱正式开始在油气开采领域的合作。2014年5月，中海油田服务股份有限公司（简称中海油服）与文莱国家石油服务公司共同出资成立文莱中海油服合资有限公司，该公司是中海油服首家境外投资企业。该公司将为文莱Champion油田建造6座新平台，具体包括4座井口平台、1座钻井平台和1座天然气压缩平台。中海油服负责为合资公司提供技术指导，并协助培训当地员工。该公司顺利完成企业注册手续，标志着中国与文莱在油气开采领域的合作正式启动。[③]

---

① 《中国对文莱直接投资又迈出坚实一步》，中国驻文莱大使馆经济商务参赞处网站，2014年4月30日，http：//bn. mofcom. gov. cn/article/jmxw/201404/20140400568760. shtml。

② 《华为成功中标文莱3G网络改造项目》，中国驻文莱大使馆经济商务参赞处网站，2014年12月22日，http：//bn. mofcom. gov. cn/article/jmxw/201412/20141200842520. shtml。

③ 《中国与文莱在油气开采领域的合作正式启动》，中国驻文莱大使馆经济商务参赞处网站，2014年5月5日，http：//bn. mofcom. gov. cn/article/jmxw/201405/20140500572242. shtml。

江苏南通市洋口港首次接卸文莱天然气。2014 年，江苏南通市洋口港的中石油江苏 LNG 接收站从东南亚国家采购液化天然气。9 月 11 日，文莱籍"ABADI"货轮运输 6.15 万吨液化天然气在洋口港的中石油江苏 LNG 接收站码头完成卸载。江苏 LNG 接收站主要进口来自世界第一大液化天然气出口国卡塔尔的天然气，每吨均价 915.5 美元。这次洋口港进口的文莱液化天然气，每吨均价 763.5 美元，比卡塔尔的天然气便宜。文莱的天然气具有较大价格优势，将会吸引更多的中国企业购买。①

（四）金融合作

中国与文莱签署证券期货管理合作谅解备忘录。2014 年 3 月，中国证监会副主席刘新华与文莱金融管理局董事经理拿督罗斯里在文莱帝国酒店签署了两国证券期货管理合作谅解备忘录，这标志着文莱金融机构可向中国证监会申请合格境外机构投资者资格并进入中国市场投资。该备忘录是文莱与外国金融与证券管理机构签署的第五份类似文件，这一举措将有助于促进中文两国金融领域信息交流，推动中文两国金融监管交流与合作。

（五）旅游业合作

中国继续保持文莱第二大游客来源国地位。2013 年，文莱共接待 268122 名外国游客，同比增长 5%，其中 224904 人乘航班到文莱，43214 人乘坐游轮到文莱。乘坐国际航班的游客中，东盟游客最多，占 53.46%；来自中国、日本和韩国的游客比例从 2012 年的 17.25% 增至 2013 年的 24.17%。其中，中国游客 30481 人，约占 13.6%，是文莱第二大客源。②

文莱公民过境西安可游玩 3 天。2014 年，西安咸阳国际机场口岸对文

① 《江苏南通市洋口港首次接卸文莱天然气》，中国南通网，2014 年 9 月 16 日，http://js.ifeng.com/nt/business/detail_2014_09/15/2912898_0.shtml。

② 《中国继续保持文莱第二大游客来源国地位》，中国驻文莱大使馆经济商务参赞处网站，2014 年 3 月 14 日，http://www.mofcom.gov.cn/article/i/jyjl/j/201403/20140300517520.shtml。

莱等51个国家的公民实行72小时过境免签政策。西安是中国继北京、上海、广州、重庆、成都、大连、沈阳之后第八个实行该政策的城市。①

（六）举办推介会

2014年3月6日，第115届中国进出口商品交易会推介会在文莱举行。推介会由中国对外贸易中心和中国驻文莱使馆经商处联合主办，文莱－中国友好协会协办，文莱工商界企业家代表、文中友协主要领导及会员等近百人出席。中国对外贸易中心副主任徐兵、中国驻文莱使馆政务参赞房新文、文中友协会长卡马鲁丁出席会议并先后致辞。徐兵副主任介绍该会发展历程及第115届中国进出口商品交易会相关情况，欢迎更多文莱客商前往参观、参展和采购，希望中文两国企业家能以广交会为契机，沟通商情，增进友谊，在更多领域寻求更广泛合作。推介会上，徐兵副主任和卡马鲁丁会长分别代表中国对外贸易中心和文莱－中国友好协会签署了合作协议，以进一步加深双方在促进中文经贸关系发展中的交流协作。

2014年9月19日中国－东盟博览会上，文莱举办了一场以生物创新走廊为内容的推介会。生物创新走廊由文莱政府牵头，是一个清真食品的工业园区，主要从事文莱清真食品的生产，主要包括食品、制药、化妆品等领域，目标就是促进文莱经济多样化。文莱工业和初级资源部清真工业和创新中心主管比·塔哈和文莱生物创新走廊BIC投资发展负责人、SQW China Limited董事总经理何荣耀出席推介会，并对中国－东盟博览会的平台给予很高的评价。比·塔哈希望中国－东盟博览会为文莱创造更多结识潜在合作伙伴的机会，促进文莱的非油气产业发展。

四　广西－文莱经贸合作形成亮点

自从中国－东盟博览会召开及中国－东盟自贸区建成，广西与东南亚国

① 郭欣：《文莱等51国公民过境西安可游玩3天》，《西安晚报》2014年4月5日。

家经贸合作不断加强。其中，广西与文莱的经贸合作形成亮点。广西与文莱在经贸领域的合作具有互补性，合作最先从农业合作开始并已初见成果，未来将逐渐发展包括农业、清真食品加工、生物医药、旅游等领域的文莱 - 广西经济走廊。

（一）农业合作

广西企业到文莱开展水稻种植示范合作项目。文莱的粮食自给率仅为3%，文莱政府希望发展农业，提高粮食自给率。2009 年，广西玉林市政协副主席周豪到文莱考察农业项目，回国后周豪积极寻找愿意到文莱发展农业的企业家。玉林市政协委员、广西旺旺大农牧有限公司总经理庞旺了解情况后，决定带上农业技术专家赴文莱做进一步考察。2009 年 11 月，广西旺旺大农牧有限公司与文莱政府正式签署“中国·文莱合作种植水稻项目”协议，向文莱提供优质杂交水稻品种、技术培训和专家指导。广西旺旺大农牧有限公司带领玉林市农科所高级农艺师周国列以及玉林市博白县两名农民一起前往文莱试种水稻。经过 3 个月的努力，试种水稻获得良好收成。经过验收，试种的几个水稻品种与当地的水稻相比，产量高出一倍。[①]

随后，玉林市政府和文莱工业与初级资源部农业局深化合作，继续开展水稻研发。2010 年 4 月 15 日，玉林市政府从博白县选出农业技术专家和农民，前往文莱开展为期 6 个月的水稻研发项目。我方人员在 3 公顷的荒地上试种了 10 个品种的水稻，平均每公顷干谷产量为 6.86 吨，其中文莱的莱拉品种平均每公顷干谷产量为 5.41 吨，比文莱的最高纪录高出 2.41 吨，取得了圆满成功，得到文莱政府的好评。[②] 广西与文莱在农业合作上的成功，给双方经贸关系深化发展打下了良好基础。

---

① 张冠年：《博白农民到文莱开展水稻种植示范合作项目》，广西新闻网，2010 年 4 月 18 日，http：//www. gxnews. com. cn/staticpages/20100418/newgx4bca4a89 - 2877219. shtml。

② 《中国 - 文莱水稻研发合作项目圆满结束》，中国驻文莱大使馆经济商务参赞处网站，2010 年 10 月 18 日，http：//bn. mofcom. gov. cn/article/zxhz/hzjj/201010/20101007192137. shtml。

（二）文莱－广西经济走廊

《文莱－广西经济走廊经贸合作谅解备忘录》在南宁签署。2013 年，第 10 届中国－东盟博览会上，文莱工业与初级资源部部长丕显拿督叶海亚向中国政府提议建设文莱－广西经济走廊，得到中国政府的积极回应。随后，双方展开调研和实地考察，确定合作宗旨、目标、领域和形式，提出项目清单。2014 年 9 月 17 日，在第 11 届中国－东盟博览会专场签约仪式上，文莱工业与初级资源部部长丕显拿督叶海亚和广西壮族自治区主席陈武正式签署《文莱－广西经济走廊经贸合作谅解备忘录》。[①] 在文莱－广西经济走廊项目中，文莱充分发挥在清真产品认证、资金充裕和连通广大穆斯林市场方面的优势，广西充分发挥自然和劳动力资源丰富以及研发、制造、工艺技术先进等优势，双方在农业、工业、物流、清真食品加工、医疗保健、制药、生物医药、旅游等领域开展全面合作。双方政府还组建了联合工作委员会，广西壮族自治区张晓钦副主席和文莱工业与初级资源部常任秘书诺玛联合担任委员会主席。联合工作委员会负责全面规划、协调和推动双方企业合作，加强两地互联互通建设。

2014 年 12 月 8～12 日，由广西商务厅副厅长韦朝晖率领的广西经贸代表团赴文莱，实地考察“文莱－广西经济走廊”项目。代表团先后拜访了文莱工业与初级资源部部长叶海亚、交通部部长阿卜杜拉和首相署副部长阿里，分别与文莱工业与初级资源部、交通部、经济发展局、投资局和达鲁萨兰资产管理公司等政府部门和投资机构进行了专门座谈，深入探讨双方在农业、渔业、工业、港口等领域的合作潜力，明确了首批重点合作项目，并就 2015 年上半年召开双边联合工作委员会第一次会议相关事宜进行了磋商。12 月 11 日，广西经贸代表团与文莱政府签署了会议纪要，初步明确了 2015 年工作内容和计划。双方同意，共同努力将经济走廊建设成为“21 世纪海

① 胡泽方：《文莱－广西经济走廊经贸合作谅解备忘录》，广西新闻网，2014 年 9 月 17 日，http：//www.gxnews.com.cn/staticpages/20140917/newgx541992e5－11182575.shtml。

上丝绸之路”和泛北部湾经济合作框架下的重点项目。

建设文莱－广西经济走廊，是由文莱政府向中国政府主动提出的。经济走廊先期启动项目有两个：一是中国（南宁）－文莱农业产业园；二是中国（玉林）－文莱中医药健康产业园。文莱政府希望在产业园发展清真食品、清真药品，充分发挥其清真品牌在伊斯兰国家中的高认知度和信誉度的优势，吸引更多的国际投资伙伴（例如新西兰、智利、科威特）进入产业园，开拓中国和全球的穆斯林市场，通过与广西的产业合作促进本国多元化经济发展。

2015 年 3 月 30 日 ~4 月 1 日，广西壮族自治区党委书记彭清华率团访问文莱，重点推动“文莱－广西经济走廊”建设。代表团拜访了文莱苏丹哈桑纳尔·博尔基亚、文莱王储比拉、工业与初级资源部部长叶海亚，与工业与初级资源部共同主办“文莱－广西经济走廊座谈会”并签署会议纪要，进一步推动“走廊”向务实方向发展。彭清华书记提出“一港双园三种养”的先期合作建议，即推动北部湾国际港务集团参与文摩拉港运营，建设南宁文莱农业产业园和玉林文莱中医药健康产业园，并在文莱进行渔业、生蚝养殖和水稻种植。经磋商，双方最终就农业、渔业、食品加工、旅游、交通物流等领域 12 个项目达成合作意向，同意加强双方联合委员会机制并于 2015 年年中召开第一次工作会议，推动先期启动项目尽快落地，争取在 2015 年第 12 届中国－东盟博览会上有一批项目签约。

总而言之，建设文莱－广西经济走廊不仅有利于中国与文莱实现优势互补，共同拓展国际市场，创造长期和可持续增长，同时对打造中国－东盟自贸区“升级版”、共建“21 世纪海上丝绸之路”将起到积极推动作用。

Y.16

中国与越南：波折后重回正轨

滕成达　陈建男*

摘　要：2014年中国和越南的高层互访增多，在经贸、文化、教育等领域交往频繁，边境地区合作与互联互通继续得到推进。2014年5月越南南部和中部地区出现针对中国企业的打砸抢烧事件，对中越关系产生消极影响。在两党两国领导人的审慎把握下，到2014年10月中越两国的政治、经贸、旅游等往来恢复正常。

关键词：中国　越南　国家关系

中国和越南都是社会主义国家，“长期稳定、面向未来、睦邻友好、全面合作”十六字方针和“好邻居、好朋友、好同志、好伙伴”四好精神是中越两党两国领导人确定发展两国关系的指针。2014年国际形势和地区局势演变复杂，中越关系出现较大的波折。2014年5月因南海石油勘探问题越南部分地区出现针对中国企业的打砸抢烧事件，造成在越中国人伤亡，两国关系一度紧张，交流合作放缓。自2014年8月后，经过两党两国领导人审慎把握，两国关系逐渐趋于稳定，重新回到正常发展的轨道。

---

* 滕成达，博士，广西民族大学东盟学院研究员，副院长，主要从事越南历史文化研究；陈建男，广西民族大学东盟学院硕士研究生，主要从事中越经贸研究。

一　保持高层互访沟通

两党两国领导人定期互访、会晤是把握中越关系走向的重要方式。2014年中越两党两国领导人通过不同方式、在不同场合保持会谈和会晤，这对保障中越关系正常发展至关重要。2014年2月23日，全国政协主席俞正声在北京与到访的越南祖国阵线主席阮善仁举行会谈，并共同出席《中国人民政治协商会议与越南祖国阵线中央委员会2014～2019年合作规划备忘录》的签字仪式，双方表示要进一步发展中越全面战略合作伙伴关系。

应越南副总理范平明的邀请，2014年6月18日国务委员杨洁篪访问越南，会见了越共中央总书记阮富仲和总理阮晋勇，并与越南副总理范平明举行了中越双边合作指导委员会团长会晤，就海上局势坦诚深入地交换意见。范平明表示，越方愿意遵守两国领导人达成的重要共识，妥善处理双边关系中的敏感问题，避免使之干扰两党两国关系全局，同意与中方继续保持密切沟通，妥善解决当前海上局势等相关问题。在此次会谈后，紧张的中越关系出现了缓和的迹象。2014年6月25～28日，中联部副部长郭业洲率中国共产党代表团访问越南，郭业洲会见了越共中央委员、中央对外部部长黄平君。2014年8月8日，中国外交部部长王毅参加在缅甸首都内比都举行的东亚合作系列外长会议时，会见越南副总理兼外交部部长范平明。范平明表示，越方愿与中方一道，着眼两国关系长期稳定发展，致力于改善双方关系。

应中共中央邀请，2014年8月26日，越共中央书记处常务书记黎鸿英作为越共中央总书记阮富仲的特使访问中国，越南此举目的是“推动两党两国关系健康、稳定、长期发展，满足两国人民的愿望和利益”。中共中央书记处书记刘云山与黎鸿英会谈，双方就今后的中越关系达成三点共识：一是两党两国领导人将进一步加强对双边关系发展的直接指导，推动中越关系始终健康稳定发展；二是双方要继续深化党际交往，着眼长远，恢复并加强国防、经贸、人文等领域合作；三是双方同意恪守两党两国领导人达成的重要共识，不采取使争议复杂化、扩大化的行动，维护中越关系大局以及南海局势和平稳定。[①] 中共中央总书记、国家主席习近平会见了黎鸿英，并强调中越双方要坚持从维护中越传统友谊和中越关系大局出发，排除各种干扰，妥善处理好有关问题，特别是坚持正确舆论导向，培养好、维护好两国人民友好感情。[②] 在此次黎鸿英出访中国后，中越两国明确了要维护中越两党两国关系的稳定发展。2014 年 9 月 15 日，国务院副总理张高丽在广西南宁会见了出席第十一届中国－东盟博览会和中国－东盟商务与投资峰会的越南副总理兼外长范平明。2014 年 11 月 10 日，中国国家主席习近平会见在北京出席 2014 年亚太经合组织（APEC）第 22 次领导人非正式会议的越南国家主席张晋创，习近平主席指出，双方要坚持通过对话协商妥善处理海上问题，妥善处理分歧，维护海上稳定和两国大局。

2014 年 12 月 25～27 日，全国政协主席俞正声访问越南期间，分别会见了越共中央总书记阮富仲、越南国家主席张晋创、总理阮晋勇，并与越南祖国阵线主席阮善仁举行了会谈。俞正声提出，双方领导人要把握好中越友好合作的主基调：要加强互信、增进共识；要加强舆论引导，妥善处理海上问题；要推动各领域务实合作，实现共同发展。越共中央总书记阮富仲表示，要推动双方高层互访和各领域合作，发扬“十六字”方针和“四好”精神，妥善处理海上问题分歧，不断推进越中全面战略合作伙伴关系。[③]

二 经贸往来持续增长

随着诸多跨国公司把工厂从中国转移到越南、柬埔寨等东南亚国家，越南与中国的经贸往来更加密切和便利，两国贸易额逐年稳步增长。为了促进两国贸易健康发展，两国建立了相关政府部门定期会谈机制，中国－越南经

① 熊争艳：《刘云山与黎鸿英举行会谈》，《人民日报（海外版）》2014 年 8 月 28 日，第 1 版。
② 刘华：《使中越关系重回正确发展轨道》，《人民日报（海外版）》2014 年 8 月 28 日，第 1 版。
③ 杨晔：《俞正声对越南进行正式访问》，《人民日报》2014 年 12 月 28 日，第 1 版。

贸合作委员会贸易合作工作组第四次会议于2014年3月4日在重庆召开，中国商务部亚洲司梁文洮副司长和越南工贸部亚太司斐辉山司长共同主持会议，双方就两国贸易额目标、双方贸易不平衡问题、边境贸易、贸易便利化等问题进行磋商并达成共识。

2014年越南进出口贸易总额约2980亿美元，其中出口约1500亿美元，进口约1480亿美元。2014年中国与越南进出口贸易总额为835.16亿美元，同比增长27.54%；其中出口636.11亿美元，同比增长30.91%；进口199.05亿美元，同比增长17.86%；贸易顺差437.05亿美元，比2013年增长37.85%；[①] 中国继续是越南第一大进口来源地。中国在越南直接投资项目超过1000个，合同金额约80亿美元；越南在中国直接投资项目13个，合同金额约1593万美元。

2014年中国出口到越南的超过10亿美元的商品如下。机械设备，出口额近80亿美元；手机及零部件，63亿美元；布料，46.6亿美元；计算机、电子及零部件，45.7亿美元；钢材，38.6亿美元；石油，15.7亿美元；纺织和皮革原辅料，15.4亿美元；钢铁制品，10.3亿美元。中国从越南进口的商品主要有农产品、木制品、电子和机械产品等。2014年中国是越南大米的最大出口市场，中国从越南进口大米约210万吨，占越南大米出口量的33%。越南出口到中国的鞋类金额达5.05亿美元，同比增长42.2%，中国在越南鞋类出口市场中居第六位。

由于南海石油钻探问题，中越两国关系一度紧张，2014年5月越南部分地区出现针对包括中国在内的外国企业的打砸抢烧事件，这对两国经贸和旅游业发展产生不利影响。多数受冲击的中国企业暂停在越南的业务，中越经贸往来一度放缓，中国赴越南的游客人数骤减。2014年5月，中越边境地区最大边贸口岸——广西凭祥浦寨的游客和批发商人数锐减。到2014年10月，一度暂停的中越边境旅游业务恢复正常。受此影响，越南相关部门

---

① 《2014年1~2月我对亚洲国家（地区）贸易统计》，中华人民共和国商务部亚洲司网站，2015年1月30日，http：//yzs.mofcom.gov.cn/article/g/date/201501/20150100884111.shtml。

采取措施，通过大力发展与其他国家的贸易往来和开展“越南人优先使用越南货”等活动，试图减少在经济上对中国的依赖。

三　各领域交往不断发展

中国与越南已经形成多领域、不同层次的沟通和交流合作机制，两国全方位交流合作还体现在教育、文化、军事、青年学生等方面，多领域交流合作为中越友好关系的发展奠定了坚实的基础。2014 年 1 月 12 日，“多彩中华”中国少数民族艺术团在河内大剧院成功演出，越南国会民族委员会主任克索福、祖国阵线副主席阮蓝等及越南党政和社会各界人士近 600 人观看了精彩演出。2014 年 3 月 25 日 ~4 月 2 日，第 14 届中越青年友好会见活动在越南举行，中国青年代表团与越南青年围绕保护和发扬传统文化、创业与经济社会发展、志愿者服务等主题展开交流讨论，并且到河内、海防和北宁等省市进行调研，了解当地经济社会发展状况。

2014 年 4 月 23 ~29 日，中国抗法援越老战士和亲属代表团访问越南，代表团访问了河内市、胡志明市和奠边省。越南国家主席张晋创、国防部部长冯光青分别会见代表团。2014 年 10 月 27 日，中越双边合作指导委员会第 7 次会议在河内举行，中国国务委员杨洁篪和越南副总理兼外交部部长范平明共同主持会议。双方同意继续有效实施《落实中越全面战略合作伙伴关系行动计划》，推动党际、外交、军事、基础设施、金融、科技、农业、教育、文化、青年等方面的交流合作。2014 年 10 月 28 日 ~11 月 2 日，越南主流媒体代表团访问重庆并与重庆市相关部门座谈，参观重庆日报报业集团、重庆广电集团、龙华网等单位，该代表团表示要促进越南和重庆的交流合作。

2014 年 11 月 25 日，越南西贡商信银行与中国银行签订合作协议，为中越两国从事边境贸易的进出口企业提供贸易结算服务，为两国贸易发展提供更加便利的条件。2014 年 12 月 17 ~21 日，成都军区边防代表团访问越南老街省，并与越南第二军区代表团会谈，参观了第二军区 316 步兵师、老街国际口岸边防屯，双方表示要共同致力于建设和平、稳定、合作、发展的中越陆地边界。2014 年 12 月 27 日，河内大学孔子学院举行挂牌仪式，中共中央政治局常委、全国政协主席俞正声和越共中央政治局委员、越南祖国阵线主席阮善仁出席挂牌仪式，该孔子学院的成立将有力促进河内大学的中国语言和文化教学与研究工作，为巩固和发展两国人民友谊做出贡献。

四　边境地区合作继续发展

云南、广西与越南北部地区接壤，当地居民语言相通，文化和习俗相近。自中越关系正常化以来，云南、广西与越南北部边境省份贸易往来与交流合作不断发展，两国互联互通与贸易便利化不断得到加强。受南海问题导致中越关系紧张的影响，2014 年两国边境省区的交流合作一度停滞，到 9 月后边境省区的交流合作逐渐恢复正常。2014 年 2 月 25 日，云南省公安边防总队天保口岸检查站与越南河江省清水口岸边防屯举行“共建友好站屯、共创平安边境”共建仪式，开启了中越边防部队执法合作新模式，联合打击边境违法犯罪，推动双方互利互信，着力打造服务优质、通关便捷的典范口岸。2014 年 4 月 16 日，中共云南省委与越共老街省委在云南昆明举行工作会谈，云南省委书记秦光荣和老街省委书记阮文咏共同主持会谈，双方就进一步深化合作举行会谈并签署会议纪要。2014 年中越（天保）国际商贸旅游交易会暨首届中国祖母绿珠宝文化节于 2014 年 9 月 27 日在云南文山天保口岸举行。2014 年中越（河口）边境经济贸易交易会于 11 月 8 ~ 12 日在云南河口举行，此次交易会有 19 个中越投资贸易合作项目签约，签约金额达 27. 28 亿元。

2014 年 4 月 1 日，中越北仑河第二座公路大桥正式开工建设，广西和越南广宁省领导出席开工仪式，该桥的建成将大大改善口岸交通条件，带动边境旅游业发展，推动两国经贸合作。2014 年 9 月 15 日，越南副总理兼外交部部长范平明率团参加第十一届中国 - 东盟博览会，广西壮族自治区党委书记、自治区人大常委会主任彭清华与范平明举行会谈，双方表示要加强广西与越南在经贸、人文、金融、港口物流等领域的合作，共同推动泛北部湾经济合作取得更多实效。

2014 年广西与越南贸易额突破 150 亿美元，较 2013 年增长 18.1%。2014 年广西凭祥中越边关旅游节暨第 22 届中越（凭祥）商品交易会于 12 月 11～13 日在广西凭祥举行，此次交易会突出边境贸易、跨境旅游、红木文化三大亮点，探讨贸易投资自由化、跨境旅游便利化等问题。2014 年中越边境（东兴－芒街）商贸旅游博览会于 12 月 22～26 日在广西东兴举行。此次博览会由广西东兴市人民政府和越南芒街市人民委员会共同举办，以"互联互通、跨境合作"为主题；博览会期间，中国和越南相关部门就两国电商合作进行探讨，通过大力引进和培育电商平台，形成网上销售主渠道，促进中越经贸发展。

中越边境省区不断推进互联互通和跨境经济合作建设，凭祥－同登、东兴－芒街、河口－老街、龙邦－茶岭 4 个跨境经济合作区建设进展顺利，其中，2014 年广西东兴国家重点开发开放实验区全面启动中越跨境经济合作区等 7 个重点平台建设；河口－老街跨境经济合作区启动了总体规划、控制性详细规划编制和招商等工作，道路等基础设施建设进展顺利。

五　南海问题对中越关系的消极影响凸显

中越南海问题长期以来已经存在，也是影响中越关系正常发展的主要因素之一。近年来，越南奉行全方位、多样化的外交政策，不断加强军备，同时力图使南海问题国际化，加强了与美国、菲律宾、日本等国的联系，在各种场合就南海问题共同向中国发难。在越南历史教育中，中国与越南之间长久以来一直存在战争和矛盾，越南民众中的反华情绪长期存在，受多种因素的影响，2014 年中越南海问题激化。

越南部分省市在 2014 年 1 月组织了有关所谓"黄沙"（即中国西沙）的图片展和国际研讨会等活动，以纪念所谓"黄沙海战 40 周年"。2014 年 5 月 2 日，中国企业的 981 钻井平台进入西沙群岛毗连区内进行钻探作业，以勘探油气资源。从中方作业开始，越南就派出大批船只非法干扰 981 钻井平台作业，越方船只多次冲闯中方警戒区和冲撞中方公务船只，并在该海域放置大量渔网、漂浮物等障碍物。

随着中越海上摩擦出现，越南民众的反华情绪高涨。2014 年 5 月 13 日，越南南部平阳省工业园出现越南工人罢工游行，进而演变为主要针对中国企业的打砸抢烧事件。5 月 14 日，越南中部河静省的 4 家中国企业遭打砸抢烧。此次越南部分地区出现针对包括中国企业在内的外国企业的打砸抢烧事件，杀害 4 名并打伤 300 多名中国在越公民，造成重大财产损失。中国驻越南大使馆多次发出通知，提示在越中资企业和人员加强联络沟通和相互照应，做好安全防范。中国政府发出赴越旅游风险警示，中国赴越旅游人数剧减，暂停部分双边交流计划。

2014 年 5 月 15 日，中国外交部部长王毅向越方表示强烈谴责，提出严正抗议。越南总理阮晋勇要求公安部门确保所有公司，特别是外资公司人员和财产安全，保障其能正常开展生产活动。5 月 18 日，中国政府派出的跨部门工作组到越南看望受冲击的中国工人，并安排包机和客轮到越南接中方伤员和工人回国。此后，越南警方逮捕了 1000 多名参与打砸抢烧的犯罪嫌疑人。越南政府通过组织保险公司理赔、减免企业关税和增值税、免除土地租赁费用等方式，为打砸抢烧事件的受害企业提供赔偿和政策性补偿。中越南海问题难以在短时间内解决，只有两党两国高层领导加强沟通和管控，才能避免南海问题对中越关系产生太大的消极影响。

Y.17

中国与老挝：互信互助互惠

舒全智*

摘　要：从1988年中国与老挝关系正常化以来，两国关系在双边和多边框架下快速发展。政治方面，中老两国高度互信，两国党政交流频繁，共同推动着两国社会主义事业不断进步。经贸方面，中老两国高度互惠，经贸关系不断开拓进取，特别是在投资、金融、能源资源、基础设施建设等领域开展了密切合作。人文交流方面，双边人文交流逐渐加强，中国援建的重大文化设施成为中老交流的重要平台，也成为老挝文化生活的重要舞台。可以说，中老两国正大力建构高度互信互助互惠的“命运共同体”。

关键词：中国与老挝关系　互信互助互惠　命运共同体

从1988年中国与老挝关系正常化以来，中老关系不断发展，目前中国与东南亚五国（越南、泰国、缅甸、柬埔寨、老挝）均为全面战略合作伙伴关系，相比其他四国，中国与老挝的全面战略合作伙伴关系不仅建立较早①，而

---

* 舒全智，新加坡南洋理工大学拉惹勒南国际研究院研究生，主要从事印度支那地区历史与国际关系、中国与东南亚关系等研究。

① 中国与越南、泰国、缅甸、柬埔寨建立全面战略合作伙伴关系的时间分别是2008年5月、2012年4月、2011年5月、2010年12月，中国与老挝于2009年9月建立全面战略合作伙伴关系。

且这种全面战略合作伙伴关系更加稳定和高质量，鲜有困扰双边关系大局的摩擦，两国关系在双边和多边框架下快速健康发展，两国党政交流频繁，经贸关系不断开拓进取，特别是在投资、金融、能源资源、基础设施建设等领域开展了密切合作，形成了高度互信互助互惠的“命运共同体”。

一　政治关系：高度互信

（一）双边政治关系

中国是老挝五个邻国中的第一大邻国，老挝是中国在东南亚陆上三大邻国之一，地理位置的相近使对方在各自的外交关系中占据着独特的重要位置。正如中老两国领导人强调的那样，“中老关系不是一般意义的双边关系，而是具有广泛共同利益的命运共同体”[①]。2014 年，两国领导人访问频繁，实现多次会晤，老挝党的总书记和国家主席两次访华，凸显了两国政治关系的快速发展。

2014 年 7 月 28 ~29 日，老挝人民革命党中央总书记、国家主席朱马里访问中国，这是老挝国家主席在不到一年的时间内第二次访华[②]，中共中央总书记、国家主席习近平会见了老挝最高领导人，双方就中老两国关系、治国理念及共同关心的国际和地区问题交换了意见。习近平表示愿意同老方高层领导保持交往，及时地对重大问题加强战略性沟通，实现两党交流合作，提高各自执政能力和水平；此外，中方还表示要对接发展战略，推进现代化农业、能源、水电、基础设施建设等领域合作，不断提高务实合作水平；另外，中方还提出应深化执法安全合作，加强双方在湄公河流域联合巡逻执法和边境管理，协力共同打击恐怖主义活动和跨国犯罪；对于文化教育领域，

① 《习近平：丰富和发展中老全面战略合作伙伴关系》，中华人民共和国中央人民政府网站，2013 年 9 月 26 日，http：//www. gov. cn/ldhd/2013 -09/26/content_ 2495893. htm。

② Zhaoshengnan，　“China，Laos Sign Seven Deals”，*China Daily*，July 29　，2014，http：//usa. chinadaily. com. cn/china/2014 -07/29/content_ 17955524. htm.

中方提出应积极开展文化、教育、青少年、地方等领域的交流合作，促进边境地区文化的共同发展繁荣；在国际和地区事务中，中方愿意保持密切的沟通和协调，共同推动中国－东盟关系健康发展，进而促进地区和平、稳定、发展。朱马里表示，老中两党都坚持走社会主义道路，有着共同的理想，长期以来老中两国同甘共苦、同舟共济，有着广泛的共同利益和深厚情谊，愿加强在治国理政经验交流、党建和干部培训方面的合作，学习中国在党的建设和国家发展方面的经验，希望中方继续帮助老挝发展铁路、农业、网络等项目，共同推动两国社会主义事业不断进步，中老全面战略合作伙伴关系高度互信互助互惠。①

中国与老挝国情相似，都是共产党领导的社会主义国家，治党治国经验交流是2009年9月《中老建立全面战略合作伙伴关系的联合声明》中就发展两国关系的重要内容。在两国都面临改革开放与社会主义建设的重大任务的历史背景下，作为执政中国的中国共产党和执政老挝的老挝人民革命党开展这方面的交流必要而有益。

2014年，老挝人民革命党中央总书记、国家主席朱马里访华期间，会见了中共中央政治局常委、中央纪委书记王岐山。王岐山强调中国走向繁荣、富裕和文明，实现现代化，必须有一个坚强领导核心，即中国共产党的领导；1993年以来，党中央始终认清反腐败形势的严峻性，当前，中共中央认识到党风廉政建设和反腐败斗争形势依然严峻的现状，这是党的建设的重要方面，因此，必须坚持党要管党、从严治党、持之以恒，落实中央八项规定精神，坚决遏制腐败蔓延的势头。中共中央纪委愿同老挝人民革命党中央纪委继续互学互鉴，加强两党友好关系。朱马里希望全面深化与中国共产党的交流合作，推动两党关系不断向前发展。②

早在2013年，中老领导人就丰富和发展中老全面战略合作伙伴关系时，就

① 刘华：《中老全面战略合作伙伴关系高度互信互助互惠》，《中国青年报》2014年7月29日。

② 熊争艳：《王岐山会见老挝人民革命党中央总书记、国家主席朱马里》，新华网，2014年7月28日，http://news.xinhuanet.com/world/2014-07/28/c_1111836617.htm。

决定深化两党交流合作，每年举办一次两党理论研讨会，从而使两国理论交流常态化。[①] 11 月 1 日，第三次中老两党理论研讨会[②]在万象举行，本次研讨会的主题是："建设社会主义法治国家的经验"。中共中央政治局委员、中央书记处书记、中宣部部长刘奇葆率中共代表团访老。刘奇葆和老挝人民革命党中央政治局委员、中央书记处书记、中央纪委书记本通出席开幕式，刘奇葆作主旨报告，报告指出中国共产党高度重视法治建设，中共十八届四中全会研究部署了全面推进依法治国等重大问题，意义重大而深远；我们将坚持党的领导、人民当家作主、依法治国有机统一，坚定不移走中国特色社会主义法治道路，建设中国特色社会主义法治体系、建设社会主义法治国家；刘奇葆还表示：中方愿同老方加强治国理政经验交流，不断提高党的执政能力和执政水平。本通也表示老方愿与中方互学互鉴，加强社会主义法治建设。[③]

此外，双边军事高层开展积极访问与交流，安全合作继续开展。5 月 15 ~16 日，中国国务委员兼国防部部长常万全访问老挝，老挝人民革命党总书记、国家主席朱马里肯定了中国对老挝的帮助，感谢在战争时期与和平建设时期，中国党、政府、军队一直提供多方面的帮助和援助，为老挝维护安全独立、促进经济社会发展发挥了重要作用；5 月 16 日，常万全与老挝副总理兼国防部部长隆再举行会谈，就地区安全形势、两军务实交流合作等中老两国共同关心的问题深入交换了意见。

然而不幸的是，隆再在第二天乘坐飞机前往川矿途中失事，这是继 2013 年 7 月老挝副总理兼国防部部长山雅哈 · 丰威汉[④]后不到一年时间内第二位离世的副总理兼国防部部长，同行的老挝公安部部长通班 · 森 · 阿蓬、

① 刘华：《习近平：丰富和发展中老全面战略合作伙伴关系》，中华人民共和国中央人民政府网站，2013 年 9 月 26 日，http：//www. gov. cn/ldhd/2013 －09/26/content_ 2495893. htm。

② 李勍、杨翊：《中老两党理论研讨会在万象举行》，《光明日报》2010 年 11 月 8 日，http：//theory. gmw. cn/2010 －11/08/content_ 1353386. htm。

③ 荣忠霞：《刘奇葆会见老挝人革党总书记朱马里并出席第三次中老两党理论研讨会》，新华网，2014 年 11 月 1 日，http：//news. xinhuanet. com/2014 －11/01/c_ 1113074103. htm。

④ 山雅哈 · 丰威汉被认为是老挝政治的新星，老挝军队最年轻的将军。2013 年 7 月因患登革热去世，时年仅 45 岁。他是老挝人民革命党领袖凯山 · 丰威汉之子。

老挝人民革命党中央宣传部部长征·宋本坎、万象市市长苏甘·马哈拉也未能幸免。习近平向老挝领导人致唁电，肯定隆再等老挝四位领导人对老挝革新开放事业和推进中老友好合作关系的贡献，他们不幸遇难是老挝党和国家建设事业的重大损失，也是中老友好事业的重大损失。

自 2011 年湄公河惨案后，加强湄公河安全，打击恐怖主义和跨境犯罪成为中老合作的新任务。2014 年 9 月 1 日，中共中央政治局委员、中央政法委书记孟建柱在会见老挝公安部代部长宋乔时表示，中方希望中老两国公安部门进一步深化双方在湄公河流域的执法安全合作，力争将该合作机制打造成为区域执法合作的典范；同时还应巩固传统领域合作，积极拓展反恐与打击非法出入境和网络犯罪等新领域的合作。宋乔表示，愿与中方共同努力，推动两国执法安全合作不断取得新成果。①

对老挝而言，发展对华关系必要而有益，两党两国开展了频繁的交流与合作，双边关系不断巩固和发展，但与此同时双边关系依然面临着外部因素的干扰。回顾不远的历史，可以看到一个明显的干扰性影子便来自越南。

虽然老挝与中国有全面战略合作伙伴关系，且建立时间还不长，但同时老挝还与越南有时间更长久的“特殊关系”。在官方宣传中，对越老关系的措辞是“具有示范性”“始终如一”“世界稀有”的“特殊关系”。越南共产党也与老挝党同样多次开展两党理论研讨会；在国际和地区事务中，也加强与老挝协调配合，在一些关键问题上，明显可以看到越南在争取老挝的意图。如 2014 年围绕中海油 981 钻井平台事件，中越双方掀起了海上和舆论战，越南在多国营造舆论氛围，以寻求国际支持。6 月，越南驻老挝大使馆就 981 钻井平台事件后的南海形势向老挝致公函，6 月 23 日，老挝外交部致函答复，但仅仅模糊地表示“正密切关注形势”，希望各方保持克制，遵守国际法。②

① 白洁：《孟建柱会见老挝公安部代部长宋乔》，新华网，2014 年 9 月 1 日，http://news.xinhuanet.com/politics/2014-09/01/c_1112315959.htm。

② 《老挝对南海形势表示担忧》，越南通讯社新闻网越文网，2014 年 6 月 23 日，http://www.vietnamplus.vn/lao-bay-to-su-lo-ngai-ve-dien-bien-tinh-hinh-o-bien-dong/266908.vnp。

（二）多边框架下的两国关系

中国与老挝对话与合作的重要多边机制包括中国与东盟战略合作、湄公河次区域经济合作，前者注重政治、经济、国防与安全问题等各领域问题，而后者则侧重区域经济合作。近年来，随着中国崛起并逐渐实施更加主动的外交政策，中国积极倡导自己的多边机制，中老全面战略合作伙伴关系在此背景下也有重要进展。由中国倡导的互联互通战略合作，建立亚洲基础设施投资银行，这是配合实施中国国家发展战略“一带一路”的具体实施步骤，老挝是积极参与的重要一方。

首先，在中国－东盟合作框架下，中国致力于发展与东盟及包括老挝在内的成员国的伙伴关系，在政治、经济、安全等领域开展对话；老挝也愿意在推动中国－东盟战略合作中发挥自己的作用。

2014 年 8 月，中国外交部部长王毅在缅甸首都内比都出席东亚合作系列外长会议期间会见老挝副总理兼外长通伦。王毅表示，2014 年是中老关系取得重要进展的一年，两国领导人就加强全面战略合作、推动双边关系发展指明了方向；下一步，双方要落实好两国领导人达成的共识，加快推进战略性重大项目合作，不断把两国全面战略合作提高到更高水平。通伦表示，老方高度评价 2014 年以来老中关系发展，感谢中方对老挝经济社会事业提供的宝贵帮助，称中国是老挝最可信赖和依靠的朋友和伙伴，也将在推动东盟－中国战略合作伙伴关系方面发挥积极作用。

于 2001 年成立的博鳌亚洲论坛是推动亚洲经济交流、协作与合作的对话平台，作为理事国之一的老挝都派政府高级别领导人参加历届论坛。2014 年 4 月，老挝总理通邢应邀出席博鳌亚洲论坛，并顺访中国，先后会见了中国国务院总理李克强、中国国家主席习近平和中国全国政协主席俞正声，这是老挝总理连续几年的数次访问。经友好会谈，两国总理共同宣布启动两国政府间铁路合作协议商谈。在与中国国家主席习近平会见时，老挝总理通邢重申加强各领域合作，尤其是积极推进中老铁路项目；高度赞赏并愿积极参与中方提出的构建“丝绸之路经济带”和“21 世纪海上丝绸之路”倡议；同时还表示，加强双边全面战略合作伙伴关系对老挝国内建设事业具有重要意义。

对老挝来说，中国倡导的“一带一路”战略是一个机遇，老挝政府不仅高度赞赏中国的倡议，还成为最积极响应并参与的东盟国家之一。10月24日，中国在北京正式宣布筹建亚洲基础设施投资银行，这是为援助亚太地区国家基础设施建设的新平台，老挝成为东盟十国中没有缺席的意向创始国。

11月8日，加强互联互通伙伴关系对话会在北京钓鱼台国宾馆举行，老挝国家主席朱马里再次访华，并高度赞赏中方举办这次对话会，相信这对促进地区国家合作和共同发展具有重要意义；希望同中方加强交流合作，促进本国农业、基础设施建设，加快经济社会发展步伐；愿意积极参与亚洲基础设施投资银行筹建工作。一年之内第二次与朱马里会晤的中国国家主席习近平表示，中老两国志同道合，是好邻居、好朋友、好同志、好伙伴；希望双方做大做实两国合作，推动高度互信互助互惠的中老全面战略合作伙伴关系向更高层次发展；加强战略沟通，保持高层常来常往的优良传统，增进党际交往，交流治国理政经验，在各自改革发展事业中相互支持，推动重要合作项目尽早取得实质进展；还要扩大人文交流，加深友谊。[①] 会后，中国、老挝等与会国发表了《加强互联互通伙伴关系对话会联合新闻公报》[②]，决心加强互联互通伙伴关系，深化务实合作，谋求共同发展。

二　经贸关系：高度互惠

（一）双边经贸关系

老挝正处于改革发展的过程中，缺乏资金，因而对国外投资持欢迎的态度。其国外资金的来源可以概括为外国政府和国际组织的援助或贷款、外国

---

① 张朔：《习近平主持加强互联互通伙伴关系对话会并发表讲话》，中国新闻网，2014年11月8日，http：//www.chinanews.com/gn/2014/11-08/6763082.shtml。

② 《加强互联互通伙伴关系对话会联合新闻公报（全文）》，新华网，2014年11月8日，http：//news.xinhuanet.com/2014-11/08/c_127192126.htm。

企业的投资。老挝主要接受中国、日本、澳大利亚、泰国和越南等提供的政府援助。老挝计划投资部数据显示，2013～2014财年中国对老挝官方发展援助（ODA）金额达1.87亿美元，连续第二年成为对老挝最大援助国。①

目前，老挝投资领域发展良好，投资金额持续增长，中国位居越南、泰国、韩国、法国和日本之前，成为老挝的第一大外资来源地。② 中国在老挝的投资公司主要是国企和大型私企，前者主要投资于农业、工业、水电站和矿产领域，后者主要投资旅游等。③

2014年7月17日，中国商务部副部长高燕与老挝副总理宋沙瓦在北京共同主持召开中国－老挝经贸合作委员会第六次会议，会议就双方关注的中老铁路、农产品贸易、跨境合作区建设、规划咨询合作、泛北部湾经济合作及其他重点领域合作坦诚深入地交换了意见，达成一系列共识。高燕表示，老挝是中国在东盟的第三大投资目的地，中方愿与老方一道，共同推动跨境经济合作区建设，全面推进两国在交通基础设施、电力能源、农业民生等领域的经济技术合作项目，继续深化和扩大两国互利共赢的经贸合作关系，实现新的突破。宋沙瓦表示，近年来，中方为老挝提供了大量帮助，极大支持了老挝社会经济发展，老方对此深表感谢。希望中方继续为老挝提供支持，开展规划合作，扩大老挝农产品进口，鼓励中方企业赴老挝投资。④

为了便利中国企业进入老挝，两国政府牵头举办了企业展会。如9月5日，“2014老挝－中国（广西）交易会”暨“2014中国广西（老挝）商品博览会”在万象举行，中老双方共有超过300家企业参展，使用362个展

---

① 《中国连续第2年成为对老挝最大援助国》，中华人民共和国驻老挝大使馆经济商务参赞处网站，2014年12月31日，http://la.mofcom.gov.cn/article/jmxw/201501/20150100855926.shtml。

② 《中国位居老挝最大外资来源地》，中华人民共和国驻老挝大使馆经济商务参赞处网站，2014年9月22日，http://la.mofcom.gov.cn/article/jmxw/201409/20140900739208.shtml。

③ Danielle Tan，“Small Is Beautiful：Lessons from Laos for the Study of Chinese Overseas”，*Journal of Current Chinese Affairs*，41，2（2014）：61－94。

④ 《中老经贸合作委员会第六次会议在北京召开》，中华人民共和国商务部新闻办公室网站，2014年7月17日，http://www.mofcom.gov.cn/article/ae/ai/201407/20140700666046.shtml。

位。其中广西参展企业64家，使用72个展位，老方参展企业260家，使用290个展位。后还分别于11月和12月举办中国重庆－老挝投资贸易推介会暨项目对接会和第四届老挝政府与中资企业对话会。

随着在老挝投资贸易的加强，中国在老挝劳务数量增加，前三季度，中国在老挝劳务人数为15083人，位列中国在外劳务人数第十位，在东盟国家中仅次于在新加坡劳务人数。① 中国在老挝的商业网络进一步发展。8月8日，老挝中国商会川圹分会挂牌仪式在川圹省会丰沙湾举行，川圹分会是继2008年12月成立湖南分会、2011年10月成立巴色分会、2013年1月成立浙江分会之后，老挝中国商会成立的第四个分会。②

金融领域是中老经济合作的亮点之一。2014年1月22日，由富滇银行、老挝外贸银行合资成立的老中银行在万象举行开业仪式，老挝中央银行向老中银行颁发了永久金融许可证。老中银行注册资本3000亿基普（约合3750万美元），其中富滇银行持股51%，老挝外贸银行持股49%，这是国内城商行在境外设立的首家经营性机构，也是老挝第33家商业银行。老中银行的成立顺应了不断深入开展的中老经济活动的要求，尤其是服务具有中资背景的中小企业以及个人商户。③

合办银行是进入老挝金融领域的第一步，但同样重要的是开展业务。5月7日，老中银行和老挝三江有限公司就综合授信业务的合作签约仪式在万象举行，合作的业务为老挝三江国际商贸城商户流动资金贷款业务和老挝三江有限公司购物中心租赁权质押按揭贷款业务。

中国还帮助老挝开发银行卡支付系统建设。11月28日，中国国家开发

① 《2014年前三季度我对老投资、在老劳务人数均名列第十位》，中华人民共和国驻老挝大使馆经济商务参赞处网站，2014年11月12日，http://la.mofcom.gov.cn/article/jmxw/201411/20141100793714.shtml。

② 《老挝中国商会川圹分会举行挂牌仪式》，中华人民共和国驻老挝大使馆经济商务参赞处网站，2014年8月12日，http://la.mofcom.gov.cn/article/todayheader/201408/20140800694915.shtml。

③ 《中老经济联系不断加深，老中银行应运而生》，中华人民共和国驻老挝大使馆经济商务参赞处网站，2014年12月31日，http://la.mofcom.gov.cn/article/sqfb/201406/20140600643042.shtml。

银行副行长、纪委书记周清玉与老挝国家银行副行长宋赛在万象签署援老挝国家银行卡支付系统项目实施合同。援老挝国家银行卡支付系统项目将建设和运营覆盖老挝全境的统一的银行卡跨行信息交换网络，负责老挝境内发行银行卡跨行交易的信息转接和资金清算，实现老挝国内发行的银行卡联网通用。项目拟于2015年1月正式启动，建设周期1年。

老挝地势高峻，多山地和高原，落差大，湄公河穿越而过，水电资源丰富。然而由于人口相对稀少，工业制造业竞争力不强，水电发展成为老挝经济社会发展的重要手段，于是老挝政府提出了一个宏伟的目标，力争成为"东南亚的电池"①，发展水电得到国家的高度重视，但与此同时沿湄公河的水电开发也引起了下游邻国的担忧。美国在不同场合同样表达了不满情绪，称"任何一个国家不应剥夺另一个国家的生存权、生态系统和沿河的生命权"，但老挝并不认为水电项目对下流生态有重大的影响。② 越南、泰国等老挝主要伙伴国对水电站的立场使中国成为在老挝水电投资的主要国家，能源电力是中国对老挝投资最重要的领域之一。

2014年1月22日，老挝沙拉湾－色贡500KV输变电线路项目在万象市举行EPC总承包合同签字仪式，这是中国重型机械有限公司在老挝首个EPC总承包项目。项目建成后将把老挝南部多个电站电力输送到老挝中部沙湾拿吉、甘蒙省，主要工程包括两个500KV变电站和72公里的500KV高压输变电线路，合同工期约42个月。

2月28日，由北方国际香港全资子公司誉星发展有限公司与老挝国家电力公司合资组成的南湃电力有限公司投资的老挝南湃水电站特许经营协议签约仪式在万象举行，中老双方分别持股85%和15%，装机8.6万千瓦，年均发电量约4.2亿千瓦时。6月10日，广东水电三局与老挝就位于华潘

---

① Richard Cronin and Timothy Hamlin, *Mekong Turning Point: Shared River For A Shared Future*, Washington, The Henry L. Stimson Center, 2012, pp. 21－22.

② "Laos Draws Ire of Neighbors With Mekong River Dam Plans", *Bloomberg News*, Jun 4, 2014, http: //www. bloomberg. com/news/2014－06－03/laos－draws－ire－of－neighbors－with－mekong－river－dam－plans. html.

省南马河老挝境内河段的南马梯级水电站举行 MOU 签字仪式，项目拟投资 2.2 亿美元。

11 月 18 日，特许期 30 年的南塔河一号水电站项目特许权协议签字仪式在万象举行。耗资 3.4 亿美元的南塔河一号水电站位于波乔省和南塔省，建成后库容 64 平方公里，蓄水 175.5 亿立方米，总装机容量 16.8 万千瓦，年发电量 7.21 亿千瓦时。项目由中国南方电网国际公司与老挝国家电力公司以 BOT 形式开发，预计将于 2019 年年底建成投产发电。①

中国积极参与了老挝首都万象的城市建设，2014 年年内有四大重要项目：位于万象中心商业区的北隆赞湖综合开发项目、位于万象市北的“AVIC Townhouse”联排别墅项目、拉萨翁广场项目和万象新世界广场。北隆赞湖综合开发项目由云南海外投资有限公司投资建设，项目总占地 80 亩，建筑面积 12 万平方米，其中地上 90966 平方米，地下 30852 平方米，商业面积 36673 平方米，停车位 902 个，一期建筑总面积 61370 平方米。规划有中高端购物中心、精品百货、电影院、写字楼、四星级酒店、高端会所、精品公寓等多种业态，是万象第一个城市综合体。②

“AVIC Townhouse”联排别墅项目由 8 月 17 日中国航空技术国际工程有限公司与老挝吉达蓬集团有限公司在老挝合资注册成立的中航国际投资（老挝）有限公司承建。9 月 26 日，“AVIC Townhouse”联排别墅项目开工仪式举行，其占地 9800 平方米，本期别墅总共 53 套。

拉萨翁广场项目是综合建设项目，包括一栋五星级国际大酒店、一栋甲级写字楼、一栋酒店式公寓和一座现代化购物中心，总建筑面积 15200 平方米，项目自 2014 年 2 月动工，预计将于 2016 年 3 月前完成主体工程施工。该项目是中老合作的重要项目之一，老挝外交部 2014 年 8 月颁发的第 4728 号文件将拉萨翁酒店指定为 2016 年东盟峰会接待酒店之一。9 月 29 日，重庆方德

① Govt, “Chinese Firm Ink Deal on Nam Tha Dam,” *Vientiane Times*, 21 November 2014.

② 《中工国际投资的万象新世界购物广场开工仪式在万象举行》，中华人民共和国驻老挝大使馆经济商务参赞处网站，2014 年 2 月 27 日，http：//la. mofcom. gov. cn/article/jmxw/201402/20140200502126. shtml。

房地产开发有限公司与老挝国防部经济局合作开发的拉萨翁广场项目开工典礼在万象举行，老挝国防部部长森暖中将等政府高官还出席了典礼。①

11月8日，由中工国际投资（老挝）有限公司投资的万象新世界广场开盘典礼在万象举行。万象市副市长阿努帕出席上述仪式。该项目于2014年2月动工建设，由一期商业街（联排商铺）和二期集中购物中心构成，配套步行街和主题广场，占地46000平方米，建筑面积75000平方米，将建成集老挝风情购物、滨河美食街、百货商场、电影院于一体的大型商业设施，为老挝人民和旅游者提供一个集购物、餐饮、娱乐休闲于一体，兼具老挝文化风情和国际商业气息的现代化消费场所。一期项目于2015年4月建设完成，二期项目计划于2016年初交付使用。②

中国还参与了老挝的就业和扶贫工作。1月28日，中国人力资源和社会保障部与国际劳工合作组织签署促进就业服务南南合作项目签约和启动仪式，将通过专家咨询、组织培训和政策对话等活动，向老、柬两国提供为期3年、总额100万美元的援助，与周边发展中国家分享中国促进就业和开展就业服务的经验和做法，加强老、柬两国就业服务机构能力建设，提升就业服务质量，减少失业和贫困现象。8月3～6日，应老挝国家农村发展与消除贫困委员会邀请，中国国务院扶贫办主任刘永富率代表团访问老挝，双方就农村发展和扶贫领域进行经验交流，并签署了关于开展减贫合作的谅解备忘录签字仪式。

中老跨境农林合作。中老双方达成森林可持续管理示范项目合作协议，计划在老挝的南塔、乌多姆塞和波乔三省以及中国云南西双版纳建立自然保护区，开展退化林恢复示范、社区林可持续经营模式探索、联合森林执法、跨境生物多样性保护机制建设、森林恢复与管理最佳实践经验的信息共享，这将有利于加强两国林业交流与合作，推动两国林业共同发展。项目由中国

① 《拉萨翁广场项目举行开工典礼》，中华人民共和国驻老挝大使馆经济商务参赞处网站，2014年9月30日，http：//la. mofcom. gov. cn/article/todayheader/201409/20140900749770. shtml。

② 《中工国际投资的万象新世界广场开盘》，中华人民共和国驻老挝大使馆经济商务参赞处网站，2014年11月10日，http：//la. mofcom. gov. cn/article/jmxw/201411/20141100791223. shtml。

国家林业局委托亚太森林组织负责规划、设计和组织实施，由老挝农林部负责实施，执行期5年，项目总金额约360万美元，其中中国政府通过亚太森林组织资助300万美元，老方配套60万美元。①

10月16日，为推动中国和老挝两国在跨境动物疫病防控方面合作的援外项目，中老跨境动物疫病防控项目可行性考察会谈纪要签署仪式在老挝农林部畜牧渔业司举行，② 这将有利于加强中老边境动物疫病防控合作、促进两国经贸关系持续稳定发展。③

公路建设也是中国在老挝投资和援建的重要领域，其分布特点是主要集中在老挝北部，发挥着方便双边人员和贸易往来的桥梁作用。利用中国政府的优惠贷款，老挝对13号公路孟赛市－琅勃拉邦省巴蒙县段公路开始为期三年的修复，采用老挝4级公路标准，沥青混凝土路面。④

（二）多边框架下的经贸关系

大湄公河次区域经济合作是中老经济合作的最主要多边机制，包括农业、能源、环境和人力资源、投资、电信、旅游、贸易和交通等多领域，自1992年启动合作以来，经过多年的发展，区域联系更加频繁和密切，位于大湄公河次区域核心位置的老挝在此框架下受益匪浅，特别是南北经济走廊横跨中老缅泰，这为中老经贸关系增加了新内涵。

作为南北经济走廊的有机组成部分，中老铁路是次区域框架下的重点

---

① 《中老双方签署合作协议加强林业合作》，中华人民共和国驻老挝大使馆经济商务参赞处网站，2014年4月2日，http://la.mofcom.gov.cn/article/jmxw/201404/20140400537624.shtml。

② 2013年10月10日，中国农业部对外经济合作中心派考察组对该项目进行了考察，项目主要场址确定在老挝万象市、琅南塔省和丰沙里省，其中在万象市将建跨境动物疫病检测和诊断实验室，在南塔省和丰沙里省各建一个跨境动物疫病监测站。

③ 《中老签署跨境动物疫病防控项目可行性考察会谈纪要》，中华人民共和国驻老挝大使馆经济商务参赞处网站，2014年10月20日，http://la.mofcom.gov.cn/article/jmxw/201410/20141000764386.shtml。

④ 《利用我优惠贷款实施的老挝北13号公路孟赛－巴蒙段公路修复项目举行开工仪式》，中华人民共和国驻老挝大使馆经商参处网站，2014年3月11日，http://la.mofcom.gov.cn/article/jmxw/201403/20140300513398.shtml。

项目。老挝总理通邢访问中国时，两国总理共同宣布启动两国政府间铁路合作协议商谈。在双方均有意愿的情况下，相信中老铁路将会在不远的未来建成。

12月19~20日，大湄公河次区域经济合作第五次领导人会议在曼谷举行，泰、缅、柬、中、老、越六国政府首脑和亚洲开发银行行长中尾武彦参加，此次会议主题为“致力于大湄公河次区域的包容性和可持续发展”。中国国务院总理李克强表示，中方愿与五国共同努力，构建深化合作新框架。李克强就此提出五点建议：一是深化基础设施领域合作，推动次区域综合运输体系建设；二是创新产业合作模式，中方愿主办2015年经济走廊论坛；三是加强对贸易投资合作的金融支持，中方将与湄公河流域国家开展跨境贸易本币结算试点，扩大本币直接兑换规模；四是推进民生与社会事业发展，中方将继续向次区域国家特别是东盟欠发达国家提供力所能及的支持和援助，通过扩大农产品贸易促进农民增收，今后三年为次区域国家提供3000个培训名额；五是提高地区发展的开放联动水平，欢迎域外各方积极参与，继续发挥好亚行等国际机构作用，推进次区域共同体建设，保持与东盟共同体、“10+1”、“10+3”等地区合作机制的沟通协调，探讨建立澜沧江－湄公河对话合作机制，提升地区国家在全球价值链中的竞争力。①

三　人文交流：彰显和谐共处和深厚友谊

在中老政治关系不断加强和经贸关系不断密切的同时，双边人文交流逐渐加强，中国援建的重大文化设施成为中老交流的重要平台，也成为老挝文化生活的重要舞台。

2014年1月3~9日，为庆祝老挝人民军建军65周年，应老挝国防部邀请，中国人民解放军艺术团赴万象市、琅勃拉邦省两地演出。1月25日，

① 李克强：《李克强在大湄公河次区域经济合作第五次领导人会议开幕式上的讲话》，新华网，2014年12月20日，http://news.xinhuanet.com/world/2014-12/20/c_1113717408.htm。

以“中老情·合家欢”为主题的2014年春节中老联合晚会在万象举办，老挝国会主席巴妮、中宣部部长杰昂·宋奔坎、新闻文化和旅游部部长波显坎、政府办公厅主任辛拉冯、外交部副部长顺通、国防部副部长占沙蒙等政府高级官员应邀出席。晚会由老挝新闻文化和旅游部、云南省委宣传部和中国驻老挝大使馆共同主办，老挝国家电视台、云南广播电视台联合承办。晚会以《老中友谊之歌》大合唱拉开序幕，以《相亲相爱》落下帷幕，彰显了两国和谐相处、水乳交融的深厚友谊，老挝国家电视台还对晚会进行了全程直播。①

老挝国家文化宫由中国无偿援建，于1999年交付给老挝使用，成为老挝国内大型会议及大型文艺演出的主要举办场所。② 2014年3月14日，老挝国家文化宫维修更新项目在万象市举行开工仪式，在未来的几个月时间里将对文化宫进行整体维修更新，包括室内外装饰装修、给排水、空调、电气、舞台机械灯光、电梯等。

2014年10月31日，由中铁工程设计咨询集团有限公司设计的援老挝建国阵线培训中心项目实施合同签字仪式在老挝建国阵线中央举行。该项目将于2014年年内开工，工期17个月，项目主要内容包括教室、会议室、学员宿舍等，建筑面积约3600平方米。

2014年11月3日，由中国文化部在老挝设立的老挝中国文化中心在万象揭幕，这将成为老挝人民及在老华人体验中国文化的一个窗口和平台。中国文化部部长助理刘玉珠在仪式上致辞时说，老挝中国文化中心正式揭牌启用，是中老文化合作的重大成果，为拓展中老友好合作关系翻开了新的一页，标志着中老文化合作进入崭新的发展阶段。在中老双方密切配合和共同努力下，老挝中国文化中心将为推动中老两国关系的发展、增进两国人民的

---

① 《“中老情·合家欢——2014年春节中老联合晚会”在万象成功举办》，中华人民共和国驻老挝大使馆经济商务参赞处网站，2014年1月25日，http：//la. china - embassy. org/chn/zlgxdbwj/t1124714. htm。

② 荣忠霞：《综述：中国援助为老挝民众带来实惠》，新华网，2014年8月26日，http：//news. xinhuanet. com/world/2014 - 08/26/c_1112231777. htm。

相互了解和友谊做出积极贡献。老挝新闻文化和旅游部副部长沙文坎表示，老挝中国文化中心的设立具有深远意义，它将有助于促进两国人民的友好交往，并成为两国文化交流的中心。老挝中国文化中心将以“优质、普及、友好、合作”为宗旨，围绕“文化活动、教学培训、思想对话、信息服务”等职能，不间断地举办演出、展览、讲座、培训、论坛等各项活动，提供信息咨询、图书期刊阅览、中国语言与文化技能培训等服务。[①]

小　结

老挝是一党领导的社会主义国家，老挝人民革命党在国家建设过程中面临着一定的国内压力，当经济取得一定发展并提供一定数量的就业时，这种压力就相对减轻；然而贪腐和人文发展在全球经济危机背景下，对政府发展计划可能会形成潜在压力，[②] 改革发展成为老挝政府的重大政治任务。

作为志同道合的执政党领导的社会主义国家，老挝政府对不断发展和崛起的中国秉承开放、友好的欢迎态度，加强同中国的政治关系，在双边和多边框架下开展有益合作，中老政治关系不断加强并拉动拉紧了经贸关系；此外，老挝积极响应中国倡议，参与中国主导的多边机制。中老两国领导人高度评价两国关系，两国是具有广泛共同利益的共同体，认为两国高度互信互助互惠。

然而，对于老挝而言，越南同样是非常重要的伙伴，它不仅与老挝具有特殊关系，而且对其拥有强大的政治和经济影响。虽然越老特殊关系在中老政经关系加强的背景下相对下降了，[③] 但越南对老挝的影响依旧不容小觑，

---

① 荣忠霞：《老挝中国文化中心在万象揭幕》，新华网，2014 年 11 月 3 日，http：//news. xinhuanet. com/world/2014 - 11/03/c_ 1113094662. htm。

② Stuart - Fox，Martin，“Laos：The Chinese Connection”，*Singapore ISEAS：Southeast Asian Affairs*，Kent Ridge，2009，pp. 141 - 169.

③ “Laos Draws Ire of Neighbors With Mekong River Dam Plans”，*Bloomberg News*，Jun 4，2014，http：//www. bloomberg. com/news/2014 - 06 - 03/laos - draws - ire - of - neighbors - with - mekong - river - dam - plans. html.

越南一直是老挝的“意识形态”朋友。在政治关系不断加强的背景下，老挝政府对中国投资持欢迎姿态，为中国企业进入老挝创造了便利，中国在老挝参与了多个重要工程；与政治关系一样，越南与老挝的经济关系也非常密切，多年以来，越南一直是老挝的最大投资国，直到 2007 年才被中国第一次超越，而后又回到对老挝第一大投资国位置，但后来再次被中国超越。由此可见越南对华竞争关系。

总之，在中国不断崛起的国际大背景下，老挝政府对华友好态度将积极推动中老政治、经济关系发展，未来中老关系将继续良性发展，中老关系将会继续加强。

Y.18

中国与缅甸：热络中存隐忧

宋清润*

摘　要：2014年，中国与缅甸在政治、经济领域的交往与合作出现诸多突破性的进展，在军事、人文等领域的往来也继续推进，这显示中缅关系在政治、经济、军事等层面的基础未发生根本变化。然而，缅甸2011年推进民主转型以来，大国平衡外交格局日益完善，与西方关系改善明显，合作增多，且缅甸民间厌华情绪滋长，致使中缅关系正经历1988年以来幅度最大、时间最长的调整。在这个大背景下，2014年，中缅关系在多个层面仍存在隐忧。

关键词：中缅关系　合作　隐忧

中缅长期互为重要邻国，共享2000多公里边境线。2014年，中缅高层互动层级和频率创历史新高，中缅贸易额、缅甸对华贸易顺差也均创历史新高，双边军事、人文等交流也在推进。而且，缅甸与西方矛盾增多，不满西方频频干涉内政，其大国平衡外交有向中国回摆态势。不过，中缅关系仍存隐忧：缅北冲突频发，经常波及中缅边境稳定和跨境经贸合作；缅甸民间厌华情绪还在滋长，未能理性配合缅甸政府加强对华合作的外交调整，中缅新的大项

* 宋清润，中国现代国际关系研究院南亚东南亚及大洋洲研究所副研究员，主要从事泰国、缅甸等东南亚国家局势研究。

目合作仍较难推进；西方国家对缅援助与合作力度加强，对中国构成强烈的战略挤压。2015 年，中缅关系改善势头受到缅北果敢冲突和缅甸军机炸死炸伤多名中国人等事件的冲击，并会继续受到缅甸大选结果不确定、西方在缅加强战略资源投入等的影响。但长远而言，中缅友好合作大局基本不会改变。

一　中缅关系发展的诸多进展与亮点

2014 年，中缅在政治、经济领域的交往与合作出现诸多突破性进展，在军事、人文等领域的往来也继续推进，这显示中缅关系在政治、经济、军事等层面的基础未发生根本变化。

（一）高层互动层级与频率的新高峰

2014 年两国高层互动层级与频率创 1950 年建交以来新高，两国领导人相互表达对彼此国家发展的支持，增强了战略互信。综合统计 2011 年 1 月缅甸民选议会成立、3 月民选的吴登盛政府宣誓就职以来缅甸高层出访的情况，中国是缅甸联邦人民院议长、总统出访次数最多的国家，足见缅甸政府高度重视对华关系。在缅甸动态调整的大国平衡外交格局中，缅甸外交重心从 2011～2013 年的对西方有所倾斜而在 2014 年一度有重新向中国回摆的态势。

缅甸总统吴登盛 6 月、11 月两次访华，2011 年 3 月他担任总统以来共 6 次访华，中国是其出访次数最多的国家。6 月底，吴登盛访华出席“和平共处五项原则发表 60 周年纪念大会”，强调缅甸与中国的长期友好关系，缅甸作为东盟轮值主席国会致力于加强东盟与中国的合作，呼吁中国、缅甸、印度等国共同推动“和平共处五项原则”获得更广泛认可。① 11 月 8 日，中国国家主席习近平欢迎吴登盛来华出席“加强互联互通伙伴关系对话

① 《吴登盛呼吁推动和平共处五项原则获得更加广泛的认可》，国际在线，2014 年 6 月 28 日，http：//gb. cri. cn/42071/2014/06/28/107s4594322. htm。

会”，习近平说，“双方要结合丝绸之路经济带和21世纪海上丝绸之路建设，在平等互利基础上，推进中缅互联互通、经济特区、民生改善等合作项目，促进两国人文交流；中方欢迎缅方作为创始成员国加入亚洲基础设施投资银行，希望缅方坚持通过和谈早日实现缅北持久和平，愿意同缅方加强边境地区交往合作，促进边境地区繁荣稳定”。吴登盛表示，“缅方珍视缅中‘胞波’情谊，感谢中方给予的支持，愿同中方继续加强党际、政府、民间交往合作，推动两国关系不断迈上新台阶，让睦邻友好世代相传。我邀请习近平主席早日访缅。缅方感谢并支持中方举办加强互联互通伙伴关系对话会，相信会议一定能够推动地区国家共同发展。”①

2014年4月中旬，缅甸联邦议会议长兼人民院议长、执政的巩发党主席吴瑞曼访华。习近平会见吴瑞曼时说，“中缅是山水相连的友好邻邦，两国人民世代以‘胞波’相称。坚持发展中缅睦邻友好合作，符合彼此根本利益，两国都在推进改革，要不断增进政治互信，深化各领域务实合作，经济合作与经验交流，造福两国和两国人民。中国共产党愿同缅甸巩发党加强交往，深化治党理政经验交流，推进干部培训合作，促进两党各自执政能力建设。中方支持缅甸作为东盟轮值主席国在地区和国际舞台发挥更大作用，愿同缅方保持协调配合，共同推进中国－东盟合作”。吴瑞曼表示，缅方高度重视建立在和平共处五项原则基础上的缅中友好关系，感谢中方在国际社会为缅仗义执言，在缅经济社会发展中提供帮助。中国成功发展是缅甸重要机遇。缅政府和议会高度赞赏中国正在进行全面深化改革，愿学习借鉴中国经济社会发展经验，促进缅中友好关系深入发展。② 全国人大常委会委员长张德江也会晤吴瑞曼，两人签署《中国全国人大和缅甸联邦议会合作备忘录》，加强两国议会友好合作。

缅甸副总统吴年吞于2014年4月和9月两度访华，努力推动两国关系、

① 刘华：《习近平会见缅甸总统吴登盛》，新华网，2014年11月8日，http://news.xinhuanet.com/world/2014-11/08/c_1113169333.htm。

② 刘华：《习近平会见缅甸联邦议会议长吴瑞曼》，新华网，2014年4月11日，http://news.xinhuanet.com/politics/2014-04/11/c_1110211608.htm。

中国－东盟关系发展。4 月，吴年吞来华出席中国－东盟文化交流年开幕式，提升双方人文交流合作。9 月，吴年吞参加中国－东盟博览会时表示，海上丝绸之路将为东盟国家在与中国的各项合作中创造新机遇，将有力推动缅甸基础设施建设，促进缅中文化、旅游等多方面交流，缅甸支持中国提出的“21 世纪海上丝绸之路”构想，并将积极配合。[①]

中国总理李克强 11 月中旬赴缅甸参加东亚峰会，并对缅进行正式访问，这也是缅甸在举办峰会期间安排的唯一一次外国首脑对缅甸的双边正式访问。吴登盛在缅甸总统府前广场为李克强举行隆重欢迎仪式，双方签署双边经贸、农业、金融、能源等领域的 20 多个务实合作文件，总价值 80 亿美元。[②] 两国领导人均表示愿加强全面合作，提升中缅战略合作水平。李克强表示，中方愿与缅方共同推进孟中印缅经济走廊建设，促进缅甸和地区互联互通与经济社会发展。吴登盛表示，缅甸支持并将积极参与孟中印缅经济走廊、“一带一路”和亚洲基础设施投资银行的建设，开展大项目合作，密切人文交流，推动两国关系取得新发展。[③]

两国政党交流也在推进。除上文提到的缅甸执政的巩发党主席吴瑞曼访华并和习近平等中国共产党领导人会晤外，其他方式的政党交流也日益活跃。2014 年 2 月 3 日，民盟中央执委会书记吴年温对《环球时报》记者表示，对 2013 年年底的首次访华之行印象深刻，缅中是邻邦，合则两利，他强调缅甸经济发展与中国息息相关，非常支持共建“21 世纪海上丝绸之路”。他还建议中资企业，今后在与缅甸政府签约时要透明，即使遭遇违

① 程群、潘强：《共建海上丝绸之路　深化互利共赢格局——写在第 11 届中国－东盟博览会、商务与投资峰会闭幕之际》，新华网，2014 年 9 月 19 日，http：//news. xinhuanet. com/2014－09/19/c_ 1112555114. htm。

② 翟磊：《李克强到访缅甸中学希望青年传承中缅“胞波”情谊》，国际在线，2014 年 11 月 15 日，http：//gb. cri. cn/42071/2014/11/15/6071s4766644. htm。

③ 俞铮、尚军：《李克强同缅甸总统吴登盛举行会谈时强调，全面提升中缅战略合作水平，两国永做好邻居、好朋友、好伙伴》，新华网，2014 年 11 月 14 日，http：//news. xinhuanet. com/politics/2014－11/14/c_ 1113257535. htm。

约，也可按照合同去办，因为每个国家都有能接受的法律。[①] 6月23日，应邀访华的缅甸巩发党以及若开、克钦、掸、佤等少数民族党派的议员们专程到北京灵光寺参拜佛牙舍利，受到热情接待。全国政协副主席、中共中央对外联络部部长王家瑞9月中旬访缅，与吴登盛、吴瑞曼、昂山素季等朝野要人会晤，并出席缅政党和社会友好人士招待会。王家瑞表示，中国共产党愿与包括巩发党在内的缅各政党加强交往，增进两国人民友谊和互信，为两国关系发展奠定更坚实的基础。[②]

综上所述，中缅政治关系非常热络，其原因除了两国高层重视推动、中缅两国双边和多边外交活动增多之外，还有一大原因：2014年，缅甸与美国对彼此的相互失望与不满情绪增加，矛盾增多，在缅甸大国平衡外交格局中，中国地位再度凸显，这是缅甸政府重新重视对华交往的地缘政治格局背景。具体而言，一方面，美国2014年批评缅甸民主倒退，频频干预缅甸修宪进程、宗教、人权等事务，延长部分经济制裁，增加对少数政治人物的制裁，招致缅甸当局反感和抗议[③]。另一方面，中缅政府都尽力理性地从战略高度、长远利益出发，维护和发展两国关系。尽管缅甸在密松电站等事件上损害了中国利益，中国政府和相关企业却未对缅甸实施报复性措施，而是继续支持缅甸转型与发展。同时，缅方也希望扩大对华合作。2013年李克强总理提出“孟中印缅经济走廊”倡议，习近平主席提出“一带一路”倡议，均是开放性、合作性的地区发展倡议，这些倡议在2014年逐步实施，有益于帮助缅甸发挥地缘优势，快速成为连接各大国在印度洋－太平洋地区合作的枢纽，从而更好地实现国家繁荣，提升国际地位。

（二）双边贸易额创历史最高纪录

2014年，中缅贸易创了几个历史新高，成为中缅关系稳定的新“压舱

---

① 谷棣：《吴年温：缅甸与中国息息相关》，《环球时报》2014年2月7日，http://opinion.huanqiu.com/dialogue/2014-02/4810510.html。

② 张云飞：《缅甸总统吴登盛会见王家瑞》，新华网，2014年9月12日，http://news.xinhuanet.com/world/2014-09/12/c_126981520.htm。

③ 但缅甸与美国彼此存在复杂利益需求，关系一般不会闹僵，仍会加强合作。

石”：贸易总额249.73亿美元，同比增长146.03%，而缅对华出口达156.03亿美元，同比增长455.18%，对华贸易顺差达62.33亿美元，一改多年来对华贸易逆差持续攀高的局面（2013年缅对华贸易逆差达45.29亿美元），中国从2013年的缅甸最大贸易逆差国一跃成为缅甸最大贸易顺差国。[①] 这主要是因为中国扩大对缅甸天然气、农副产品、水产品等的进口，尤其是中国成为缅甸最大的天然气出口对象国，而天然气出口是缅甸最大的外汇收入来源。因此，中国大量进口缅甸产品对改善缅甸民生起到重要作用，对缅甸缓解当年总体外贸逆差高企的局面起到重要作用，因为缅甸2014年外贸是月月逆差，逆差总额52亿美元，导致外汇紧缺、缅币贬值和通胀加剧。[②] 如果缅甸没有对华的巨额贸易顺差，其2014年外贸收支势必出现巨大难题。

（三）两国军事交流较为密切

这也是中缅全面战略合作伙伴关系的重要支柱，而对华军事交流是缅军对外军事交流的重点方向之一。

在高层交往方面，2014年5月6日，中国中央军委副主席许其亮会晤来访的缅甸空军司令钦昂敏上将，双方同意加强两军发展。同月18日，中国国务委员兼国防部部长常万全一行抵达内比都开始对缅进行正式友好访问，并出席中国－东盟国防部长会晤。19日，常万全先后与缅甸国防部部长韦伦、缅甸国防军总司令敏昂莱等座谈，双方就发展两国两军关系、维护边境地区稳定等交换了意见，同意加强两军务实合作，促进两国战略合作。[③] 6月9日，缅甸国防军副总司令兼陆军司令梭温在内比都会见赴缅参加东盟地区论坛安全政策会议的中国人民解放军副总参谋长王冠中，磋商提

---

① 《2014年1～12月我对亚洲国家（地区）贸易统计》，中国商务部网站，2015年1月30日，http：//yzs.mofcom.gov.cn/article/g/date/fourteen/201501/20150100884111.shtml。

② 详见缅甸计划与经济发展部网站的贸易统计数据（Myanmar Ministry of National Planning and Economic Development），https：//www.mnped.gov.mm/html_file/foreign_trade/s1.1MA02.htm。

③ 《常万全会见缅甸国防军总司令敏昂莱》，新华网，2014年5月20日，http：//news.xinhuanet.com/world/2014－05/20/c_1110761574.htm。

升两国军事合作事宜。11 月，王冠中在北京会晤来华参加“香山论坛”的缅甸国防军参谋长拉泰温。

在务实军事合作方面，2014 年 5 月 23 ~ 27 日，正在执行远海实习及出访任务的中国海军训练舰编队对缅甸进行为期 5 天的友好访问，编队官兵参观了缅甸海军“班都拉”号、“昂泽雅”号护卫舰和缅甸海军博物馆。编队举办了甲板招待会、联合音乐会和舰艇开放参观等活动。部分官兵代表还赴仰光丁茵孤儿院看望、慰问当地儿童，并赠送了文体用品。通过双方座谈、参观交流、友谊比赛等多种活动，中缅海军增进了友谊，深化了互信。尤其是通过与缅方民间的多项交流，传递和续写了两国人民深厚的传统友谊。①

（四）中缅民间交流有所增多

两国高层大力推动民间交往，民间精英人士也积极参与，2014 年是在 2011 年“密松事件”之后两国民间交流中较为高端、密集的一年，加深了两国民间了解和友好感情，一定程度上减轻了缅甸民间对华的误解和反感情绪。

在民间交流高端对话方面，2014 年 3 月 13 日，第二届中国 - 缅甸民间交流圆桌会在仰光举行，两国与会代表就两国民间加强交往交流、采取共同行动、推进务实合作等议题进行了交流讨论。

在文化交流方面，4 月，缅甸副总统吴年吞来华出席中国 - 东盟文化交流年开幕式。12 月 16 日，缅甸在内比都国际会议中心举行的 2014 中国 - 东盟文化交流年闭幕式在热烈的气氛中一直延续到深夜 11 点多。中国国家副主席李源潮、缅甸副总统吴年吞出席并致辞。1000 多名缅甸各界人士出席了闭幕式。在缅甸积极推动下，中国 - 东盟文化交流年取得成功，有力推动了中国与东盟国家的人文交流与合作。此外，7 月底，由云南大学、察哈尔学会、仰光大学等联合在云南大学举办缅甸问题国际学术研讨会，缅甸总

① 安晨：《中国海军训练舰编队结束访问缅甸离开仰光》，新华网，2014 年 5 月 27 日，http://news.xinhuanet.com/mil/2014-05/27/c_126554771.htm。

统首席政治顾问吴哥哥莱等缅甸知名政要、专家，以及美国、印度等国的学者与会，会议在增加中缅学术交流与智库专家学者往来方面发挥了巨大的“正能量”。

在宗教交往方面，2014 年 1 月 6 日，由中国驻缅甸大使馆主办，缅中友协及仰光大金塔管委会协办的中国佛教图片展在仰光大金塔开幕，中缅各界人士及多家媒体记者约 200 人出席活动。6 月底，吴登盛率 72 人代表团来华参加和平共处五项原则发表 60 周年纪念大会后，他四天参加两次佛事活动，在参访北京灵光寺后，又率团抵达洛阳白马寺，中缅嘉宾共同为缅甸捐建的佛殿落成剪彩。吴登盛在致辞中，把佛殿视作“切实践行和平共处五项原则的新努力”。他希望凝聚着缅甸人民良好意愿和祝福的佛殿，能给中国带来和平、幸福与喜悦，衷心祝愿缅中两国友谊地久天长、万古长青。①

综上所述，2014 年，中缅关系在政治、经济、军事、人文等领域的交往密切，尤其是高层政治互动密集，中缅全面战略合作伙伴关系的多个支柱更加巩固，很大程度上驱散了 2011 年“密松事件”之后弥漫在中缅关系上空的阴霾，两国关系发展的动力和信心一度强劲。

二　中缅关系仍面临不少挑战

毋庸讳言，尽管 2014 年中缅关系发展宏观态势不错，但缅甸 2011 年推进民主转型以来，大国平衡外交格局日益完善，与西方关系改善明显，合作增多，且缅甸民间厌华情绪滋长。上述因素导致中缅关系正经历 1988 年以来幅度最大、时间最长的调整，双边利益时而出现“阵痛”性损失。在这个大背景下，2014 年，中缅关系在多个层面仍面临不少挑战。友好互动合作中有问题，在克服困难中提升合作，这是中缅关系的复杂“新常态”，而且，这种态势将持续下去。

---

① 李志全：《缅甸总统登盛访华结佛缘：四天两场佛事活动》，中国新闻网，2014 年 6 月 30 日，http：//www. chinanews. com/gn/2014/06 －30/6335157. shtml。

（一）缅甸对中国快速崛起的疑虑上升

缅甸对中国崛起存在担忧，而且担忧情绪在 2014 年继续扩大。近年来，西方经济长期低迷，而中国经济持续增长，是缅甸最大的外资来源国和外贸伙伴国，更强化了缅甸及国际社会“中国对缅影响力过大”的印象，也使缅甸对中国快速崛起的担忧心理加重。中国已经成为亚洲最大经济体，日本 2014 年名义 GDP 是 4.8 万亿美元，而中国 GDP 则超过 10 万亿美元。[①] 尽管中国军费开支比美国少得多，但毕竟是亚洲最多的国家，2014 年为 1320 亿美元。[②] 和诸多东南亚国家一样，缅甸对中国这个巨邻的快速崛起感到越来越多的压力，对华既羡慕又防范的复杂心理均在上升。缅甸很多学者和精英在与中国学者的对话中，经常称中国为“超级大国”或正在变成“超级大国”，担心中国在缅甸的影响力过大。

（二）中缅跨境问题较多

中缅边境线长 2000 多公里，跨境民族多，便道多，不易管控。而缅中边境的缅北冲突问题更是让中缅关系“如鲠在喉”，2014 年，缅北冲突频发，成为削弱两国战略互信与干扰合作气氛的关键问题，阻碍孟中印缅经济走廊、“一带一路”的建设。

1. 缅北冲突成为中缅关系中的棘手问题

缅北的掸邦、克钦邦（靠近滇缅边境）面积之和超过缅甸国土总面积的 1/3，尽管政府控制着缅北大部分区域，但缅北是该国少数民族武装最集中的地区，有佤邦联合军、克钦独立军、掸邦军、掸东同盟军、德昂民族解放军等武装，缅北是缅甸境内冲突最多、持续时间最长的地区，2014 年更是冲突频发，云南边境安全、居民日常生活与人身安全频遭波及，中缅边贸

---

① 李婧：《2014 年中国 GDP 突破 10 万亿美元　为日本 2 倍》，中国经济网，2015 年 1 月 20 日，http：//www. ce. cn/xwzx/gnsz/gdxw/201501/20/t20150120_ 4384052. shtml。

② 《中国 2014 年军费预算 1320 亿美元　远远低于美国》，《参考消息》2014 年 4 月 15 日，http：//military. china. com/important/11132797/20140305/18374430. html。

经常受阻，跨境经济合作遇挫，经常有缅甸战区的边民逃到云南避难。缅北冲突持续成为两国间的棘手问题。

缅甸有舆论仍误认为中国利用缅甸地方武装来对抗中央政府，甚至有媒体2014年渲染称，俄罗斯将乌克兰克里米亚纳入版图后，中国也需要缅甸佤邦地区，缅甸舆论担心克里米亚模式在缅北地区上演。[①] 这些误解性舆论增加了缅甸部分官员和民众的对华战略疑虑。其实，中国是缅北冲突的受害者，又奉行不干涉内政原则，不支持缅北少数民族武装对抗缅甸政府，而是希望缅北和平与中缅边境稳定。

2. 毒品流通引发的跨境犯罪严重

缅北有些武装开展非法生意以维系存在，增强与缅甸政府对抗的实力。缅北成为缅甸毒品主产区，也是“金三角”核心区域。联合国毒品和犯罪问题办公室报告称，估计缅甸2013年生产了约870吨鸦片，创10年来新高。[②] 2014年5月，该办公室的另一份报告称，缅甸掸邦等地区的新型化学毒品的产量也在增加。[③] 这也加剧了中缅两国跨境贩毒犯罪问题，中国西南地区年年缴获大量毒品，两国深受其害。其中，2014年1～11月，云南共破获毒品违法犯罪案件17799件，缴获各类毒品近20吨，抓获犯罪嫌疑人19270名，上述数字均是2013年同类数字的数倍。[④] 云南很多贩毒案件与缅北贩毒分子有关。

为消除缅北毒品，中缅合作推动的罂粟替代种植项目在缅北逐步取得良

① Nay Tun Naing, “Myanmar's Northeast: China's Version of Crimea?”, *MyanmarEleven*, March 17, 2014, http: //elevenmyanmar. com/index. php? option = com_ content&view = article&id = 5414: myanmar - s - northeast - china - s - version - of - crimea&catid = 38: opinion&Itemid = 361。

② “Golden Triangle Opium Production Rises 22% in 2013, Says UNODC”, *UNODC*, December 18, 2013, http: //www. unodc. org/southeastasiaandpacific/en/2013/12/opium - survey - report/story. html.

③ Simon Lewis, “Meth Production in Burma Feeds into Growing Regional Trade: UN Report”, *The Irrawaddy*, May 20, 2014, http: //www. irrawaddy. org/burma/meth - production - burma - feeds - growing - regional - trade - un - report. html.

④ 王磊：《2014年11个月云南省缴获毒品近20吨》，云南网，2014年12月30日，http: //society. yunnan. cn/html/2014 - 12/30/content_3527776. htm。

好效果，使当地更多民众摆脱对“毒品经济”的依赖，扩大种植正常农作物。但是，2014 年缅北长期冲突使当地缺乏稳定的种植、运输和贸易环境，中缅替代种植合作企业运转困难。比如，中国企业在缅北的部分香蕉取代毒品种植项目，因为受到年底缅北冲突激烈影响而无法及时收割和运输销售，损失惨重。此外，2014 年的国际橡胶价格暴跌，导致缅北的橡胶替代种植项目也面临效益低甚至亏损、后续投资匮乏的窘境。

3. 缅北非法伐木问题再度成为中缅关系的棘手难题

缅甸媒体报道，2014 年缅甸非法木材出口大幅增加，缅甸政府 2014 年和 2015 年年初多次抓获在缅北非法伐木者，其中有不少中国人，中国外交部证实，共有 155 名中国非法伐木者被抓。[①] 非法伐木事件主要是缅北个别武装与中国少数非法商人勾结所为。

4. 两国双向的非法工人流动问题值得关注

可能确实有少量中国人在缅甸开展非法活动，但在 2014 年，部分缅甸媒体和西方媒体炒作“中国人涌入缅甸北部和中部地区”的声浪时而增大。缅甸一些人士和媒体夸大称，缅甸曼德勒（古都）、克钦邦、掸邦等地区有大量非法中国移民，他们抢占曼德勒最好的地皮和房产，挤压缅甸当地人生存空间，威胁缅甸民族文化独立性，等等。有缅甸人甚至诬称，担忧曼德勒成为中国的一个省。这些渲染性言论刺激着缅甸民众的反华情绪。西方媒体也趁机频频渲染中缅边境问题的严重性，削弱中缅互信，煽动起民间反华情绪，破坏两国合作。[②] 同时，2014 年，缅甸有些到中国“打黑工”的人士深入到内地和东部沿海烟台等地区，引发一些劳务纠纷、社会治安事件。

（三）缅甸民间对华负面认知滋长继续损害两国利益

国之交在于民相亲，民间友好感情深厚是两国关系能够经受住风云变幻

① 刘皓然：《外交部：155 名中国人被缅抓扣双方保持密切沟通》，《环球时报》2015 年 1 月 22 日，http://world.huanqiu.com/hot/2015-01/5469129.html。

② 貌达：《文化古都龙的脚印》（缅文版），《七日新闻》第 12 期 49 号，2014 年 2 月 12 日，转引自李晨阳主编《缅甸国情报告（2012～2013）》，社会科学文献出版社，2014，第 206 页。

而持久稳定的关键，但是，中缅民众和社会舆论对彼此的负面认知均在增长，这使得两国关系基础日益脆弱，民间长期存在的“胞波”情谊受到极大侵蚀，导致经贸合作在2014年继续出问题。中国学者和舆论普遍对中缅关系现状感到担忧：中国支持缅甸转型，投入了大量的经济与外交资源，是缅甸最大的外资来源国、最大的贸易伙伴国和顺差国、最大的外援来源国和最大的工程承包商，但缅甸却对华产生疏离感，与西方关系日益热络。2014年，尽管缅甸政府高度重视对华关系，但由于缅甸民间厌华情绪仍在滋长，未与缅甸政府同步调整对华合作，导致中国在缅甸的利益依旧迭遭挫折。当中缅大项目遇到缅甸民众抗议而遇挫时，中国互联网上网民对缅甸不满的情绪也在增长。

较之西方非政府组织，中国非政府组织与缅甸非政府组织合作援助缅甸民众的活动则少很多，深入基层民众的中小民心项目不多。即便是中国在缅甸民间开展了多次援助项目，宣传也不到位，常常是“雁过难留声”。因为中国援助项目的配套宣传工作不到位，而且中国电视、广播、报纸等媒体与缅甸的合作不多，又因为语言障碍等问题，中国媒体在缅甸的受众较少。比如，在密松电站被搁置多年后，云南国际伊江水电公司继续在缅甸进行公益事业，2014年8月15日，“伊江水电奖学金”惠及78名缅甸学生，受到当地官员和学生的欢迎。[①] 但缅甸私营媒体因为存在对华偏见，对中国企业这些惠民工作的报道不多。

反而，由于中国对缅投资集中在资源能源领域，2014年，缅甸部分舆论抨击中缅大项目合作的沉渣再度泛起，言辞较为激烈，很多类似言论带有极强的渲染性乃至污蔑性。比如，年初，德昂妇女组织在仰光召开新闻发布会，指出缅政府军在油气管道周围加强安保部署，并借机向德昂民族解放军等当地武装辖区周围增兵，引发更多武装冲突和难民，而在管道沿线施工的中资公司未向当地居民提供任何医疗和教育援助。知名的《伊洛瓦底江》

① 杜昱科：《伊江公司举办“伊江水电奖学金”颁奖仪式》，云南国际，2014年8月27日，http：//www. cpicorp. com. cn/dqgzw/tqgz/201408/t20140827_237030. htm。

杂志网站3月12日称，若开邦17名在管道工程工作的人被以纵火罪逮捕，起因是他们与中国员工发生冲突，随后附近的一个仓库起火，钦族员工便遭逮捕，屈打成招，而中国员工没事。[①] 3月18日，重量级的私营媒体《缅甸十一日报》第4版整版刊登抨击中国投资弊病的文章，主题图片便是管道起点的马德岛码头工地，指责管道将缅从中间一切两半，威胁缅国家安全，引发当地民众与政府愈发激烈的对立。该报8月27日再度刊文抨击中缅油气管道侵害缅甸主权。[②]

这些煽动性言论继续损害中缅大项目合作。7月18日，在民间反对之下，缅甸放弃昆明—皎漂铁路建设计划，再次打击中缅大项目合作。莱比塘铜矿在前两年长期遭遇缅甸民众抗议的情况下，2014年更是遭遇民众抗议、抗议引发的缅甸警民流血冲突、企业员工一度遭遇当地极端人士绑架等事件冲击，项目运营一直不畅。三峡集团与泰国、缅甸合资建设的东南亚最大水电站——孟东水电站在2014年招致缅甸部分议员、环保组织和舆论的批评。

目前，中国大企业普遍担忧对缅投资安全，不敢大举增资，谨慎观望，新的大型合作项目继续处于低谷。自2011年9月30日密松电站建设被缅甸搁置后，中国（含香港）对缅协议投资额暴跌：从最高峰的2011（自然）年的85亿美元[③]、占缅甸吸引外资的大部分，跌至2012～2013财年（2012年4月1日～2013年3月31日）的4.88亿美元、占缅甸同期吸引外资总额的29%；2013～2014财年再度跌至1.76亿美元，占缅甸同期吸引外资总额的4%；2014财年的4～12月，中国对缅投资约7.1亿美元，占缅同期吸引外

① Lawi Weng, "Burmese Workers Get Lengthy Jail Terms for Pipeline Clash", *The Irrawaddy*, September 8, 2014, http://www.irrawaddy.org/burma/burmese-workers-get-lengthy-jail-terms-pipeline-clash.html.

② "Swapping Sovereignty for Development?", *Eleven*, August 17, 2014, http://www.elevenmyanmar.com/index.php?option=com_content&view=article&id=7239:swap-the-sovereignty-for-development&catid=44:national&Itemid=384.

③ Yun Sun, "China's Tug of War", *The Irrawaddy*, April 9, 2013, http://www.irrawaddy.org/burma/chinas-tug-of-war.html.

资总额近11%；总体而言，近年来中国在缅甸吸引外资增量格局中的比重偏小。[①]

（四）缅甸转型后的外交重点

缅甸转型后的外交重点之一是全面改善与西方的关系，并且成绩斐然，其大国平衡外交局面日益完善，外交处于独立以来的最好时期之一。在缅甸外交调整过程中，中国对缅甸的外交与合作面临西方大国激烈竞争，缅甸外交新格局中总体出现“中国地位有所下降、西方地位蒸蒸日上”的局面。

与西方改善关系，也是缅甸近年来大国平衡外交的重点方向之一，当前，缅甸尽管仍非常重视对华关系，与西方在民主、人权方面的矛盾在2014年增多，但其外交上仍需争取西方对其民主转型的认可和支持，希望发展与掌握国际话语权的西方的友好关系，拓展西方市场，吸引西方援助、资金和技术，以更快融入国际社会。缅甸此举还有一个目的就是平衡中国过大的影响力（这与缅甸重视对华合作并不矛盾），因为中国（含香港）对缅投资总额迄今约有200亿美元，[②] 是缅甸外资来源最多的国家，也是缅甸最大的外贸伙伴国。这导致缅甸有意摆脱对华过度依赖局面，要让西方国家与中国在缅甸形成力量较为均衡的局面。

而且，缅甸民主转型后形象趋好，其摆脱西方孤立的外交努力与西方强化与缅关系的战略举措形成“共振作用”。美国奥巴马政府正将缅甸民主化进程纳入其“亚太再平衡”战略，实现打造亚洲新民主样板和地缘政治上制衡中国崛起的双重战略目标，对缅甸外交资源投入力度空前加大。奥巴马2014年11月第二次访缅，成为美国历史上踏上缅甸土地次数最多的美国总统。其他国家的领导人也纷纷访缅，提升与缅甸的合作关系。缅甸总统、议长、部长等官员也密

---

① Myanmar Ministry of National Planning and Economic Development, “5. 3 Foreign Investment of Permitted Enterprises by Country of Orign”, Myanmar Ministry of National Planning and Economic Development, https: //www. mnped. gov. mm/html_ file/foreign_ trade/s5. 3MA0201. htm.

② Arno Maierbrugger, “Myanmar Investment Reaches $42b in June”, *Inside Investor*, July 12, 2013, http: //investvine. com/myanmar – investment – reaches – 42b – in – june/.

集访问西方国家。缅甸与西方的整体关系处于1948年独立以来最好的时期之一。

2014年，缅甸与美国、欧盟、日本等大国或国家间组织仍开展密集互动。第一，西方顾问继续帮助缅甸设计经济改革方案，改善金融体系，规划城市建设，提升缅甸经济与国际经济体系的接轨程度。第二，西方继续帮助缅甸减债，西方主导的“巴黎俱乐部”在2013年免除缅甸近60亿美元债务（相当于缅甸所欠外债的60%）的基础上，① 德国2014年再度免除缅甸5亿欧元债务。② 第三，西方对缅援助近年来猛增，截至2014年年底，总计约有60亿美元。其中，美国2011～2013年对缅援助约3亿美元，③ 2014年增加1.5亿美元④（美国有些小型援助项目未能全部纳入统计）。欧盟在前几年援助缅甸数亿美元基础上，决定2014～2020年间，再援助9亿美元，主要用于农业与农村发展、粮食安全与营养改善、教育、政府治理能力、法治建设、促进和平进程等方面，帮助缅甸实现民主、和平与发展。⑤ 日本2014年11月增加对缅援助约2.17亿美元，用于改善缅甸的配电网、建设港湾和面向中小企业贷款。⑥ 曾制裁缅甸20多年的世界银行2014年起在缅甸实施跨年发展援助计划，未来几年将为缅甸基础设施和民生项目投入20

---

① “Myanmar Gets Total Debt Relief of $6 Billion; Aid Flows Set to Rise”, *Reuters*, January 28, 2013, http://uk.reuters.com/article/2013/01/28/uk-myanmar-economy-debt-idUKBRE90R02A20130128.

② Deutsche Press-Agentur, “German President Praises Myanmar”, *The Nation*, February 11, 2014, http://www.nationmultimedia.com/aec/German-president-praises-Myanmar-30226488.html.

③ USAID Press Office, “President Obama Announces US-Burma Partnership for Democracy, Peace & Prosperity”, *USAID Press Office*, November 19, 2012, http://www.usaid.gov/news-information/press-releases/president-obama-announces-us-burma-partnership-democracy-peace; “US to provide Myanmar with $25 million in aid”, *Mizzima*, November 18, 2013.

④ 《奥巴马敦促缅甸回到民主改革轨道》，《纽约时报》中文网，2014年11月14日，http://cn.nytimes.com/world/20141114/c14prexy/。

⑤ Tweet, “The European Union will Provide EUR 688 Million in Grants to Myanmar from 2014-2020”, *European External Action Service*, December 8, 2014, http://eeas.europa.eu/statements-eeas/2014/141208_01_en.htm.

⑥ 《日本260亿日元支援缅甸，援助东盟方式与中国不同》，大公网，2014年11月14日，http://news.takungpao.com/world/exclusive/2014-11/2825458.html。

亿美元。[①] 西方援助主要用于提升缅甸民主能力建设，改善民生和民众素质，帮助缅甸推进民主转型。第四，在贸易、投资方面，缅甸努力开拓西方市场，吸引西方资金和技术，加快经济现代化进程。同时，西方重视拓展缅甸5000多万人口的新兴市场，对缅投资逐渐增多。欧美还取消对缅大部分经济制裁，以低关税乃至免关税的优惠政策向缅甸产品大开市场，缅甸外资来源日益多元，外贸市场日益广阔。其中，欧盟2014年年底在缅甸设立“缅甸欧盟商会”，德国等多个欧盟成员国还单独在缅设立商务代表处，增强双方经济联系。在贸易方面，2014年1～11月，缅甸向欧盟出口额就已达2.15亿美元。[②] 美国对缅投资在基本停滞了20多年后，自2011年开始逐渐增多，迄今协议投资额达数亿美元。其中，2014年8月，美国公司签署协议，投资4.8亿美元在曼德勒建设太阳能发电厂。[③] 同年，美国还给缅甸数千种产品以“贸易普惠制”待遇，缅甸则在美国召开招商引资会。日本2014年则继续加大投资帮助缅甸建设迪洛瓦、土瓦经济特区，在缅甸三大经济特区的其中两个占据开发先机，帮助缅甸改善邮政、银行、铁路等基础设施，帮助缅甸筹建证券交易所，帮助缅甸培训经济人才，最终便利日企赴缅投资，拓展产品市场。

综上所述，西方对缅投资日益增多，援助资金和优惠贷款数额增多，利息较低（乃至无息），西方资金和市场对缅甸的诱惑力极大，西方经济思想与规则制度在缅甸经济改革中具有重要指导意义，西方专家以及西方培养的缅甸精英正在越来越多地成为缅甸政府的顾问和官员，深刻影响缅甸内外决策。毋庸讳言，西方投入巨大资源拉拢缅甸，一大地缘政治目的

---

① “WB to Invest ＄2bn in Myanmar”, *The Nation*, January 262014, http：//www.nationmultimedia.com/aec/WB－to－invest－＄2bn－in－Myanmar－30225244.html.

② Khine Kyaw, “EU Launches EuroChamber in Myanmar, in Big Step to Closer Ties”, *The Nation*, December 15, 2014, http：//www.nationmultimedia.com/aec/EU－launches－EuroChamber－in－Myanmar－in－big－step－to－－30249746.html.

③ “US Company to Invest ＄480m in Myanmar's First Solar Energy Project”, *Mizzima*, August 29, 2014, http：//mizzima.com/business/investment/item/12310－us－company－to－invest－480m－in－myanmar－s－first－solar－energy－project.

是通过拓展在缅甸的影响力而制衡中国。这就导致缅甸的任何重大外交经济举措必须权衡西方与中国等各方利益，搞好平衡。因此，中国在缅甸外交与对外经济合作格局中的地位有所下降，开展合作的难度上升。中国对缅援助受到日本、美欧、亚行、世行等的竞争，缅甸近年来更多选择西方和国际社会的援助。

Y.19

中国与柬埔寨：稳定中求发展

杨保筠*

摘　要：中国与柬埔寨建交以来，一直保持着良好的交往态势。2014年中柬两国在政治、经济、安全、文化和教育等领域建立起新的合作机制，稳定中不断发展。“一带一路”战略在中柬两国合作过程中产生了积极的作用，开启两国合作新局面。虽然中柬合作关系稳定发展，但还是存在一些不稳定因素，需要引起两方的重视。

关键词：中国　柬埔寨　合作　稳定

中华人民共和国与柬埔寨王国之间有着悠久的传统友谊。1958 年 7 月 19 日两国正式建交。长期以来，中国几代领导人与柬太皇西哈努克建立了深厚的友谊，为两国关系的长期稳定发展奠定了坚实基础。2006 年 4 月，中柬两国确立全面合作伙伴关系，2010 年 12 月又进一步提升为全面战略合作伙伴关系，以促进两国关系的稳定、健康和持久发展。2014 年，中柬两国在政治、经济、安全、文化、教育等各个领域中的关系保持着稳定发展的势头，并建立起新的合作机制，为两国关系的未来发展提供制度保障。

* 杨保筠，博士，北京大学国际关系学院教授、博士生导师，现任泰国国立法政大学比里帕侬荣国际学院教授，主要从事东南亚问题研究。

一 中柬两国之间政治关系稳定发展

2014 年，中柬两国之间的高层往来持续不断，为推动中柬全面战略合作伙伴关系的发展提供了强大动力。

（一）双方高层往来持续不断

首先，尽管对中国和中国人民怀有深厚感情的西哈努克太皇已经离世，但中国领导人依然遵循传统，继续保持着与柬埔寨王国王室之间的密切关系。2014 年 2 月 19 日，柬埔寨国王西哈莫尼和王太后莫尼列到中国北京进行例行健康检查。李源潮副主席受中国国家主席习近平的委托，于 3 月 21 日专程看望了柬埔寨国王和王太后。9 月 25 日，中国国家主席习近平在北京钓鱼台国宾馆会见柬埔寨国王西哈莫尼和王太后莫尼列。他高度评价柬埔寨王室为中柬关系发展做出的历史性贡献，表示中国十分珍视同柬埔寨王室的友谊。他称赞西哈莫尼国王和莫尼列太后是中国人民的老朋友、好朋友，并告诉他们："北京就是你们的家，欢迎你们常回家看看。"

西哈莫尼国王和莫尼列王太后被习近平主席的盛情深深感动，表示柬中友谊牢不可破，历久弥新。柬埔寨王室感谢中方给予柬埔寨的支持和帮助，也感谢中国政府在西哈努克太皇去世后继续给予他们的关心。他们表示柬埔寨王室将继承西哈努克太皇开辟的对华友好路线，积极促进两国关系不断向前发展。[①] 鉴于西哈努克太皇在柬埔寨的崇高地位和柬民众对王室的传统敬仰，中国领导人与柬埔寨王室之间传统关系的传承，将有利于两国关系的稳定发展。

其次，两国高层领导人之间在 2014 年的频繁互访和会面，无论在层级还是次数方面都给人留下了深刻印象。

---

① 刘华：《习近平晤柬埔寨国王和太后：北京就是你们的家》，新华网，2014 年 9 月 25 日，http：//news. ifeng. com/a/20140925/42084466_ 0. shtml。

2014 年 5 月 18 日，中国国家主席习近平在上海会见了来华出席亚信上海峰会的柬埔寨首相洪森；11 月 7 日，国家主席习近平再次在北京人民大会堂会见来华出席加强互联互通伙伴关系对话会的柬埔寨首相洪森。

在两次会面中，习近平主席都表示，中柬友谊源远流长，历经风雨考验而不动摇，弥足珍贵。无论国际形势如何变化，我们一定要坚定不移推动中柬全面战略合作伙伴关系发展，结成守望相助的命运共同体，把中柬友好事业坚定不移推进下去，让两国和两国人民世世代代友好下去。中方愿意同柬方继续保持高层往来，加强执政党交往，分享治国理政经验。中方支持洪森首相带领柬埔寨人民走符合本国国情的发展道路，支持柬方维护国家安全和稳定的努力，将继续为柬埔寨经济社会发展提供力所能及的帮助，推进农业、旅游等领域合作，实施好柬方水电、煤电、经济特区等项目，结合“丝绸之路经济带”和“21 世纪海上丝绸之路”建设，带动基础设施互联互通。双方还要扩大人文合作，促进青年交流。双方要在地区事务中加强沟通和协调，共同维护和促进中国 - 东盟团结合作。

洪森首相则表示，他与习近平主席就两国关系达成的重要共识逐步得到落实，各领域、各方面合作顺利发展。中国对柬埔寨的长期坚定支持是柬中传统友谊真实写照。柬埔寨政府和人民感谢中国长期以来给予的宝贵支持和帮助，珍视两国传统友谊，并将一如既往支持中方维护国家主权、安全、领土完整。柬方致力于维护国家安全、稳定、发展，希望同中方加强全面战略合作伙伴关系，办好重要经济、民生项目，加强安全执法合作。柬埔寨希望借助“一带一路”建设，拉动本国基础设施建设和经济发展，参与区域一体化进程，促进地区和平稳定。他还表示，将一如既往地为促进东盟 - 中国关系健康发展发挥积极作用。①

① 《习近平会见柬埔寨首相洪森》，中华人民共和国外交部，2014 年 11 月 7 日，http：//www. fmprc. gov. cn/mfa_ chn/gjhdq _ 603914/gj _ 603916/yz _ 603918/1206 _ 604282/xgxw _ 604288/t1208387. shtml；《习近平会见柬埔寨首相洪森》，中华人民共和国外交部，2014 年 5 月 19 日，http：//www. fmprc. gov. cn/mfa_ chn/gjhdq_ 603914/gj_ 603916/yz_ 603918/1206_ 604282/xgxw_ 604288/t1157158. shtml。

此外，洪森还于出席第十一届中国－东盟博览会期间，在9月16日与中共中央政治局常委、国务院副总理张高丽举行会谈，代表柬方感谢中方给予的无私帮助，表示愿与中方一道，深化各领域的互利友好合作，推动两国关系不断取得新的进展。张高丽则表示中方愿坚定不移地奉行对柬友好政策，落实两国领导人达成的重要共识，进一步挖掘潜力，全面推进两国在基础设施、农业、人文交流等领域的务实合作，支持柬政府和人民继续走独立自主的发展道路，与柬携手应对挑战，推动两国全面战略合作伙伴关系向前发展。①

同时，洪森首相还经常在金边会见到访的中国官员，就双方关心的问题交换意见。

中柬两国高层领导人的频繁交往，说明两国之间的关系是建立在彼此高度信任、相互理解、相互支持的原则之上。双方领导人反复强调两国关系稳定持久发展的重要性，以及对对方核心利益的重视和关切，为双方关系的发展奠定了牢固的基础。

（二）两国之间的新合作机制有效运作

2013年4月，中柬两国领导人就成立中柬政府间协调委员会达成共识。成立该委员会，旨在统筹推进两国各领域合作，协调处理合作中的重大事务。

2014年新年伊始，中国与柬埔寨就于1月2日在北京举行了中柬政府间协调委员会首次会议。中国国务委员杨洁篪与柬埔寨副首相兼外交国际合作部大臣贺南洪共同主持会议。双方就加强中柬全面战略合作伙伴关系达成广泛共识，明确了下一阶段推进经贸、农业、防务、执法安全、人文等领域合作的努力方向和具体措施。双方都表示，协调委员会是两国参与部门最多、议题最广的高级别合作机制，双方将密切配合，用好这一重要平台，以

① 张周来、程群、杨依军：《张高丽会见出席第十一届中国－东盟博览会的东盟国家领导人》，新华网，2014年9月15日，http://news.xinhuanet.com/politics/2014-09/15/c_1112490288.htm。

推动两国战略合作不断取得新成果，实现两国的共同发展，为两国人民带来实实在在的好处。会后，双方还签署了关于成立协调委员会的谅解备忘录及两国政府《航空运输协定》等文件。①

1月2日下午，国务院总理李克强会见了贺南洪，指出中柬政府间协调委员会首次会议成功举行，为两国深化合作注入了新动力。希望双方落实好两国全面战略合作伙伴关系行动计划，深化重点领域合作，使中柬良好的政治关系转化为推进合作的动力，更好造福两国人民。贺南洪表示，柬中政府间协调委员会首次会议取得丰硕成果，柬埔寨政府愿与中方密切合作，落实好此次会议成果，推动柬中友好事业取得新的发展。②

此后，在双方的共同努力之下，中柬政府间协调委员会进行了卓有成效的工作，推动了既定措施的实施。

2014年岁末时节，中柬政府间协调委员会第二次会议于12月30日在柬埔寨首都金边举行。中国国务委员杨洁篪与柬埔寨副首相兼外交国际合作部大臣贺南洪共同主持。会议总结了协调委员会首次会议以来双方各领域合作取得的成果，对下一阶段双边关系发展及各领域合作进行了规划和部署。中方认为，双方全面落实年初举行的首次会议确定的合作计划，经贸、农业、防务、执法、党际、人文等领域合作成果丰硕，给两国人民带来巨大利益。双方应继续用好政府间协调委员会机制，不断提升中柬全面战略合作水平，更好地服务于两国改革发展事业。柬方高度评价中方提出的“一带一路”“东盟－中国命运共同体”等有利于促进地区发展繁荣的倡议以及设立丝路基金、亚洲基础设施投资银行等实际举措。协调委员会首次会议以来，两国各领域合作取得丰硕成果。柬方将与中方共同努力，落实好2015年合作规划，进一步加强两国传统友好，深化各领域务实合作。双方就下阶段合作总体规划和具体措施达成广泛共识，

① 《杨洁篪与柬埔寨副首相贺南洪共同主持中柬政府间协调委员会首次会议》，中华人民共和国外交部网站，2014年1月2日，http：//www.fmprc.gov.cn/mfa_chn/gjhdq_603914/gj_603916/yz_603918/1206_604282/xgxw_604288/t1114125.shtml。

② 《李克强会见柬埔寨副首相贺南洪》，中华人民共和国外交部网站，2014年1月2日，http：//www.fmprc.gov.cn/mfa_chn/gjhdq_603914/gj_603916/yz_603918/1206_604282/xgxw_604288/t1114131.shtml。

同意进一步密切高层交往，加强战略沟通，深化经贸合作，实现互利共赢，用好发展援助，服务改善民生，扩大人文交流，弘扬传统友谊。[①]

12 月 31 日，柬埔寨国王西哈莫尼、首相洪森在金边分别会见了参加中柬政府间协调委员会第二次会议的中国国务委员杨洁篪。洪森首相对柬中政府间协调委员会第二次会议成功举行表示祝贺。并强调柬方珍视两国传统友谊，感谢中方长期以来坚定支持柬埔寨保持稳定发展。柬方愿与中方一道，进一步深化两国全面战略合作，加强高层往来，推动各领域合作取得更大进展，为促进地区稳定繁荣共同做出新的贡献。[②]

中柬政府间协调委员会的建立并成功运行，堪称 2014 年度中柬两国关系的一大亮点，不仅为统筹推进两国在各个领域中的密切合作提供了最高层次的平台，而且为协调处理合作中的重大事务和可能遇到的问题提供了保障。

二　中柬两国经贸关系持续加强

（一）贸易和投资保持基本稳定

长期以来，中柬两国之间的经贸关系发展势头良好，合作领域不断拓宽。1996 年，两国签订了贸易、促进和投资保护协定，并于 2000 年成立两国经济贸易合作委员会。2013 年，中柬双边贸易额达到 37.7 亿美元，同比增长 29.1%。其中，中国向柬埔寨出口 34.1 亿美元，同比增长 26%；从柬埔寨进口 3.6 亿美元，同比增长 67.9%，中方顺差 30.5 亿美元。2014 年，中柬双边贸易额达 37.57 亿美元，较 2013 年同期下降 0.4%，其中，中国自柬埔寨进口 4.83 亿美元，同比增长 34.2%；对柬

① 《杨洁篪与柬埔寨副首相贺南洪共同主持中柬政府间协调委员会第二次会议》，新华网，2014 年 12 月 31 日，http：//news.xinhuanet.com/world/2014－12/31/c_1113833689.htm。

② 《柬埔寨首相洪森会见杨洁篪》，中华人民共和国外交部网站，2014 年 12 月 31 日，http：//news.163.com/14/1231/17/AEQGG71A00014SEH.html。

埔寨出口32.75亿美元，同比下降4.0%；中国对柬埔寨贸易顺差额为27.92亿美元。[①]中方对柬的主要出口产品为纺织品、机电产品、五金和建材等，从柬主要进口橡胶、木材制品和水产品等。中柬贸易虽仅占中国－东盟贸易总额（4436亿美元）的0.85%，在东盟10国中排第8位，但中柬贸易增幅高出中国－东盟贸易增幅18个百分点，在东盟国家中排第4位。[②]两国领导人曾提出，双方要共同努力，争取到2017年实现双边贸易额达到50亿美元的目标。[③]

柬埔寨在经济发展过程中，高度依赖外国的投资。随着中国经济的高速发展和经济实力的不断壮大，中国已经成为柬埔寨最大的外资来源国。据柬埔寨发展理事会统计，截至2013年年底，中国累计对柬协议投资96.4亿美元。[④]另据中国商务部统计，截至2014年6月底，中国企业累计在柬非金融类直接投资31.8亿美元。其中，2013年新增投资4.9亿美元，下降32.3%。2014年1～6月，新增投资3亿美元，增长10.8%。[⑤]在中国对柬的投资中，民营企业是主力军。中国企业在柬主要投资电站、电网、制衣、农业、矿业、开发区、餐饮、旅游综合开发等领域。其中约2/3来自民营企业。[⑥]此外，据中国商务部公布的数据，截至2014年6月底，柬埔寨对中国的累计实际投资额为1.7亿美元。[⑦]

---

① 《2014年1～12月中国－柬埔寨重点产品进出口趋势分析》，南博网，2015年3月26日，http://customs.caexpo.com/data/country/2015/03/26/3642206.html。

② 周群、石岩、蒋雪林：《中国驻柬大使：柬埔寨响应"海上丝绸之路"建设》，中国新闻网，2014年4月27日，http://www.chinanews.com/hr/2014/04－27/6110045.shtml。

③ 李忠发：《李克强：争取实现中柬双边贸易额50亿美元目标》，新华网，2013年4月8日，http://news.sina.com.cn/c/2013－04－08/213326765442.shtml。

④ 周群、石岩、蒋雪林：《中国驻柬大使：柬埔寨响应"海上丝绸之路"建设》，中国新闻网，2014年4月27日，http://www.chinanews.com/hr/2014/04－27/6110045.shtml。

⑤ 《中国柬埔寨经贸合作简况》，中华人民共和国商务部亚洲司网站，2014年8月22日，http://yzs.mofcom.gov.cn/article/t/201408/20140800707366.shtml。

⑥ 周群、石岩、蒋雪林：《中国驻柬大使：柬埔寨响应"海上丝绸之路"建设》，中国新闻网，2014年4月27日，http://www.chinanews.com/hr/2014/04－27/6110045.shtml。

⑦ 《中国柬埔寨经贸合作简况》，中华人民共和国商务部亚洲司网站，2014年8月22日，http://yzs.mofcom.gov.cn/article/t/201408/20140800707366.shtml。

中国对柬埔寨的大型投资项目主要集中在能源方面，包括以 BOT 方式投资的 6 个水电站和 1 个输变电项目，总投资约 18 亿美元。[①] 这些项目的投资建设，不仅体现了中柬两国政府和人民的友好情谊，更重要的是显示了两国开展经贸合作，实现互利共赢的美好愿景和积极行动。

在工程承包方面，截至 2014 年 6 月底，中国企业在柬累计签订承包工程合同额为 97.1 亿美元，完成营业额 59.7 亿美元。2014 年 1～6 月，中国企业在柬新签承包工程合同额为 4.3 亿美元，下降 15.9%；完成营业额 4.8 亿美元，下降 8.9%。[②]

（二）中国对柬埔寨的援助力度加大

柬埔寨被联合国列为世界上最不发达国家之一，随着中柬两国的关系不断深化，中国对柬埔寨的经济援助也一直持续不断。根据中国驻柬埔寨大使馆经商处的介绍，自 1956 年以来，中国向柬埔寨提供了一系列经济技术援助，帮助柬发展经济、削减贫困、改善民生。对柬援助主要为无偿援助、无息贷款和优惠贷款三种资金种类，以及成套项目、物资赠送、技术合作和人力资源培训等援助形式。

对柬优惠贷款主要用于路桥、水利、电网等基础设施建设领域。在优惠贷款支持下，中国企业在柬修建公路、桥梁、水利设施。中国在柬新建和改造公路里程达 2169 公里，占柬国道总里程的 35% 以上，极大地改善了柬交通状况，方便了民众出行，助推柬国内互联互通。中国修建的水利设施改善了柬多地用水状况，使水稻种植由一年一季变为一年两季，大大提高了农业产出。此外，水利设施还对减少雨季水灾和旱季旱灾起到重要作用。电网项目让许多家庭用上电。这些项目为柬改善民生、削减贫困起到了积极作用。

对柬无偿援助和无息贷款则主要用于农业、教育、救灾、信息技术、农

---

① 《柬埔寨拟 2020 年实现电网全国覆盖》，《高棉日报》2015 年 1 月 9 日，http：//www.cambodiasky.com/news/shxw/3736.html。

② 《中国柬埔寨经贸合作简况》，中华人民共和国商务部亚洲司网站，2014 年 8 月 22 日，http：//yzs.mofcom.gov.cn/article/t/201408/20140800707366.shtml。

户生活改善、人力资源培训等。农业领域，中方派出专家、赠送农用和林业设备、修建农业实验楼；教育领域，中方提供教学和实验器材、修建教学楼；救灾领域，中方提供粮食等物资援助。每年中方还在援款项下通过多、双边渠道为柬培训各类人员200余名。[①]

据柬埔寨财经部的数据，自1992年以来，中国向柬埔寨社会经济发展项目提供了高达27亿美元的援助。2014年5月18日，中国国家主席习近平在上海会见赴华出席亚信会议第四次峰会的柬埔寨首相洪森时，宣布向柬埔寨政府提供7亿元人民币无偿援助和2亿元人民币无息贷款援助，以支持柬埔寨的经济发展。[②] 在此特别强调的是，中国对柬埔寨的经济援助是不附加任何条件的，对柬的经济发展和社会稳定发挥了积极的作用，得到柬方的高度赞赏和评价，为促进双边关系的发展发挥了极其重要的作用。

（三）台港地区与柬埔寨的经贸关系稳定增长

柬埔寨政府在坚持“一个中国”的原则基础上，拓展与中国台湾地区的经济贸易往来；台湾工商业界也积极开拓在柬埔寨的贸易和投资市场。2014年，台湾与柬埔寨的贸易总额为7.38亿美元，其中台湾出口至柬埔寨商品产值约6.9亿美元，柬埔寨出口至台湾商品产值约4720万美元，[③] 较前均有一定幅度的增长。台湾主要出口针织品衣物、拉链及其零件等物至柬埔寨，柬埔寨主要出口动物皮革、玉米、针织品衣物、鞋靴等物至台湾。

目前台湾为柬埔寨第七大投资者，仅次于中国大陆、韩国、马来西亚、英国、美国、越南和泰国。据统计，1994～2013年，台湾对柬埔寨的投资累计为10.2亿美元。台湾投资柬埔寨的企业以中小型企业为主，总计200余家。主要投资项目为房地产及土地开发、农业开发、木材加工、纺织成

① 以上数据请参见《架设“心”桥——中国对柬援助重民生》，新华网，http://news.xinhuanet.com/world/2014-08/25/c_1112221567.htm。

② 邓莹晶：《柬媒：中方将向柬埔寨提供7亿元无偿援助》，凤凰卫视网，2014年5月20日，http://i.ifeng.com/news/zhuanti/mainland/cica/news?ch=rj_bd_rz&vt=5&aid=83351429&mid=3P6vD。

③ http://cus93.trade.gov.tw/FSCI/.

衣、制鞋业、旅游业，其中最主要的投资为成衣加工业，共计 90 个投资项目与 50 家厂商，约占柬埔寨制衣行业的 1/4。

台湾的金融业也较早进入柬埔寨金融市场。台湾的第一银行于 1998 年在柬埔寨首都金边设置分行，成为最早在柬设立分支机构的台湾籍银行。2011 年，兆丰国际商业银行亦在金边设立了分行。后因柬埔寨中央银行停止发行银行执照，其他台资银行均以并购方式进入柬埔寨市场，如玉山银行收购柬埔寨联合商业银行七成股权、国泰世华银行收购柬埔寨新加坡储蓄商业银行等。①

由于中国与柬埔寨之间的良好关系，香港地区与柬埔寨的经贸关系也得到较快发展。2012 年，柬埔寨和中国香港的贸易额达 8.79 亿美元，同比增长 18%。② 另据香港贸易发展局称，2013 年中国香港与柬埔寨的贸易额达到 10 亿美元，同比增长 19%；其中，柬埔寨出口到香港的贸易额达 1.08 亿美元，增长 60%。柬埔寨出口到香港的主要商品有纺织和成衣产品，占其对香港出口总量的 80% 左右，其余为大米、烟草等。至于柬埔寨从香港进口的商品，则有机械、首饰、电器等。香港的中小企业也对投资柬埔寨有较大的兴趣。目前香港在柬埔寨有 56 家服装厂和鞋厂，雇佣员工达 3.5 万人。③

三　中柬军事与安全合作稳步推进

由于历史和现实的诸多原因，柬埔寨政府高度重视国家安全与社会稳定。1993 年 9 月柬埔寨王国建立以来，中柬之间的军事与安全合作也在稳步推进。

---

① 相关数据见“全球台商服务网”，http://twbusiness.nat.gov.tw/countryPage.do?id=11&country=KH。

② 谢汉杰（译）：《去年柬港贸易额达十亿美元》，《高棉日报》2014 年 2 月 24 日，http://cn.thekhmerdaily.com/homepage/detail/4008。

③ 《柬埔寨 2013 年与中国香港贸易交易额增长 19%》，南博网，2014 年 2 月 26 日，http://cambodia.caexpo.com/scfx_jpz/zdhyfx/2014/02/26/3617180.html。

2014 年，中柬两军之间的交往与合作继续加强。3 月 17 日，柬埔寨副首相兼国防部部长迪班、王家军总司令波尔沙伦分别会见到访的中国人民解放军副总参谋长孙建国，双方就发展两国两军合作关系，以及就地区和国际事务交换意见。孙建国指出，中柬两国两军关系是两国老一辈领导人亲自培育的，源远流长。新形势下，中方将坚持“亲、诚、惠、容”理念，与柬方在共同推进两国全面战略合作伙伴关系的框架下，加强两军各领域务实合作，持续推动两国两军关系不断向前发展。迪班说，柬埔寨高度重视对华关系，坚持一个中国政策，坚决反对任何形式的恐怖主义和分裂主义。①

5 月 9 日，柬埔寨副首相兼国防部部长迪班会见访柬的中共中央政治局委员、中央军委副主席许其亮。双方签署了《柬中国防部合作协议》等文件。许其亮访柬期间，洪森首相还同许其亮举行了会谈。根据两国军事合作协议，中国政府 2014 年度对柬埔寨军事援助将增加两倍，援助项目主要集中在人员培训和设备援助，为柬方军事训练人员提供奖学金。迪班在会见中国军方领导人后对媒体记者说，柬中友谊深植两国人民心中。柬方坚定奉行对华友好政策，衷心感谢中方长期以来对柬国防和军队建设的无私帮助。柬埔寨军队愿不断加强两军全面合作，增加团组互访，深化人员培训和装备技术合作，推动两国全面战略合作伙伴关系不断向前发展。他说，2014 年度中方接受柬方军事训练人员前往中国的人数将从往年的 100 多人增加至近 400 人。②

正是根据两军之间的合作协议，柬埔寨王家军与中国人民解放军于 8 月间在金边市哥杜米丽军医院举行“年轻飞行员选拔考试”，从 27 名候选人中选出 5 名优秀飞行员，由中方资助到中国接受为期 5 年的飞行培训。同月，由柬埔寨国防部政策与外事总局局长能索瓦上将率领的柬埔寨中高级军官见学团访问中国，中国人民解放军副总参谋长王冠中中将在会见该团时表

---

① 《柬埔寨副首相兼国防大臣迪班会见孙建国》，国际在线，2014 年 3 月 18 日，http：//gb. cri. cn/42071/2014/03/18/6871s4468875. htm。

② 速坤：《中国今年对柬军事援助增加两倍迪班与许其亮签署〈柬中国防部合作协议〉》，《高棉日报》2014 年 5 月 10 日，http：//cn. thekhmerdaily. com/homepage/detail/5313。

示，中国军队愿与柬方一道，加强战略沟通，深化务实合作，推动两军关系向更宽领域、更深层次、更高水平发展。能索瓦则感谢中方长期以来对柬国家和军队建设给予的大力支持和帮助，并表示两国两军友好关系要一代代传承下去，柬方愿与中方共同推动两军关系向前发展。①

11 月，中共中央军委副主席许其亮和中央军委委员、总参谋长房峰辉等人会见了来访的柬埔寨王家军总司令波尔沙伦上将。许其亮表示，中国军队愿与柬方一道，进一步加强两军各层级人员间互访交流，拓展合作领域，推动两军深入发展，不断丰富两国关系内涵。②

除了军事合作之外，中柬两国在国内公共安全等方面的合作也得到提升。2014 年 6 月，柬埔寨副首相兼内政部部长苏庆访华，分别与中国国务委员、公安部部长郭声琨，中共中央政法委书记孟建柱等举行会谈，就加强公共安全和执法领域的合作交换意见。双方共同签署了《关于落实〈柬埔寨王国内政部和中华人民共和国公安部合作谅解备忘录〉的行动计划》等有关合作文件。双方还签署了中国公安部向柬埔寨内政部提供警用装备援助的换文。此外，苏庆一行还参观了北京警察执法培训和教育训练中心。③

四　中柬文化教育合作方兴未艾

中柬人文交往历史悠久，近年来在多个领域取得了突出进展。吴哥古迹保护是两国文化合作的重点领域。中柬考古专家联手组成考古队，发掘吴哥文物，中科院利用遥感技术协助柬方监测吴哥遗址环境变化，为柬保护文化遗产提供帮助。自 1996 年以来，中柬两国的相关机构共同修缮了暹粒省的

① 陶社兰：《柬埔寨中高级军官见学团访华，王冠中望两军加强沟通》，中国新闻网，2014 年 8 月 28 日，http：//www. chinanews. com/mil/2014/08 –28/6541812. shtml。

② 梁淋淋：《许其亮会见柬埔寨王家军总司令》，新华网，2014 年 11 月 18 日，http：//news. xinhuanet. com/mil/2014 –11/18/c_ 1113299388. htm。

③ 章达拉：《副总理苏庆率领代表团访问中国》，《高棉日报》2014 年 6 月 4 日，http：//cn. thekhmerdaily. com/homepage/detail/5685。

周萨神庙，目前正在共同修缮吴哥古迹中著名的茶胶寺。

由云南文投集团投资的《吴哥的微笑》项目是中柬文化合作的一个成功范例。自2010年底首演，至2013年年底已演出超过1000场，接待各国观众50余万人，为当地提供就业岗位超过150个，实现销售产值8000余万元人民币，取得了良好的社会经济效益。为了向中国公民展现柬埔寨丰富多彩的文化、传统与习俗，让中国公民更了解柬埔寨古代历史文化和传统习俗，吸引更多中国人来柬埔寨旅游，2014年7月，柬埔寨文化与艺术部和中国文化遗产研究院在金边签署《高棉的微笑——柬埔寨吴哥文物与艺术展》协议，80件（组）吴哥文物到中国展出半年。这是柬埔寨文物首次大规模地赴华展出。展览于2014年12月26日在北京首都博物馆亮相，并展出至2015年3月26日，随后转至中国广东省博物馆继续展出。该展览展品全部来自柬埔寨国家博物馆，包括大型石刻及青铜等不同材质和形式的文物。以吴哥时期石刻艺术的历史发展顺序为线，展示公元9～14世纪柬埔寨古代历史与文明鼎盛时期创造的吴哥艺术。[①]

2014年11月19日，由云南新知集团（金边）华文书店承办的首个海外中国文化之家在柬埔寨首都金边成立。金边中国文化之家总面积5000平方米，内设多功能厅、多媒体图书馆、教室等多种设施，可举办综合性文化活动。它将通过举办丰富多彩的文化活动，以促进中柬两国人民的了解，为推动中柬两国关系迈向更高水平做出积极贡献。[②]

正是随着两国文化交流的不断加强，两国民众之间的交往也逐渐增多，特别是为了了解柬埔寨社会文化而到访柬埔寨的中国游客的数量大幅度增加。

2013年，柬埔寨接待国际游客421万人次，其中中国游客为46万人次，同比增长38.7%。2014年，柬埔寨接待国际游客450万人次，中国游

---

① 《云南文化企业“走出去”，“吴哥微笑”云南创造》，《高棉日报》2015年6月26日，http：//cn. thekhmerdaily. com/homepage/detail/11836。

② 薛磊、李宏：《首个海外中国文化之家落户金边》，新华网，2014年11月19日，http：//news. xinhuanet. com/2014－11/19/c_ 127230883. htm。

客55万人次，成为柬埔寨第二大游客来源国。其中，仅到暹粒的中国游客就达343450人次，同比增长26.65%。柬埔寨旅游部和中国国旅集团于12月29日签署《旅游产业战略合作协议》，借助双方强强合作，力争两年内吸引100万人次中国游客到柬埔寨旅游。柬埔寨旅游部部长唐坤表示，随着中国的经济发展，中国人走出国门旅游的人数会越来越多。柬埔寨准备于2020年接待国际游客800万人次，其中希望接待中国游客至少200万人次。相信通过和中国国旅集团的合作，也加大向中国市场推介柬埔寨的旅游目的地，加大旅游产业的投资，增设中国更多省市和柬埔寨的直飞航线，达到吸引中国游客的目的。①

在中国与柬埔寨的教育交流方面，也取得了明显的成就。自1998年以来，中国政府通过各种项目向柬埔寨政府官员与学生提供奖学金赴华留学，迄今赴华柬埔寨留学生人数累计达557人。除此之外，中方还向柬教育部提供电脑等办公设备，并邀请教育部官员到中国访问。

2014年，共有72名柬埔寨学生获得中国政府奖学金赴华深造，他们主要选修企业管理、土木工程、电气工程及其自动化、电子信息工程、法学、国际经济与贸易、临床医学、金融学等柬埔寨发展所急需的专业。前往留学的学校则以北京科技大学、东北师范大学、上海大学、中南大学、山西大学、首都师范大学、上海财经大学、福建工程学院、华中科技大学、上海交通大学等高校为主。

目前，在华享受中国政府奖学金的柬埔寨留学生总人数达200人。除此之外，中国一些高校每年还向柬埔寨提供数额不等的奖学金名额，中方一些机构也为柬埔寨各行各业举办种类繁多的专题短训班。

与此同时，一些柬埔寨华人企业也尽全力资助柬埔寨学生赴华留学。其中，柬埔寨高棉控股集团自2013年起与中国首都师范大学达成协议，开始资助柬埔寨学生到该校留学，两年来已经资助柬埔寨留学生43名，耗资近

---

① 《柬埔寨旅游部和中国国旅携手，力争百万华人游客》，中国新闻网，2014年12月31日，http://www.chinanews.com/hr/2014/12-31/6927840.shtml。

百万美元。高棉控股集团董事局主席曹云德勋爵表示，为了选拔出更优秀的青年人才，将从2015年开始不仅继续扩大中国首都师范大学在柬的招生规模，而且计划开始招收柬留学生到中国对外经济贸易大学、北京第二外国语学院等高校留学深造，除学习汉语外，还会招收国际贸易、旅游类的专业学生，为柬青年学生到中国留学拓展更大的专业空间。

除了资助柬埔寨学生赴华留学外，两国还进行多方教育交流。2014年12月7日，由中国国务院侨办和中国海外交流协会主办的第三届世界华文教育大会在北京举行。柬埔寨民生中学林丽丹校长、立群学校谢进群校长、广肇学校符美菁校长和崇正学校训导主任欧美珍等人出席大会，受到中国国务委员杨洁篪、国务院侨务办公室主任裘援平等人的接见。

在医疗卫生合作方面，2014年9月12日，在柬埔寨首都金边柬埔寨卫生部举行了中国政府援助柬埔寨200辆救护车项目的立项换文签字仪式。中国驻柬大使布建国和柬埔寨卫生大臣曼本亨代表双方政府在文件上签字。柬方认为中国政府和人民的这项援助是对柬埔寨卫生领域的重要支持，满足了柬埔寨人民的急需，并将极大地提高柬卫生领域的医疗救治效率。①

五　中国“一带一路”战略将开启中柬合作的新局面

由中国倡导的建立“丝绸之路经济带”和“21世纪海上丝绸之路”的“一带一路”战略构想，契合沿线国家的共同需求，为沿线国家优势互补、开放发展开启了新的机遇之窗。柬埔寨自古就是海上丝绸之路沿线的重要国家，扶南王国的强盛和吴哥王朝的辉煌都与海上丝绸之路有着密切的联系。由于中柬两国之间的传统友谊和密切联系，以及柬埔寨发展经济的迫切需求，柬埔寨对“一带一路”规划，特别是海上丝绸之路的设想反应积极。

① 薛磊、李宏：《中国将援助柬埔寨200辆救护车》，新华网，2014年9月12日，http：//news. sina. com. cn/w/2014－09－12/230730840812. shtml。

2014年11月7日，在中国国家主席习近平会见洪森首相时，后者就表示柬方将全力支持中国“一带一路”计划。8日，当中国国家主席习近平在2014年亚太经合组织（APEC）第22次领导人非正式会议前举行的“加强互联互通伙伴关系对话会”上宣布：中国将出资400亿美元成立丝路基金，并欢迎亚洲域内外的投资者积极参与之后，洪森首相又在翌日举行的工商领导人峰会上明确表示，“在此背景下，柬埔寨愿意支持中国计划，包括‘一带一路’，我们愿意在各方面加强我们的努力和支持，包括政治、经济，促进区域内人员、贸易、资金的流动”。洪森强调，中国投资400亿美元建立的丝路基金，“对我们是很好的契机，能够推动柬埔寨各方面发展”①。柬埔寨官员强调他们需要资金建设海上基础设施，特别是港口、道路等基础设施。柬外交部国务秘书高金欢也认为丝路基金的设立“反映了中国支持亚洲发展中国家的政策”，柬埔寨将多一项融资选择。②

柬埔寨学者也对“一带一路”战略规划给予积极的评价。皇家科学院副院长宋春奔表示，东盟背景下的中国－柬埔寨友好关系会使柬埔寨在次区域合作以及区域一体化的进程中发挥重要的作用，柬埔寨也会以开放新经济体制吸引更多的境外投资者来投资，但是柬埔寨经济的发展在很大程度上还依赖大湄公河次区域、东盟以及中国，因此，柬埔寨非常欢迎来自中国的投资。③

柬埔寨《高棉日报》则发表评论文章指出，中国的“一带一路”计划至少能为柬埔寨带来经济、人文、安全三方面的积极影响。经济方面，柬埔寨不仅受惠于400亿丝路基金的帮助，还能搭上中国的“顺风船”共同“走出去”。当中国与沿线各国在交通基础设施、贸易与投资、能源合作、

---

① 董冠洋：《柬埔寨首相洪森：支持中国“一带一路”计划》，中国新闻网，2014年11月9日，http://www.chinanews.com/gj/2014/11-09/6763771.shtml。

② 《柬埔寨媒体高度评价中国“一带一路”计划》，《高棉日报》2014年11月13日，http://cn.thekhmerdaily.com/homepage/detail/8316。

③ 黄蔚、杨犇尧：《第七届中国－东盟智库战略对话论坛正式开幕》，中评社，2014年9月12日，http://bj.crntt.com/crn-webapp/doc/docDetailCNML.jsp?coluid=93&kindid=7492&docid=103381352。

区域一体化、人民币国际化等领域取得合作时，柬埔寨也将分享其中的红利。特别是未来 5 年，中国将进口 10 万亿美元的商品，对外投资将超过 5000 亿美元，出境游客数量约 5 亿人次，柬埔寨将从中率先受益。人文方面，随着“一带一路”经贸往来的频繁，各类高校、研究机构、企业间的学术交往、人才交流、技术合作等也将日益加强，将为柬埔寨提供有力的技术和智力支持。安全方面，对于保障柬埔寨国家经济安全、打击三股势力、营造和平相处的国际环境方面具有重要意义。①

在柬埔寨经济中占据重要地位的华侨华人也对中国的“一带一路”规划反应热烈，如柬埔寨中国商会副会长、柬埔寨广西同乡会会长汤建湘在接受采访时称，海外华侨华人相当关注“一带一路”建设，期待“一带一路”具体项目能尽早落到实处。② 由此可见，中国的“一带一路”战略无论是在柬埔寨官方还是民间都引起巨大的反响，都把这一战略构想视为本国的重要战略机遇，该战略的实施和具体项目的落实，无疑会对进一步推动中柬两国关系的发展产生积极作用。

六　中柬关系中的一些不稳定因素逐渐显现

整体来看，2014 年中国与柬埔寨的关系保持了稳定发展的势头，但也存在一些有可能对双边关系产生负面影响的苗头，应当引起两国官方和民间的高度重视。

首先，在 2013 年柬埔寨大选之后，由于反对党救国党拒绝承认选举结果，与执政党人民党展开了长达近一年的政治抗争，其间多次出现大规模的示威活动，甚至发生流血冲突。两党的高层领导一直到 2014 年 7 月 22 日在参议院结束谈判后才最终达成协议，共同签署了《柬埔寨人民党与救国党

① 《柬埔寨媒体高度评价中国“一带一路”计划》，《高棉日报》2014 年 11 月 13 日，http：//cn. thekhmerdaily. com/homepage/detail/8316。

② 黄艳梅、赵琳露：《东盟国家侨领：“一路一带”为华商发展带来“福音”》，中国新闻网，2015 年 1 月 26 日，http：//www. chinanews. com/hr/2015/01 - 26/7006408. shtml。

政治解决协议》，宣布两党将在国会携手共事，一同解决国家各项大事。在此过程中，人民党就改革国家选举委员会及其表决模式，立法机构和执法机构权力的划分，国会内部章程改革及两党在国会各机构的权力分配以及对国家重要机构进行改革等方面做出了很多让步，[①] 人民党“一党独大”的现状发生了明显的变化。柬埔寨国内各派政治力量对比的改变，是否会对中柬关系产生影响，将是值得高度重视的问题。

其次，区域外的因素也不可小觑。自美国奥巴马政府上台以来，其“亚太再平衡”战略的重点就包括“重返东南亚”，而柬埔寨以其特殊的地缘政治位置及其与中国的关系，成为美国关注和拉拢的重点之一。早在2010年11月初，刚刚宣布要“重返东南亚”的美国时任国务卿希拉里·克林顿在到访柬埔寨首都金边期间就开始挑拨中柬关系，劝诫柬埔寨在整个亚太地区建立多元伙伴关系，不要“过分依赖”中国。[②] 此后，美国通过采取增加经济和人道主义援助拉拢和打压执政党等“胡萝卜加大棒”的两手政策，试图改变柬埔寨的内外政策。与此同时，在东南亚地区具有较大影响力的日本也出于遏制和对抗中国的目的，千方百计地试图通过提供经济、医疗援助，鼓励日本企业到柬埔寨投资等措施对柬埔寨施加影响。例如，日本首相安倍晋三于2013年11月访问柬埔寨时表示，将于2015年3月在柬埔寨创办医疗急救中心，预计总经费为40亿日元（约合2.4亿元人民币）。日本共同社认为，鉴于中国对柬埔寨及周边地区拥有较强影响力，安倍的访问旨在突出日本的作用以对抗中国。[③] 美日等国的外部因素与柬埔寨国内具有明显亲西方色彩的反对派势力的结合，很可能对中柬关系的正常发展造成一定的影响。

再次，在中柬经济合作方面也出现了一些新的问题。从柬埔寨方面来

---

① 植林（译）：《人救两党政治谈判达成七项共识打破长达近一年政治僵局》，《高棉日报》2014年7月23日，http://cn.thekhmerdaily.com/homepage/detail/6514。

② 林家旭：《希拉里“离间”中柬关系，劝柬埔寨“别依赖中国”》，《环球时报》2010年11月2日，http://world.huanqiu.com/roll/2010-11/1219407.html。

③ 蒋丰、李宁：《安倍访柬埔寨老挝，试图以远交近攻牵制中国》，人民网，2013年11月18日，http://news.sina.com.cn/w/2013-11-18/071028737482.shtml。

看，由于劳工的抗争，劳动力成本不断上涨。2014 年 11 月，柬埔寨劳工部宣布政府提出的将工人月最低工资提高到 123 美元方案获得国会通过，加上各种补贴，正式工人的最终月收入至少达到 147.5 美元。在不到两年的时间里，柬埔寨成衣和制鞋工人最低工资的增幅已超过 1 倍。即便如此，柬埔寨工会代表仍然对提薪幅度表示失望，并扬言不排除发动新一轮罢工行动。[①] 柬埔寨生产成本的大幅度增加，显然会对中国企业赴柬投资的热情产生影响。而从中国方面的因素来看，一些在柬的中资企业和赴柬游客的行为也对中国国家和中国人的形象产生负面影响。例如，2012 年 12 月 1 日发生的由中国援建的斯登沃代水电站一级电站冲沙底孔左侧边墙及部分顶板开裂事故，造成柬方人员失踪 3 人，轻伤 5 人，中方人员轻伤 1 人，高速水流淹没部分道路设施的严重后果。[②] 这件事情发生后，柬埔寨国内至今仍然有人对中国承建工程的质量议论纷纷。同时，由于大批中国游客赴柬旅游，其中少数人的不文明行为也已经开始引起许多柬埔寨民众的议论和反感。此外，一些来自中国的人贩子与柬埔寨当地的不法分子相勾结，将大批柬埔寨妇女拐卖到中国内地贫困落后地区，造成了恶劣后果和影响。正因如此，一些柬埔寨学者希望，中国的“一带一路”战略能够给柬埔寨带来发展机遇和正能量，而非负面和消极的东西。

最后，据外电报道，柬埔寨首相洪森于 2015 年 2 月 24 日宣布，柬政府此前同一家中国公司签署的在该国西南部地区国公省建造大型水坝的协定中止，该大坝建造不会在 2018 年前开启。许多评论认为，这一事件是西方非政府组织挑动、柬埔寨当地民众的环保意识增强，以及政府解释的柬埔寨已经摆脱缺电状态，现有发电量甚至已经难以消化等因素共同作用的结果。[③] 但这一决定的做出，显然是柬埔寨国内各派势力角力的结果，显示出其内外

① 李国章：《柬埔寨最低工资调升至 128 美元》，《参考消息》2014 年 11 月 21 日，http：//world. cankaoxiaoxi. com/2014/1121/572125_2. shtml。

② 王其冰：《中国援建柬埔寨水电站发生裂坝事故致 3 人失踪》，新华网，2012 年 12 月 3 日，http：//news. xinhuanet. com/2012 - 12/03/c_113891623. htm。

③ 王建晓、刘德：《柬埔寨首相下令暂停建造中柬合作大坝》，《环球时报》2015 年 2 月 25 日，http：//world. huanqiu. com/exclusive/2015 - 02/5742552. html。

政策决策者所面临的新局面。此外，据柬埔寨“星洲网”报道，2 月 12 日上午，在柬埔寨桑园区莫尼旺大道的一所著名医院，一名 25 岁男子持菜刀猛砍中国籍医生金勇桑，致其重伤后迅速逃离现场。[①] 虽然犯罪嫌疑人的真正动机尚不明了，但针对中国人的恶性事件确实应当引起人们对中柬关系未来走向的高度关注。

---

① 杨奇、甄翔：《柬埔寨至少逮捕 10 名抗议中国建大坝示威者》，人民网，2014 年 09 月 17 日，http：//world. people. com. cn/n/2014/0917/c157278 -25674757. html。

Y.20
后　记

为适应广西北部湾经济区、中国－东盟自由贸易区快速发展的需要，不断推进广西与东盟国家经济、文化、教育、科技等领域的合作交流，促进广西民族地区外向型经济的发展，培养更多面向东南亚的国际化高端专门人才，更好地发挥广西在中国面向东盟的外交战略和面向东盟开放的前沿和窗口作用，广西壮族自治区政府决定依托于广西民族大学成立东盟学院。东盟学院是一个学术研究型政府培育学院，学院发展目标为：成为高端人才培养高地；成为国家级智库；成为发布东盟信息的权威中心；成为国际东盟研究学术交流中心。因此，服务于政府决策是东盟学院的重要功能与使命之一。

《东盟发展报告》是东盟学院的年度出版物，意在解析每一年度的东盟国家发展态势和中国－东盟关系发展态势，既为政府的决策提供参考，也为学界的深度研究提供素材。《东盟发展报告》（2015）中的文章均提交于2014年12月由东盟学院、中国－东盟研究中心举办的“2014年东盟形势及中国－东盟关系研讨会”，来自全国各地的东南亚研究专家对各篇报告进行了提问和评论，并提出了具体的修改意见。

鉴于东盟各国发展情形存在差异，中国与东盟各国的关系发展各异，因此各报告很难在内容和体例上做到完全一致，内容上主要突出东盟国别形势和中国－东盟（国别）关系中的亮点，各报告的体例也根据内容做了相应的编排。由于东盟各国的统计标准和财政年度的起止时间不一，部分报告难以给出与公历纪年完全吻合的统计数据。各报告虽然融合了诸多专家的观点与建议，撰写人也均为专门从事东南亚研究或中国－东盟关系研究的学者，但以青年学者居多，难免存在不成熟之处。

《东盟发展报告》（2015）最终得以付梓，与学界同仁和广西民族大学各位领导和同仁的大力支持是分不开的，在此，我们致以最诚挚的感谢！

由于经验不足，水平有限，书中定有不成熟之处，望各位读者批评指正！

编者

2015 年 10 月 18 日于相思湖畔

Abstract

The book is the fourth volume of the *ASEAN Annual Development Report* series compiled by ASEAN College and China-ASEAN Research Center, Guangxi University for Nationalities, aiming at analyzing ASEAN states' developments and China-ASEAN relationship in 2014, so as to serve the policy-making of Guangxi government and profound academic research in the future. Based on empirical studies, with other interdisciplinary methods as complements, the book deeply analyzes the situations of politics, economy, diplomacy, security, social culture, etc. in ASEAN member states, and the developmental courses of the relationships between China and ASEAN states, among which the shining points are underlined, the overall China-ASEAN relationships are analyzed and generalized. The book reaches the conclusion that in 2014 the ASEAN states hold steady overall economic situation, political security and the building of the ASEAN Community are also developing forward. 2014 is the first year of "Diamond Decade" between China and ASEAN states and also the first year of the Second Decade of the China and ASEAN strategic partnership, political, economic and cultural relations between China and ASEAN has been all-round development.

Contents

Y I General Report

Abstract: Since the establishment of the ASEAN, the relationship between china and the ASEAN has experienced quite a tortuous course. Recently, the relationship between each other develop rapidly, China and the ASEAN turns into not only the harmonious neighbors, but also good partners. The long-range development of these two countries proved that China and the ASEAN are building the peaceful and stable peripheral environment together. When Chinese profits are realized with the maximum limitation by China, the ASEAN's peace , stabilization and prosperity are also promoted. At the same time, China is constructing the benefits community and the destiny community with AS. EAN. In the background of the "The Belt and Road", the bilateral cooperation of China and the ASEAN will be reinforced and perfected forcefully.

Keywords: China-ASEAN Relationship; Political Security; Economic Community

Ⅱ Analysis of the Situations in ASEAN States

Abstract: In the context of rapid economic development of ASEAN, in 2014, Malaysia both in economic, political and diplomatic has achieved good results. Despite the MAS event, partisanship and other issues, resulting in economic and social impact, but through domestic and international cooperation, Malaysia remained stable as a whole. Active diplomacy with powerful and neighboring countries, not only to strengthen its exchanges with the outside, but also to consolidate its position in the ASEAN countries.

Keywords: Malaysia; Politics; Economy; Diplomacy

Abstract: In the year of 2014, the Philippines political situation was stable, but there existed some different degrees of problems, such as partisan rancor, anti-government activity, corruption. Although the economic growth rate is slowdown, the result was still considerable. Philippines had strengthened the initiative largely in foreign affairs and expanded international cooperation.

Keywords: The Philippines; Situation; Analyze

Y. 4 Singapore: The Arrival of Post Li Guangyao Era

Shen Shishun, Chi Yaguang / 053

Abstract: Since the death of Lee Kuan Yew, Singapore entered the "post-Lee Kuan Yew era", politics accelerating change. In 2014, the Independent Commission Against index decreased slightly, "Singapore model" face challenges, but government has adopted anti-corruption measures, Singapore remains ranked first in Asia ICAC. By the impact of weak global economic growth, Singapore's economic growth is slowing down, it did not achieve the expected level of growth, the Government introduced an upgraded version of the development blueprint to stimulate the economy better development. Diplomatically, Singapore built rescue coordination centers, and strengthened economic and security cooperation with the US, Europe, and ASEAN countries, and actively implement the balance-of-diplomacy strategy.

Keywords: Singapore; System of Integrity; Diplomacy Security

Y. 5 Thailand: Stable Political Situation and Economic Recovery

Pan Yanxian / 069

Abstract: Since a military coup occurred in Thailand in 2004, political situation gradually calmed as the military took power. In spite of the strict control and administration of the army, disputes and conflicts among all parties have not been settled. As long as there is a suitable soil, conflict could erupt at any time. As the leader of the military coup, Prayuth Chan-ocha's governance and measures have some to be recognized and many to be criticized from outside. Hence, it adds many uncertainties to the development of Thailand's political situation.

Keywords: Thailand; Military Coup; Prayuth Chan-ocha

Y. 6 Brunei: Steady Advancement of Internal and Foreign Affairs

Ge Hongliang, Shao Jianping / 082

Abstract: The year of 2014 is the 30th anniversary of Brunei's independence. In 2014, the government of Brunei strengthened the role of the Islam that played in the field of society, education and the culture with the opportunity of put the Shari'ah Penal Code into practice. With these, the government hopes to further enhance the stability of the national political and social life. At the same time Brunei enhances its guidance in the field of economics and its speed of economics development slow down because of rolling price of oil and gas in the international market. In 2014, the government took a lot of activities in the field of religion diplomacy and strengthened the cooperation relationship with surrounding countries with relying on ASEAN. In the future one year, 2015, comparing with 2014, Brunei's development of economics, politic and diplomacy would be continued.

Keywords: Brunei; Politics; Economics; Diplomacy; Review; Outlook

Y. 7 Vietnam: Active Multilateral Diplomacy *Pan Yanqin / 096*

Abstract: Vietnam kept political stability in 2014. Vietnamese government strengthened legislative work, and Vietnamese Communist Party continued to fight corruption in order to establish confidence for the party and the government. Economy in Vietnam developed very fast in 2014, and gross domestic product (GDP) grew by about 5.98% compared with 2013. However, Vietnam's economic was still in trouble, and economic situation was still not optimistic. Vietnam's foreign affairs were quite active. In May 2014, the relationship between Vietnam and China was tense because of South China Sea issues. Vietnam tried to repair its relationship with China after the event, and sedulously sought international power to support itself in the region. Vietnamese Communist Party actively carried out multilateral diplomacy, and high-level visiting between top leaders of various countries were very frequent. Vietnam strengthened its cooperation and connection with big powers such as America, Russia, Japan, Korea, India and European Union, and at the same time, it kept close cooperation with its neighboring countries, especially Laos, Cambodia, Malasia etc. so as to comply with domestic economic development and today's complex and changeable international affairs.

Keywords: Vietnam; Politics; Economy; Diplomacy

Y. 8 Laos: Development into the New Normal *Pan Yue* / 113

Abstract: Laos had witnessed the "5 · 17" air crash incidence in 2014. The Laos People's revolutionary party had taken countermeasures in time to maintain political stability. After the first three-year's rapid development during the Seventh Five-Year Plan, the Laos government had adopted the deflation policy to adjust the economic policies, in 2014, the Laos achieved economic slowdown. Diplomatically, the Laos continued to adopt a full range of foreign policy and was actively taken part in regional affairs so as to strengthen the relationship with ASEAN countries.

Keywords: "5 · 17" Air Crash Incident; Deflation Policy; All-round Diplomacy

Y. 9 Cambodia: Stable Political Situation and Stable Development *Li Tao* / 121

Abstract: Since the Cambodian congressional election in 2013, Cambodian National Rescue Party that represents the interests of the lower-middle-class people has been protesting the governing Cambodian People's Party as for the election and corruption. The disputes of both sides have led to domestic political turmoil, which hinders the development of social economy. Until August 2014, the relationship of two parties has entered into the stage of "consultations and dialogues, reach a consensus" instead of "conflict", which has ended the political stalemate lasting 18 years, broken the situation of one party dominance, and promoted the development of democratic politics in Cambodia. This paper reviews and analyses the politics, economy, social situation and diplomacy in Cambodia, and points out the achievements and existing problems of its development.

Keywords: Cambodia; Democratic Politics; Current Developmental Situation

Y Ⅲ Analysis of Sino-ASEAN Relationship

Abstract: In 2014, the relationship between China and Indonesia achieved new progresses. In this year, the two countries expand the communication and cooperation in politics, economics and culture, maintain close coordination in international and regional affairs, such as the political mutual trust, the strengthen mutual communication between the departments of two governments, the deepen tendency of cooperation. Because of the reasons as changeable international situation and historical legacy, the two nations may face some practical problems, such as the complication and internationalization of the South China Sea issues, the imbalance of trade protectionism and investment, which may affect the process of deepened cooperation between Indonesia and China.

Keywords: China; Indonesia; Cooperation; Development

Abstract: 2014 is the 40th anniversary of the establishment of diplomatic relations between China and Malaysia. Despite MH370 event, the political mutual trust between China and Malaysia have been enhanced after going through troubles, the total volume of bilateral trade has broken through one ? trillion dollars again, the joint military exercise has deepened the comprehensive strategic partnership, and Islamic cultural communication has strengthened the mutual trust and understanding. This paper analyzes the achievements and existing problems of the bilateral cooperation between China and Malaysia in 2014 in terms of the high level exchange, economic and commercial communication, cultural exchange, educational cooperation, science and technology exchange and defense cooperation, and puts forward the direction of future cooperation from the common situation of the economic transformation of both sides, so as to promote the multicultural peace and progress within the region.

Keywords: Malaysia; Review; Outlook

Y. 12 Sino-Philippine Relationship: Territorial Disputes

Yang Jinglin / 173

Abstract: Territory dispute of South China sea Between China and Philippines beset with the development and tendency of bilateral relationship in 2014, not only having negative effected on the diplomacy tie China and Philippines, but also having unfavorable impacted on two countries people travel and mutually investment as well as trade. The bilateral navy bout on sovereignty Huangyan Island and Ren'ai Reef was an essential problem for two governments' dispute in the last year. In order to contain with China's graduate heightening competence of controlling in the South China sea, Aquino administration strengthened the military alliance with USA and Japan, launching the ASEAN diplomacy and big power diplomacy, even EU diplomacy, all that was to see for support to Philippines's lawsuit submitting to international Court of Justice in Hague and pressure to China's proclaim of South China sea right.

Keywords: Relationship between China and Philippines; Territory Dispute of South China Sea

Abstract: Since the establishment of diplomatic ties in 1990, China and Singapore had established effective cooperation in various areas. High-level exchanges have made frequent visits in 2014, which helps to implement bilateral cooperation project, deepen financial cooperation, increase foreign investment, promote military security cooperation, and strengthen cultural exchanges. All the work is for preheating the 25 anniversaries of diplomatic relations between China and Singapore. This paper also analyzes the characteristics of the relationships between China and Singapore, we hope that two countries will cooperate better in post-Lee Kuan Yew Era.

Keywords: Relationship Between China and Singapore; Review; Outlook

Abstract: In 2014, China and Thailand made a closely cooperation in the politics, economy, military, security, education and culture area。 Frequent high-level leaders visited the two countries, which signed a number of cooperation agreements. 2015 is the 40th anniversary of the establishment of diplomatic ties as an opportunity to continue friendship, strengthen strategic dialogue and push a better development of China-Thailand comprehensive strategic partnership.

Keywords: China; Thailand; Cooperation; Development

Abstract: With the implementation of China's "21st Century Marine Silk Road" strategy, China begins to attach importance to develop good bilateral relations with countries along the route. Brunei has a unique geographical location and economic development potential, to deepen exchanges and cooperation in various fields.

Keywords: China; Brunei; Guangxi; Bilateral Cooperation

Abstract: In 2014, there were frequent contacts in the political, economic and cultural domains between China and Vietnam. The progresses in corporation, interconnection and intercommunication were made in border areas of two countries. In May 2014, there were attacks on Chinese capital enterprises in southern and central parts of Vietnam. It had negative impact to the relation between China and Vietnam. With the concern of leaders, the contact between two countries returned to normal by October 2014.

Keywords: China ; Vietnam; Relationship

Abstract: Since the normalization of relations between China and Laos in 1998, the two countries have achieved a rapid and healthy development in bilateral and multilateral frameworks. Politically, China and Laos make a higher degree of mutual trust and the leaders of the two parties and governments frequently exchange, jointly promoting the development of the cause of socialism. Economically, the two countries make a higher degree of mutual reciprocity and the economic and trade relations constantly forge ahead. In particular, China and Laos have carried out a close cooperation in the field of investment, finance, energy, resources and infrastructure construction. Culturally, China and Laos continue to strengthen the cultural exchanges. The cultural facilities assisted by China have become an important platform for building partnership and constituting cultural life of Laos. It can be said that China and Laos are making an effort to form a "Community of Destiny".

Keywords: China and Laos; Mutual Trust and Mutual Reciprocity; Community of Destiny

Abstract: In 2014, there are a lot of breakthroughs in the field of political and economic cooperation between China and Myanmar. Meanwhile, the military, cultural and other fields also continue to move forward. It shows that the foundation of bilateral relations has not changed. However, since the democratic transition of Myanmar in 2011, the great power balance diplomacy has increasingly improved. For instance, in order to bring more cooperation, Myanmar has actively improved the relationship with the United States and some western countries. Furthermore, the negative sentiments to Chinese people still grow among Myanmar folk. Therefore, the relation between China and Myanmar was experienced the biggest and longest adjustment since 1998. In this context, there are still worries in many aspects for the relations between China and Myanmar.

Keywords: China and Myanmar; Cooperation; Worries

Abstract: Since the establishment of diplomatic relations, China and Cambodia have maintained a good momentum of exchanges. China and Cambodia establish new mechanisms for cooperation, stability to develop in the fields of politics, economy, security, culture and education. "The Belt and Road" strategy has a positive role in the Cambodian process of cooperation, opening new prospects for cooperation between the two countries. Although China has developed long-term friendly relations and cooperation with Cambodia, there still exit some unstable factors, both parties need to attract attention.

Keywords: China; Cambodia; Cooperation; Stable

皮书起源

“皮书”起源于十七、十八世纪的英国，主要指官方或社会组织正式发表的重要文件或报告，多以“白皮书”命名。在中国，“皮书”这一概念被社会广泛接受，并被成功运作、发展成为一种全新的出版形态，则源于中国社会科学院社会科学文献出版社。

皮书定义

皮书是对中国与世界发展状况和热点问题进行年度监测，以专业的角度、专家的视野和实证研究方法，针对某一领域或区域现状与发展态势展开分析和预测，具备原创性、实证性、专业性、连续性、前沿性、时效性等特点的公开出版物，由一系列权威研究报告组成。

皮书作者

皮书系列的作者以中国社会科学院、著名高校、地方社会科学院的研究人员为主，多为国内一流研究机构的权威专家学者，他们的看法和观点代表了学界对中国与世界的现实和未来最高水平的解读与分析。

皮书荣誉

皮书系列已成为社会科学文献出版社的著名图书品牌和中国社会科学院的知名学术品牌。2011 年，皮书系列正式列入“十二五”国家重点出版规划项目；2012~2015 年，重点皮书列入中国社会科学院承担的国家哲学社会科学创新工程项目；2016 年，46 种院外皮书使用“中国社会科学院创新工程学术出版项目”标识。

法律声明

权威报告·热点资讯·特色资源

皮书数据库

ANNUAL REPORT(YEARBOOK) DATABASE

当代中国与世界发展高端智库平台

WWW.PISHU.COM.CN

皮书俱乐部会员服务指南

1. 谁能成为皮书俱乐部成员？

● 皮书作者自动成为俱乐部会员

● 购买了皮书产品（纸质书/电子书）的个人用户

2. 会员可以享受的增值服务

● 免费获赠皮书数据库100元充值卡

● 加入皮书俱乐部，免费获赠该纸质图书的电子书

● 免费定期获赠皮书电子期刊

● 优先参与各类皮书学术活动

● 优先享受皮书产品的最新优惠

3. 如何享受增值服务？

（1）免费获赠100元皮书数据库体验卡

第1步 刮开附赠充值的涂层（右下）；

第2步 登录皮书数据库网站（www.pishu.com.cn），注册账号；

第3步 登录并进入“会员中心”—“在线充值”—“充值卡充值”，充值成功后即可使用。

（2）加入皮书俱乐部，凭数据库体验卡获赠该书的电子书

第1步 登录社会科学文献出版社官网（www.ssap.com.cn），注册账号；

第2步 登录并进入“会员中心”—“皮书俱乐部”，提交加入皮书俱乐部申请；

第3步 审核通过后，再次进入皮书俱乐部，填写页面所需图书、体验卡信息即可自动兑换相应电子书。

4. 声明

解释权归社会科学文献出版社所有

皮书俱乐部会员可享受社会科学文献出版社其他相关免费增值服务，有任何疑问，均可与我们联系。

图书销售热线：010-59367070/7028
图书服务QQ：800045692
图书服务邮箱：duzhe@ssap.cn

数据库服务热线：400-008-6695
数据库服务QQ：2475522410
数据库服务邮箱：database@ssap.cn

欢迎登录社会科学文献出版社官网（www.ssap.com.cn）和中国皮书网（www.pishu.cn）了解更多信息

社会科学文献出版社 SOCIAL SCIENCES ACADEMIC PRESS (CHINA) 皮书系列

卡号：365645207344

密码：

S 子库介绍
Sub-Database Introduction

中国经济发展数据库

涵盖宏观经济、农业经济、工业经济、产业经济、财政金融、交通旅游、商业贸易、劳动经济、企业经济、房地产经济、城市经济、区域经济等领域，为用户实时了解经济运行态势、把握经济发展规律、洞察经济形势、做出经济决策提供参考和依据。

中国社会发展数据库

全面整合国内外有关中国社会发展的统计数据、深度分析报告、专家解读和热点资讯构建而成的专业学术数据库。涉及宗教、社会、人口、政治、外交、法律、文化、教育、体育、文学艺术、医药卫生、资源环境等多个领域。

中国行业发展数据库

以中国国民经济行业分类为依据，跟踪分析国民经济各行业市场运行状况和政策导向，提供行业发展最前沿的资讯，为用户投资、从业及各种经济决策提供理论基础和实践指导。内容涵盖农业，能源与矿产业，交通运输业，制造业，金融业，房地产业，租赁和商务服务业，科学研究，环境和公共设施管理，居民服务业，教育，卫生和社会保障，文化、体育和娱乐业等 100 余个行业。

中国区域发展数据库

以特定区域内的经济、社会、文化、法治、资源环境等领域的现状与发展情况进行分析和预测。涵盖中部、西部、东北、西北等地区，长三角、珠三角、黄三角、京津冀、环渤海、合肥经济圈、长株潭城市群、关中—天水经济区、海峡经济区等区域经济体和城市圈，北京、上海、浙江、河南、陕西等 34 个省份及中国台湾地区。

中国文化传媒数据库

包括文化事业、文化产业、宗教、群众文化、图书馆事业、博物馆事业、档案事业、语言文字、文学、历史地理、新闻传播、广播电视、出版事业、艺术、电影、娱乐等多个子库。

世界经济与国际政治数据库

以皮书系列中涉及世界经济与国际政治的研究成果为基础，全面整合国内外有关世界经济与国际政治的统计数据、深度分析报告、专家解读和热点资讯构建而成的专业学术数据库。包括世界经济、世界政治、世界文化、国际社会、国际关系、国际组织、区域发展、国别发展等多个子库。

东盟黄皮书

YELLOW BOOK OF ASEAN

广视角 · 全方位 · 多品种

本书是广西民族大学东盟学院、中国-东盟研究中心组织全国的东盟专家联合研究、共同创作的连续性年度发展报告之第四卷，是全面了解当前东盟国家发展形势和中国-东盟关系的重要参考书。全书分为三部分，第一部分是对2014~2015年东盟各国及中国与东盟关系的整体性宏观分析，回顾了2014年东南亚国家内政外交的悲喜震荡，2015年东盟各国对经济共同体翘首以盼的积极准备，以及中国与东盟正在倾力打造双边自由贸易区升级版的具体举措。第二部分是东盟十国的年度报告，分析了各国社会、经济、政治发展的整体状况和热点问题，并就其时政重点进行了详细分析。第三部分是中国与东盟十国关系的年度报告，对中国与东盟各国关系的发展进行了深入分析。

· 权威平台 · 智库报告 · 连续发布

皮书序列号：B-2013-288

中国皮书网：www.pishu.cn

ISBN 978-7-5097-8756-4

9 787509 787564 >

定价：89.00元